# 楚地出土日书三种分类集释

晏昌贵 著

国家出版基金项目 NATIONAL PUBLICATION FOUNDATION

湖北省学术著作出版专项资金 Hubei Special Funds for Academic Publications

“十三五”国家重点图书

楚地出土文献：文本、地方社会与思想文化研究

丛书主编 晏昌贵



WUHAN UNIVERSITY PRESS
武汉大学出版社

图书在版编目(CIP)数据

楚地出土日书三种分类集释/晏昌贵著.—武汉：武汉大学出版社，2020.12

楚地出土文献：文本、地方社会与思想文化研究/晏昌贵主编

“十三五”国家重点图书　国家出版基金项目　湖北省学术著作出版专项资金资助项目

ISBN 978-7-307-21762-1

Ⅰ.楚…　Ⅱ.晏…　Ⅲ.《日书》—研究　Ⅳ.B992

中国版本图书馆 CIP 数据核字(2020)第 165353 号

责任编辑：李　程　　责任校对：李孟潇　　版式设计：马　佳

出版发行：**武汉大学出版社**　（430072　武昌　珞珈山）

（电子邮箱：cbs22@whu.edu.cn　网址：www.wdp.com.cn）

印刷：武汉精一佳印刷有限公司

开本：720×1000　1/16　印张：27　字数：397 千字　插页：4

版次：2020 年 12 月第 1 版　2020 年 12 月第 1 次印刷

ISBN 978-7-307-21762-1　定价：129.00 元

# 总　序

公元前221年的某一天，破灭六国、一统天下的秦王嬴政，志得意满，在秦都咸阳召开御前会议，其中一项主要议题便是“议帝号”。当时的丞相王绾、御史大夫冯劫、廷尉李斯等高官皆以为秦王政“兴义兵，诛残贼，平定天下，海内为郡县，法令由一统，自上古以来未尝有，五帝所不及”，古有“天皇”“地皇”“泰皇”，泰皇最贵，建议秦王尊号曰“泰皇”，并议王命曰“制”、令曰“诏”、天子自称曰“朕”。秦王嬴政欣然采纳，但去“泰”著“皇”，采上古“帝”号，号曰“皇帝”。又废除谥法，自号“始皇帝”，后世以计数，二世三世至于万世，传之无穷。① 由此开启了中国历史上长达两千多年的帝制时代，对中国历史产生了重大影响，具有十分重要的历史意义。

1975年11月初，湖北省云梦县城关公社肖李大队某社员发现古墓，立即上报。1975年12月1日正式发掘，1976年1月9日止，共历时40余天。其中一座编号**M**11的古墓出土大批竹简，考古工作者整理后得知，竹简主要是法律文书和反映民间信仰的《日书》，有一篇被整理者命名为“编年记”(后或改称“叶书”)的竹书，分栏记叙自秦昭王元年(前306年)至秦始皇三十年(前217年)的军国大事，兼及墓主人喜的个人履历及家族成员，但在秦始皇廿六年(前221年)一栏，有关秦统一的重大事件，却缺而不载，留下空白。②

---

①　参看《史记·秦始皇本纪》，中华书局1959年版，第235~239页。

②　《云梦睡虎地秦墓》编写组：《云梦睡虎地秦墓》，文物出版社1981年版，第1页；参看陈伟主编，晏昌贵撰著：《秦简牍合集：释文注释修订本(壹)·叶书》，武汉大学出版社2016年版，第7、12页。

从里耶秦简《更名方》看，秦统一伊始，即将相关的政策和制度下行到地方基层社会，① 作为秦南郡安陆县的小吏喜应该明晓其事，但我们不知道他为什么没有在《编年记》中将秦灭六国统一天下这样的重大事件记上一笔。我们或许应该理解，历史事件的意义往往是由后人往前追溯而凸显出来的，当时人未必能洞悉其中的历史含义；而历史发展的阶段性划分，也是后来的研究者人为设定的结果。历史的发展犹如长江大河，不容从中一分为二，截为两节。

如今考古发现和科研机构收藏的简牍已逾 30 万枚，不仅有像《编年记》这样对“重大”历史事件缺而不载的例子，还有更多像《日书》一类不见传世文献的简牍帛书。1925 年，王国维针对以顾颉刚为首的“古史辨学派”疑古过甚的倾向，提出著名的“二重证据法”，不仅可以据出土的新材料“以补正纸上之材料，亦得证明古书之某部分全为实录，即百家不雅驯之言亦不无表示一面之事实”②。王国维所称的“地下之新材料”，主要是指古文字资料，论述的重点还是以传世文献为主，以地下出土文献主要是甲骨文印证古书记载，以证明古书记载的历史真实可靠。“二重证据”之不足，更发展为三重或多重证据法，举凡一切地下出土物包括古代遗址、墓葬，以及现当代的民族学调查资料和民间传说，皆可入史，从而极大地丰富了史料的来源和古史研究的范围。

出土简牍文献方面，也已从王国维时代的“二重证据法”转向简牍自身的研究，尤其是对那些不见于传世文献的简牍文书，日本学者从古文书学的角度，以文书集成的方式，复原简册的原始形态，构拟政令实施的过程，并进而发展到据简牍文书的抄写形式，从抄本文化的角度，探寻文本的内在逻辑，重建历史文本及其形成过程。以陈梦家为代表的中国学者，突破“二重证据”的限度，在文字资料之外，更注意结合考古学，以历史学的视野，从

① 湖南省文物考古研究所编：《里耶秦简(壹)》，文物出版社 2012 年版，图版第 68 页，释文第 32~33 页。

② 王国维：《古史新证——王国维最后的讲义》，清华大学出版社 1994 年版，第 2~3 页。

最基本问题入手，循序渐进，重构历史现场，取得丰硕成果。①

呈现在读者面前的这套小丛书共五册，就是我们利用出土文献和文物资料，并结合传世文献重构历史事实的初步尝试。其中既有利用文献学方法从抄本的形成与流传的角度，对楚地出土简帛日书文本的分类整理和日书所见古代社会生活的研究，又有利用民族人类学以及古代神话研究的方法对清华简《楚居》所涉及楚族源、楚先公先王以及早期楚国、楚文化的探讨；既有利用考古学方法对楚墓资料的整理以分析楚系家族形态，也有利用出土古文字资料从社会政治学的角度比较东周诸侯国的基层组织与社会。我们关注的对象往往是区域性的，关注的时段集中在先秦秦汉时期，时空范围多在早期中国的楚国故地，目光也不在庙堂之上，但目的只有一个，即探求历史的真相。

这套丛书的作者，多为朝气蓬勃的青年才俊，博士毕业之后多在大学或社科院工作。丛书的构想和实施，多有赖于武汉大学出版社的李程女史的多方组织协调。我作为主编还是第一次，在能力和经验方面都存在诸多不足，我所供职的武汉大学历史学院和兼职的中国传统文化研究中心给予诸多支持和便利，在此一并深致谢忱，也请读者对本丛书多加批评指正。

**晏昌贵**

2020年12月25日于珞珈山

---

① 参看侯旭东：《序》，郭伟涛：《肩水金关汉简研究》，上海古籍出版社2019年版，“序”1~3页。又见侯旭东：《二重证据法再思考——在出土文书类简牍中发现历史》，“清华大学公开课”讲座，https://www.bilibili.com/video/BV1Rs411h7yG?from=search&seid=16894219982693746730。

# 凡　例

一、本书收录湖北出土的江陵九店楚简、云梦睡虎地秦简和随州孔家坡汉简日书材料，分门别类，汇集注释。残简、无法确定内容性质和分类的，未予收录。

二、释文基本沿用先前发表时的简号，简文内容分栏的，标明栏次。调整后的简序，其简号不变，相关情况随文在注释中予以说明。简号用出土地或出土地简称加序号的形式表示。简称所指代的内容及资料来源见“引用简帛日书及相关资料简称一览表”。

三、简文中原有的符号一般不保留。合文和重文符号一般直接析书。释文另加标点，较长的篇章分段书写。相同篇章见于多种日书者，大致按时代的先后和材料的完整性依次录写，篇幅较长者，单独注释；篇幅较短者，统一注释。

四、凡原释文不误者照录，经学者改释可以确定者，径录改释后的释文，并随文在注释中说明。原简文中有篇(章)题的，照录，并单列一行，置于释文之首。不同日书的篇章内容相同而篇章标题不同的，择其一作为目录总题，置首。没有篇(章)题的，参照学者已有研究，另拟篇(章)题，只出现在目录题名中，不见于释文。

五、释文一般用通行简体字写出，不严格按简文字形隶定。异体字、假借字随文注出通行字，写在( )号内。根据残画和文意可以确认的错字随文注出正确字，写在〈 〉号内。根据残画和文意补出的字，写在【 】号内。根据文意或他本可以确切补出的缺文，写在〖 〗号内。笔画不清或已残去无法辨识的字用□号表示，一个字对应一个□。字数无法确认的，用……号表示。竹简残断，用☑号表示。衍文或夺字，释文用{}符号表示，并在注释中说明。

六、注释采用夹注的形式，注明作者、年代和页码，引用文献名称见文后所附“引用日书论著目录”。

七、注释先引原整理者意见，后引学者的研究成果；字句较短者，直接引述；较长的文句，则加以删改、综述。无论直接引述还是间接引用，都不加引号。我们的意见或补充材料，则以“今按”的形式标示，置于文末。

八、收录资料及论著截至2018年。

九、引用简帛日书及相关资料简称如下表：

**引用简帛日书及相关资料简称一览表**

| 简称 | 指代 | 资料来源 |
| --- | --- | --- |
| 九店 | 九店楚简《日书》 | 湖北省文物考古研究所编：《江陵九店东周墓》(科学出版社1995年版)；湖北省文物考古研究所、北京大学中文系编：《九店楚简》(中华书局2000年版)；陈伟主编：《楚地出土战国简册［十四种］》(经济科学出版社2009年版) |
| 睡虎地 | 睡虎地秦简《日书》 | 睡虎地秦墓竹简整理小组编：《睡虎地秦墓竹简》(文物出版社1990年版)；陈伟主编：《秦简牍合集(壹)(贰)》(武汉大学出版社2014年版) |
| 睡甲 | 睡虎地秦简甲种《日书》 | 睡虎地秦墓竹简整理小组编：《睡虎地秦墓竹简》(文物出版社1990年版)；陈伟主编：《秦简牍合集(壹)(贰)》(武汉大学出版社2014年版) |
| 睡乙 | 睡虎地秦简乙种《日书》 | 睡虎地秦墓竹简整理小组编：《睡虎地秦墓竹简》(文物出版社1990年版)；陈伟主编：《秦简牍合集(壹)(贰)》(武汉大学出版社2014年版) |
| 放马滩 | 放马滩秦简《日书》 | 甘肃省文物考古研究所编：《天水放马滩秦简》(中华书局2009年版)；陈伟主编：《秦简牍合集(肆)》(武汉大学出版社2014年版) |

续表

| 简称 | 指代 | 资料来源 |
| --- | --- | --- |
| 放甲 | 放马滩秦简甲种《日书》 | 甘肃省文物考古研究所编：《天水放马滩秦简》(中华书局 2009 年版)；陈伟主编：《秦简牍合集(肆)》(武汉大学出版社 2014 年版) |
| 放乙 | 放马滩秦简乙种《日书》 | 甘肃省文物考古研究所编：《天水放马滩秦简》(中华书局 2009 年版)；陈伟主编：《秦简牍合集(肆)》(武汉大学出版社 2014 年版) |
| 周家台 | 周家台秦简《日书》 | 湖北省荆州市周梁玉桥遗址博物馆编：《关沮秦汉墓简牍》(中华书局 2001 年版)；陈伟主编：《秦简牍合集(叁)》(武汉大学出版社 2014 年版) |
| 岳山 | 岳山秦牍《日书》 | 湖北省江陵县文化局、荆州地区博物馆：《江陵岳山秦汉墓》(《考古学报》2000 年第 4 期)；陈伟主编：《秦简牍合集(叁)》(武汉大学出版社 2014 年版) |
| 王家台 | 王家台秦简《日书》 | 王明钦：《王家台秦墓竹简概述》，艾兰、邢文编：《新出简帛研究——新出简帛国际学术研讨会文集》(文物出版社 2004 年版) |
| 孔家坡 | 孔家汉简《日书》 | 湖北省文物考古研究所、随州市考古队编：《随州孔家坡汉墓简牍》(文物出版社 2006 年版) |
| 悬泉置 | 悬泉置遗址汉代简牍《日书》 | 胡平生、张德芳：《敦煌悬泉汉简释粹》(上海古籍出版社 2001 年版) |
| 杜陵 | 西安杜陵木牍《日书》 | 张铭洽、王育龙：《西安杜陵汉牍〈日书〉"农事篇"考辨》，《陕西历史博物馆馆刊》第 9 辑(三秦出版社 2002 年版) |
| 水泉子 | 水泉子汉简《日书》 | 张存亮、吴荭：《水泉子汉简初识》(《文物》2009 年第 10 期) |
| 虎溪山 | 虎溪山汉简《日书》 | 湖南省文物考古研究所等：《沅陵虎溪山一号汉墓发掘简报》(《文物》2003 年第 1 期) |

续表

| 简称 | 指代 | 资料来源 |
| --- | --- | --- |
| 印台 | 江陵印台汉简《日书》 | 郑忠华：《印台汉墓出土大批西汉简牍》(荆州博物馆编著：《荆州重要考古发现》，文物出版社 2009 年版)；刘乐贤：《印台汉简〈日书〉初探》(《文物》2009 年第 10 期) |
| 周家寨 | 湖北随州周家寨汉简《日书》 | 湖北省文物考古研究所、随州市曾都区考古队：《湖北随州市周家寨墓地 **M8** 发掘简报》(《考古》2017 年第 8 期) |
| 香港 | 香港中文大学文物馆藏简牍《日书》 | 陈松长编著：《香港中文大学文物馆藏简牍》，香港中文大学文物馆藏品专刊之七(香港中文大学文物馆，2001 年) |
| 居延 | 居延汉简所见数术资料 | 谢桂华、李均明、朱国炤：《居延汉简释文合校》(文物出版社 1987 年版)；甘肃省文物考古研究所等：《居延新简——甲渠候官》(中华书局 1994 年版) |
| 额济纳 | 额济纳汉简中的数术资料 | 魏坚主编：《额济纳汉简》(广西师范大学出版社 2005 年版) |
| 金关 | 肩水金关汉简中的数术资料 | 甘肃简牍保护研究中心等：《肩水金关汉简(壹)(贰)(叁)(肆)(伍)》(中西书局 2011—2016 年版) |
| 银雀山 | 银雀山汉简数术资料 | 银雀山汉墓竹简整理小组编：《银雀山汉墓竹简(贰)》(文物出版社 2010 年版) |
| 马王堆 | 马王堆汉墓帛书数术书 | 裘锡圭主编：《长沙马王堆汉墓简帛集成》(中华书局 2014 年版) |
| 北大汉简 | 北京大学藏西汉竹书《堪舆》《荆决》《六博》 | 北京大学出土文献研究所编：《北京大学藏西汉竹书(伍)》(上海古籍出版社 2014 年版) |

# 目　次

# 导 论

本书将湖北江陵九店楚简《日书》(简称“九店”)、云梦睡虎地秦简《日书》(简称“睡虎地”，睡虎地又分甲种和乙种，分别简称“睡甲”“睡乙”)和随州孔家坡汉简《日书》(简称“孔家坡”)三种日书资料分门别类地汇集在一起①，收集整理已有的研究成果，附注在各篇章之下，间参己意，以供学者参考。这样做的好处，是能够比较在同一个区域之内(今湖北省)出土的楚、秦、汉三个不同时代的日书的异同，观察日书在流传过程中的稳定性和变异性。又由于本书搜罗汇集了与上述三种日书相同或相似的其他日书资料，实际上起到了资料汇编集成的作用，便于学者参考利用。但这样做也有弊端，即无法看到各本日书的整体面貌。为了最大限度地避免这一缺陷，在本篇导论中，我们将讨论日书的篇题与分篇、日书的文本结构和日书的流传等情况，展现各本日书的整体面貌，反映我们对日书文本的总体认识，为本书的分类集释提供背景支持。

## 一、日书的篇题与分篇：以孔家坡为中心

早在20世纪40年代，余嘉锡先生撰著《古书通例》，系统讨论古书的作者、古书的书名、古书的体例、诸子书的性质等问题，取得一些重要结论，

① 我们在文中将具体的日书加书名号“《》”，一般泛指则不加。又，从出土单位看，九店、睡虎地、孔家坡可称三种日书，但睡虎地又分睡甲和睡乙，实为四种；加之本书也收集其他公开发表的日书资料，所以书名的“三种”也不妨理解为多种。

如：古书不题撰人、古书多摘首句二字为题、古书多无大题、古书多别本单行、诸子即后世之文集、古书多造作故事、古书多单篇别行、古书多不手著等。① 余先生的意见在很长一段时间似乎并未引学术界的重视。近年来，随着简帛古书的大量出土面世，学者重新检讨古书体例问题，1987 年，李学勤先生撰文反思古书的体式及著成年代，认为古书在流传过程中存在后人增广、后人修改，经过重编、合编成卷，篇章单行、异本并存等复杂情形。② 次年，李零先生发表《出土发现与古书年代的再认识》，针对“疑古思潮”对古书的怀疑，结合出土文献重探古书的体例，认为古书多单篇流行，古书多无书题和篇题，篇数较多的古书多具有丛编性质，古书分合无定且多后人附益、增改和重编等。③ 在 2004 年出版的《简帛古书与学术源流》一书中，李零先生又专门讲到此问题，并将余氏《古书通例》摘录附后。④ 此外，裘锡圭、谢维扬、来国龙等先生亦先后撰文，讨论古书体例和古书流传等情形。⑤ 但上述学者的讨论多集中在经典古书和档案文书方面，较少涉及包括日书在内的实用技术类书籍。实际上，比较完整的日书由各单篇构成，组成日书的各篇章往往书写篇题，成为一种标识。在现已公布的简帛日书材料中，孔家坡的篇题具有典型代表意义，我们可以据此分析日书的篇题与分篇情况。

---

① 余嘉锡：《古书通例》，1940 年排印本，此据《余嘉锡说文献学》，上海古籍出版社 2001 年版。据该书周祖谟先生所写“前言”（第 161 页），余氏此书为讲课临时印本，1940 年出版排印本。

② 李学勤：《对古书的反思》，原载《中国传统文化的再估计》，上海人民出版社 1987 年版，此据氏著《简帛佚籍与学术史》，江西教育出版社 2001 年版，第 28~33 页。

③ 李零：《出土发现与古书年代的再认识》，原载香港《九州学刊》3 卷 1 期，1988 年，此据《李零自选集》，广西师范大学出版社 1998 年版，第 25~31 页。

④ 李零：《简帛古书与学术源流》，三联书店 2004 年版，第 193~224 页。

⑤ 裘锡圭：《中国出土简帛古籍在文献学上的重要意义》，原载（日本）《中国出土资料研究》第 3 号，1999 年，此据氏著《中国出土文献十讲》，复旦大学出版社 2004 年版，第 80~91 页；谢维扬：《古书成书和流传情况研究的进展与古史史料学概念》，《文史哲》2007 年第 2 期；来国龙：《论战国秦汉写本文化中文本的流动与固定》，《简帛》第 2 辑，上海古籍出版社 2007 年版，第 515~527 页。

孔家坡墓地位于湖北随州城关东北约 2.5 千米处，南距涢水约 3.5 千米，西隔溠水与著名的曾侯乙墓相望。墓地发现于 1998 年 10 月，同年 11 月至 2000 年 3 月，考古工作者先后三次发掘了 16 座汉墓，出土竹简的 8 号墓(M8)是其中最大的一座，椁室长 2.92、宽 1.66 米，随葬器物共 59 件(组)。竹简位于椁室头厢两侧，按其内容，可分为《日书》和《历日》二组，其中《日书》简登记号显示有 700 余枚，整理后简号显示有 478 枚，另有若干残简，完简长 33.8、宽 0.7~0.8、厚 0.1 厘米。同墓还出土木牍《告地书》一件。根据《告地书》《历日》及墓中出土器物分析，墓主人名叫"辟"，生前曾担任桃侯国都乡的库啬夫，为地方基层小吏，死亡下葬的年代在西汉景帝后元二年(前 142 年)或稍后。① 另经红外影像拍摄照片，在 236 号简的背面发现有"日书"字样②，这是自睡虎地秦简之后第二次发现"日书"书题，是典型的日书标本，其篇题和分篇具有代表意义。我们按照书写的形式和处在竹简中的位置，将孔家坡的篇题分为以下几种类型。

Ⅰa-1，篇题写在首简的简端。计有："建除"(1 号简第壹栏，简称"1 壹"，下同)、"徙时"(97 号简，以下只出简号)、"□生"(103)、"五胜"(105)、"时"(111 壹)、"反支"(135 壹)、"穷日"(151 壹)、"亡日"(152 壹)、"嫁女"(172)、"牝牡月"(184 壹)、"入官"(196)、"四季日"(204)、"豕"(227 壹)、"囷"(229)、"井"(230)、"屏圂"(232)、"入内"(233)、"杀日"(238)、"垣日"(269)、"盗日"(367)、"血忌"(397)、"始种"(452)、"岁"(458)、"行日"(残 1)，共计 24 个篇题。这类篇题有两个特

① 湖北省文物考古研究所、随州市考古队编：《随州孔家坡汉墓简牍》，文物出版社 2006 年版，第 3~9、29~31、33~36 页。

② 曾有多位学者提及孔家坡"日书"标题，但均未有照片证实。2015 年 5 月 10 日，孔家坡竹简的整理者刘国胜先生在电子邮件中向刘乐贤先生确认了这一点，见 Liu Lexian：Daybooks：A Type of Popular Henerological Manual of the Warring States，Qin，and Han，in Donald Harper & Marc Kalinowski (eds.)：*Books of Fate and Popular Culture in Early China：The Daybook Manuscrpts of the Warring States，Qin，and Han*. Brill，2017，p. 59. 2018 年 11 月 9~10 日在武汉东湖召开的"湖北出土简帛日书国际学术研讨会"上，刘国胜先生亦曾展示该简的幻灯照片，可以确证孔家坡有"日书"标题。

征，第一，标题写在第一支简的顶端，第一道编绳之上；第二，篇题多反映篇文的性质，去掉篇题文字不影响简文的判读和理解，如“五胜”，正文接着写“五胜：东方木，金胜木”；“反支”下接写“反支日”，“穷日”下接写“禹穷日”，“四季日”下写“四季日为废日”，“垣日”下写“垣日，帝毁丘之日”。其他如“豕”“囷”“井”“屏圂”“入内”，都是接着写明各自的“良日”和“忌日”。“嫁女”则是将有关嫁女娶妇的简文总汇为一题。这种形式的篇题也多见于睡虎地，均是摘取篇文的内容为标题。放马滩秦简《日书》中少量的篇题也是这种形式。按照这种思路，孔家坡残简 1：“行日　行良日，乙丑、亥、未、酉，□之日”，“行日”亦当为篇题。简 138-140 上部残断，简 141 壹-150 壹都是讲出行的条文，则 1 号残简可能是简 138、139、140 三支简中某一支简的上半部分。

Ⅰa-2，简端残缺，整理者拟定篇题。简 25 首端残损，尚留有字迹，整理者怀疑为“辰”字。① 与本篇内容相似的简文在睡甲题名“稷辰”，睡乙题名“秦”，当即传世文献中的“丛辰”。② 从上述情况看，简 25 首端应有篇题。

整理者所拟定的“星官”一篇，从书写的位置看，第一道编绳之上往往写有月份，如“十二月”(58)、“正月”(61)、“二月”(63)、“五月”(70)、“六月”(72)等。与之类似的简文亦见于睡虎地，睡甲题名“星”(68 正壹)，从角宿开始，星宿前无月名；睡乙题名“官”(81)，星宿前有月名，其首简 80 号的简端书写“正月”，从营室开始，篇题“官”写在第二支简“东臂(壁)”的上端。这两篇内容相近，但篇题和二十八宿的起始点并不相同。孔家坡“正月营室”(61)和“东辟”(62)二支简保存完好，上无篇题；相当于“八月角”(49)和“亢”(50)二支简上部残损，有无篇题不得而知。从竹简残断的痕迹看，也不排除本篇始自 61 号简“正月营室”的可能性。总之，本篇原来

① 湖北省文物考古研究所、随州市考古队编：《随州孔家坡汉墓简牍》，文物出版社 2006 年版，第 132 页。

② 参看刘乐贤：《睡虎地秦简日书研究》，台湾文津出版社 1994 年版，第 55、58 页。

是否题写篇名以及篇题为何，都是难以断定的。与之类似的尚有：“击”（78）、“刑德”（90）、“临日”（108）、“亡者”（154）、“见人”（157 壹）、“禹须臾行日”（158 壹）、“牝牡日”（186 壹）、“出入人”（191）、“裁衣”（194）、“直心”（202）、“司空”（218）、“穿地”（221）、“土忌”（222）、“鸡”（226 壹）、“死咎”（299）、“有疾”（345 壹）、“日时”（365）、“忌日”（392）等。

整理者所拟定的“归行”（141 壹）可能并无标题，而是与残 1 的“行日”同为一篇。原拟定的“行日”（168 壹）篇题，已有学者指出与睡虎地秦简《日书》“臽日”相当①，并非出行的条文。

101 号简在篇题的位置写有二字，不识，整理者注释说：“此二字写在一〇一号首端，是原有的篇题。”②简文接着写道：“命曰八星，是胃（谓）孤辰，月之大伍也，咸池之败也。取（娶）妻、嫁女、迁徙、启门，北南西东，必系是时春秋”，下接 102 号简：“冬夏之日，虽吉，而不见是时，其事必不久，有不成。”按照这种读法，“命曰八星”前面缺少主语，文意欠通。从上文所述“星官”篇情况看，写在简端的文字并非都是篇题。所以 101 号简所缺二字是否篇题，仍然难以断定。

Ⅰb，篇题写在竹简的首端，但并非该篇第一支简。主要有“日廷”（129）和“土功”（209 壹）。这两篇有一个共同特征，就是都写绘有图，篇题则位于该图中间那支竹简的首端。与之类似的有“死失图”（304 贰），原释文并不把它当作标题，但在注释中说：“本篇内容可分三部分，一，一幅‘死失图’及附图说明文字。二，一张按月排列的表，供查找‘死失’在每月出现或不出现的日子。三，一段按六十甲子顺序讲解‘死失’处向及吉凶的文字。睡虎地秦简《日书》甲、乙两种都有与此篇插图情形近似的图。”③注释中提到的

① 陈炫玮：《孔家坡汉简〈日书〉札记七则》，简帛网，2007 年 8 月 25 日。

② 湖北省文物考古研究所、随州市考古队编：《随州孔家坡汉墓简牍》，文物出版社 2006 年版，第 139 页。

③ 湖北省文物考古研究所、随州市考古队编：《随州孔家坡汉墓简牍》，文物出版社 2006 年版，第 170 页。

睡虎地两幅图，甲种见简 84 背贰-90 背贰，乙种见简 206 贰-218 贰，原报告未作任何说明。① 对于这两幅图的性质和用途，学者们过去曾有不同的猜测推定，李零先生将睡乙图称为“视罗”，“估计是用来顺数支日的五行相生”②。刘乐贤先生虽然引述李零先生的说法，但他同时表示：“当时人到底怎样理解和运用这幅图，还是一个有待探究的问题。”③刘增贵先生以为与出行有关④，王子今先生则将睡甲图直接“看作标示出行忌日的日期表”⑤。现在我们既知孔家坡汉简明确标明为“死失图”，可见它与“死失”有关。但在睡虎地中却不见与“死失”相关的说明文字，这是此前学者不明其性质与用途的主要原因。不过，细按睡虎地并对照孔家坡，还是可以发现一些有意义的现象。在睡甲图的上部，是一篇以十二支占“死咎”的文字(83 背壹-96 背壹)，在图的旁边写有“直此日月者不出”(91 背贰)⑥。类似的占文也见于孔家坡，整理者命名为“死咎”篇，其中 299 号简被当作“死咎”篇的首简，简文写道：“……□之日为所先室以建日死失不出。”简 301 叁写有“凡日与月同营居者，死失不出”，被当作“死失”篇的首简。⑦ 两相对照可以发现，被命名为“死咎”篇的简文显然也是以“死失图”为依据的。周家寨汉简《日书》正是将“死失”题写于“十二支占死咎”之首⑧，可以为证。换言之，与

① 睡虎地秦墓竹简整理小组编：《睡虎地秦墓竹简》，文物出版社 1990 年版，第 223、250 页。

② 李零：《跋石板村“式图”镜》，原载《文物天地》1992 年第 1 期，此据氏著《中国方术考》，东方出版社 2000 年版，第 204 页。

③ 刘乐贤：《睡虎地秦简日书研究》，台湾文津出版社 1994 年版，第 392 页。

④ 刘增贵：《秦简〈日书〉中的出行礼俗与信仰》，台湾《“中央研究院”历史语言研究所集刊》第 72 本第 3 分，2001 年，第 516 页。

⑤ 王子今：《睡虎地秦简〈日书〉甲种疏证》，湖北教育出版社 2003 年版，第 470 页。

⑥ 此七字原报告漏释，刘乐贤先生已指出，见《睡虎地秦简日书研究》，台湾文津出版社 1994 年版，第 282~283 页。

⑦ 湖北省文物考古研究所、随州市考古队编：《随州孔家坡汉墓简牍》，文物出版社 2006 年版，第 167、168 页。

⑧ 湖北省文物考古研究所、随州市曾都区考古队：《湖北随州市周家寨墓地 M8 发掘简报》，《考古》2017 年第 8 期。

“死失图”相关的应有三篇说明文字：①以十二支占死咎(300 壹-306 壹，307-311)，②以十二月配合十二支占死失(312-323)，③六十甲子占死失(324-344)。三篇占文的时日选择虽然互有重合，但内容的侧重点却各不相同。假如把三部分文字看作一篇的话，三个部分当然可以看作同一篇题下的三章。

同样地，“土功”篇下有三幅以方框写绘的图，图内和边框均写有文字，这三幅图及文字同样可看作“土功”篇下的三章，甚至被整理者拟定为“司空”“穿地”“土忌”的诸篇，都有可能属于“土功”篇。①

“日廷”亦有三幅图，可能也分为三章。

Ⅰc，篇题写在两支简的首端，合为一个篇题。246 号简首书写“盖屋”，247 号简首书写“筑室”，整理者合为一个篇题，这是很合理的，因为 246 号简既写有“盖屋良日”，又有“筑室良日”，很难截然分开。这种情况也见于睡虎地，如睡甲简 114 正壹“直室”与简 115 正壹“门”合为一篇题。这种写法，我们开始怀疑是因为简面狭窄，篇题字数较多，单简容纳不下，不得不书写在两支简的简端。但睡甲简 69 背壹“盗”与简 70 背壹“者”合为一篇题，简 129 背“土”与简 130 背“忌”合为一篇题，字数并不多。在睡乙中，字数较多的篇题通常作两行书写在一支简的首端，如“男子日”(109)、“垣墙日”(114)、“寄人室”(131)、“穿户忌”(131)、“家子□”(197)。这种写法，可能只是抄手的书写习惯不同而已，与篇题字数的多少并无直接关系。睡虎地篇题还有另一种形式，首简简端为“■”或“▬”符号，次简简端则书写篇题，如睡甲的“衣”篇(118 背、119 背)、睡乙的“梦”篇(189 壹、190 壹)、“失

① “土功”图一边框文字的正确读法应该是：“正月、七月、十月在东，二月、六月、八月在南，三月、五月、十一月在西，九月、四月、十二月在北。”211 号简首端“南方”是指示方位的。原图下边框的“九月”与“四月”写颠倒了。方框内的文字说：“土□月所在”意为“土□”每月所在的方位，指的正是边框文字所描述的运行方位。图二的读法同图一，运行规律不同，当系不同的神煞。其中右边框“十二月”(206 壹)是“十一月”之误。图三的释文，图下边框“三月”(215)是“十二月”之误；释写边框文字，“七月”是“十月”之误(第 157 页)。图二和图三边框指的似乎是同一神煞，这个神煞很可能就是 218-220 号简中的“大微”，或即“太岁”。

火”篇(249、250)等，我们怀疑这些符号起分篇的作用，是分篇符。比较特别的是睡甲简156背“马”和简157背的“■”，符号在文字篇题之后，其含义尚有待进一步考索。①

孔家坡398号简首“□稼”，417号简首“占”，整理者分作两篇。② 从整理者所编排的简文看，此二篇都是以各种风雨云等自然现象占禾稼年岁，理应合为一篇，题名“□稼占”，缺字或为“禾”。③

Ⅱa，篇题写在竹简的下栏，单列。由于日书多分栏书写，有些简文的上下栏分属不同的篇章，篇题则写在下栏，单居一简，如孔家坡简1贰“伐木日”、简159贰“禹须臾所以见人日”。据此，简129叁“斗击”可能也是篇题或具有篇题的性质。

Ⅱb，篇题写在竹简下栏，与正文连写。如“金钱良日”(7贰)、“马牛亡者”(345贰)④等。简111贰“徙”可能也是篇题，不过这一篇可能只到简113贰为止，接下来的简114贰-115贰：“大时右行间二，小时左行毋数。正月建寅左行，建所当为冲日，卒，冲前为飘，后为败，是日毋可有为也。”应属简111壹-122壹“时”篇。所谓“大时右行间二，小时左行毋数”，与“时”篇中按十二个月排定的大时和小时的运行规律一致。

Ⅲ，原简无篇题，篇题为整理者所拟定。这一类竹简的首简均完好，可以确定原无篇题，与上述Ⅰa-2有别，另立一类，可分三种情形来谈。①图配合文字，文字说明具有篇题性质，如“离日”，在图下有“是胃

---

① 关于本篇的篇题，学者看法很多，分歧比较大，详参刘乐贤：《睡虎地秦简日书研究》，台湾文津出版社1994年版，第309、312~313页。

② 湖北省文物考古研究所、随州市考古队编：《随州孔家坡汉墓简牍》，文物出版社2006年版，第179页。

③ 398号简的出土号为351，417号简的出土号为429，据此查对“竹简出土位置侧视图”(第30页)，这二支竹简并不在一起，分隔较远。这可能是整理者把它们分作两篇的一个原因。但笔者另外查对了“离日”图和“天牢”图所在竹简，这两篇的每篇竹简绝对是应该编放在一起的，否则“图”就没法读，然而在“侧视图”中同篇各简并不在一起，且同样分隔较远。如何利用“侧视图”复原简册的原貌，仍有待进一步探索。

④ 《随州孔家坡汉墓简牍》第174页注〔一〕说“‘马牛亡者’是我们拟定的篇题”，不确。

(谓)根山，禹离日也”(139 叁)的说明文字，亦相当于篇题。相似的简文见于睡甲，亦无篇题。“天牢”图下有“此天牢”(352 叁)的说明文字。“直室门”写绘有图的诸简完好(275-287)，无篇题。睡甲自题为“直室门”。“人字”图残缺，但首简完好(379)，其中并无篇题。睡甲自题为“人字”(150 正壹)。“报日”(305 叁-306 叁)篇虽无图，但在篇末特别提到“此报日也”，实际上也相当于篇题的作用。②原简无篇题，但可能与其他竹简合为一篇。如“死失”，其首简 312 号简端无题，但此篇可能与“死失图”“死咎”合为一篇。“到室”(146 壹)可能与前面的“行日”合为一篇。“土功事”(240)可能属“盖屋筑室”篇，“垣”(242)可能属“垣日”篇，“门”(286 贰)则与“直室门”有关。“死”(352 壹)与“有疾”同篇。“司岁”(427 壹)、“主岁”(427 贰)、“朔占”(439)、“桼”(447)诸篇主题明确，都与禾稼年岁占有关，可能都与“□稼占”或“岁”同属一篇大书①。③原简无篇题，亦无法归于其他篇，如“孤虚”(116 贰-122 贰，116 叁-120 叁)、“来”(146 叁)、“五子”(182 贰-190 贰)、“天刺”(236)、“生子”(379 贰)等。

总结以上分析，可以明确原简写有标题的至少 35 题(Ⅰa-1、Ⅰb、Ⅰc、Ⅱa、Ⅱb)，没有写标题的可能还不到 20 个(Ⅲ)。可以确定的篇题多写在竹简的首端，起标识作用。按照上述方法统计，睡甲明确书写篇题的有 37 个，明确无篇题的大概有 20 个；睡乙分别为 43 个和 15 个。② 上述情形表明，日书的篇题是逐步发展起来的，主要起分篇和提示作用。

秦汉时期的墓本日书，写有篇题的虽然占据多数，但不写篇题的也不

① 刘乐贤在《孔家坡汉简〈日书〉“司岁”篇初探》一文中指出，“司岁”篇后半部分申、酉、戌日三条的下半段，实际上并不属于“司岁”篇，而是另为一篇(2007 中国简帛学国际论坛，台北，2007 年 11 月)；后收入氏著《战国秦汉简帛丛考》，文物出版社 2010 年版，第 106~112 页；亦见台湾大学文学系主编：《2007 中国简帛学国际论坛论文集》，台湾久忠实业有限公司 2011 年版，第 249~258 页。

② 关于睡虎地秦简标题的分析，可参看林清源：《简牍帛书标题格式研究》，台湾艺文印书馆 2004 年版，第 107~152 页。

少。是否题写篇名，似乎仍未完全固定。同一内容的篇章，在不同的日书本子中，篇题亦不完全相同。比如：孔家坡“建除”为建除篇题的首次出现，在此前发现的简牍日书中，与之性质类似的九店和放马滩秦简《日书》都没有标题，睡甲一题名为“楚除”，一题名为“秦除”，乙种则题名为“徐”。① 曾有学者根据已发现的日书篇题，猜测“从先秦直到秦代，无论秦人或楚人，均将此法称为‘除’，而不是‘建除’”，“‘建除’一名，则应是到汉代才出现的”。② 从已发现的日书文本看，这种看法很可能是正确的。又比如：孔家坡“徙时”篇，睡甲题名“岁”(64 正壹)、睡乙题名“家(嫁)子□”(197)；睡甲另有一篇则无篇题(59 正壹-62 正壹)。同样的内容还见于马王堆汉墓帛书、香港中文大学文物馆藏简牍和居延新简，均无篇题。③ 这一类日书篇章，多为单篇流行，流传既广，当合编为一册书时，为了与其他篇章相区别，乃摘要题篇。篇题的名目，亦由抄手据其内容的理解而定，从而出现同一篇日书，在不同传本中题写不同篇题的现象。

## 二、日书的文本结构：以睡虎地为中心

日书多单篇流行，当若干单篇被编辑成一册书时，编辑的原则是什么？竹简的次序是如何安排的？反映了日书的编辑者或复制者怎样的意图？这是我们在复原墓本日书时必须考虑的。在日书文本的结构布局方面，由于睡甲内容较丰富，又是正反两面书写，比较容易确定竹简原来的编排次序和篇章

① 分见睡虎地秦墓竹简整理小组编：《睡虎地秦墓竹简》，文物出版社 1990 年版，第 180、182、232 页。其中“楚除”原释文作“除”，张闻玉先生补作“楚除”，见《云梦秦简〈日书〉初探》，《江汉论坛》1987 年第 4 期；乙种“徐”原释文作“除”，刘乐贤先生改释为“徐”，见《睡虎地秦简日书研究》，台湾文津出版社 1994 年版，第 321 页。

② 张铭洽：《秦简〈日书〉之“建除法”试析》，王子今、白建钢、彭卫主编：《纪念林剑鸣教授史学论文集》，中国社会科学出版社 2002 年版，第 223~234 页。

③ 参看晏昌贵：《简帛〈日书〉“岁”篇合证》，《湖北大学学报》(哲学社会科学版) 2003 年第 1 期；李天虹：《孔家坡汉简中的“徙时”篇》，李学勤、谢桂华主编：《简帛研究二〇〇二、二〇〇三》，广西师范大学出版社 2005 年版，第 204~208 页。

安排，是分析日书文本结构的佳例。①

睡虎地位于湖北云梦城关西，离云梦火车站仅百余米。1975 年 11 月被发现，同年 12 月 1 日开始发掘，至 1976 年 1 月 9 日止，历时 40 天。出土竹简的 11 号墓(M11)为东西方向，墓坑东壁有一个双扇板门的壁龛，椁室内壁长 2.9、宽 1、高 1.16 米，由横梁分为头厢与椁室两个部分，椁盖板正中有一具完整的牛头骨。1150 多枚竹简散布在墓主人身体的四周，内容主要包括《编年记》(后或改称“叶书”)、《语书》、《为吏之道》、各种法律文书和《日书》等。《日书》根据在墓中所处位置和竹简尺寸大小分为甲、乙两种，甲种共 166 枚简，置于墓主的头部右侧，简长 25、宽 0.6、厚 0.1 厘米；乙种 257 枚简，发现于墓主的足部，简长 23 厘米，宽、厚同于甲种。在乙种最后一枚简的背面书写“日书”的标题。睡甲简数虽少，但字写得小而密，且正反两面书写，字数反多于睡乙，内容也比乙种更加丰富。根据墓中所出《编年记》，可知墓主人名叫“喜”，生前曾担任秦安陆、鄢县的令史，为地方基层小吏。《编年记》止于秦始皇三十年(前 217 年)，这一年喜 46 岁，墓中的人骨架据鉴定为 40~45 岁的男性，所以墓葬下葬的年代亦当在秦始皇三十年或稍后。② 以下将根据整理者的编排次序和后续相关研究成果，分析睡甲的文本结构。请先从正面开始。

1-13 号简为“楚除”，篇题在首简的顶端。简文分两栏，上栏以表格形式，列“建除十二直”，下栏是占辞。建除十二直之所以用 13 支简，是因为

① 参看 Liu Lexian: Daybooks: A Type of Popular Henerological Manual of the Warring States, Qin, and Han, in Donald Harper & Marc Kalinowski (eds.): *Books of Fate and Popular Culture in Early China: The Daybook Manuscrpts of the Warring States, Qin, and Han*. Brill, 2017, pp. 60-63.

② 《云梦睡虎地秦墓》编写组:《云梦睡虎地秦墓》，文物出版社 1981 年版，第 1、3、7~8、12、21、22、69 页。日书简的图像资料首见于《云梦睡虎地秦墓》，释文写在竹简旁边，未分篇，无注释；《睡虎地秦墓竹简》(文物出版社 1990 年版)收录日书图像资料，有分篇释文和注释；陈伟主编《秦简牍合集(壹)》(武汉大学出版社 2014 年版)有红外和放大图版，并有最新整理注释成果。本书的分析以《睡虎地秦墓竹简》为主，参考其他两种图像资料。

第一支简书写十二月名及斗建，为了将十二直的占辞与表中的十二直名一一对应，第一支简的下栏留白，于是插写“四敫”日条文。

14-25号简为“秦除”，篇题在首简的顶端。上栏书写建除十二直，不再用表格形式，而是将十二个月每月书写一支简面，这样就只用12支简，正好与下栏的占辞一一对应，而无多余的简。但从第17号简“平日”占辞开始，由于占文较简短，就利用剩余的空白处书写“禾良日”“困良日”等内容。

26-46号简主要书写“稷辰”，篇题在首简的顶端。其中26-31号简书写“稷辰”的直日，32-46号简书写“稷辰”的占辞，占辞连写。由于“稷辰”直日的下端有空余，就插写“衣”“鼠襄户”“葬日”等杂忌；26号简下栏书写的“衣”应为篇题，用圆点符号与“稷辰”分开；28号简的“鼠襄户”前亦有圆点符号。这些杂忌彼此之间并无关联。在占辞部分，即使简面还有空余，也不另外插写其他内容。

47-58号简上部书写“玄戈”，篇题在首简的顶端，文字跨越编绳连写，直到文字写完。值得注意的是，二十八宿名都写全，没有合文和重文现象。简面的下部则书写“艮山”图及占辞、“寄人”等内容，并利用“艮山”图作为分栏符。“艮山”图止于57号简，占辞止于53号简，接下来的剩余部分写“寄人”，亦可止于58号简，与“玄戈”篇同始终。

59-63号简上部分的内容是“岁徙”，其中59号简顶端似有墨迹，或有篇题，今已不可知矣。它的位置可由下部分的分栏符、简文内容，以及竹简背面的简文内容确定。59号、60号简的下栏书写“入客”，亦无篇题。

64-67号简上部“岁”篇，篇题在首简的顶端。用的是楚月名，很显然是讲楚人的“岁徙”，或可与前篇秦的“岁徙”对照，下栏书写秦楚月名对照以及日夕时分，应该是出于楚、秦系日书相互对照的目的。这二篇简文连书，可见其体例之严谨。

68-95号简上部是“星”篇，篇题在首简的顶端。下半部分书写“病”篇(68-77)，有篇题，在编绳(分栏)的上端，“病”前有圆点符号。“病”篇之后是“诸良日”篇(78-94)，无篇题。上下栏之间有分栏符，分栏符随上半部文字的多少而移动，并非固定，所以原简一定是在上栏文字写好确定后，再书写下栏文字。

以上部分的上栏相当于日书的大纲，各篇以时日为主，事项占卜列在各时日之下。

96-101 号简上部大半为“啻”篇，篇题在首简的顶端。其中 96-99 号简分栏书写，100-101 号简书写占辞，不分栏。从占辞看，多为筑室覆屋，所以在下栏书写有关建筑物的“室”和“门”的时日禁忌。由于“星”篇最后一支简(95)下栏写有“北乡门”，与 96 号简“南乡门”连成一个整体，所以“星”篇与“啻”篇原本是连写在一起。具体格式如下：

> 轸□乘车马衣常取妻吉以生子必驾可入货　　　　▌北乡门七月八月九月其日丙午丁酉丙申垣之其生赤 95
>
> 啻　春三月啻为室申剽卯杀辰四法庚辛▌春三月毋起东乡室▌南乡门正月二月三月其日癸酉壬辰壬午垣之其生黑 96
>
> 夏三月啻为室寅剽午杀未四法壬癸▌夏三月毋起南乡室▌东乡门十月十一月十二月其日辛酉庚午庚辰垣之其生白 97

为了保证格式上分栏的一致，抄手有意将 95 号简上栏的文字写得较大且稀疏，96 号简文字则较小且紧密，这样就能在 96 号简的中间插入“春三月毋起东乡室”，并将“南乡门”等内容作为第三栏，以与 95 号简的第二栏内容并列。从文本的结构形式及内容看，“啻”篇都起到了承上启下的作用：“啻”篇以上部分是总纲，统领全篇；“啻”篇以下则以杂事占为主，其中紧邻“啻”篇的，就是“室忌”(102-103)、“土忌”(104-109)、“作事”(110)、“毁弃”(111-113)、“直室门”(114-126)等与建筑动土有关的篇章，强调内容的关联性。“室忌”“土忌”均由下栏的“十二支忌”连接起来。“直室门”上半部为“直室门”图，下半部则分二栏书写 22 个门的占文。余下三简(124、125、126)的第三栏插写十二支忌中“未”“戌”和“庚辰、壬辰、癸未，不可燔粪”等有关条文。前文“十二支忌”只见从子到酉十条，此处加上二条，正好12条。但前简中的“未”误写作“木”，则“未”日条二见，尚缺最后“亥”日条。这三条简文与前后文均无关联。填空补白，真可谓见缝插针矣。

127-130号简为“行”、131-133号简为“归行”，均不分栏。其中132号简为“四门日”、133号简为“往亡日”，据文例，似皆应纳入“归行”篇中。134号简“到室”，篇题写在首简的顶端。135号简“禹须臾”，似无篇题，二者有交叉。以上四篇均为出行择日占。其中134号简抄手误将九月丑抄成“九月辰”，然后在“十月戌”后补写“丑”字，又将135号简未写完的内容插写在134号简的下部空白处。简文的次序可由背面书写的文字确定，足证竹简先编后写，且抄手事先有谋篇布局的考量。

136-139号简内容稍显复杂，共分8栏，其中上面的3栏为“十二支占行”，依然与出行有关。4-6栏是“臽日”，第7栏为“敫日”，第8栏则为臽日和敫日的占文，占文内容不完全与出行有关。简端无篇题，这或许是一组过渡性简文。

140-149号简为“生子”篇，书写六十甲子占生子，共分6栏，以保证每一栏的天干相同，从“甲戌”开始，以“癸酉”结束。150-154号简“人字”，篇题在首简的顶端。上部为“人字”图，秋冬图在上，春夏图在下。下部为占辞，分二栏，有分栏符号。占文书写格式为：

人字其日在首富难胜也　▌女子以巳字不复字 150正

夹颈者贵　▌在足下者贱 151正

在奎者富　▌在外者奔亡 152正

在掖者爱　▌戊子以有求也必得之虽求頯啻必得 153正

在手者巧盗　▌丙寅以求人得之 154正

很显然，153、154号简的后半部分内容并不属于“人字”，只因内容相近而抄录在一起。更有意思的是，150 号简的分栏符(一横线，转录为竖线)与“生子”篇的末简 149 号简第 6 栏的分栏符对齐，并且 151、152 号简仍然保留着与之对齐的分栏符，只是在 153 号简上，由于文字较长，才没有了分栏符。

155 号简首端有篇题“嫁女”，156 号简首端有篇题“作女子”，均与婚嫁有关。

157-166 号简为“吏”篇，篇题在首简的顶端。简文共分 6 栏，其中 1～5 栏按十二支的顺序，讲述朝、晏、昼、日庑、夕五个时辰见官的吉凶。阅读的顺序与其他简文分栏横读不同，本篇简文是从同一支简(子日)的第 1 栏下读至第 5 栏，然后再读第二支简(丑日)，以至最后一支简。第 6 栏是“入官良日”，横读。

综观整个睡甲正面的简文安排，可谓次序井然，有条不紊。从竹简上栏的篇题看，其次序为：

> 楚除—秦除—稷辰—玄戈—岁—星—啻—室忌、土忌、作事、毁弃、直室门—行、归行、到室—生子、人字—嫁女、作女子—吏

其中以“啻”篇为界，“啻”篇以上是以时日铺注事占的纲领性综合择日，篇幅较大，最多的“星”篇占据 27 支简，其他各篇亦多在 10 支简以上。“啻”篇以下则为事占，由于“啻”篇以作事筑室为主，紧随其后“室忌”“土忌”“作事”等亦与土木建筑有关，可谓是以事类相从，其后的各篇亦以同类事项聚合在一起，形成文本群，最后以官场事务的“吏”篇作结。这些事占各篇的篇幅大多小于前述“纲领性”文件，是日书文本的中等规模的文书单元。总括上栏的结构特征，可以用八个字作结：**纲举目张，类聚群分。**

睡甲正面的下栏(部)则根据简面的剩余留白，插写相关简文，插写的内容往往与上栏相关，但也不尽然，有时为了照顾留白空间的大小，选择填充有关内容，大多是先写好上栏，如果剩余较多，就插入零碎内容；若上栏内

容较多，就将简面写完，不再分栏，而下栏内容即使连续，也移至下一简续写。如“土忌”篇下栏书写“十二支忌”，但106号简由于内容多，并未分栏，下栏中是将105号简中的“辰”日忌与107号简“巳”日忌连读。类似的例子尚有不少，不能备举。这样的布局特征，也使得下栏的文本单元大多较小，有时一条简文即可成为一个独立的小单元。总结下栏的文本结构，也是八个字：**见缝插针，填空补白。**

睡甲背面写有文字，大约是在正面写完后，反转过来，从正面最后一支简起始，直到正面的第一支简。原整理者是按书写的次序或阅读顺序对竹简重新编号，所谓简1背所指实际就是从正面看的第166号简。刘乐贤先生重新整理，采取与竹简正面编号一致的做法，同一支简用同一个简号，分别标明正反。① 新的编号方法虽然保持了逻辑上的一致性，但旧有编号沿用已久，已成为学界通行做法，故本书仍沿用原整理者的编号方式。由于反转过来的最后6支简(亦即正面的首6简)没有书写文字，背面的编号实际上只有160个。又由于简文内容存在内在联系，客观上也为正面简文的排序提供了有力的支撑。背面最大的不同，是没有正面那么多的篇题，当然也就没有正面那样井然有序。从简文内容看，睡甲背的简文次序大致如下：

娶妻嫁女—梦—相宅—诘—盗者—死失—禹须臾—杀忌—出行—衣—杂忌—土忌、门—田忌、五种忌—反枳—马

从内容上看，睡甲背以事占为主，多了一些非择日的内容，如“梦”“相宅”“诘”“马”诸篇。有些择日内容亦见于正面，如简3背“牵牛取织女”占嫁娶的条文，也见于简155正。同样是睡甲背面，也有重复的内

① 陈伟主编，刘乐贤撰著：《秦简牍合集(壹)》，武汉大学出版社2014年版，第350页；另参陈伟主编，刘乐贤撰著：《秦简牍合集：释文注释修订本(贰)》，武汉大学出版社2016年版，第328页。原整理本写作“背”，新整理本写作“反”，新本保留了原有的编号，二个编号并存，便于查对。

容，如简 95 背贰-99 背贰有关“久行”“长行”的禁忌，又见于简 127 背贰-128 背贰。简文内容重出的现象在其他日书也偶有所见，无足为怪。从总体上看，睡甲背面可以看作对正面的补充，正面和背面共同构成一册完整的《日书》。

睡乙竹简残破较多，且无简背文字作为支撑，现有的复原大多参照借鉴睡甲的排序。睡乙的抄手或者比较粗心，或者水平低下，错讹衍漏的现象所在多有。① 从整理者复原的结果看②，其结构布局大约也是遵循“纲举目张，类聚群分；见缝插针，填空补白”的原则。

孔家坡的整理者很重视竹简的排序和文本的结构，在发表的考古报告中还专门附上竹简出土位置侧视图。③ 根据其复原结果，简 1-24 为“建除”，其中 1-12 号简的下栏插写“伐木日”“金钱良日”等内容。简 25-48 为“丛辰”，这是一篇独立的大书。抄写特征上，第 45 号简“正月以朔多雨”，简下尚有空白，但却要接在 26 号简的下栏“齐雨居外者齐”之后。二简相距悬远，不知为何要这样接续。48 号简上半残，整理者以为首端是“结日”，然整篇文字，其他丛辰日名的占文为 2～3 简，“结日”的占文只大半支简，这是不可思议的。“结日”简多半是遗失了。简 49-76 为“星官”，竹简多残缺，参照睡虎地整理。简 78-89 为“击”篇，用表格形式列举每月所“击”十二时辰。简 90-96 为“刑德”，简 97-100 为“徙时”，类似睡甲“岁徙”，题名不同。简

① 笔者曾统计睡虎地秦简各种文献的错讹衍漏现象，结果为：《秦律十八种》2. 7‰、《效律》0. 7‰、《秦律杂抄》0. 8‰、《法律答问》1. 3‰、《封诊式》0. 3‰，以上各法律文书合计为 1. 7‰。日书睡甲正面为 3. 8‰、背面 3. 9‰，睡乙则高达 12‰。其余各篇如《编年记》《语书》等，篇幅太小，未作统计。

② 由于睡乙保存状况欠佳，当时对日书的认识不足，整理者的复原工作亦有不尽如人意处，近来仍有学者重作复原整理工作，如陈伟对“七畜日”的复原(《睡虎地秦简日书乙种〈七畜日〉的复原问题》，《出土文献与古文字研究》第 6 辑《复旦大学出土文献与古文字研究中心成立十周年纪念文集》，上海古籍出版社 2015 年版，第 487～491 页)、王强等学者对“禹须臾”的改编(参看王强：《出土战国秦汉选择数术文献神煞研究——以日书为中心》，吉林大学博士学位论文，2018 年，第 294～309 页)等。

③ 湖北省文物考古研究所、随州市考古队编：《随州孔家坡汉墓简牍》，文物出版社 2006 年版，第 30 页。

101-102 为“八星”，内容大概与咸池有关，占文内容涉及嫁娶、迁徙、启门等。简 103-105 讲五行生克。以上诸篇，多涉及择日原理，或亦为纲领性文件。

孔家坡有若干图表，可以据此复原日书的结构。简 111-138 可以组成一个大的文本群，由 4 或 5 个彼此独立的文本单元构成。简 111-122 是关于大时小时移徙的简文，同样是在 121 号、122 号简上，另写绘有与“日廷”图相关的文字，可见这二篇原本是连写在一起的。“日廷”题名写在 129 简的顶端，这篇文书由三幅图组成，从 121 号简延续到 137 号简，上栏的图文很清楚，下栏却很凌乱，首先是在“日廷”图中间部分插写“斗系”的文字，大约是以文字代替北斗的符号象征，但这样一来，反而使得“日廷”图的左右两边很不对称，有错位现象(见图 1)。一般而言，日书有图有表，应该是先编简后书写的，发生孔家坡这种图形左右错位、不对称的情形是很难理解的。其次，从 135 号简开始，又插写“反支”，篇题在 135 简的顶端。“反支”篇亦止于 137 简。整理者编号 138 号简只残留下半，无字。这四篇的内容应该是有关联的。

简 139-153 可以组成另一个文本群。这个群组由“艮山”图而连在一起。“艮山”图写绘在 139-149 号简的中间，占文在图的下方，占据 139-145 号简。接着“艮山”占文续写的是“来”的文字，从简 146 至简 152。这是此群组成立的内在理由。在“艮山”图的上部，简 139、140 残缺，无文。简 141-150 都是关于占出行的文字，无篇题。简 151 顶端题名“穷日”，简 152-152 是“亡日”。这些简文大多是关于出行的，体现了日书文本以类相从、类聚群分的特征。

简 205-217 由三幅图组成一个文本组群，题名是 209 号简顶端“土功”。211 号简首标注“南方”两个大字，以标注三幅图的整体方位。方框内写占文，是关于某神所在及其宜忌，方框四周写有边文，主要是关于十二月的方位禁忌。简 218-220“司空”，上部残，未见题名。讲司空和大徼的运行规律。司空本是职掌土木建筑的官员，此神煞当与“土功”有关。简 221 亦与土功相关。

简 275-298 是关于“门”的禁忌，又可分为几组：①直室门。简 275-287

的上部写绘“直室门”图。南门在上，北门在下，共22门。下部书写22门的占文，从左上角（东南角）的“寡门”起始（简275），右行，至右下角（西北角）“不周门”（简285），南、西方的11门写在275-285号简共11支简的下

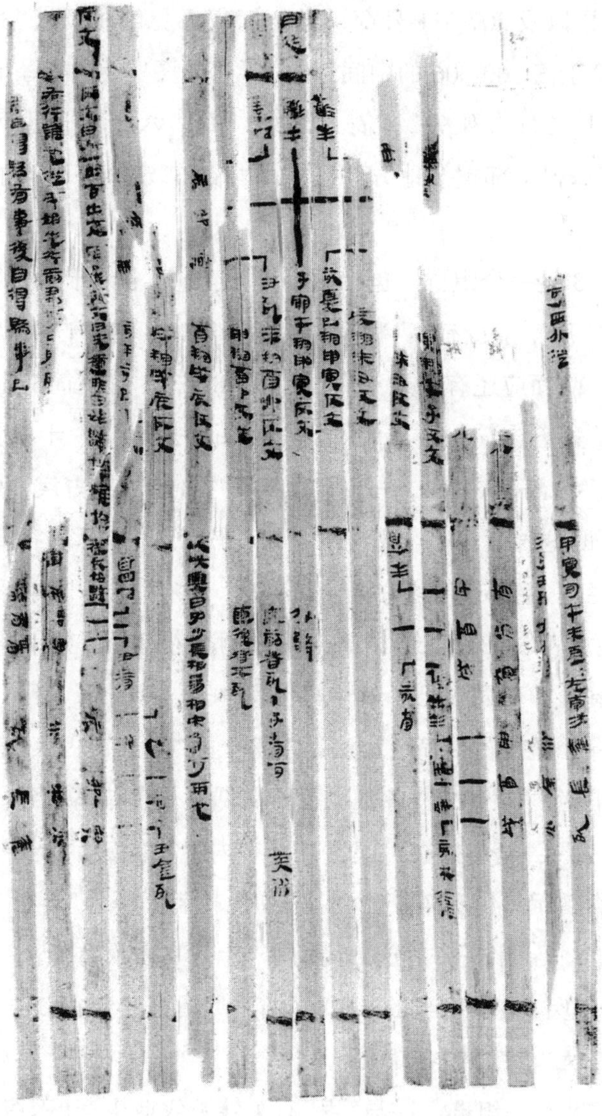

图1　孔家坡“日廷”图布局示意图

栏；剩余的北方和东方的 11 门则依次书写于 288-298 号简的上栏（“直室门”图止于 287 号简上栏）。②筑门宜忌。在“不周门”旁近的 286 号简下栏，书写筑门、为门的禁忌，最后的简 298 下栏则是“门良日”。

简 299-344 组成一大文本组群，包括：①“十二支占死咎”，书写于简 300-306 的上栏以及 307-311 号简。类似简文亦见睡甲。②“死失图”及配图文字。图写绘于简 300-306 的中间部分，“死失图”三字书写在图的正中上方（304）。③“十二月占死失”，简 312-323。④“六十甲子占死失”，简 324-344。在“死失图”下部空余地方，还插写“报日”宁人、问疾的条文（305 叁、306 叁）。

简 345-363 是一个组群。包括四个单元：①“十天干占疾”。完整的简有二枚：简 350“庚辛金也有疾”和简 351“壬癸水也有疾”。类似的内容亦见于睡甲和睡乙，前面应还有三条，而 347、348、349 三支简的上栏正好残存有类似的文字，这五支简构成“十天干占疾”的内容。②“十二支占疾”。接着“十天干占疾”的简 352-363，写“子”到“亥”的十二支占疾，中间部分的“天牢图”可以证明这种读法完全正确。其中“午”日条以下的各简上部残失，简序可以由下栏内容排定。但 364 号残存的“有疾”二字非本篇内容，应当剔除。③“马牛亡者”。345-351 号简，又分两个小单元。其一是“十二支占”，存子、丑、寅、卯、辰、巳、未、酉，其中丑、寅，辰、巳，未、申各合占一简，其他每个地支占一简。写法是接着上栏“十二支占疾”连书，上栏文字长短不一，下栏“马牛亡者”各条也写得高低不平、错落有致。书写形式上完全与上栏的“有疾”篇连接在一起，只有靠内容才能够区分开来。其中简 345 上栏文字不存，简 346 残存四个字符，唯末字可释为“足”，跨过编栏，与“马牛亡者”之“马”字平齐。这二简均非“十二支占疾”内容，整理者归入“十二支占疾”（有疾）是不妥当的。④“天牢”。图写绘于简 352-359，占文在图下，但简 357 无文字，内容缺失。

简 398-478 是一组群。讲与“岁”有关涉及农业生产（禾稼）的占书，前所未见，十分独特（其间可能有些不属于此大书的内容，如简 402、404、

405）。包括“禾稼占”、“始种”和“岁”篇。

孔家坡竹简残破较多，又无背面文字作为参照，但在整体结构上应与睡甲大体相似。①

## 三、日书的流传

通过上文的分析，可以发现睡虎地与孔家坡在结构上大体相似，但具体内容并不完全相同。事实上，目前所见比较完整的日书文本，没有任何两种是彼此完全相同的。日书在流传过程中，抄手总是根据现实社会的实际需求，对日书作相应的增减，形成新的文本。在“导论”的剩余部分，我们将从纵横两方面对比分析不同的日书文本，观察日书在流传过程的稳定性和变异性。

### (一)九店与睡虎地

江陵九店东周墓地位于纪南城东北 1.2~1.5 千米，南距荆州古城约 8.5 千米。1981—1989 年，考古工作者在此共发掘了 597 座东周墓，出土日书的为 56 号墓(M56)，长方形土坑竖穴，墓内有头、侧两龛，悬底单棺，骨架腐朽无存，随葬兵器及陶制生活用具等 30 余件。考古工作者根据墓葬形制及随葬物，归为乙组丙类 BⅢ 型，年代分期为四期六段，约当战国晚期早段，墓主人的身份为“庶人”。② 墓中出土竹简 205 枚，出于侧龛内，系成卷入葬，内裹墨盒、铁刀。其中完整和较完整的 35 枚，余均残断，保存较差。整简长 46.6~48.5、宽 0.6~0.8、厚 0.1~0.12 厘米。简文内容可分为 15

① 王强在分析孔家坡的文本结构时，总结两点，一是“形式上的留白与补白”，二是“内容上的连属相从”。参看王强：《孔家坡汉墓简牍校释》，吉林大学硕士学位论文，2014 年，第 80~83 页。

② 湖北省文物考古研究所编著：《江陵九店东周墓》，科学出版社 1995 年版，第 1~2、50~51、339、415、428 页。

组，1-12 号简为第 1 组，记有楚国的数量单位，可能与农作物有关，具体性质有待探讨。其余 14 组为日书。①

目前公布的图版影像资料有两种，一为《江陵九店东周墓》②，一为《九店楚简》③，前者有释文无注释，图像更清晰；后者释文有详注，图像效果较差。二篇编联、释文皆出李家浩先生之手，但二书刊布的竹简照片的编号略有不同，排版的方式也不一样。陈伟主编《楚地出土战国简册〔十四种〕》之“九店 56 号墓简册”出自李家浩、白于蓝之手，竹简编号与《九店楚简》相同。④

九店是目前所见年代最早的比较完备的日书，与睡虎地、孔家坡相比，九店有两个显著的特点：一是没有图表，二是没有篇(章)题。由于竹简残缺比较严重，整理者主要参照已有的日书尤其是睡虎地作排序分篇，九店本身并不具备作结构分析的可行性。我们知道，睡虎地本身就包括了楚日书的因子和内容，很早就有学者试图从睡虎地秦简中析出楚日书的内涵。最早从事楚、秦日书比较研究的大概是刘信芳先生，1992 年，他发表了《秦简中的楚国〈日书〉试析》，主要根据睡虎地中的楚月名，凡是睡虎地使用楚月名的篇章都定为楚日书，再将性质相同的篇章也看作楚日书，计有“除”“岁”“嫁子刑”“毁弃”“土忌”“到室”，共计 6 篇 62 简。⑤ 1993 年，林剑鸣先生发表《睡虎地秦简与放马滩秦简日书比较研究》，试图通过睡虎地秦简与放马滩秦简的比较，来观察楚、秦文化的异同。⑥ 九店楚简发表后，为楚、秦日书的比

① 湖北省文物考古研究所、北京大学中文系：《九店楚简》，中华书局 2000 年版，第 149~155 页。

② 湖北省文物考古研究所编著：《江陵九店东周墓》，科学出版社 1995 年版，图版 102~122。

③ 湖北省文物考古研究所、北京大学中文系：《九店楚简》，中华书局 2000 年版，第 1~28 页、图版 1-28。

④ 陈伟主编：《楚地出土战国简册〔十四种〕》(下)，武汉大学出版社 2016 年版。该书无图版，释文及注释见第 382~421 页。

⑤ 刘信芳：《秦简中的楚国〈日书〉试析》，《文博》1992 年第 2 期。

⑥ 林剑鸣：《睡虎地秦简与放马滩秦简日书比较研究》，《文博》1993 年第 5 期。

较研究奠定了更为坚实的基础。1997 年，刘信芳先生再次撰文讨论楚、秦日书的异同，通过将九店与睡虎地相比勘，刘信芳认为“秦简中的楚国日书占有相当大的比例，大大超出了笔者以前的分析”①。但对于睡虎地究竟有哪些是楚国日书，他并没有摘出。2000 年，胡文辉先生对刘信芳的方法提出批评，认为相同性质的不同篇章并非源自同一地区，而是不同地区的传本，比如“岁”“迁徙”“嫁子刑”三篇内容基本相同，刘信芳认为三篇都是楚日书，胡文辉则认为来自不同的地区，能够确定为楚日书的，只有使用楚月名的“岁”篇。据此，胡氏将睡甲和睡乙种区分为三系：睡甲 A、睡甲 B 和睡乙，其中只有睡甲 A 是楚日书，共约 13 组。② 刘、胡二氏发表文章时，孔家坡未公布，放马滩秦简公布的材料亦有限，讨论所得结论未免有所局限。2006 年，刘乐贤先生亦撰文讨论楚、秦二系选择术的异同，他认为能够确定为楚日书的是九店简，秦日书的代表则是放马滩秦简，与之参照的则有睡虎地和长沙马王堆帛书《式法》(《篆书阴阳五行》)。③ 这在方法上无疑较前进了一步。但由于他讨论的重点是楚、秦二系选择术对后世的影响，因而只选取了“建除”“丛辰”和“太岁(咸池)”三个节目作为比较，并未全面探讨楚、秦《日书》的异同。2013 年，日本学者森和发表《中国古代的占卜与地域性》，认为九店全部 13 篇之中，流传到西汉时代的只有“往亡”一篇而已。④ 本书拟在以往研究的基础上，比较九店与睡虎地之异同，以观察在楚、秦不同的历史时期，日书在楚国故地的继承与发展。

首先必须说明的是，九店有些篇章不见于睡虎地，如“成日”“告武夷”

① 刘信芳：《九店楚简日书与秦简日书的比较研究》，《第三届国际中国古文字研讨会论文集》，香港中文大学中国文化研究所、中国语言文学系，1997 年 10 月，第 517~544 页，引文见第 543 页。

② 胡文辉：《睡虎地秦简中的楚〈日书〉》，《华学》第 4 辑，紫禁城出版社 2000 年版；收入氏著《中国早期方术与文献丛考》，中山大学出版社 2000 年版，第 74~87 页。

③ 刘乐贤：《楚秦选择术的异同及影响——以出土文献为中心》，《历史研究》2006 年第 6 期。

④ 森和：《中国古代的占卜与地域性》，《湖南大学学报》(社会科学版)2013 年第 6 期。

“死生阴阳”等，但在睡虎地中往往有相似的内容，比如“告武夷”虽然不见于睡虎地，但睡甲另有“马”篇，二者都是祭祀祷告的文书，在性质上是同一类东西，只不过祝祷的对象不同。此外，睡甲和睡乙都有“梦”篇，为驱梦祝辞，亦与“告武夷”类似。① 日书收录这些与选择术无关的祝祷文书，可能是“日者”出于现实需要，抄录的一些祝告祷辞的范本，以便遇到类似场合时临时套用。“告武夷”将祷告者一概称为“某”，而没有具体人名，大概就是出于这样的目的。

其他见于睡虎地的篇章，大致可分为两种情形，一是二者的内容面貌基本一致，或者略有增删，我们把这种情形称为“继承”，主要包括“五子”篇、“相宅”篇、“启闭”篇、“往亡”篇、“裁衣”篇；二是虽然内容相同或相近，但睡虎地进行了一定程度的改编或改造，主要有“建髌”篇、“结阳”篇、“太岁”篇和“徙”篇。兹先说第一种情形。

九店和睡虎地都有“往亡”，九店残缺比较严重，复原后为：

〖荆层内(入)月七日，夏层内(入)月旬四日，享月内(入)月二旬〗一日，夏柰内(入)月八日，八月〖内(入)月旬〗六日，九月内(入)月〖二旬四日，十月〗内(入)月旬〈九日〉，𡨄月内(入)月旬〖八日，献马内(入)月二旬七日〗，冬柰内(入)月旬，屈柰内(入)月二旬，远柰内(入)〖月三〗旬，凡往，亡；归，死。81-87②

睡虎地“往亡”见于甲、乙种，每种各有2篇，共计4篇，其中睡乙分别题名为“亡日”和“亡者”，内容则完全一致。今举睡甲133号简为例：

入正月七日，入二月〖旬〗四日，入三月廿一日，入四月八日，

① 参看刘乐贤：《九店楚简日书研究》，《华学》第2辑，中山大学出版社1996年版，第66页。

② 所引日书简文皆见于本书集释，不另注明。

入五月十六日，入六月廿四日，入七月九日，入八月九【旬八】日，入九月廿七日，入十月十日，入十一月廿日，入十二月卅日，凡此日以归，死；行，亡。

按睡虎地所载楚、秦月名对照表，将楚月名换成秦历(夏历)月名，可表示如下：

| | | | |
|---|---|---|---|
| 正月 7 日 | 四月 8 日 | 七月 9 日 | 十月 10 日 |
| 二月 7×2=14 日 | 五月 8×2=16 日 | 八月 9×2=18 日 | 十一月 10×2=20 日 |
| 三月 7×3=21 日 | 六月 8×3=24 日 | 九月 9×3=27 日 | 十二月 10×3=30 日 |

这种时日安排是以每月的朔日为推算的起始点，以春夏秋冬四季的第一个月开始①，分别以 7、8、9、10 日及其倍数日安排往亡日，或可称之为“朔往亡”，与后世按“星命月”以节气日为起点推算的“气往亡”并不相同②。

睡虎地又有“裁衣”，兹将九店与睡虎地对照如下：

〼于人，丁亥又(有)灵，丁巳终其身，亡□〼九店 94

衣　裚(制)衣，丁丑媚人，丁亥灵，丁巳安于身，癸酉多衣。毋以楚九月己未台(始)被新衣，衣手□必死。睡甲 26 正贰

丁丑材(裁)衣，媚人。入十月十日日乙酉，十一月丁酉材(裁)衣，终身衣丝。十月丁酉材(裁)衣，不卒岁必衣丝。睡甲 113 背-114 背

丁丑材(裁)衣，媚人。入七月七日日乙酉，十一月丁酉材

① 关于战国楚历的四季划分，参看晏昌贵：《简帛〈日书〉岁篇合证》，《湖北大学学报》(哲学社会科学版)2003 年第 1 期。

② 参看晏昌贵：《敦煌具注历日中的“往亡”》，《魏晋南北朝隋唐史资料》2002 年第 19 辑。

(裁)衣，终身衣丝。十月丁酉材(裁)衣，不卒岁必衣丝。睡甲 119 背-120 背

☐□□□□□申，己未，壬申，以折(制)必以内(入)☐ 九店 95

衣忌：癸亥，戊申，己未，壬申，丁亥，癸丑，寅、申、亥、戊、巳、癸、甲，己卯，辛卯，癸卯，丁、戊、己、申。六月己未，不可以褽(制)新衣，必死。己、戊、壬、癸，丙申，丁亥，必鼠(予)死者。癸丑，寅、申、亥，秋丙、庚、辛，材(裁)衣，必入之。五月、六月，不可为复衣。月不尽五日，不可材(裁)衣。睡甲 115 背-117 背

两相对照，其一致性是明显的，尤其是"毋以楚九月己未始被新衣"一句，抄录者特别在九月前加上"楚"字，盖因楚、秦皆有九月，而楚九月相当于秦历(夏历)六月，加上"楚"字显然是为了避免混淆。睡甲 115 号简背有"六月己未，不可以制新衣，必死"，正是将楚历九月改为秦历(夏历)六月的结果。在九店简的简末有"亡"字，"亡""毋"古通用，残简缺失的可能正是"亡以九月己未始被新衣"之类的内容。总体上，睡虎地较为繁多，当是在九店的基础上有所增补。

睡虎地对九店增删比较明显的例子是"十二支占盗疾"篇。这种方术亦见江陵王家台秦简①，现将三种日书列举数条对比如下：

☐吉，南又(有)〖得。〗九店 72〖子，朝〗闭夕启。凡五子，朝逃(盗)得，昼不得，夕不得。以内(入)，见疾。以又(有)疾☐ 九店 60☐瘳，死生在□。九店 76

① 王明钦：《王家台秦墓竹简概述》，艾兰、邢文编：《新出简帛研究》，文物出版社 2004 年版，第 44 页。

子以东吉，北得，西闻言，〖南〗凶。朝启夕闭。朝兆(盗)不得，昼、夕得。以入，见疾。以有疾，辰少(小)翏(瘳)，午大翏(瘳)，死生在申，黑肉从北方来，把者黑色，外鬼父葉(世)为姓(眚)，高王父谴适(谪)。豕☐ 睡乙 157-158

五子，旦闭夕启，北得，东吉，南凶，西□…… 王家台 393

☐西亡行，北〖吉〗，南又(有)得。丑，朝启夕闭。凡五〖丑〗 九店 61☐大瘳，死生在子。九店 75

丑以东吉，西先〈无〉行，北吉，南得。睡乙 159A【朝】启夕闭。朝兆(盗)不得。以入，小亡。以有疾，巳少(小)翏(瘳)，酉大翏(瘳)，死生在子，睡乙 179B 脂肉从东方来，外鬼为姓(眚)，巫亦为姓(眚)。睡乙 160

五丑，旦启夕闭，东、北吉，南得，西毋行。王家台 388

〖未〗以东吉，又(有)得，北凶，西〖南吉。未，朝〗启夕闭。凡五未，朝逃(盗)不得，昼得，夕得。以内(入)，吉。以又(有)疾，子少瘳，卯大瘳，死生在寅。九店 67

未以东得，北凶，西、南吉。朝启{多}夕闭。朝兆(盗)不得，昼、夕得。以入，吉。以有疾，子少(小)翏(瘳)，卯大翏(瘳)，〖死〗生在寅，赤肉从南方来，把者〖赤〗色，母葉(世)外死为姓(眚)。睡乙 171-172

五未，旦闭夕启，西南吉，东得，北凶。王家台 347①

☐以入，又(有)得，非盌乃引。亥，朝闭夕启。凡五亥，朝逃(盗)得，昼得，夕不得。以又(有)疾，卯少瘳，巳大瘳，死生在申。九店 71

① 荆州地区博物馆:《江陵王家台 15 号秦墓》,《文物》1995 年第 1 期。

亥以东、南得，北吉，西禺(遇)□。睡乙 179A〖朝〗闭夕启。朝兆(盗)得，昼、夕不得。以入，得。【以有】疾，卯少(小)翏(瘳)，巳大翏(瘳)，死生 睡乙 159B〖在申〗，黑肉从东方来，母枼(世)见之为姓(眚)。睡乙 180

五亥，旦暮不闭，北吉，东凶。王家台 395

对比上述诸简，睡虎地对九店有减有增，减的方面是减去“凡五子”“凡五亥”等字样。“五子”即指六十甲子中与十天干相配的甲子、丙子、戊子、庚子、壬子，由于十天干与十二地支搭配，实际上只能得出五子，在记时系统上，“子”可以涵盖“五子”，“五子”所指代的时日与“子”完全相同。睡虎地省略五子、五亥，并不影响简文的实际意义，反而使行文更加简洁。但是，从王家台秦简看，“五子”“五亥”也有可能是单独与“启闭”抄在一起，只讲“出行”和“占盗”，而不涉及“疾病”占卜。由此我们或可推测，九店“启闭”可能抄自两个不同的底本，一个是以十二支为占，一个是以五子为占。睡虎地“启闭”则在九店的基础上加以整合，去掉了五子，纯以十二支为占，而内容实质不变。

睡虎地秦简在“增”的方面，是简末又增加了得病的原因及为“眚”的内容。细审九店图版照片，76 号简“死生在□”下有勾识符，67、71、75 号简末均有勾识符，且下有大段空白，表示文意到此结束，后面再无其他内容，不可能再出现“为眚”的情形。睡虎地有关致病物和作祟者的内容显然是另有所本，为抄录者所加。

九店 77 号简：“岁：十月、屈桼、享月在西；夐月、远桼、夏桼在北；献马、荆层、〖八月在东；冬〗桼、夏层〖、九月在南〗。”睡甲有所谓“岁”篇，相关内容如下：

刑夷、八月、献马，岁在东方，以北大羊(祥)，东旦亡，南遇

英(殃)，西数反其乡。64 正壹

夏夷、九月、中夕，岁在南方，以东大羊(祥)，南旦亡，西禺(遇)英(殃)，北数反其乡。65 正壹

纺月、十月、屈夕，岁在西方，以南大羊(祥)，西旦亡，北禺(遇)英(殃)，东数反其乡。66 正壹

七月、爨月、援夕，岁在北方，以西大羊(祥)，北旦亡，东禺(遇)英(殃)，南数反其乡。67 正壹

其中的月名为楚国特有，应是抄自楚日书无疑。我们拿它与九店相比，可见其间有同有异，相同的方面是："岁"或"太岁"每月所在的方位是一致的，比如刑夷、八月、献马都在东，夏夷、九月、冬夕都在南方，等等。但二者的起始点和各月的次序并不相同，九店的"岁"始自楚十月在西，然后爨月在北，献马在东，冬夕在南，再从屈夕回到西方，终而复始。而睡虎地的"岁"则始自刑夷在东，夏夷在南，以下类推。从文本书写的角度看，只需将九店由"十月"开始换成从"刑夷"开始，即可得出睡虎地"岁"篇中的排列。二者的不同，可能与历法有关。

最后，我们来讨论一下睡虎地对九店"建鑀""结阳"两篇的改造、整合问题。睡甲和睡乙各有 2 种，共 4 种"建除"，与楚"建鑀""结阳"最相近的是睡甲 1-13 号简和睡乙 1-13 号简。其中睡甲 1 号简正面自题为"除"，"除"字的上面还隐约可见有残字符，有学者怀疑所残去的字是"楚"，合起来正是"楚除"(简称"楚除")①。睡乙则无篇题。两种"建除"均分两栏书写，上栏为建除十二神所值时日干支，下栏为占辞。为便于讨论，现将楚"建鑀""结阳"以及睡虎地两种日书的上栏分别列表如下(见表 1~表 4)②：

① 张闻玉：《云梦秦简〈日书〉初探》，《江汉论坛》1987 年第 4 期。

② 为便于比较，我们对表格的形式作了微调，并将楚月名换写为秦简中的通假字。

**表 1　九店“建竷”表**

| | 刑夷 | 夏夷 | 享月 | 夏夕 | 八月 | 九月 | 十月 | 爨月 | 献马 | 冬夕 | 屈夕 | 远夕 |
|---|---|---|---|---|---|---|---|---|---|---|---|---|
| 建 | 辰 | 巳 | 午 | 未 | 申 | 酉 | 戌 | 亥 | 子 | 丑 | 寅 | 卯 |
| 竷 | 巳 | 午 | 未 | 申 | 酉 | 戌 | 亥 | 子 | 丑 | 寅 | 卯 | 辰 |
| 敓 | 午 | 未 | 申 | 酉 | 戌 | 亥 | 子 | 丑 | 寅 | 卯 | 辰 | 巳 |
| 坪 | 未 | 申 | 酉 | 戌 | 亥 | 子 | 丑 | 寅 | 卯 | 辰 | 巳 | 午 |
| 寍 | 申 | 酉 | 戌 | 亥 | 子 | 丑 | 寅 | 卯 | 辰 | 巳 | 午 | 未 |
| 工 | 酉 | 戌 | 亥 | 子 | 丑 | 寅 | 卯 | 辰 | 巳 | 午 | 未 | 申 |
| 坐 | 戌 | 亥 | 子 | 丑 | 寅 | 卯 | 辰 | 巳 | 午 | 未 | 申 | 酉 |
| 盍 | 亥 | 子 | 丑 | 寅 | 卯 | 辰 | 巳 | 午 | 未 | 申 | 酉 | 戌 |
| 城 | 子 | 丑 | 寅 | 卯 | 辰 | 巳 | 午 | 未 | 申 | 酉 | 戌 | 亥 |
| 复 | 丑 | 寅 | 卯 | 辰 | 巳 | 午 | 未 | 申 | 酉 | 戌 | 亥 | 子 |
| 菀 | 寅 | 卯 | 辰 | 巳 | 午 | 未 | 申 | 酉 | 戌 | 亥 | 子 | 丑 |
| 敚 | 卯 | 辰 | 巳 | 午 | 未 | 申 | 酉 | 戌 | 亥 | 子 | 丑 | 寅 |

**表 2　九店“结阳”表**

| | 刑夷 | 夏夷 | 享月 | 夏夕 | 八月 | 九月 | 十月 | 爨月 | 献马 | 冬夕 | 屈夕 | 远夕 |
|---|---|---|---|---|---|---|---|---|---|---|---|---|
| 结 | 寅 | 卯 | 辰 | 巳 | 午 | 未 | 申 | 酉 | 戌 | 亥 | 子 | 丑 |
| 阳 | 卯 | 辰 | 巳 | 午 | 未 | 申 | 酉 | 戌 | 亥 | 子 | 丑 | 寅 |
| 交 | 辰 | 巳 | 午 | 未 | 申 | 酉 | 戌 | 亥 | 子 | 丑 | 寅 | 卯 |
| 害 | 巳 | 午 | 未 | 申 | 酉 | 戌 | 亥 | 子 | 丑 | 寅 | 卯 | 辰 |
| 阴 | 午 | 未 | 申 | 酉 | 戌 | 亥 | 子 | 丑 | 寅 | 卯 | 辰 | 巳 |
| 达 | 未 | 申 | 酉 | 戌 | 亥 | 子 | 丑 | 寅 | 卯 | 辰 | 巳 | 午 |
| 外阳 | 申 | 酉 | 戌 | 亥 | 子 | 丑 | 寅 | 卯 | 辰 | 巳 | 午 | 未 |
| 外害 | 酉 | 戌 | 亥 | 子 | 丑 | 寅 | 卯 | 辰 | 巳 | 午 | 未 | 申 |
| 外阴 | 戌 | 亥 | 子 | 丑 | 寅 | 卯 | 辰 | 巳 | 午 | 未 | 申 | 酉 |
| 绝 | 亥 | 子 | 丑 | 寅 | 卯 | 辰 | 巳 | 午 | 未 | 申 | 戌 | 戌 |
| 夬光 | 子 | 丑 | 寅 | 卯 | 辰 | 巳 | 午 | 未 | 申 | 戌 | 戌 | 亥 |
| 采 | 丑 | 寅 | 卯 | 辰 | 巳 | 午 | 未 | 申 | 戌 | 戌 | 亥 | 子 |

**表 3　睡甲“楚除”表**

| | 十一月 | 十二月 | 正月 | 二月 | 三月 | 四月 | 五月 | 六月 | 七月 | 八月 | 九月 | 十月 |
|---|---|---|---|---|---|---|---|---|---|---|---|---|
| | 斗 | 须 | 营 | 奎 | 胃 | 毕 | 东 | 柳 | 张 | 角 | 氐 | 心 |
| 溧 | 子 | 丑 | 寅 | 卯 | 辰 | 巳 | 午 | 未 | 申 | 酉 | 戌 | 亥 |
| 媚 | 丑 | 寅 | 卯 | 辰 | 巳 | 午 | 未 | 申 | 酉 | 戌 | 亥 | 子 |
| 建 | 寅 | 卯 | 辰 | 巳 | 午 | 未 | 申 | 酉 | 戌 | 亥 | 子 | 丑 |
| 陷 | 卯 | 辰 | 巳 | 午 | 未 | 申 | 酉 | 戌 | 亥 | 子 | 丑 | 寅 |
| 彼 | 辰 | 巳 | 午 | 未 | 申 | 酉 | 戌 | 亥 | 子 | 丑 | 寅 | 卯 |
| 平 | 巳 | 午 | 未 | 申 | 酉 | 戌 | 亥 | 子 | 丑 | 寅 | 卯 | 辰 |
| 宁 | 午 | 未 | 申 | 酉 | 戌 | 亥 | 子 | 丑 | 寅 | 卯 | 辰 | 巳 |
| 空 | 未 | 申 | 酉 | 戌 | 亥 | 子 | 丑 | 寅 | 卯 | 辰 | 巳 | 午 |
| 坐 | 申 | 酉 | 戌 | 亥 | 子 | 丑 | 寅 | 卯 | 辰 | 巳 | 午 | 未 |
| 盖 | 酉 | 戌 | 亥 | 子 | 丑 | 寅 | 卯 | 辰 | 巳 | 午 | 未 | 申 |
| 成 | 戌 | 亥 | 子 | 丑 | 寅 | 卯 | 辰 | 巳 | 午 | 未 | 申 | 酉 |
| 甬 | 亥 | 子 | 丑 | 寅 | 卯 | 辰 | 巳 | 午 | 未 | 申 | 酉 | 戌 |

**表 4　睡乙“窓结”表**

| | 十一月 | 十二月 | 正月 | 二月 | 三月 | 四月 | 五月 | 六月 | 七月 | 八月 | 九月 | 十月 |
|---|---|---|---|---|---|---|---|---|---|---|---|---|
| 窓结 | 子 | 丑 | 寅 | 卯 | 辰 | 巳 | 午 | 未 | 申 | 酉 | 戌 | 亥 |
| 赢阳 | 丑 | 寅 | 卯 | 辰 | 巳 | 午 | 未 | 申 | 酉 | 戌 | 亥 | 子 |
| 建交 | 寅 | 卯 | 辰 | 巳 | 午 | 未 | 申 | 酉 | 戌 | 亥 | 子 | 丑 |
| 窞罗 | 卯 | 辰 | 巳 | 午 | 未 | 申 | 酉 | 戌 | 亥 | 子 | 丑 | 寅 |
| 作阴 | 辰 | 巳 | 午 | 未 | 申 | 酉 | 戌 | 亥 | 子 | 丑 | 寅 | 卯 |
| 平达 | 巳 | 午 | 未 | 申 | 酉 | 戌 | 亥 | 子 | 丑 | 寅 | 卯 | 辰 |
| 成外 | 午 | 未 | 申 | 酉 | 戌 | 亥 | 子 | 丑 | 寅 | 卯 | 辰 | 巳 |
| 空外 | 未 | 申 | 酉 | 戌 | 亥 | 子 | 丑 | 寅 | 卯 | 辰 | 巳 | 午 |
| □□ | 申 | 酉 | 戌 | 亥 | 子 | 丑 | 寅 | 卯 | 辰 | 巳 | 午 | 未 |
| 盍绝 | 酉 | 戌 | 亥 | 子 | 丑 | 寅 | 卯 | 辰 | 巳 | 午 | 未 | 申 |
| 成决 | 戌 | 亥 | 子 | 丑 | 寅 | 卯 | 辰 | 巳 | 午 | 未 | 申 | 酉 |
| 复秀 | 亥 | 子 | 丑 | 寅 | 卯 | 辰 | 巳 | 午 | 未 | 申 | 酉 | 戌 |

拿表1～表4这4个表互相对照，其一致性是很明显的，首先，建除十二值和结阳十二值的名称相同。在睡乙中，则将“建䉭”与“结阳”的名称合写在一起，如“建交”，即指“建䉭”中的“建日”和“结阳”中的“交日”，余可类推。楚“建䉭”“结阳”与“建除”名称异同可列为表5：

**表5　楚“建䉭”“结阳”与秦“建除”名称异同比较表**

| | | | | | | | | | | | | |
|---|---|---|---|---|---|---|---|---|---|---|---|---|
| 建䉭 | 建 | 䉭 | 敓 | 坪 | 寍 | 工 | 坐 | 盍 | 城 | 复 | 菀 | 敚 |
| 楚除 | 建 | 陷 | 彼 | 平 | 宁 | 空 | 坐 | 盖 | 成 | 甬 | 溲 | 媚 |
| 睡乙 | 建 | 窞 | 作 | 平 | 成 | 空 | □ | 盍 | 成 | 复 | 窸 | 羸 |
| 结阳 | 交 | 害 | 阴 | 达 | 外阳 | 外害 | 外阴 | 绝 | 夬光 | 采 | 结 | 阳 |
| 睡乙 | 交 | 罗 | 阴 | 达 | 外〖阳〗 | 外〖害〗 | □ | 绝〖纪〗 | 决〖光〗 | 秀 | 结 | 阳 |

表5中的“平”与“坪”，“成”与“宁”，“空”与“工”，“盖”与“盍”，“成”与“城”，“甬”与“复”，“窞”“陷”与“䉭”，“作”“彼”与“敓”，窸”“菀”与“溲”，“羸”“媚”与“敚”，均系通假关系，字异而实同。① 这表明睡甲和睡乙的这两种建除术，其建除十二直名的确来自楚日书。

其次，由于“建䉭”和“结阳”都是以每月十二辰搭配确定其时日吉凶，本身存在内在联系，二者的差异，可能只是所使用历法的岁首不同。这就为睡虎地将二者整合在一起提供了可能。为了调合二者在月序上的差异，睡虎地进行了改编和调整，其月序既不是战国时期楚历法岁首的刑夷(秦四月)，也不是秦历岁首的十月，而是采用夏历十一月建子为首，并且在睡甲“楚除”每月之下配以各月所朔二十八宿。这样做的目的，无非是想通过二十八宿确定各种代月名在天文上的固定次序，让使用者不至于产生混乱的感觉。

---

① 李家浩：《睡虎地秦简〈楚除〉的性质及其他》，原刊台湾《“中央研究院”历史语言研究所集刊》第70本第4分，1999年，收入《著名中年语言学家自选集·李家浩卷》，安徽教育出版社2002年版，第363～387页。睡甲中的“溲”“媚”均据此文释改。又，睡乙“结阳”二字名，如“外阳”“外阴”等，在表中均只写一字，但在占辞中则写全。这可能是简面空间较小，为了与其他单名保持一致而导致的结果。

有意思的是，睡甲虽自题为“楚除”，但占辞却是使用“结阳”那一套。睡乙虽然融合了楚国“建䆁”和“结阳”，但所使用的占辞也更接近于“结阳”。这是楚“结阳”术近于秦“建除”而与秦“丛辰”不类的铁证。仔细比较4种简文占辞，不难看出“结阳”与“楚除”基本一致，二者可以互校，确属同一系统；“结阳”虽然在时间上较早，但有些地方在文意的表达上却不一定胜过“楚除”，如“外害日”条“必无遇寇盗”，前面讲“不利以行作”，后面讲“必兵”，这里的“无”显然是衍文，“楚除”正作“必遇寇盗”，文意胜过“结阳”。“达日”条“以祭大小吉”，“楚除”作“以祭上下皆吉”，“上下”指上(天)下(地)神祇，从而可以判断“结阳”中的“大小”亦当指神祇而言。但也有“结阳”优于“楚除”的，如“阴日”条“以见邦君，不吉，亦无咎”，就比“以见君上，数达，无咎”通达易晓。① “外阳日”条“逃人不得”，“楚除”作“以亡不得”，参照“绝日”条，显然也是“结阳”优于“楚除”。总体上看，大凡文句相同或相近的地方，“楚除”就比“结阳”显得简洁，这显然是抄手在抄录时有意删省的缘故。有的时候，这种改写可能还有特定的历史含义，比如“阳日”条，在九店“结阳”中作“邦君得年”，“邦君”是指一邦之主，即楚王；但在秦简“楚除”中却作“邦郡得年”，大约此时郡的设置已很普及，“邦”可能指秦本土，“郡”或指秦攻占六国所设之郡。由“邦君”改为“邦郡”，其中的历史含义是值得玩味的。

睡乙虽然有些差别，但它与“结阳”“楚除”相似、相近的程度要远远超过了“建䆁”，如“建、交日”有“凿井”，“结阳”“楚除”都有，而“建䆁”无。“作、阴日”有“利以纳室，必入资货，嫁子”的内容，同样也见于“结阳”“楚除”。“平、达之日”条行师、见人、入邦、生子诸事项，在“结阳”“楚除”中都可以找到，而“建䆁”却不见。其他“成、外阳日”“空、外害日”“坐、外阴日”“成、决光日”“复、秀日”也都基本上同于“结阳”“楚除”，而与“建䆁”

① 陈伟引《说文》“达，行不遇也”，以为“数达”是说多次晋见都不能见到。参看《九店楚日书校读及其相关问题》，《人文论丛》1998年卷，武汉大学出版社1998年版，第154页。

不类。最堪玩味的是“窞、罗之日”有“而寓人，人必夺其室”，在“结阳”中作“以寓人，夺之室”，而“楚除”中同样的内容却见于“结日”条，我们很怀疑“楚除”“结日”条中的“以寄人，寄人必夺主室”系抄手误植，它原本是在“害日”条内。即使是文句不一致的地方，睡乙与“结阳”“楚除”的联系也要强过“建䙴”，如“窓、结之日，利以结言”。这里的“结言”显然是从“结日”来，而不是从“窓日”出。在全部十二条占辞中，睡乙唯一与“建䙴”近似的大约是“盖、绝纪之日”，二者都有“利以裚(制)衣裳”。但睡乙中的“说盟诅”，又显然是来自“结阳”和“楚除”中的“利以说盟诅”。

总之，睡乙虽然以“建䙴”“结阳”两套日名共用一条占辞，但它显然是用“结阳”术而不是“建䙴”术为占。换言之，通过睡虎地的改造和改编，楚“建䙴”逐渐为“结阳”所取代，楚“建䙴”术被消解了。这种解构其实在时日安排上已初露端倪：原本在九店中以“建日”为首，以刑夷开始的体系，在纳入睡虎地后，被改造为以“濡(窓)日”为首，以十一月开始的新形式。这种形式表面上看是为了与“结阳”系更好地融合，“结日”放在首位，与“结日”相对应的“濡(窓)日”当然也得提前。但更深层的原因，恐怕还是与秦建除术相适应。睡甲有“秦除”篇，首简作“正月：建寅，除卯，盈辰，平巳，定午，执未，破申，危酉，成戌，收亥，开子，闭丑”(14正壹)。这也是后世选择术中“建除”的固定搭配。我们看表3和表4，与正月寅日相配的正是“结日”和“窓(濡)日”。所以，我们相信睡虎地改编的目的是为了将楚“建䙴”“结阳”都纳入秦人的系统，只不过这样一来，就使得楚“建䙴”术彻底消亡了。

综上所述，可知九店与睡虎地在以事为主的杂忌类上比较一致，而在受历法影响的总纲类上差别较大。从总体上观察，可见楚、秦日书随着时代的发展，差异性是比较明显的。

### (二)睡虎地、放马滩与孔家坡

放马滩又名牧马滩，位于甘肃省天水市东南70千米的秦岭深山中，西距麦积山石窟约 20 千米，现属天水市麦积区党川乡。1986 年发掘 14 座秦汉墓，出土日书的 1 号墓(M1)是其中规模最大、随葬品最丰富的一座，椁长 3.3、宽 1.5、高 1.5 米，随葬器物包括漆、木、铜、陶、竹木器共 33 种(件)，其中竹简 461 枚，分两种，长简 73 枚，长约 27.5、宽 0.7 厘米；短简长约 23.0、宽约 0.6 厘米，共 388 枚。竹简保存较差，内容主要为日书，较长的为甲种，短简为乙种。另有木板地图 6 块，可能是目前所见年代最早的地图实物。根据墓葬随葬器物的形态类型及竹简的纪年，日书及墓葬的年代当在战国晚期、公元前 3 世纪中后期。墓主人可能为乡一级的地方小吏。①

放马滩、睡虎地和孔家坡是目前所见最为完整的三个日书本子。其中放马滩位于秦国故地，是秦日书的典型，睡虎地和孔家坡位于楚国故地，睡虎地含有楚、秦日书的内容，孔家坡则可视作西汉早期日书的代表。如果说，我们在上节比较九店和睡虎地，重点放在时间发展序列上，从纵向比较日书文本异同的话，本小节则主要从纵横两方面，比较放马滩与睡虎地和孔家坡在时代和地域分布上的差异。

睡虎地和放马滩都分为甲、乙种，其中睡虎地甲、乙种的差别较大，放马滩甲种(以下简称“放甲”)的内容基本上都见于乙种(简称“放乙”)，可以把放甲看作对放乙的摘编。三种日书中，睡甲正反面都写有文字，篇幅最大，放马滩与孔家坡比较接近，放马滩内容稍多。这三种日书有一个共同特征，就是都有“建除”，可见有无“建除”，是区别典型日书与其他类型文献的一个重要标志。现将三种日书的“建除”列表如下(见表 6)：

**表 6　睡虎地、放马滩、孔家坡三种日书“建除”表**

| 睡甲 | | 睡乙 | | 放甲 | 放乙 | | 孔家坡 |
|---|---|---|---|---|---|---|---|
| 楚除(A) | 秦除(B) | 楚除(C) | 除(D) | 秦除(B) | 秦除(B) | 除(D) | 建除(B) |

① 甘肃省文物考古研究所编：《天水放马滩秦简》，中华书局 2009 年版，第 113~114、116、119~131 页；参看陈伟主编，孙占宇、晏昌贵撰著：《秦简牍合集(肆)》，武汉大学出版社 2014 年版，第 3~6 页。

睡虎地的“建除”术最为复杂，睡甲和睡乙的“楚除”融合了楚国日书的结阳术，已见上节所述。睡乙中的“除D”又见放乙，是一个独立的系统，当有不同的来源。放甲和放乙的“建除”与睡甲中自题为“秦除”的一种相同，并为孔家坡所继承，沿用后世，这一点刘乐贤先生在比较楚、秦“建除”术时已指出过了①。从这个角度看，放马滩和孔家坡都可以看作秦系日书，而睡虎地秦简的成分比较复杂，既有秦系日书的成分，又有楚系日书的内容。

睡甲有一种“稷(丛)辰”，睡乙自题为“秦”，可见是秦人的东西，但它见于孔家坡，却不见于放马滩。

睡虎地甲、乙种都有利用二十八星宿占卜的条文，其中睡甲自题为“星”，睡乙自题为“官”，见于孔家坡，无篇题。这一类日书条文不见于放马滩，放马滩另有二十八宿古度的记录，却不见二十八宿占卜的条文。

在以事占为主的杂忌类中，十天干或十二地支占盗的条文，三种日书都有见，彼此互有异同。

放马滩甲、乙种均有“禹须臾行日”和“禹须臾所以见人日”，见于孔家坡，却不见于睡虎地。

放乙有一些与农业生产有关的择日占卜条文，这一类简文也见于孔家坡，却不见于睡虎地。

放乙有大量以五音钟律择日占卜的条文，按《汉书·艺文志》数术略“五行类”有《钟律灾异》二十六卷、《钟律丛辰日苑》二十三卷、《钟律消息》二十九卷、《黄钟》七卷。放乙所见，大概是《钟律丛辰日苑》一类的选择文献，不见于其他日书。②

此外，尚有一些以事类为主的杂忌占卜条文，三种日书互有出入。仅就

① 刘乐贤：《楚秦选择术的异同及影响——以出土文献为中心》，《历史研究》2006年第6期。

② 程少轩称之为“式占古佚书”或“式占文献”，见《放马滩简式占古佚书研究》，复旦大学博士学位论文，2011年；其中的精要部分，以“放马滩简所见式占古佚书的初步研究”为题，发表于台湾《“中央研究院”历史语言研究所集刊》第83本第2分，2012年，第243~342页。

其主体内容而言，三种日书的差异可列表为表 7：

**表 7　放马滩、睡虎地、孔家坡三种日书主体内容比较表**

| | 建除 | 丛辰 | 星官 | 占盗 | 禹须臾 | 农事占 | 钟律 |
|---|---|---|---|---|---|---|---|
| 睡虎地 | ◎ | ◎ | ◎ | ◎ | | | |
| 放马滩 | ◎ | | ◎ | ◎ | ◎ | ◎ | ◎ |
| 孔家坡 | ◎ | ◎ | ◎ | ◎ | ◎ | ◎ | |

观察表 7，就日书的整体结构而言，放马滩与孔家坡更为接近。放马滩中有关于五行与五音的搭配关系，与传世文献“月令”所见不同，但见于孔家坡①，亦可作为旁证。

下面，我们拟就睡虎地、放马滩和孔家坡共有的内容作更详细的比较分析，以观察彼此间的异同。选作比较的内容有三项：①建除，②十二支占盗，③直室门。

### 1. 建除

建除是放马滩、睡虎地、孔家坡都具备的，其中放甲与放乙基本相同，放甲简文保存得比较完好，兹将三种“建除”的内容列表为表 8：

**表 8　放马滩、睡虎地、孔家坡“建除”占文比较表**

| | 睡　甲 | 放　甲 | 孔家坡 |
|---|---|---|---|
| 建 | 良日也，可以为啬夫，可以祠。利早不利暮。可以入人、始冠、乘车。有为也，吉 | 良日也，可为啬夫，可以祝祠，可以畜大牲，不可入黔首 | 可为大啬夫、冠带、乘车。不可以□□夫。可以祷祠，利朝不利暮，可以入人 |

① 参看晏昌贵：《从出土文献看先秦诸子的五音配置》，《中原文化研究》2015 年第 3 期。

续表

| | 睡　甲 | 放　甲 | 孔家坡 |
|---|---|---|---|
| 除 | 臣妾亡，不得。有瘻病，不死。利市积、彻□□□、除地、饮药。攻盗，不可以执 | 逃亡，不得。瘅疾，死。可以治啬夫，可以彻言，君子除罪 | 奴婢亡，不得。有瘅病者，死。可以□□□□言君子，可以毁除，可以饮药。以攻，不报 |
| 盈 | 可以筑闲牢，可以入产，可以筑宫室、为啬夫。有疾，难起 | 可筑闲牢，可入牲，利筑宫室、为小啬夫。有疾，难疗 | 可以筑闲牢、囷、宫室，入六畜，为啬夫，有病者，不死，□难起 |
| 平 | 可以取妻、入人、起事 | 可取妻、祝祠、赐客，可以入黔首。作事，吉 | 可以娶妇、嫁女，可以入人、起事 |
| 定 | 可以藏，为官府、室、祠 | 可以藏、为府，可以祝祠 | 可以藏、为府，□☒ |
| 执 | 不可行。以亡，必执而入公而止 | 不可行，行远，必执而于公 | 不可以行，以是，不亡，必执入县官。可以逐盗、围得 |
| 破 | 毋可以有为也 | 无可以有为也，唯利破水 | 可以伐木、坏垣、毁器。它毋可有为 |
| 危 | 可以责、执、攻击 | 可以责人及执人、系人、外征 | 可以责、捕人、攻戮、射 |
| 成 | 可以谋事、起众、兴大事 | 可以谋事，可起众及作。有为也，皆吉 | 可以谋事、起众、兴大事 |
| 收 | 可以入人民、马牛、禾粟，入室、娶妻及它物 | 可以入民、马牛畜牲尽可，及入禾粟。可以居处 | 可以入人、马牛、畜产、禾稼。可以入室、娶妻 |
| 开 | 亡者，不得。请谒，得。言盗，得 | 逃亡，不得。可以言盗，盗必得 | 亡者，不得。可以请谒。言盗，必得 |

续表

| | 睡 甲 | 放 甲 | 孔家坡 |
|---|---|---|---|
| 闭 | 可以劈决池，入臣徒、马牛、它牲 | 可以陂池、入人、奴妾 | 可以入马牛、畜牲、禾粟、居室、娶妻、入奴婢、陂堤 |

比较表8所列简文，三者基本一致的有盈日、定日、收日、开日诸条。在睡甲和孔家坡中写作“入人”的“人”，在放甲写作“黔首”，保留较多秦文化的特色。仔细比较可以发现，睡甲与孔家坡更为接近、相似一些，比如成日条，睡甲与孔家坡就完全相同；建日条二者都有“利早(朝)不利暮”，放甲则无。除日条“饮药”“攻盗”见于睡甲和孔家坡，放甲亦无。但有的时候放甲与孔家坡更为接近，如破日，睡甲只有“毋(无)可以有为也”一句，孔家坡则多出“可以伐木、坏垣、毁器”等内容。三者之中，孔家坡的年代最晚，有些条文多出睡甲和放甲，如执日中的“可以逐盗、围得”，闭日中的“可以入……禾粟、居室、取妻”。总之，三者“建除”占文虽然互有差异，但“同”的方面远大于“异”的方面，说明日书“建除”的基本面貌在秦汉时期已超越地域差异而表现出相当稳定的一面，既不同于此前的九店，亦与后世选择书有别。《协纪辨方书》卷十载建除宜忌云：

建日，宜施恩封拜、诏命公卿、招贤、举正直、行幸、遣使、上官赴任、临政亲民。

除日，宜解除、沐浴、整容、剃头、整手足甲、求医疗病、扫舍宇。

满日，宜进人口、裁制、修仓库、经络、开市、立券交易、纳财、开仓库、出货财、补垣塞穴。

平日，宜修饰垣墙、平治道涂。

定日，宜冠带。

执日，宜捕捉。

破日，宜求医疗病、破屋坏垣。

危日，宜安抚边境、选将训兵、安床。

成日，宜入学、安抚边境、般(搬)移、筑堤防、开市。

收日，宜进人口、纳财、捕捉、纳畜。

开日，宜祭祀、祈福、求嗣、上册进表章、颁诏、覃恩、肆赦、施恩封拜、诏命公卿、招贤、举正直、施恩惠、恤孤惸、宣政事、行惠爱、雪冤枉、缓刑狱、庆赐赏贺、宴会、入学、行幸、遣使、上官赴任、临政亲民、般(搬)移、解除、求医疗病、裁制、修宫室、缮城郭、兴造动土、竖柱上梁、开市、修置产室、开渠穿井、安碓硙、栽种、牧养。忌伐木、畋猎、取鱼、破土、安葬、启攒。

闭日，宜筑堤防、补垣塞穴。①

比较《协纪辨方书》与秦汉日书建除术，可以发现，收日条最为相似，其他一些条文亦有近似处，比如：建日条“上官赴任、临政亲民”与“可为啬夫”，除日条“求医疗病”与“可以饮药”，满(盈)日条“修仓库”“补垣塞穴”与“可以筑闲牢、囷、宫室”，执日条“宜捕捉”与“执而入公”“可以逐盗、围得”，破日条“破屋坏垣”与“可以伐木、坏垣”，危日条“宜安抚边境”与“可以”“外征”，闭日条“宜筑堤防”与“可以决池”。这些相似或相近的规定，表明两千多年来日书一类的选择术确实有些程式化的东西，其基本结构是相当稳定的。但另一方面，《协纪辨方书》的表述方式和基本内容，也有着与秦汉日书相当不同的地方，这也说明日书一类实用技术文献是随时代发展而有所增益或删减的。

## 2. 十二支占盗

睡甲有一篇利用十二支占盗的简文，自题为“盗者”；睡乙有一篇利用十

① 《协纪辨方书》，郑同点校，华龄出版社 2009 年版，第 227~229 页。

天干占盗，自题为“盗”。前者见于孔家坡，自题为“盗日”。十天干占盗和十二支占盗均见于放马滩甲、乙种，无自题。我们选取十二支占盗一篇，兹将相关简文列表比较，见表9：

**表9　睡甲、放甲、孔家坡“十二支占盗”条文比较表**

| | 睡　甲 | 放　乙 | 孔家坡 |
|---|---|---|---|
| 子 | 鼠也。盗者锐口，稀须，善弄手，黑色，面有黑子焉，疵在耳。藏于垣内中、粪蔡下。名鼠鼷孔午郢 | 鼠殹。以亡，盗者中人，取之。藏穴中粪土中。为人锐面、小目，□□然、扁然。名曰辄、曰耳、曰葸、曰声。贱人殹，得 | 鼠也。盗者锐口，稀须，善□，□有黑子焉。藏安内中、粪蔡下。女子也，其盗在内中 |
| 丑 | 牛也。盗者大鼻，长颈，大臂臑而偻，疵在目。藏牛厩中、草木下。名徐善趋以未 | 牛殹。以亡，其盗从北方，憙，大息。盗不远，旁桑殹，得 | 牛也。盗者大鼻☐藏牛牢中 |
| 寅 | 虎也。盗者壮，稀须，面有黑焉，不全于身，从以上臂臑梗大，疵在臂。藏于瓦器间。旦闭夕启西方。名虎豻貙豹申 | 虎殹。以亡，盗从东方入，又从出。藏山谷中。其为人方面，面广颊，圜目。盗它所人殹，不得 | 虎也。盗者虎状，稀☐不全于中，以上大臂藏，其盗决疵，善喙口，东。藏之史耳若所 |
| 卯 | 兔也。盗者大面，头颡，疵在鼻。藏于草中。旦闭夕启北方。名兔灶陉突垣义酉 | 兔殹。以亡，盗从东方入，复从出。藏野林草茅中。为人短面。出，不得 | 鬼也。盗者大面，短豙。藏草☐盗者小短，大目，勉口，女子也 |
| 辰 | 盗者男子，青赤色，为人不穀，腰有疵。藏东南坂下。车人，亲也，勿言已。名瞿不图射亥戌 | 〖蟲殹。以亡，盗者从〗东方入，又从出。取者藏谿谷、窖内中。外人殹，其为人长颈、小首、小目 | 蟲也。☐□中，伏于器(?)间。其盗女子也，为巫。门西出 |

续表

| | 睡　甲 | 放　乙 | 孔家坡 |
|---|---|---|---|
| 巳 | 蟲也。盗者长而黑，蛇目，黄色，疵在足。藏于瓦器下。名西茝亥旦 | 鸡殴。以是亡，盗者中殴。藏囷屋屒粪土中、蹇木下。其为人小面、长赤目。贱人殴，得 | 虫也。盗者长而黑，虫目而黄色。藏瓦器下。其盗深目而鸟口、轻足 |
| 午 | 鹿也。盗者长颈，小胻，其身不全，长耳而操蔡，疵在肩。藏于草木下，必依阪险。旦启夕闭东方。名彻达禄得获错 | 马殴。盗从南方入，又从之出。系在厩庑刍稿中。为人长面、大目，喜疾行。外人，不远 | 鹿也。盗者长颈，细胻，其身不全，长躁躁然。藏之草木下，阪险。盗长面，高耳有疵，男子也 |
| 未 | 马也。盗者长须耳，为人我我然，好歌舞，疵在肩。藏于刍稿中，阪险。名建章丑吉 | 羊。盗者从南方，又从之出，系在牢圈中。其为人小颈、大腹、出目。必得 | 马也。盗者长颈而长耳，其为人我我然，好歌舞。藏之刍稿厩中。其盗秃而多口，善数步 |
| 申 | 环也。盗者圆面，其为人也鞞鞞然。夙得暮不得。名责环貉豺干都寅 | 石殴。盗从西方，系在山谷。为人美，不牷。名曰环。远所殴，不得 | 玉石也。盗者曲身而邪行，有病足胻。依阪险，稷之。其盗女子也，秃，从。藏西方，壓以石 |
| 酉 | 水也。盗者窬而黄色，疵在面。藏于园中草下。旦启夕闭，夙得暮不得。名多酉起婴 | 鸡殴。盗从西方入，复从西方出。系在囷屋东屒水旁。名曰灌。有黑子瘊 | 水日。盗者言乱，黄色。藏之园中草木下。其盗男子也，禾白面，閒，在内中 |
| 戌 | 老羊也。盗者赤色，其为人也刚履，疵在颊。藏于粪蔡中、土中。夙得暮不得。名马童龚思辰戌 | 〖犬殴。系在积薪粪蔡中。黑单，〗名言。旬月当得 | 老火也。盗者赤色，短颈，其为人也刚履。藏之粪蔡之中、壤下。其盗出目，大面，短头，男子也 |

续表

| | 睡　甲 | 放　乙 | 孔家坡 |
|---|---|---|---|
| 亥 | 豕也。盗者大鼻而剽行，长脊，其面不全。疵在腰。藏于圂中垣下。夙得暮不得。名豚孤夏穀□亥 | 豕殹。盗者中人殹。再在屏圂方及屎。其为人长面、折鞮、赤目、长发，得 | 豕也。盗者大鼻而细胻，长脊，其面有黑子。藏圂中坏垣下。其盗女子也，出首，藏室西北 |

表9所列，涉及7项内容：(1)十二生肖。三种日书都有。这是目前所见年代最早的十二生肖，与后世及现今流行的说法并不完全相同。其中子鼠、丑牛、寅虎、卯兔(孔家坡作“鬼”)、亥豕(猪)5条全同，亦与今之说法一致。其他各条彼此不同，与后世流行说法亦有较大差别，学者有多种不同的说法，并参本书集释所收，兹不赘述。

(2)盗者形貌及其特征。大多与所属生肖相类似，但描述方式互有异同。放乙有“贱人”的说法，孔家坡则多出男女性别及职事，然并非每条都有。

(3)盗者藏所，三者都具备，说法亦彼此不同。

(4)盗者名。睡甲每条都有，在“十二支占盗”章后另附有十天干的盗者名，足见其重视的程度。放乙仅子日、申日、酉日3条有之，说法与睡甲不同。孔家坡则无。

(5)旦夕启闭。仅见于睡甲，具体含义待考，或来自楚日书。

(6)出入方位。多见于放乙。睡甲在“旦夕启闭”后往往书写某方，其性质当与放乙相同。

(7)得与不得。睡甲称早晚得或不得，放乙仅称得或不得，孔家坡无。

总之，从时间发展上看，日书条文有逐渐减省的趋向，睡甲最繁复，孔家坡最简洁。从盗者相貌及所藏之处的描述看，睡虎地与孔家坡较为接近，而与放马滩相差较大。无论如何，三种日书似无直接的渊源关系，时代较晚的日书并非直接照抄时代较早的日书。

### 3. 直室门

睡甲 114-126 正有一篇自题“直室门”的简文，图在上，图下为说明文字，共列 22 门。从图中北门在上、南门在下、东门在左的情况看，图的摆放方位应是上北下南、左东右西，与今地图方位一致。简文起自南面左首第一门寡门，按顺时针方向依次说明各门的吉凶，唯西面第二门大吉门被移至最末。简文的抄写与图的配合比较规整。孔家坡 275-289 号简有类似的篇章，上为图，图的方位为上南下北、左西右东，与今地图方位相反。图下为说明文字，始自 275 号简下栏，抄至 285 号简下栏止，转至 288 号、289 号简上栏，286 号简上栏虽为“直室门”图，但下栏却抄另外的内容，并非“直室门”的说明文字。由于 288 号、289 号简上半残缺，致使有些简文不明。整理者说本篇无篇题，这是很有可能的。① 简文亦自“寡门”始，顺时针右行，终于高门。唯睡虎地中的“失行门”，孔家坡作“失伍门”。放乙亦有“直室门”（1-24 贰），既无篇题，亦无图。简文抄在建除篇之下，其中建除十二直以至除日共 14 支简，分上下栏书写，由于简文缺盈日和开日二条，其余 8 支简则分三栏书写，而执日条、成日条还夹书“申不可为西门”“亥不可为北门”等内容，所以这二支简是分四栏书写的。整个简文的抄写比较凌乱，我们参照睡甲和孔家坡的相关内容，将这三种日书“直室门”的简文列表，见表 10：

**表 10　睡甲、放乙与孔家坡“直室门”比较表**

| | 睡甲 | 放乙 | 孔家坡 |
|---|---|---|---|
| 寡门 | 兴，兴无定处，凶 | 不寡，濡泥聚，兴毋(无)所定，妻不吉，必参寡 | 不寡，日泥兴，兴无所定处。弗更，必再寡。凶 |

① 湖北省文物考古研究所、随州市考古队编：《随州孔家坡汉墓简牍》，文物出版社 2006 年版，图版第 92~93 页、释文第 164~165 页。

续表

| | 睡甲 | 放乙 | 孔家坡 |
|---|---|---|---|
| 仓门 | 富，井居西南，囷居北向廥，廥毋绝悬肉 | 是谓富，井居西南，囷居西北，廥必南乡（向）。毋绝县（悬）肉，绝之必有经焉 | 富门。囷居西南而北向廥，毋绝悬肉，绝悬肉必有经死焉 |
| 南门 | 将军门，贱人弗敢居 | 是谓将军门，可聚邦、使客，八岁更 | 将军门，吉。聚众、使国，八岁如虚 |
| 辟门 | 成之即之盖，廿岁必富，大吉，廿岁更 | 廿岁更，主必富，使仆□□ | 掩之盖。廿岁其主必□仆属，吉 |
| 大伍门 | 命曰吉祥门，十二岁更 | 宜车马，宗族、弟兄、妇女吉。十二岁更 | 宜车马，宗族、弟兄、妇女吉。八岁而更 |
| 则光门 | 其主昌，柁衣裳，十六岁弗更，乃狂 | 其主必昌，好歌舞，必施卒〈衣〉常（裳），十六岁更，不殹，必为巫 | 必昌。好歌舞，必施衣裳，十六岁弗更，不为巫乃狂 |
| 屈门 | 其主昌富，女子为巫，四岁更 | 其主必昌富，妇人必宜疾，是谓鬼束之门，三岁更 | 必昌以富。妇女媰族人妇女，是谓鬼责门。三岁弗更，必为巫 |
| 失行（伍）门 | 大凶 | 虽（唯）为啬夫，□□□□贱人；虽多财，必尽 | 虽为啬夫，废。有爵者，耐。使人，必赊，虽入尽出，三日言必大至 |
| 云门 | 其主必富三世，八岁更，利无爵者 | 其主富三桨（世）之后，乃宜畜生，利爵禄 | 其主必富，三世贫。宜六畜，利无爵者 |
| 不周门 | 其主富，八岁更 | 其主富，临邦政，八岁更，弗更，必□□，大人必尽 | 其主必富。临端，八十岁弗更，必休 |

续表

| | 睡甲 | 放乙 | 孔家坡 |
| --- | --- | --- | --- |
| 食过门 | 大凶，五岁弗更，其主癃 | 所利数出祸丧，必癃 | ☐丧，家门乃多恙。返，是主必厕 |
| 曲门 | 前富后贫，五岁更，凶 | 宜取宜□更弗更□贞巫有宜□。以为家人之门，其主弗居。此不可为转门 | ☐更，前富后贫 |
| 北门 | 利为邦门，贱人弗敢居 | 利为邦门，诎其筑日，必有丧祸之。必以壬午筑之 | ☐ |
| 顾门 | 成之，三岁中日入一布；三岁中弗更，日出一布 | 是是之尚门，毋与居，三岁而更，弗更，日出一布 | ☐布。三岁弗更，日出一布，为阙 |
| 起门 | 八岁昌，十六岁弗更，乃去 | 八岁始富，男子若木攻(功)，十六岁更 | ☐□必盖之 |
| 徙门 | 数富数虚，必并人家。五岁更 | 数实数娄(窭)，并黔首家 | ☐□□□ |
| 刑门 | 其主必富，十二岁更，弗而耐乃刑 | 主必富，不为兴□为左吏，十二岁不更，不耐乃刑 | ☐耐乃刑。外毁孙，内毁子 |
| 获门 | 其主必富，八岁更，左井右囷，囷北向廥 | □□临邦，八岁而更，弗更。井居左，囷居右 | 其□□□□□□☐ |
| 东门 | 是谓邦君门，贱人弗敢居，居之凶 | 是谓邦君子门，贱人居之凶，不吉 | ☐ |
| 货门(财门) | 所利贾市，入货吉，十一岁更 | 所利虽(唯)利贾市，入财大吉。十二岁更 | 所利唯贾市。返入货不吉。十一年而更 |

续表

| | 睡甲 | 放乙 | 孔家坡 |
|---|---|---|---|
| 高门 | 宜豕，五岁弗更，其主且为巫 | 宜豕，五岁更，弗更，必为巫，有宜央(殃) | 宜豕。五岁弗更，其主为巫，有妖 |
| 大吉门 | 宜钱金而入，易虚，其主为巫，十二岁更 | 宜车马，必为啬夫。与入辄虚□☒ | 宜车马，必为啬夫。货数虚，必为巫。十三年而更 |

放乙照片效果不佳，孔家坡多有残缺，有些释文还有待进一步斟酌。尽管如此，观察表10，可以发现，从睡甲到孔家坡，占文似有增繁的趋势，与上文所见随时代发展简文有所删省的现象不同。从内容上，孔家坡更接近放乙，而与睡甲差别较大。将三种日书简文都保存比较完好的“寡门”“仓门”“南门”“辟门”“大伍门”“屈门”试作比较，即可看出这一点。

总之，通过上文的比较，可以发现，放乙虽然在总体结构上与睡虎地和孔家坡有差别，但在具体简文上，放马滩既有与睡虎地相近或相似的地方，也有与孔家坡相似及雷同之处。这一方面固然可以说明日书这一类东西是大杂烩，具有类书的性质，早期的东西和晚期的东西往往混杂在一起，日书的形成有一个层累的过程；但另一方面也表明，在秦统一前后，从西北的秦国故地到南方的楚国故地，地域性的差异其实是很小的。从日书的文本考察，可以发现，其时代性差异，要大于地域性差异。换言之，在秦统一前后，全国各地的区域文化可能趋于一致，民间信仰和心理认同亦渐趋一致。这是秦所以统一天下的文化背景和心理基础。过分夸大古代中国的地域文化差异，可能并不恰当。

### (三)孔家坡与周家寨

周家寨墓地发掘于2014年9月，比孔家坡墓地发掘晚了十多年，出土日书的为8号墓(M8)，距离孔家坡M8不到500米。墓中出土《日书》共566

枚竹简，其中完整竹简约 360 枚，简长 27.8~28.2 厘米，宽度可分两种，一种宽约 1 厘米，一种宽约 0.8 厘米，可能由不同的抄手书写。竹简三道编绳，简文墨书于篾黄的一面，字体为工整的隶书。墓中还出土一方木牍《告地书》，据此《告地书》，可知周家寨 M8 的墓主人生前为桃侯国都乡高里公乘，名叫“路平”，大约死葬于西汉武帝建元元年（前 140 年）或元光元年（前 134 年）。① 孔家坡的年代为公元前 142 年，彼此相隔不到 10 年。

孔家坡和周家寨的地理位置比邻，墓葬的下葬年代相近，墓主人的社会地位相当，生前也许谋过面、共过事，比较孔家坡和周家寨的日书异同，就成为一件非常有意义的事。但周家寨目前只公布了部分日书材料，具体来说共有三件，一是以“人字图”为中心的生子占，二是以“死失图”为中心的死失占，三是以“艮山图”为中心的嫁女占和出行占。由于这三篇都是以图配文，图文并茂，可以分别构成三篇彼此独立的日书篇章，而这三篇均见于孔家坡，可资比较研究。

1. 生子

周家寨自题名为“禹汤生子占”，竹简保存较好，共 15 支简，分二栏书写，图文并茂。上栏描绘两个小人形，在人形身体的各部位分别书写十二地支和四季，右边人形图上标注“春夏”，左边标注“秋冬”。两个人形图的中间写有“禹汤生子占”的占文。类似的图像在睡虎地称作“人字”，下文将统一用“人字图”称呼之。

孔家坡有类似的篇章，亦分上下栏，但竹简上部残缺严重，不见占文。从残简看，“人字图”的布局应该与周家寨大体相同，但在具体细节上仍有差别，比如：孔家坡残简巳、辰、午、申四个干支写绘在一支竹简上（379），其中巳、辰位于人的手臂上，午位于手臂下，申在足下，这应是“人字图”最

---

① 湖北省文物考古研究所、随州市曾都区考古队：《湖北随州市周家寨墓地 M8 发掘简报》，《考古》2017 年第 8 期。关于《告地书》中的人名释读，参看陈伟：《周家寨 8 号墓中的“不幸”》，简帛网（http://www.bsm.org.cn/show_article.php? id=3248），2018 年 11 月 13 日。

右侧的一支简。同样是“人字图”最右边的一支简，周家寨只有午(手下)和申(足下)二个干支；相反，另一支简(从右向左数第二支简)却有辰、巳、未三个干支和“春”字。孔家坡“人字图”左边的“秋冬图”在人形的头部书写干支巳和丑，旁边一支简残留辰和卯，而周家寨人形头部只有巳，旁边一支简上书写卯、辰、丑以及“冬”字。从这些情况看，周家寨的“人字图”并非照抄孔家坡。

早前发现的类似图像及占文亦见睡虎地、马王堆帛书《胎产书》、香港中文大学藏汉简、北京大学藏汉简《占产子》等，图像各不相同。写绘在竹简上的人形图像手臂下垂，绘在帛上的则手臂上举，不同的书写材质对写绘图像的形态具有一定的影响。夏德安先生曾详细比较6种“人字图”及其占文，认为它们分属两个系统，一个以睡虎地为代表，另一个以周家寨为代表，孔家坡属于周家寨系统。①

“人字图”的下栏书写“十二支产子占”，兹将相关释文列表见表11(相关异文底下画线表示)，以便比较：

**表11　孔家坡与周家寨“十二支产子占”文字异同表**

| 孔家坡 | 周家寨 |
|---|---|
| 子生子三日二月五日不死必为上君五十八年以…… | 子产子三日二月五日不死必为上君五十八年以甲子死女子三日二月不死三夫卌九年甲子死 |
| ……不死史六十八年以丙寅死女二日一月不必为巫五十六年以丙寅死 | 丑产子四月五月不死史六十八年以丙寅死女子二日一月五月不死必为巫五十六年以丙寅死 |

① 夏德安：《周家寨8号墓〈日书〉的“禹汤生子占”篇》(英文)，《湖北出土简帛日书国际学术研讨会论文、摘要合编》，武汉，2018年11月，第3~21页。

续表

| 孔家坡 | 周家寨 |
|---|---|
| 寅生子五日四月不死卅五年以丁卯死女四日七月十月不死三夫六十七年以庚午死 | 寅产子五日四月不死卅五年以丁卯死女子四日七月十月不死三夫六十七年以庚午死 |
| 卯生子三日六月不死贫三妻八十年以己巳死女三日三月不死贫卅一年以甲辰死一曰八十年庚寅死 | 卯产子三日六月不死贫三妻八十年以己巳死女三日不死贫卅一年以甲辰死一曰八十年庚寅死 |
| 辰生子七日三月不死多病一十三年以辛卯死女三日五月不死为巫七十二年以壬午死女复寡 | 辰产子七日三月不死多病七十三年以辛卯死女三日五月不死为巫七十二年以壬午死女…… |
| 巳生子三日三月不死富六十一年以己巳死女一日八月不死毋子八十七年以辛卯死 | 巳产子三日旬三月不死富六十一年以己巳死女一日八月不死毋子八十七年以辛卯死 |
| 午生子八日二月二日不死为夫₌六十九年以辛未死女二日五月六日不死善盗五十年以辛未死一曰善田 | 午产子八日二月二日不死为夫₌六十九年以辛未死女二日五月六日不死善盗五十年以辛未死善田 |
| 未生子三日二月一日不死必临国六十五年以壬申死女五日三年不死必为上君妻七十六年以庚申死 | 未产子三日二月一日不死必临邦六十五年以壬申死女五日三年不死必为上君妻七十六年以庚申死 |
| 申生子七日三月不死史五十一年以甲戌死女七日六月不死大富卌九年以己巳死 | 申产子七日三月不死史五十一年以甲戌死女七日六月不死大富卌九年以己巳死 |
| 酉生子九月二月不死狂卌三年以丙子死女一日四月不死为大巫卅九年以丁丑死 | 酉产子九日不死狂卌三年以丙子死女一日四月不死为大巫卅九年以丁丑死 |

续表

| 孔家坡 | 周家寨 |
|---|---|
| ……三月二日不死大富七十四年以寅死女三日五月不死必奸卅五年以壬子死一曰廿年死 | 戌产子七日三月二日不死大富七十四年以寅死女三日五月不死必奸卅五年以壬子死一曰廿年死 |
| ……三日三月不死善田六十七年以庚午死女五日九月不死十年以丁亥死 | 亥产子三日四月不死善田六十七年以庚午死女五日九月不死十年以丁亥死 |
| ……壬男乙丁己辛癸女生子不中此日不死癃不行 | 甲丙戊庚壬男乙丁己辛癸女产子不中此日不死癃不行 |

观察表 11，二者最大的不同，是孔家坡的“生子”，周家寨全都写作“产子”。“产子”即“生子”。睡虎地多用“生子”①，传世文献《医心方》引《产经》亦用“生子”②，但香港中文大学藏汉简却用“产子”③。二者的差异，也许是抄手的书写习惯不同，也有可能来自不同的祖本。

丑日条和寅日条，孔家坡写作“女”的，周家寨写作“女子”。二者无本质差别，周家寨寅日以下皆作“女”可以为证。丑日条，孔家坡作“不必为巫”，周家寨写作“不死必为巫”，后者文意显然更佳。卯日，孔家坡“三日三月”，周家寨只作“三日”。这种日期上的差别，亦见于巳日、酉日和亥日条，由于没有其他日书材料作为参照，很难作出正确判断。但辰日条的孔家

① 睡虎地秦简《编年记》(《叶书》)“喜产”“敢产”“速产”“获产”“产穿耳”均用“产”，然“恢生”则用“生”，未详何故。《周易·观》六三“观我生”，马王堆本同，双古堆本作“产”。李零《死生有命、富贵在天——〈周易〉的自然哲学》(三联书店 2013 年版，第 142 页)说“秦人常以‘产’代‘生’”，恐不确。

② 丹波康赖编撰，沈澍农校注：《医心方校释》下册，学苑出版社 2001 年版，第 1463~1464 页；参看刘乐贤：《简帛数术文献探论(增订本)》，中国人民大学出版社 2012 年版，第 278~279 页。

③ 陈松长编著：《香港中文大学文物馆藏简牍》，香港中文大学文物馆，2001 年，第 41~42 页；参看刘乐贤：《简帛数术文献探论(增订版)》，中国人民大学出版社 2012 年版，第 280 页。

坡"一十三年"则显系误书，不如周家寨作"七十三年"合理。午日条，孔家坡"一曰善田"，四字写在编绳下，字迹小且紧凑。周家寨无"一曰"，"善田"二字正好位于编绳上部，可能是为了照顾简面而有所省略，但这样一来，文意反不如孔家坡显明。

最大的差别可能是未日条，孔家坡"临国"，周家寨作"临邦"。高一致先生根据周家寨《产子》用"邦"，不避汉高帝刘邦之讳，而孔家坡《生子》已避讳改用"国"，认为周家寨《产子》的抄写年代早于孔家坡《生子》，前者或抄写于汉兴之前。① 但也有可能周家寨所依据的本子写作"临邦"，比如放乙就有"临邦"和"临邦政"的说法②，周家寨的抄手照抄原文而未改，并不能说明周家寨的抄写年代早于孔家坡③。

### 2. 死失

"死失"篇由三部分内容组成，上部是"十二支占死咎"，中间部分主体写绘"死失图"，下部主要是对利用"死失图"推算死失的说明。先看上部文字异同(见表12)：

**表12　孔家坡与周家寨"十二支占死咎"文字异同表**

| 孔家坡 | 周家寨 |
|---|---|
| 子死其咎在里中必见血 | 死失　子死其咎在里中必见血 |
| 丑死其咎在室必有死者三人 | 丑死其咎在室必有死者三人 |
| 寅死其咎在西四室必有火起 | 寅死其咎在西四室必有火起 |

① 高一致：《周家寨汉简日书〈禹汤生子占〉试解》，简帛网，2017年10月1日。

② 陈伟主编，孙占宇撰著：《秦简牍合集：释文注释修订本(肆)》，武汉大学出版社2016年版，第36、37页。

③ 孔家坡"直室门"285号简贰有"临端"，论者或以为孔家坡很可能是抄自秦写本，其中残留个别秦写本的避讳。参看湖北省文物研究所、随州市考古队编：《随州孔家坡汉墓简牍》，文物出版社2006年版，第166页；刘乐贤：《孔家坡汉简〈日书〉"直室门"补释》，《简帛》第4辑，上海古籍出版社2009年版，第291页。

续表

| 孔家坡 | 周家寨 |
|---|---|
| 卯死其室必有弟荑若子死有…… | 卯死其室必有弟若子死=外有外丧 |
| 辰死其室必有…… | 辰死其室必有言语有在五室马牛 |
| 巳死其凶在室中 | 巳死其兇在室中 |
| 午死其室必三人死 | 午死其室必三人死 |
| 未死其咎在里寡夫若寡妇 | 未死其咎在里寡夫若寡妇 |
| 申死其咎在二室畜产 | 申死其咎在三室畜产 |
| 酉死不出三月必有小子死 | 酉死不出三月必有小子死 |
| 戌死其咎在室六畜 | 戊死其咎在室六畜 |
| 亥死其咎在室六畜 | 亥死其咎在室六畜北二室 |

周家寨“死失”写在简的首端，当为篇题，可见“死失”包括了所谓“十二支占死咎”，证明笔者早年的猜测是正确的①。孔家坡无篇题。卯日条，孔家坡作“弟荑”，“荑”字其义不明；周家寨无此字，意思更加明确。孔家坡“死”字下无重文符号，周家寨有之，由于孔家坡简残缺，无从比较，但似以周家寨为胜。巳日条，孔家坡的“凶”字，周家寨作“兇”。睡虎地多作“咎”，《尔雅·释言》：“凶，咎也。”“兇”似无咎义。申日条，孔家坡“二室”，周家寨作“三室”。戌日条，周家寨作“戊”，显系笔误。亥日条，周家寨多出“北二室”，看图版照片，此三字笔墨较淡，笔迹亦与其他文字不同。由于此条的占文与戌日条相同，这三字当是周家寨简的抄手据另本改正，但仍保留了孔家坡的原文。这是尤其值得关注的。

中间部分的“死失图”，孔家坡有“死失图”三字，作为标题。周家寨无。孔家坡简始于子日条，即第一支简，止于午日条，即第7支简，共计7支简，缺漏最左边一列；周家寨简始于卯日条，即第4支简，止于最后一支简，即亥日条，共计9支简，所以多出二支简的缘故，在于中间(未日条)多

① 晏昌贵：《悬泉汉简〈日书〉“死吉凶”研究》，《中国史研究》2013年第2期。

绘出空白简(涂墨或留空)，再加上孔家坡缺漏一简，适多二支。周家寨简“十二月”误作“十月”，孔家坡简缺失，不知是否亦误书。此类图像亦见睡虎地以及睡虎地 M77 汉简《日书》①，彼此各有异同，学者亦多所讨论②。相较而言，孔家坡缺失一行(栏)，周家寨误衍一行(栏)，可能都是抄手粗心大意所致。

由于有上述编排的不同，周家寨在子日条(“死失”篇第 1 简下栏)下分两支简书写：“失以死之月为死者室以死之日为所先室以建/日死失不出。”孔家坡则为单独一支简(299)，上部残缺，整理者排在“死失图”前(右侧)：“……之日为所先室以建日死失不出。”从周家寨看，这种编排是正确合理的。目前尚不清楚简文所表达的意思。

在“死失图”下方书写的说明文字见表 13：

**表 13　孔家坡与周家寨“死失图”下部文字异同表**

| 孔家坡 | 周家寨 |
|---|---|
| 以死者室为死者月来子□之 | 以死者室为死者来【子】 |
| 凡日与月同营居者死失不出 | 系之 |
| | 凡日与月同营居者死失 |
| | 不出 |
| 辛亥辛卯壬午不可以宁人及问疾人 | 辛亥辛卯壬午不可以宁人 |
| 必反代之利以贺人=必反贺之此报日也 | 及问疾人必反代之利以贺人 |
| | =必反贺之此报日也 |

① 熊北生、陈伟、蔡丹：《湖北云梦睡虎地 77 号西汉墓出土简牍概述》，《文物》2018 年第 3 期；参看晏昌贵：《睡虎地汉简〈日书〉“死失图”复原》，《湖北出土简帛日书国际学术研讨会论文、摘要合编》，武汉，2018 年 11 月，第 62~67 页。

② 参看黄儒宣：《〈日书〉图像研究》，中西书局 2013 年版，第 185~200 页。最新讨论见《湖北出土简帛日书国际学术研讨会论文、摘要合编》所收马克《“日廷图”在秦汉择日术和星历占的理解与使用》(英文，第 22~40 页)、程少轩《罗图考》(第 68~81 页)。

孔家坡分作四条，前二条与“占死失”紧邻，后二条占问疾和贺人，亦紧邻着书写，中间相隔三支简空白，且每条简文的书写都溢出下栏的编绳之外。周家寨共有 7 支简，占死失与问疾等中间只隔一支空简，这样安排，主要是为了适应简面的长短。

孔家坡“死者月”，周家寨脱“月”字。孔家坡“来子”之“子”，恰值周家寨下道编绳印痕所在，字迹已模糊不清，但看残痕，当是“子”。值得注意的是，孔家坡“贺人₌必反贺之”，“人”字下有重文符号。但这个重文符号在周家寨中由于“贺人”的“人”字已写在编栏外，只好将重文符号写在下简简首。① 这在出土简牍中是比较罕见的。

### 3. 嫁女

该篇由三部分组成，是三篇中差别最大的。竹简的中间部分，写绘“艮山图”。图的上部，孔家坡书写有关出行的择日宜忌，周家寨则为“嫁女”篇。为什么会如此？当与“离日”占文有关。“艮山图”是用来推算“离日”的，“离日”托名于禹，称之为“禹之离日”或“禹离日”，而禹在古史传说和日书中多与出行有关，乃至于有“禹为行神”之说。② 在睡虎地“艮山图”的“离日”占文中，就有：“离日不可以行，行不返。”所以在孔家坡“艮山图”上下部分均写录归室出行的占文，当与此有关。但睡虎地“离日”有关出行的占文在孔家坡和周家寨中却都消失不见了，二者全都是有关娶妻嫁女、买卖及分异的条文（详下），于是在周家寨中，原先关于出行的占文就被置换为“嫁女”篇。这种改变，应该是有意为之。

---

① 整理者将该简（编号 162）文字转写作：“利以贺人，人”，下简（编号 224）接书“必反贺之”，不确。参看湖北省文物考古研究所、随州市曾都区考古队：《湖北随州市周家寨墓地 M8 发掘简报》，《考古》2017 年第 8 期。

② 工藤元男：《睡虎地秦简所见秦代国家与社会》，广濑熏雄、曹峰译，上海古籍出版社 2010 年版，第 188～237 页。刘增贵虽然反对“禹为行神”说，但日书中禹与出行的关系是不可忽视的。参看刘增贵：《秦简〈日书〉中的出行礼俗与信仰》，台湾《“中央研究院”历史语言研究所集刊》第 72 本第 3 分，2001 年，第 503～541 页。

周家寨尚未公布有关出行的择日宜忌，而在孔家坡中却有“取妇嫁女”的内容，由于竹简散乱，整理者未能总为一篇，李天虹等人根据周家寨重新整理缀合编联①，使得孔家坡灿然可读。兹将整理结果与周家寨列表对比，见表 14：

**表 14　孔家坡与周家寨“嫁女”篇文字异同表**

| 孔家坡 | 周家寨 |
|---|---|
| 入月二旬三日命胃危不可合男女入月旬□□日及庚辰辛巳不可取妇嫁女 | 嫁女　入月二旬三日命胃危不可合男女入月旬七₌日及庚辛巳不可取妇嫁女 |
| 子取妻有忧酉嫁三更夫亥不可取妻嫁女妆夫之建妆妇之日也以之不字夫恐死 | 子取妻有忧酉嫁三更夫……妇日也以之不字夫恐死 |
| 壬申癸酉百事不吉不可取妻 | 壬申癸酉百事不吉不可取妻 |
| 庚寅取妻₌不居 | 【庚】寅【取】妻₌【不】居 |
| 壬辰癸巳出妇其夫不出三岁死 | 壬辰癸巳出妇其夫【不】出三岁死 |
| 甲午旬嫁女毋辰 | 甲午旬嫁女毋辰 |
| 戊申己酉以取妻₌不出三岁弃亡 | 戊申己酉以取妻₌不【出】三岁弃亡 |
| 癸丑戊午己未以取妻₌死不必弃 | 癸丑戊午己未以取妻₌死不弃 |
| 甲寅旬此胃星辰季也不可嫁毋子 | 甲寅旬此胃星辰季也不可嫁毋子 |
| 戊戌己亥不可以嫁人始生日 | 戊戌己亥不可以嫁人始产日 |

周家寨有篇题“嫁女”，孔家坡没有。上文提到的周家寨“禹汤生子占”为篇题，周家寨“死失”亦为篇题，孔家坡不见。从已有的日书材料看，篇题应该是后来增加的。其他出土文献所见篇题亦多如此。

孔家坡“庚辰、辛巳”，周家寨作“庚辛巳”，后者脱“辰”字。孔家坡“取妻₌死不必弃”，应理解断读为：“取妻，妻死，不，必弃。”是说这些时日娶

① 李天虹、凡国栋、蔡丹：《随州孔家坡与周家寨汉简〈日书〉“嫁女”篇的编次与缀合》，《考古》2017 年第 8 期。

妻，不死必弃，为凶兆。周家寨作“死不弃”，参照孔家坡，应读为：“死，不，弃。”不如孔家坡文意明显。孔家坡写作“生”的，周家寨写作“产”。与上篇相同。

竹简的中间部分为“艮山图”，此类图像亦见于睡虎地。与睡虎地相比，孔家坡多出一个八日栏(单边则为四日)，我们曾怀疑孔家坡误衍一栏①，亦有学者表示赞同②。现在周家寨亦有该栏，整理者说：“周家寨 M8 中与孔家坡《日书》完全一致的‘艮山图’再次出现，说明抄手误抄的可能性不大。”③但王强先生在仔细观察图版照片后，发现在第二个八日栏(从上往下数)的最左边的“日”字旁，另有一个较小的“日”(见图 2)，可见二图并非完全一致。④ 程少轩先生甚至怀疑那个多出来的小“日”是表示该行抄写错误的符号，作用等同于删除符号。⑤ 陈伟先生更从《尔雅》、汉唐碑刻、敦煌写本中找到类似的说明和例证，于是得出结论说：“周家寨本图像第三行左边较小的‘日’字，或许是表示多写一行应予删除的意思。无论如何，由于这个较小‘日’字的存在，周家寨本以及孔家坡本图像中第三行误衍的可能性反而更大。”⑥这是一个相当重要的发现。为什么周家寨的抄手要在错误的文字符号旁加注符号标识？他是如何发现这一错误的？我们猜测有两种可能，一种可能是周家寨的抄手比对另一个“正确”的文本，比如睡虎地本，从而发现他所据底本的错误并作出校正，从目前的情况看，这个底本当然最有可能就是孔

① 晏昌贵：《对〈日书〉“艮山”图的一个简单解读》，简帛网，2008 年 3 月 25 日；后以“日书‘艮山 · 离日’之试解”为题，发表于《周易研究》2014 年第 1 期。

② 程少轩：《六十甲子衰分数术考》，《出土文献与古文字研究》第 4 辑，复旦大学出版社 2011 年版，第 433~448 页。

③ 湖北省文物考古研究所、随州市曾都区考古队：《湖北随州市周家寨墓地 M8 发掘简报》，《考古》2017 年第 8 期。

④ 王强：《出土战国秦汉选择数术文献神煞研究——以日书为中心》，吉林大学博士学位论文，2018 年，第 184 页。

⑤ 王强《出土战国秦汉选择数术文献神煞研究——以日书为中心》第 184 页注 426 说：“此承程少轩先生见告。”

⑥ 陈伟：《秦汉日书〈艮山〉补说》，《湖北出土简帛日书国际学术研讨会论文、摘要合编》，武汉，2018 年 11 月，第 84 页。

家坡本。另一种可能是，周家寨的抄手并无别本可参，他只是凭借自己的数术知识和实践经验，觉得此处可能弄错了，但为了保持原本的样式，不作删改，而用“日”字符号标识其旁。

“艮山图”下部写有“离日”的占文，其异同略如表15：

**表15　孔家坡与周家寨“根山”占文异同表**

| 孔家坡 | 周家寨 |
| --- | --- |
| 是胃根山禹离日也 | 是谓根山禹之离日也数之从上右方 |
| 数从上右方数朔初日及 | 数朔初日=及字各居一日尽复道 |
| 字各居一日尽复道上右 | 上右方数日与字夹根山是胃离= |
| 方数日与字夹根山 | 日=不可取妻嫁女及入人畜产货 |
| 是胃离=日=不可取妻 | 可分翼 |
| 【嫁女】及入人畜生货 | |
| 可分异 | |

表15文字是严格按原简分行书写的，由于受竹简长短的限制，二者的分行并不一致，可见抄手会根据竹简的长度对书写文字作合理安排。表中有一些异文，不影响文意的阅读理解，这里就不多谈了。

孔家坡“艮山图”下部另有若干到室、出行的占文。周家寨则画一图符，此类图符亦见周家台秦简《日书》，据周家台简，此图为推算“戎磨日”所用，内容以出行占为主。① 周家寨画此图符亦当表示与“艮山图”有关，只可惜有关出行的占文遗落了。从“艮山图”及配图文字，亦可见周家寨的抄手改编修订日书的意图。

总之，周家寨公布的三篇日书皆以图配文字的形式出现，由于图像具有

① 湖北省荆州市周梁玉桥遗址博物馆：《关沮秦汉墓简牍》，中华书局2001年版，第120、121页；参看夏德安：《周家台的数术书》，刘净译，《简帛》第2辑，上海古籍出版社2007年版，第397~407页。

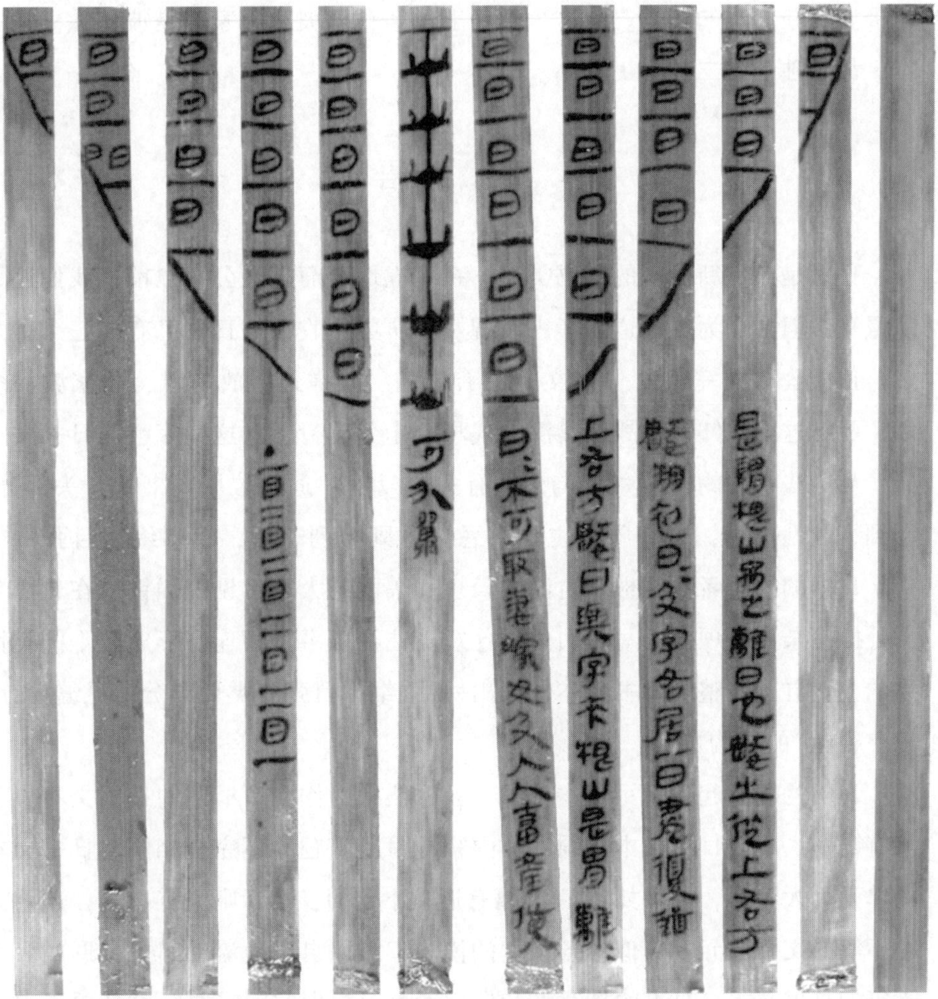

图 2　周家寨的“艮山图”

不可分割性，故可以通过图像将配图文字关联起来，形成独立的日书篇章。这三篇日书都可以在孔家坡找到，但彼此并不完全相同。对比孔家坡和周家寨的图像和文字布局，可知抄手可以根据竹简的宽窄长短作灵活处理，以使得竹简的形式与简文的内容形成一种自洽的统一。周家寨并非孔家坡的简单复制品。从二者的异文看，周家寨的抄手并非机械地复制原有的日书，而是积极参与新文本的制作。从这个意义上说，孔家坡和周家寨是彼此独立的文本，都是独一无二的手工制品。

## 四、结语

日书是考古新发现的文书类型，在睡虎地秦简出土公布以前，我们还无从得知，但迄今为止报道的考古发现及科研单位收藏的日书已有二三十种之多，正式公布的完整的日书文本已有九店、睡虎地、放马滩、孔家坡等多种，可见这一类知识在战国秦汉时代早已十分流行。从这些完整的日书文本看，与历法有关的“建除”和与天文有关的“星官”通常位居日书的开头部分，起到纲领性作用；以事项为主的禁忌杂占则布列于后，起到纲举目张的效果。日书的抄录者往往根据竹简的长短和幅面的大小，见缝插针地在竹简空白处插写杂占事项，插写补白的零什短篇往往以事类相连，形成若干同类性质的文本群。完整的日书文本体现出一种“纲举目张、类聚群分，见缝插针、填空补白”的结构特征。

日书的篇题起到标示文本单元、区分彼此的作用。早期的日书文本似乎没有篇题，不同日书文本的同一类内容题写的篇题并不完全相同。日书文本的单元可大可小，大者如“星官”篇有近三十支简，小者则仅有一简。这些大小不等的文书单元，恰似各各独立的模块，可以自由地流动组合，形成大小不等的日书文本，日书的抄写者和使用者可以根据实际需要吸纳各单元组成册书，简册可增可减，从而形成一个流动和开放的文本系统。日书虽然以择日为主，但也有大量非择日的内容，其中以疾病占卜和祈祷鬼神的祝词和仪式为多。

日书的流传亦多单篇别行。在日书的流传过程中，抄手和使用者既可充分吸收过往的日书内容，又可根据实际需要增补新的章节，参与日书文本的制作。每一个独立的日书文本，都是一份独一无二的手工作品，是当时社会生活的实用物，反映了战国秦汉时代一般民众的日常生活的律动，尽管有的时候被蒙上了一层阴阳五行的神秘色彩。司马迁在《太史公自序》中说："齐、楚、秦、赵为日者，各有俗所用。"①可是我们从楚、秦日书的比较中发现，日书文本相同的方面要大于相异的方面，楚、秦的地域差异并没有反映在日书文本上。希望以后能有更多的考古发现，更深入地研究探讨，从而真正理解太史公所谓齐、楚、秦、赵各有所用之"俗"。

① 《史记》，中华书局1982年版，第3318页。

# 卷　一

## 建　除

### （一）

〖荆〗【𡰥〔一〕，建】于辰，竷于巳〔二〕，敓于午〔三〕，坪于未，盜于申，工于酉，坐于戌〔四〕，盍于亥，城于子，复于丑，菀于〖寅〗〔五〕，散于卯〔六〕。九店 13 上

〖夏𡰥〔七〕，建于〗【巳，】竷于午，敓于未，坪于申，盜于酉，工于戌，坐于亥，盍于子，城于丑，复于寅，菀于【卯，散于】辰。九店 14 上

〖享月〔八〕，建于〗【午，】竷于未，敓于申，坪于酉，盜于戌，工于亥，坐于子，盍于丑，城于寅，复于卯，菀于辰，散于巳。九店 15 上

〖夏〗【栾，】〔九〕建于未，竷于申，敓于酉，坪于戌，盜于亥，工于子，坐于丑，盍于寅，城于卯，复于辰，菀于〖巳〗，散于午。九店 16 上

【八】月，建于申，竷于酉，敓于戌，坪于亥，盜于子，工于丑，坐于寅，盍于卯，城于辰，复于巳，菀于午，散于未。九店 17 上

九月，建于酉，竷于戌，敓于亥，坪于子，盜于丑，工于寅，坐于卯，盍于辰，城于巳，复于午，菀于未，散于申。九店 18 上

十月，建于戌，竷于亥，敓于子，坪于丑，盜于寅，工于卯，坐于辰，盍于巳，城于午，复于未，菀于申，散于酉。九店 19 上

【𡧍】月〔一〇〕，建于亥，竷于子，敓于丑，坪于寅，盜于卯，工于辰，坐于巳，盍于午，城于未，复于申，菀于酉，散于戌。九店 20 上

〖献〗马〔一一〕，建于子，竷于丑，敓于寅，坪于卯，盜于辰，工于巳，坐

于午，盍于未，城于申，复于酉，菀于戌，敚于亥。九店21上

〖冬〗【柰〔一二〕，建于】丑，竷于寅，敂于卯，坪于辰，盜于巳，工于午，坐于未，盍于申，城于酉，复于戌，菀于亥，敚于子。九店22上

屈柰〔一三〕，建于寅，竷于卯，敂于辰，坪于巳，盜于午，工于未，坐于申，盍于酉，城于戌，复于亥，菀于子，敚于丑。九店23上

远柰〔一四〕，建于卯，竷于辰，敂于巳，坪于午，盜于未，工于申，坐于酉，盍于戌，城于亥，复于子，菀于丑，敚于寅。九店24上

凡建日，大吉，利以取(娶)妻、祭祀、筑室、立社稷〔一五〕、带剑、冠。九店13下

凡竷日，不利以□□，利以为张罔(网)〔一六〕。九店14下

凡敂日，恔閔之日〔一七〕，不利以祭祀、聚众、【远】去、徙家。九店15下

凡坪日，利以祭祀、和人民、誳(属)事〔一八〕。九店16下

凡盜日，利以取(娶)妻、内(入)人、徙家室。九店17下

凡工日，不吉，是胃(谓)无红(功)。九店18下

凡坐日，无为而可。女(如)以祭祀，必又(有)三□。九店19下

凡盍日，利以折(制)衣裳、絟纕〔一九〕、折(制)布裼〔二〇〕、为门膚(闾)。九店20下

凡城日，大吉，利以结言〔二一〕、取(娶)妻、家(嫁)子、内(入)人、城(成)言〔二二〕。九店21下

凡复日〔二三〕，不吉，无为而可。九店22下

凡菀日，可以为少(小)社〔二四〕。九店23下

凡敚日，利以家(嫁)女、见人、佩玉〔二五〕。九店24下

## 【注释】

〔一〕今按：本篇各简首端所缺楚月名，均据九店(2000：46)释文补。其中，楚简写作“荆层”的，睡甲写作“刑夷”(详后文)，或即《左传》庄公四

年所记之“荆尸”。从本简八月、九月、十月的月序逆推，荆层相当于楚月的第四个月；又从睡甲“日夕”看(详后文)，约当夏历正月。

〔二〕今按：竷，睡甲写作“陷”。《说文·夂部》：“竷，繇也，舞也，乐有章。……《诗》曰：竷竷舞我。”音坎，《玉篇·夂部》：“竷，和悦之响也。今作坎。”《诗·小雅·伐木》：“坎坎鼓我”，陆德明释文：“坎坎，如字。《说文》作竷。”《周易》“习坎”，帛书本作“习竷”。《说文·土部》：“坎，陷也。”

〔三〕敂，李零(1999：143)读作“破”。今按：睡甲写作“彼”。

〔四〕坐，陈伟(1998：151)、刘乐贤(2006c：30~31)释作“危”。

〔五〕“菀”字从李零(1999：143)、陈伟(2008：289)释。今按：原简从“于”字下断开，系由两支残简拼缀而成。

〔六〕今按：敚，睡甲作“媚”。楚简文字中亦可读作“美”。

〔七〕今按：夏层，睡甲亦写作“夏杘”或“夏夷”，相当于楚月的第五月，夏历二月。

〔八〕今按：享月或写作纺月，楚月的第六月，夏历三月。

〔九〕今按：夏柰，秦简文字亦写作“夏夕”，楚月的第七月，夏历四月。

〔一〇〕今按：𦥑月或写作爨月，楚月的第十一月，夏历八月。

〔一一〕今按：献马，楚月第十二月，夏历九月。

〔一二〕今按：冬柰，睡甲写作“冬夕”或“中夕”，楚月的第一月(正月)，夏历十月。

〔一三〕今按：屈柰，睡甲写作“屈夕”，楚月的第二月，夏历十一月。

〔一四〕今按：远柰，睡甲写作“援夕”，楚月的第三月，夏历十二月。

〔一五〕今按：“立社稷”当为立社稷之主位，《韩非子·初见秦》作“立社稷主”。《周礼·地官·小司徒》：“凡建邦国，立其社稷，正其畿疆之封。”《礼记·月令》：“择元日，命民社。”从简文看，战国时期楚地一般民众亦可立社稷。

〔一六〕张富海(2004：357~358)：“为”字可以解释为制作，“张网”是一个名词或名词性词组，意即利于制作各种用来捕捉禽兽鱼鳖的网罗。“张”亦可读作“帐”。

〔一七〕九店(2000：70)：疑简文“惓瞿”与《淮南子・齐俗》“跖镢”同义。“惓瞿之日”当指耕种之日。

〔一八〕九店(2000：72)：“逗(属)事”大概是指狱讼之事。

〔一九〕爲麞，九店(2000：74)：疑即“袨衼”，《方言》卷四：“小袴谓之袨衼，楚通语也。”刘国胜(2000：217)释作“貌色丽”。

〔二〇〕布褐，刘国胜(2000：217)释作“布葛”。李家浩、白于蓝(2009：308)引冯胜君说，释作“布褐”。

〔二一〕九店(2000：75)：古书“结言”约有二义：一泛指用言语约定，二指求婚、订婚、结婚的书信。今按：《离骚》：“解佩纕以结言兮，吾令蹇修以为理。”汪瑗曰：“结言，通二家之言而相结以为好者也。”徐焕龙曰：“因解佩带以结婚期之言。”理为使，或为媒。《九章・思美人》：“媒绝路阻兮，言不可结而诒。”从《楚辞》看楚简，简文似指求婚、订婚之类事。

〔二二〕九店(2000：75)：成言，订约。

〔二三〕今按：居延新简 EPT27・2：“复日：甲、庚，乙、辛，戊、己，丙、壬，丁、癸，未，戊、己，甲、庚，乙、辛，戊、己，丙、壬，丁、癸。”额济纳 2000ES9SF4：27+26：“复日：正月甲、庚，三月戊、己，五月丁、癸，七月甲、庚，九月戊、己，十【一】月丁、癸。”可知居延新简衍“未”，并缺十二月条。《协纪辨方书》卷五引《历例》：“复日者，正、七月甲庚，二、八月乙辛，四、十月丙壬，五、十一月丁癸，三、九、六、十二月戊己日也。曹震圭曰：复者，重见也，为本建之辰与所遇之干同也。假令正月寅，即甲也，而又见甲，是复也。又如辰、戌即戊也，丑、未即己也，而又见戊、己，是复也。余仿此。《地理新书》云：正月甲、七月庚、二月乙、八月辛、四月丙、十月壬、五月丁、十一月癸，三月、九月戊，六月、十二月己。”均与九店楚简《日书》“复日”不同。

〔二四〕社，九店(2000：75~76)：当是“攻说”之“攻”的专字。古代的祭祀分大祭、小祭，“小攻”犹“小祭”，大概古代举行“攻”这种祭祀活动也分大小。

〔二五〕今按：“佩玉”亦见望山楚简、包山楚简、葛陵楚简等，或作备玉、服玉，为祷请用玉，《左传》哀公二年：“大命不敢请，佩玉不敢爱。”孔疏：“是祷请用玉也。”日书则用为佩带用玉。《诗·竹竿》：“巧笑之瑳，佩玉之傩。”毛传：“傩，行有节度。”《礼记·玉藻》：“君子无故玉不去其身，君子于玉比德焉。”《离骚》“纫秋兰以为佩”，王逸注：“行清洁者佩芳，德仁明者佩玉，能解结者佩觿，能决疑者佩玦，故孔子无所不佩。”

## （二）

〖寅、卯、辰、〗【巳、午、未、申、酉、】戌、亥、☒〖子、〗丑，是胃(谓)结日〔一〕，作事，不果。以祭，吝。生子，无弟；女(如)又(有)弟，必死。以亡货〔二〕，不爯(称)〔三〕。以畾(纳)田邑〔四〕，吝。九店25

〖卯、辰、巳、〗午、未、申、酉、戌、亥、子、丑、寅，是胃(谓)昜(阳)日，百事训(顺)城(成)。邦君得年，少(小)夫四城(成)〔五〕，以为上下之祷祠〔六〕，【群】神卿(飨)之，乃浧(盈)其志〔七〕。九店26

【辰、】巳、午、未、申、酉、戌、亥、子、丑、寅、卯，是胃(谓)交日，利以串户秀(牖)〔八〕，凿井，行水事〔九〕，吉。又(有)志百事，大吉。利于内(入)室〔一〇〕。以祭门、行，向(飨)之〔一一〕。九店27

巳、午、未、申、酉、戌、亥、子、丑、寅、卯、辰，是胃(谓)□日〔一二〕，利以解凶，叙(除)不羊(祥)。利以祭门、行，叙(除)疾。以祭、大事〔一三〕、聚众，必或(有)乱之。以堣(寓)人〔一四〕，敚(夺)之室。九店28

【午、】未、申、酉、戌、亥、子、丑、寅、卯、辰、巳，是胃(谓)阴日，利以为室家祭〔一五〕，取(娶)妻、家(嫁)女、内(入)货，吉。以见邦君，不吉，亦无咎。九店29

未、申、酉、戌、亥、子、丑、寅、卯、辰、巳、午，是胃(谓)达日，利以行师徒，出正(征)，得。以祭少(小)大〔一六〕，吉。生子，男吉，女必出其邦。逃人不得。利于寇逃(盗)〔一七〕。九店 30

〖申、〗酉、戌、亥、子、丑、寅、卯、辰、巳、午、未，是胃(谓)外昜(阳)日，利以行作，〖逅(蹠)〗四方埜(野)外〔一八〕，吉。以田猎，获。逃人不得，无闻。埶(设)罔(网)，得，大吉。九店 31

〖酉、〗【戌、】亥、子、丑、寅、卯、辰、巳、午、未、申，是胃(谓)外害日，不利以行作，逅(蹠)四方埜(野)外，必无堣(遇)寇逃(盗)，必兵〔一九〕。是古(故)胃(谓)不利于行作，埜(野)事，不吉。九店 32

【戌、亥、子、丑、】寅、卯、辰、巳、午、未、申、酉，是胃(谓)〖外〗阴日〔二〇〕，利以祭，内(入)货，吉。以作卯事〔二一〕，不吉。以远行，旧(久)。是古(故)不利以行【作】。九店 33

亥、子、丑、寅、卯、辰、巳、午、未、申、酉、戌，是胃(谓)绝日〔二二〕，无为而可，名之曰死日。生子，男不萏(留)〔二三〕。逃人不得。利以叙(除)盟诅。九店 34

子、丑、寅、卯、辰、巳、午、未、申、酉、戌、亥，是胃(谓)[illegible]日〔二四〕，利于饮食。女(如)远行，剉〔二五〕。曰：居又(有)食，行又(有)得。生子，男必敚于人〔二六〕。内(入)货，吉。九店 35

丑、寅、卯、辰、巳、午、未、申、酉、戌、亥、子，是胃(谓)采〈采〉日〔二七〕。利以大祭之日，利以冠，寻车马，折(制)衣裳、表紝〔二八〕。倀(长)者吉〔二九〕，幽(幼)子者不吉。带剑、冠，吉。以生〔三〇〕，吉。九店 36

## 【注释】

〔一〕陈伟(1998：154)以为前面当有一简排定月序，从而将原编号103的残简(《九店楚简》编号为88)置于本篇之首。九店(2000：77～78)：本组简丛辰十二直所值日辰之前，没有书月名，但是从与秦简甲、乙楚除比较的情况看，其月序是按照夏历的月序排列的。

〔二〕刘国胜(2000：217)疑“亡货”为“出货”之误。

〔三〕九店(2000：79)：“不再(称)”犹言不得。李零(1999：144)径释作“不得”。

〔四〕九店(2000：809)：疑简文“龣”应当读为“纳”。《楚辞·大招》：“田邑千畛，人阜昌只。”今按：《公羊传》桓公元年：“田多邑少称田，邑多田少称邑。”

〔五〕刘乐贤(1994：38)：“小夫”即匹夫，指没有爵位的人。连劭名(2001：78)：“小夫”义同小人。

睡虎地(1990：181)：“四成”，四年成熟。刘信芳(1997：525~526)：“四城”谓为坛四重以祭，并将本句译作：小夫(成年)，以四重之台用来祷祠天地神祇，群神享受祀礼，就能志得意满。王子今(2003：22)：“四成”可能是四季之成，四时之成。今按：《礼记·郊特牲》：“八蜡以记四方，四方年不顺成。八蜡不通，以谨民财也。顺成之方，其蜡乃通，以移民也。”孔疏：“四方之内有顺成之方。”“四成”也可能指四方顺成。

〔六〕今按：《尚书·汤诰》：“并告无辜于上下神祇。”《太甲》：“以承上下神祇。”《白虎通·礼乐篇》引《尚书(泰誓)》：“假于上下”，《诗·大明》疏引《(尚书)大誓》：“格于上天下地。”《召诰》：“毖祀于上下。”《周礼·春官·小宗伯》：“大灾，及执事祷祠于上下神示。”贾疏：“祷祠于上下天地神祇。”《国语·齐语》：“与诸侯饬牲为载，以约誓于上下庶神。”《国语·晋语八》：“寡君之疾久矣，上下神祇，无不遍谕，而无除。”《论语·述而》：“祷尔于上下神祇。”《墨子·辞过》：“圣人有传，天地也，则曰上下。”银雀山汉简《晏子春秋》：“令祝宗荐之上下。”《后汉书·班固传》所录《西都赋》：“礼上下而接山川”，李贤注：“上下，谓天地也。”是上下指天地鬼神。

〔七〕乃涅其志，刘乐贤(1998：84)读作“乃逞其志”。

〔八〕“串”字从李零(1999：144)释，读作“穿”。刘国胜(2000：216)作“毌”①。“毌户牖”指凿墙壁，开户通窗。

〔九〕“行水事”或称“行水”，日书多见。九店(2000：82~83)以为是治水，疏通水道。睡虎地(1990：182)：行水，行船。孔家坡(2006：133)：行水，疑指修建水渠之类。今按：《周易》卦爻辞多“利涉大川”语，如《蛊》卦：“元亨，利涉大川。先甲三日，后甲三日。”《益》：“利有攸往，利涉大川”，彖曰：“利涉大川，木道乃行。”《中孚》：“利涉大川”，彖曰：“利涉大川，乘木舟虚也。”孔疏：“若乘虚舟以涉川也。”《协纪辩方书》卷十一“民用三十七事”有“开渠穿井”，“《通书》选择六十事”有“开渠穿井”和“乘船渡水”。②简文“水事”或“行水”或指乘船渡水。

〔一〇〕“入室”从陈伟(1998：154)读。九店(2000：83)读作“纳室”。

〔一一〕李家浩、白于蓝(2009：310)引陈剑说，释作“向”，读作“飨”。

〔一二〕“日”前一字，刘信芳(1997：523)、陈伟(1998：154)补作“害”；陈松长(1997：546~547)补作“羿”，通“罗”。

〔一三〕九店(2000：85)：《礼记·月令》：“仲春之月……毋作大事，以妨农之事。”郑玄注：“大事，兵役之属。”睡虎地(1990：183)：《左传》成公十三年：“国之大事，在祀与戎。”《国语·周语上》：“民之所急在大事。”注：“大事，戎、祀也。”今按：“大事”日书常见。在先秦两汉典籍中，“大事”多见，除指“国之大事”之祭祀与兵役外，还有其他含义。如《礼记·檀弓上》：“夏后氏尚黑，大事敛用昏，戎事乘骊，牲用玄。”郑玄注：“此大事谓丧事也。”《左传》文公元年：“能行大事乎”，杜注：“大事谓弑君。”《国语·周语上》：“夫民之大事在农。”《周语下》：“夫合诸侯，民之大事也。”《晋语一》：“吾欲作大事”，韦昭注：“大事，废嫡立庶也。”《公羊传》襄公三十年：“晋

---

① 原文误排作“毋”。

② 《钦定协纪辩方书》，郑同点校，华龄出版社 2009 年版，第 253、254、262、263 页。

人、齐人……会于澶渊，宋灾故。……此大事也。"《穀梁传》定公元年："即位，君之大事也。""大事"有时泛指重大或重要之事，如，《论语·子路》："见小利则大事不成。"《老子》六十三章："天下大事，必作于细。"《庄子·渔父》："好经大事，变更易常。"《管子·乘马》："不明于计数，而欲举大事，犹无舟楫而欲经于水险也。"《史记·项羽本纪》："今欲举大事，将非其人，不可。"《汉书·张良传》："而汉王之将独韩信可属大事，当一面。""大事"往往与"小事"对举，《周易·小过》："亨，利贞，可小事，不可大事。"《周礼·天官·小宰》："大事则从其长，小事则专达。"《荀子·王制》："大事殆乎弛，小事殆乎遂。"《晏子春秋·外篇·重而异者》："大事不得，小事不为者必贫。"日书既流行于社会中下层民众间，则所用语汇必极浅近易晓。所谓"大事"，是与"小事"相对而言，其义浅近，指重大、重要之事。

〔一四〕九店(2000：86)："以"训为"如"。

〔一五〕九店(2000：87)："室家"即"家室"的倒文，指屋舍。原简脱"祀"字。或说"家"属下读，"家祭"，家中对先人的私祭。刘信芳(2018：43)改为一句读，盖谓室祭、家祭也。

〔一六〕今按：《周礼·天官·酒正》："凡祭祀，以法共五齐三酒，以实八尊。大祭三贰，中祭再贰，小祭壹贰，皆有酌数。"郑司农云："大祭，天地；中祭，宗庙；小祭，五祀。"又称大祀、小祀。《周礼·春官·肆师》："立大祀，用玉帛、牲牷；立次祀，用牲币；立小祀，用牲。"郑玄注引郑司农曰："大祀，天地；中祀，日月星辰；小祀，司命以下。"郑玄谓："谓大祀又有宗庙，次祀又有社稷、五祀、五狱，小祀又有司中、风师、雨师、山川、百物。"

〔一七〕今按：《周易·蒙·上九》："击蒙；不利为寇，利御寇。"

〔一八〕九店(2000：88~89)："迈(蹠)"据下文补，是适、至的意思。"行作"是出门作事的意思。陈伟(1998：154)将"利以行作四方野外"连读。

〔一九〕九店(2000：93)："无"字当为衍文。刘乐贤(1998：85)："必兵”是“必遇兵”的省略，此句释作：必将不是遇上盗寇，就会遇上兵事。刘信芳(2018：44)：假若不遇寇盗，必遇兵祸。

〔二〇〕九店(2000：93)：“外”字原简漏写。刘信芳(1997：523)以为该处是“外阴”二字的合文。

〔二一〕九店(2000：93)：“卯”疑应当读为“贸”，“贸事”，指贸易之事。陈伟(1998：155)疑为“外”字之误写。

〔二二〕今按：《六壬大全》卷七《天祸课》谓立春、立夏、立秋、立冬日前一日为四绝日。《医心方》卷二《针灸服药吉凶日第七》“针灸忌日”条引《虾蟆经》云：“凡四绝日：戊申，戊寅，癸亥，癸巳，右日不可针灸。”均与此不同。

〔二三〕“莤”字据周波(2006：86)释，读为“留”，居留之意。

〔二四〕今按：“日”前一字不识，睡甲12正贰作“央光日”。

〔二五〕陈伟(1998：155)、九店(2000：95～96)疑简文“剉”应当读为“侳”，训为“有”。

〔二六〕敚，九店(2000：96)读为“美”，刘乐贤(1996b：62～63)读为“媚”。

〔二七〕陈伟(1998：155)释作“采”，训为“秀”。刘乐贤(1996b：65)径释作“秀日”。李家浩、白于蓝(2009：313)释作“釆”，当系“采”字之误。

〔二八〕表紃，陈松长(1997：550)读作“表衽”。九店(2000：98～99)读作“表识”，或作“表帜”“标识”，或说应读作“服饰”。刘国胜(2000：217)读作“裘軒”。刘信芳(2018：46)：表，外衣，古称上衣。紃，即带也。

〔二九〕“长者”从李家浩、白于蓝(2009：313)释读。

〔三〇〕九店(2000：100)：“生”当指生子。今按：简文或脱“子”字。

## （三）

【楚】除[一]

| | 十一月斗 | 十二月须 | 正月营 | 二月奎 | 三月胃 | 四月毕 | 五月东 | 六月柳 | 七月张 | 八月角 | 九月氐 | 十月心 | 睡甲 1 正壹 |
|---|---|---|---|---|---|---|---|---|---|---|---|---|---|
| 渜 | 子 | 丑 | 寅 | 卯 | 辰 | 巳 | 午 | 未 | 申 | 酉 | 戌 | 亥 | 睡甲 2 正壹 |
| 媚 | 丑 | 寅 | 卯 | 辰 | 巳 | 午 | 未 | 申 | 酉 | 戌 | 亥 | 子 | 睡甲 3 正壹 |
| 建 | 寅 | 卯 | 辰 | 巳 | 午 | 未 | 申 | 酉 | 戌 | 亥 | 子 | 丑 | 睡甲 4 正壹 |
| 陷 | 卯 | 辰 | 巳 | 午 | 未 | 申 | 酉 | 戌 | 亥 | 子 | 丑 | 寅 | 睡甲 5 正壹 |
| 彼 | 辰 | 巳 | 午 | 未 | 申 | 酉 | 戌 | 亥 | 子 | 丑 | 寅 | 卯 | 睡甲 6 正壹 |
| 平 | 巳 | 午 | 未 | 申 | 酉 | 戌 | 亥 | 子 | 丑 | 寅 | 卯 | 辰 | 睡甲 7 正壹 |
| 宁 | 午 | 未 | 申 | 酉 | 戌 | 亥 | 子 | 丑 | 寅 | 卯 | 辰 | 巳 | 睡甲 8 正壹 |
| 空 | 未 | 申 | 酉 | 戌 | 亥 | 子 | 丑 | 寅 | 卯 | 辰 | 巳 | 午 | 睡甲 9 正壹 |
| 坐 | 申 | 酉 | 戌 | 亥 | 子 | 丑 | 寅 | 卯 | 辰 | 巳 | 午 | 未 | 睡甲 10 正壹 |
| 盖 | 酉 | 戌 | 亥 | 子 | 丑 | 寅 | 卯 | 辰 | 巳 | 午 | 未 | 申 | 睡甲 11 正壹 |
| 成 | 戌 | 亥 | 子 | 丑 | 寅 | 卯 | 辰 | 巳 | 午 | 未 | 申 | 酉 | 睡甲 12 正壹 |
| 甬 | 亥 | 子 | 丑 | 寅 | 卯 | 辰 | 巳 | 午 | 未 | 申 | 酉 | 戌 | 睡甲 13 正壹 |

结日[二]，作事，不成。以祭，閵(吝)。生子，毋(无)弟；有弟，必死。以寄人，寄人必夺主室[三]。睡甲 2 正贰

阳日，百事顺成。邦郡得年[四]，小夫四成。以蔡(祭)上下，群神乡(飨)之，乃盈志。睡甲 3 正贰

交日，利以实事[五]，凿井，吉。以祭门、行，行水，吉。睡甲 4 正贰

害日，利以除凶厉，兑(说)不羊(祥)[六]。祭门、行，吉。以祭，最(聚)众，必乱者。睡甲 5 正贰

阴日，利以家室，祭祀，家(嫁)子，取(娶)妇，入材(财)，大吉。以

见君上，数达，毋（无）咎[七]。睡甲6正贰

达日，利以行帅〈师〉、出正（征）、见人、以祭上下，皆吉。生子，男吉，女必出于邦。睡甲7正贰

【外】阳日，利以达野外[八]，可以田猎。以亡，不得，毋（无）门（闻）。睡甲8正贰

外害日，不可以行作[九]，之四方野外，必耦（遇）寇盗，见兵。睡甲9正贰

外阴日，利以祭祀、作事、入材（财），皆吉。不可以之野外。睡甲10正贰

〖绝日，无为而〗可，名曰毄日。以生子，窭孤[一〇]。桃（逃）人，不得。利以兑（说）明（盟）组（诅）、百不羊（祥）[一一]。睡甲11正贰

夬光日，利以登高、饮食、□四方野外[一二]。居有食，行有得。以生子，男女必美。睡甲12正贰

秀日，利以起大事。大祭，吉。寇〈冠〉、寻车[一三]、折（制）衣常（裳）、服带[一四]，吉。生子，吉。弟，凶。睡甲13正贰

## 【注释】

〔一〕原简标题。“楚”字据张闻玉（1987：69）说补。表中的“濡”原作“濡”，“媚”原作“赢”（睡虎地1990：180），均据李家浩（2002：374~375）释改。表中第二栏为二十八星宿名称，其中须即须女，营为营室。东，睡虎地（1990：180）以为东壁，刘乐贤（1994：22）以为东井。刘说当是。李家浩（2002：372~373）主张不分栏，同一条简文连读，如“濡”和“结”日共有同一条日辰和占辞。今按：表中“建除十二值”名与九店楚简《日书》“建䉶”相同或相似，如建与建、陷与䉶、彼与敓、平与坪、宁与寍、空与工、坐与坐、盖与盍、成与城、甬与复、濡与菀、媚与敚，但占辞不同。北大藏秦简《禾日》《禾忌》下方一栏有建除值日表，复原后（以十月为例）为：十月宛亥、媚子、建丑、陷寅、波卯、平辰、宁巳、空未、盖申、成酉、复戌。与本表表

头所列建除十二值大同，当为楚系建除。但表下所列建除值日则为：十月建亥、徐子、盈丑、平寅、定卯、滔辰、衝巳、剽午、成未、收申、汧酉、闭戌。或为秦系建除。①

〔二〕今按：占辞中“结日”“阳日”等十二值名，与九店楚简《日书》“结阳”相同。占辞亦多类同。本篇综合了楚“建窶”和“结阳”术。由此可见，九店中的“建窶”“结阳”都应属于后来的“建除”系统，而与“丛辰”无关。

〔三〕睡虎地(1990：181)：寄人，让人寄居。贺润坤(1991：77)：“寄人”显然是专有名词，应与“客”及臣妾有别，其身份大概与“寓人”相同或相似，是以各种原因在食宿形式上寄居他人房屋之人，或称之为“旅人”。李学勤(2001：139)：寄人、寓人、客，就是古书讲的庸客、楚青铜器铭文中的铸客之类。王子今(2003：19)：此句宜与上句“生子毋弟，有弟必死”联读。寄人，应是将在生于结日的兄长之后出生的，预期“必死”的“弟”托寄他人，以避免灾祸。所谓“寄人必夺主室”，是说若采取这样的方式以求免灾，则收寄“弟”的人家将侵害送托的主家。今按：类似的占辞在九店中系于“害日”下，不属于“结日”条，此处可能系误抄。

〔四〕工藤元男(2010：167)：“邦郡”当是“邦和郡”的意思。

〔五〕睡虎地(1990：181)：实，《礼记·哀公问》注：“财货也。”刘国胜(2000：217)以为“利以实事”即九店27中的“利于内(入)室”，《说文》段注：“以货物充于屋下，是为实。”九店(2000：82)以为“实事”即“申户牖”之事，“申”“实”古音相近可通。连劭名(2001：78~79)：“实”，指地。“实事”指兴动土事。王子今(2003：24)：所谓“实事”，应是经营财务之事。

〔六〕睡虎地(1990：182)：说，《国语·鲁语下》注：“犹除也。”王子今(2003：26~27)：“兑”，当作“挩”的简字，亦可理解为“脱”的俗写简字。“兑不羊”即“脱不祥”。

〔七〕刘乐贤(1994：26)：这句话的意思是说，去见长官，多次都能见

① 陈侃理：《北大秦简中的方术书》，《文物》2012年第6期。

到，没有灾害。陈伟(1998：154)引《说文》："达，行不遇也。"段注："今俗说不相遇尚有此言，乃古言也。……训通达者，今言也。""数达"是说多次晋见都不能见到。吴小强(2000：26)译作：面见君主，数次腾达，没有过失。王子今(2003：29~31)："数达"，应理解为"见君上"之事能够不受阻滞，不致"留迟"，尽快实现。又说："数"在这里另一种可能成立的解释，是亲密、亲近。

〔八〕睡虎地(1990：181、182)释文写作"建"，注释却写作"达"。刘乐贤(1994：26)以为注释属排印错误。吴小强(2000：25)：达，意为至。李家浩(2002：375~376)改释为"遮"，读为"跖"。王子今(2003：34)：似应以"达"为是。

〔九〕刘乐贤(1994：26)：行作是劳动的意思。刘增贵(2001：506)："行作"不是泛指劳动，而是外出劳作。王子今(2003：35)：推想简文原意，或应为"不可以行""不可以作"。

〔一〇〕刘乐贤(1994：26~27)：窭，贫也。此处窭孤是贫穷而孤苦无援之意。李家浩(2002：377)改释为"数"，"数孤"，很快成为孤儿。王子今(2003：38~39)引《汉书·霍光传》颜师古注："窭，贫而无礼。"认为"窭"并不完全等同于"贫"。

〔一一〕陈伟武(2002：238)："百不羊(祥)"为"百事不羊(祥)"之缩略。王子今(2003：40)："兑"，当释作"挩""脱"，全句文意为免除诅咒与诸种不祥。

〔一二〕缺字，李家浩(2002：375~376)改释为"遮"，读为"跖"。王子今(2003：41)释作"猎"，有追逐搏杀之义，当是猎犬应用于田猎之后的事。

〔一三〕"寻"字从刘钊(2005：308~309)释，"寻车"意为试车或用车。

〔一四〕睡虎地(1990：182)：折，读为裚，即制字。服，佩也。王子今(2003：47~48)："衣裳""服带"都是名词，是"折"的宾语，意思是裁制衣裳和服带。

## (四)

| 十一月 | 十二月 | 正月 | 二月 | 三月 | 四月 | 五月 | 六月 | 七月 | 八月 | 九月 | 〖十月〗 | | 睡乙 1 |
|---|---|---|---|---|---|---|---|---|---|---|---|---|---|
| 子 | 丑 | 寅 | 卯 | 辰 | 巳 | 午 | 未 | 申 | 酉 | 戌 | 亥 | 窓、结 | 睡乙 2 |
| 丑 | 寅 | 卯 | 辰 | 巳 | 午 | 未 | 申 | 酉 | 戌 | 亥 | 子 | 赢、阳 | 睡乙 3 |
| 寅 | 卯 | 辰 | 巳 | 午 | 未 | 申 | 酉 | 戌 | 亥 | 子 | 丑 | □、交 | 睡乙 4 |
| 卯 | 辰 | 巳 | 午 | 未 | 申 | 酉 | 戌 | 亥 | 子 | 丑 | 寅 | 窖、罗 | 睡乙 5 |
| 辰 | 巳 | 午 | 未 | 申 | 酉 | 戌 | 亥 | 子 | 丑 | 寅 | 卯 | 作、阴 | 睡乙 6 |
| 巳 | 午 | 未 | 申 | 酉 | 戌 | 亥 | 子 | 丑 | 寅 | 卯 | 辰 | 平、达 | 睡乙 7 |
| 午 | 未 | 申 | 酉 | 戌 | 亥 | 子 | 丑 | 寅 | 卯 | 辰 | 巳 | 成、外 | 睡乙 8 |
| 未 | 申 | 酉 | 戌 | 亥 | 子 | 丑 | 寅 | 卯 | 辰 | 巳 | 午 | 空、外 | 睡乙 9 |
| 申 | 酉 | 戌 | 亥 | 子 | 丑 | 寅 | 卯 | 辰 | 巳 | 午 | 未 | □、□ | 睡乙 10 |
| 酉 | 戌 | 亥 | 子 | 丑 | 寅 | 卯 | 辰 | 巳 | 午 | 未 | 申 | 盍、绝 | 睡乙 11 |
| 戌 | 亥 | 子 | 丑 | 寅 | 卯 | 辰 | 巳 | 午 | 未 | 申 | 酉 | 成、决 | 睡乙 12 |
| 亥 | 子 | 丑 | 寅 | 卯 | 辰 | 巳 | 午 | 未 | 申 | 酉 | 戌 | 复、秀 | 睡乙 13 |

窻、结之日[一]，利以结言，不可以作大事，利以学书[二]。睡乙 14

赢、阳之日，利以见人、祭、作大事、取(娶)妻，吉。䂬(制)寇〈冠〉带，君子益事。睡乙 15

建、交之日，以风(封)、凿井□☒[三]。睡乙 16A

窖、罗之日，利以说孟(盟)诈(诅)[四]、弃疾、凿宇、葬，吉。而遇(寓)人，人必夺其室。睡乙 17

作、阴之日，利以入室，必入资货。家(嫁)子、攻击，吉，胜。睡乙 18 壹

平、达之日，利以行帅〈师〉徒、见人、入邦，皆吉。生男女【必】☒[五] 睡乙 19A+16B+20B 壹

成、外阳之日，利以祭，之四旁(方)野外。热(设)罔(网)猎，获。作

事，吉[六]。睡乙 20A+19B+20B 壹

空、外遠(害)之日，不可以行、之四邻，必见兵。睡乙 21 壹

䟫、外阴之日，利以小然〈祭〉，吉。生子，年[七]。不可远行，远行不返。睡乙 22 壹

盖、绝纪之日，利以掣(制)衣常(裳)、说孟(盟)诈(诅)。睡乙 23 壹

成、决光之日，利以起大事、祭、家(嫁)子，吉。居有食，行有得。生子，美。睡乙 24 壹

复、秀之日，利以乘车、寇〈冠〉、带剑、掣(制)衣常(裳)、祭、作大事、家(嫁)子，皆可，吉。睡乙 25 壹

## 【注释】

〔一〕刘信芳(1992：52)：由于该日书简出于云梦，原属楚地，因此《除》篇(今按：即本篇)很可能原属于楚国日书。刘乐贤(1994：315~316)：本表格的“日名”与下面说明文字中的“日名”大多一致。表中的“窓”字不见于字书，窓与窻音近通假。李家浩(2002：383~384)：据上述九店简，可以知道本章的日名实含有两套，当分别读作“窻、结”，指窻日和结日。以下可类推。

〔二〕刘乐贤(1994：316)：《论衡·讥日篇》：“又学书讳丙日，云苍颉以丙日死也。”是古代关于学书的禁忌。

〔三〕睡虎地(1990：232)：“以”上脱“利”字。风，疑读为封，填塞。今按：原简下接“吉。生男女……”李家浩(2002：384)改系在“平、达之日”条下，并以为“封”与“实”义近，大概也是指封塞户牖之事。今从之。

〔四〕睡虎地(1990：232)：说，解除。

〔五〕本条简的释文、拼接据李家浩(2002：370~371)。

〔六〕本条简的释文、拼接据李家浩(2002：371~372)。

〔七〕李家浩(2002：385)：“年”“佞”二字古音相近，可以通用。陈伟武(2002：239)：“年”为“得年”的缩略语，即“得寿”之意。是否得寿一直是择

日占验的内容。

## (五)

徐〔一〕

正月，建寅，余(除)卯，吉辰，实巳，窖午，徼未，衝(冲)申，剽酉，虚戌，吉亥，实子，闭丑。睡乙 26 壹

二月，建〖卯，余(除)〗辰，吉巳，实午，窖未，徼申，衝(冲)酉，〖剽戌，虚亥，〗吉子，实丑，闭寅。睡乙 27 壹

三月，建〖辰，余(除)〗巳，吉午，实未，窖申，敫酉，衝(冲)戌，剽亥，虚子，吉丑，实寅，闭卯。睡乙 28 壹

四月，建巳，徐(除)午，吉未，实申，窖酉，敫戌，衝(冲)【亥，剽】子，虚丑，吉寅，实卯，闭辰。睡乙 29 壹

五月，建午，徐(除)〖未〗，吉申，实酉，窖戌，敫亥，衝(冲)子，剽丑，虚寅，吉卯，实辰，闭巳。睡乙 30 壹

六月，建未，徐(除)申，吉酉，实戌，窖亥，敫子，衝(冲)丑，剽寅，虚卯，吉辰，实巳，闭午。睡乙 31 壹

七月，建申，徐(除)酉，吉戌，实亥，窖子，敫丑，衝(冲)寅，剽卯，虚辰，吉〖巳〗，实午，闭未。睡乙 32 壹

八月，建酉，徐(除)戌，吉亥，实子，窖丑，徼寅，衝(冲)卯，剽辰，虚巳，吉午，实未，闭申。睡乙 33 壹

九月，建戌，徐(除)亥，吉子，实丑，窖寅，徼卯，衝(冲)辰，剽巳，虚午，吉未，实申，闭酉。睡乙 34 壹

十月，建亥，徐(除)子，吉丑，实寅，窖卯，敫辰，衝(冲)巳，剽午，虚未，吉申，实酉，闭戌〔二〕。睡乙 35 壹

十一月，建子，徐(除)丑，吉寅，实卯，窖辰，敫巳，衝(冲)午，剽未，虚申，〖吉酉，〗实戌，闭亥。睡乙 36 壹

十二月，建丑，徐(除)寅，吉卯，实辰，窖巳，徼午，衝(冲)未，剽申，虚酉，吉〚戌〛亥，闭子。睡乙 37 壹

建日，利□▨初寇〈冠〉〔三〕、带剑、乘车，【可】▨。睡乙 38 壹

徐(除)日，可以请谒，有□▨□。睡乙 39 壹

吉、实日，皆利日也，无不可有为【也】。睡乙 40 壹

窖日，可以入马牛、臣【妾】▨。睡乙 41 壹

敫日，可以入臣妾，驾驹□▨。睡乙 42 壹

衝(冲)日，可以攻军、入城及行，不可祠。睡乙 43 壹

剽日，{不}可以使人及畜六畜，它毋有为也〔四〕。睡乙 44 壹

虚日，不可以臧(藏)盖〔五〕，臧(藏)盖，它人必发之。毋可有为也。用得〔六〕，必复出〔七〕。睡乙 45 壹

闭日，可以盖臧(藏)及谋〔八〕，毋可有为也〔九〕。睡乙 46 壹

## 【注释】

〔一〕睡虎地(1990：233)：此节疑亦建除家之说，但与睡甲和《淮南子·天文》所载建除家言颇有出入。刘乐贤(1994：321)：原简标题为“徐”字，整理小组径释为“除”。“徐”在本篇第一支简中又作“余”，皆当读为建除之除。此标题“徐”字位于第二七简上部，因为二六简简首有横线。丁媛(2018：27)：当时可能还存在另一种系统的“建除”，因为见于秦简，姑且认为是秦系“建除”。今按：王家台秦简《日书》写作“余”①，陕西户县汉墓所出Ⅱ式陶罐朱书文字有“阳嘉二年八月己巳朔甲戌徐”②。“余”“徐”皆可通“除”。

〔二〕今按：北大藏秦简《三十一年质日》标注建除十二值为：十月：建巳、除午、訾未、平申、盈酉、臽戌、衝亥、剽子、成丑、定寅、开卯、收

① 王明钦：《王家台秦墓竹简概述》，艾兰、邢文编：《新出简帛研究——新出简帛国际学术研讨会文集》，文物出版社 2004 年版，第 43 页。

② 禚振西：《陕西户县的两座汉墓》，《考古与文物》1980 年第 1 期。

辰。《三十三年质日》则为：十月：建子、除丑、盈寅、平卯、定辰、摯巳、衝午、剽未、成申、收酉、开戌、闭亥。①

〔三〕初，睡虎地（1990：233）作“利”。刘乐贤（1994：321）改释为“初”。初冠一词习见于日书。

〔四〕今按：孔家坡 19 号简：“可以伐木、坏垣、毁哭。它毋可有为。”以此例之，颇疑本简“不”字为衍文。

〔五〕睡虎地（1990：233）：藏盖，下简又作盖藏，意为收藏。

〔六〕睡虎地（1990：233）：用，玄应《一切经音义》七引《苍颉篇》：“以也”。

〔七〕今按：香港 74：“□/婺女/营室/虚/牵牛。虚日不可以入钱财，必虚。”可参看。

〔八〕今按：“谋”下或脱“事”字。

〔九〕今按：放乙 338、335、358：“占疾：投其病日、辰、时，以其所中之辰间，中其后为巳间，中其前为未间。得其月之**剽**，恐死；得其**【虚】**，瘽；得其**吉**，善；得其**闭**，病中，唯已；得其**建**，多余病；得**除**，恐死；得其**实**，驾病；得其**吉**，善；得其**臽**，病久不☑”“实”原释作“盈”，今改释。改后的文字“得月之某”（用黑体字显现）全同于本篇建除之值日，唯缺“徼”“冲”而已。可见二者有同源关系。

## （六）

秦除〔一〕

正月，建寅，除卯，盈辰，平巳，定午，摯（执）未，柀（破）申〔二〕，危酉，成戌，收亥，开子，闭丑。睡甲 14 正壹

二月，建卯，除辰，盈巳，平午，定未，摯（执）申，柀（破）酉，危戌，成亥，收子，开丑，闭寅。睡甲 15 正壹

① 陈侃理：《北大秦简中的方术书》，《文物》2012 年第 6 期。

三月，建辰，除巳，盈午，平未，定申，挚(执)酉，柀(破)戌，危亥，成子，收丑，开寅，闭卯。睡甲16正壹

四月，建巳，除午，盈未，平申，定酉，挚(执)戌，柀(破)亥，危子，成丑，收寅，开卯，闭辰。睡甲17正壹

五月，建午，除未，盈申，平酉，定戌，挚(执)亥，柀(破)子，危丑，成寅，收卯，开辰，闭巳。睡甲18正壹

六月，建未，除申，盈酉，平戌，定亥，挚(执)子，柀(破)丑，危寅，成卯，收辰，开巳，闭午。睡甲19正壹

七月，建申，除酉，盈戌，平亥，定子，挚(执)丑，柀(破)寅，危卯，成辰，收巳，开午，闭未。睡甲20正壹

八月，建酉，除戌，盈亥，平子，定丑，挚(执)寅，柀(破)卯，危辰，成巳，收午，开未，闭申。睡甲21正壹

九月，建戌，除亥，盈子，平丑，定寅，挚(执)卯，柀(破)辰，危巳，成午，收未，开申，闭酉。睡甲22正壹

十月，建亥，除子，盈丑，平寅，定卯，挚(执)辰，柀(破)巳，危午，成未，收申，开酉，闭戌。睡甲23正壹

十一月，建子，除丑，盈寅，平卯，定辰，挚(执)巳，柀(破)午，危未，成申，收酉，开戌，闭亥。睡甲24正壹

十二月，建丑，除寅，盈卯，平辰，定巳，挚(执)午，柀(破)未，危申，成酉，收戌，开亥，闭子。睡甲25正壹

建日，良日也。可以为啬夫〔三〕，可以祠。利枣(早)不利莫(暮)。可以入人〔四〕、始寇〈冠〉〔五〕、乘车。有为也，吉。睡甲14正贰

除日，臣妾亡，不得。有瘩病〔六〕，不死。利市责(积)、彻□□□、除地、饮乐(药)〔七〕。攻盗，不可以执。睡甲15正贰

盈日〔八〕，可以筑閒(闲)牢〔九〕，可以〖入〗产〔一〇〕，可以筑宫室、为啬夫。有疾，难起〔一一〕。睡甲16正贰

平日，可以取(娶)妻、入人、起事〔一二〕。睡甲17正贰

定日，可以臧(藏)，为官府、室、祠〔一三〕。睡甲18正贰

挚(执)日，不可行。以亡，必挚(执)而入公而止〔一四〕。睡甲19正贰

柀(破)日，毋可以有为也。睡甲20正贰

危日，可以责、挚(执)〔一五〕、攻击。睡甲21正贰

成日，可以谋事、起【众】〔一六〕、兴大事。睡甲22正贰

收日，可以入人民、马牛、禾粟、入室〔一七〕、取(娶)妻及它物。睡甲23正贰

开日，亡者，不得。请谒，得。言盗〔一八〕，得。睡甲24正贰

闭日，可以劈决池，入臣徒、马牛、它生(牲)。睡甲25正贰

**【注释】**

〔一〕睡虎地(1990：183)：除，即《史记·日者列传》的建除。此处称为秦除，可见是起源于秦。《淮南子·天文》："寅为建，卯为除，辰为满，巳为平，主生；午为定，未为执，主陷；申为破，主衡；酉为危，主杓；戌为成，主少德；亥为收，主大德；子为开，主太岁；丑为闭，主太阴。"与此相合。王子今(2003：50)："秦除"应即应用于秦地之"除"或秦人之"除"，却不能说明"除""建除"一定起源于秦。今按：《淮南子》所述正月建寅、除卯之类，建除与干支搭配的关系与简文相合。但《淮南子》中的"主生""主陷""主衡"之类则不见于简文，这些"主×"的确切含义还有待进一步考察。

〔二〕今按：王家台秦简《日书》"破日"亦写作"柀"。①

〔三〕王子今(2003：53~56)：啬夫作为管理乡政的主要职官，负有重要的基层行政管理责任。

〔四〕睡虎地(1990：183)：入人，买进奴隶。

〔五〕吴小强(2000：29)：冠，冠礼。《礼记·内则》："二十而冠，始学礼也。"

① 王明钦：《王家台秦墓竹简概述》，艾兰、邢文编：《新出简帛研究——新出简帛国际学术研讨会文集》，文物出版社2004年版，第43页。

〔六〕睡虎地（1990：183）：瘽，《说文·疒部》："胫气足肿也。"王子今（2003：59～60）以为相当于现代医学的小腿慢性溃疡。今按：放马滩、孔家坡并作"瘴"。方勇（2018）亦据之改释为"瘴"。

〔七〕王子今（2003：60～61）读作"利市，责（债）彻，【不可以】除地、饮乐"。方勇（2012b：589～590）赞成整理者将"彻"字从下读。今按：放马滩作："可以治啬夫，可以彻言、君子除罪。"孔家坡作："可以毁除，可以饮乐（药）。"并可参。

〔八〕刘乐贤（1994：33）："盈"在《淮南子》及后世通书中皆写作"满"，乃是因为汉人避惠帝讳的缘故。

〔九〕睡虎地（1990：183）：《汉书·百官公卿表》注："闲，阑，养马之所也。"

〔一〇〕睡虎地（1990：183）：产字上下疑有脱文。吴小强（2000：29）："产"下疑脱"子"字，应为产子。今按：据放马滩和孔家坡，可知脱文当为"入"字，作"可以入产"。产指牲畜。

〔一一〕刘乐贤（1994：34）："起"在古汉语中有治愈之意。

〔一二〕王子今（2003：63）：起事，当是指事务的创起发动。魏德胜（2003：113）：起事，办事。今按：居延新简EPT43·181："☐□日丙戌，直平，可封功计☐"此件当为六月，其平日之规定似与此有别。

〔一三〕刘乐贤（1994：34）：简文的意思是说，定日可以收藏，可以造作官署和民房，可以祭祀。

〔一四〕睡虎地（1990：183）：此句意为逃亡者必被捕获，并被没收入官。

〔一五〕睡虎地（1990：183）：责，处罚。执，捉捕。

〔一六〕据刘乐贤（1994：34）补"众"字。

〔一七〕睡虎地（1990：184）："入"读为"纳"。《国语·晋语》："杀三郤而尸诸朝，纳其室以分妇人。"注："纳，取也。室，妻妾货贿。"王子今（2003：70）引放马滩《日书》"收日"条"可以居处"，认为所谓"可以居处"或许与“入室”有某种关系。

〔一八〕刘乐贤(1994：34)：“言盗”即举报，起诉盗窃者。

## (七)

建除〔一〕

正月，建寅，除卯，盈辰，平巳，定午，执未，破申，危酉，成戌，收亥，开子，闭丑。孔家坡 1 壹

二月，建卯，除辰，【盈】巳，平午，定未，执申，破酉，危戌，成亥，收子，开丑，闭寅。孔家坡 2 壹

三月，建辰，除巳，盈午，平未，定申，执酉，破戌，危亥，成子，收丑，开寅，闭卯。孔家坡 3 壹

四月，建巳，除午，盈未，平〖申，定酉，执戌，破亥〗，危子，成丑，收〖寅，开〗卯，闭辰。孔家坡 4 壹

五月，建午，除未，盈申，〖平酉，定戌，执亥，破子，危丑，成寅，收卯，〗开辰，闭巳。孔家坡 5 壹

六月，建未，除申，盈酉，〖平戌，定亥，执子，〗破丑，危寅，成卯，收辰，开巳，闭午。孔家坡 6 壹

七月，建申，除酉，盈戌，平亥，定〖子，执丑，破寅〗，危卯，成辰，收巳，开午，闭未。孔家坡 7 壹

八月，建酉，除戌，盈亥，平子，定丑，执寅，破卯，危辰，成巳，收午，开未，闭申。孔家坡 8 壹

九月，建戌，除亥，盈子，平丑，定寅，执卯，破辰，危巳，成午，收未，开申，闭酉。孔家坡 9 壹

十月，建亥，除子，盈丑，平寅，定卯，执辰，【破】巳，危午，成未，收申，开酉，闭戌。孔家坡 10 壹

十一月，建子，除丑，盈〖寅，平卯，定辰，执巳，破〗午，危未，成

申，收酉，开戌，闭亥。孔家坡 11 壹

十二月，建丑，除寅，盈卯，平辰，定巳，执午，破未，危申，成酉，收戌，开亥，闭子。孔家坡 12 壹

建日，可为大啬夫〔二〕、冠带、乘车。不可以□□夫。可以祷祠，利朝不利莫（暮）。可以入人。孔家坡 13

除日，奴婢亡，不得。有瘅病者〔三〕，死。可以□□□□言君子，可以毁除〔四〕，可以饮乐（药）〔五〕。以功（攻），不报〔六〕。孔家坡 14

盈日，可以筑閒（闲）牢、囷〔七〕、宫室，入六畜，为啬〖夫〗。【有病】者〔八〕，不死，□难起〔九〕。孔家坡 15

平日，可以取（娶）妇、嫁女，可以入人、起事〔一〇〕。孔家坡 16+残 5

定日，可以臧（藏）、为府、□☒〔一一〕孔家坡 17

执日，不可以行，以是，不亡〔一二〕，必执入县官〔一三〕。可以逐盗，围得。孔家坡 18

破日，可以伐木、坏垣、毁器。它毋可有为。孔家坡 19

危日，可以责、捕人〔一四〕、功（攻）翏（戮）〔一五〕、射。孔家坡 20

成日，可以谋事、起众、兴大事〔一六〕。孔家坡 21

收日，可以入人、马牛、畜产、禾稼。可以入室〔一七〕、取（娶）妻。孔家坡 22

开日，亡者，不得。可以请谒。言盗，必得。孔家坡 23

闭日，可以入马牛、畜生（牲）、禾粟，居室，取（娶）妻，入奴婢，波（陂）堤〔一八〕。孔家坡 24

## 【注释】

〔一〕孔家坡（2006：130）：“建除”写在 1 号简的首端，是原有的篇题。张铭洽（2002：223～224）：在所见放马滩及睡虎地中，其篇名没有一篇称之为“建除”，而只有“除”“秦除”“徐”等，其“除”“徐”及简文中所书之“余”字，为通假字，应均为“除”，“秦除”则点明是秦人之“除”。从中可以得出

一个结论：从先秦直到秦代，无论秦人或楚人，均将此法称为“除”，而不是“建除”。“建除”一名，应是到汉代才出现的。今按：出土简牍中题名“建除”首见于此。传统“建除十二直(值)”的安排是按照节气月“每月交节则叠两值日”。金良年(1994：267～268)认为：从现有资料来看，自战国晚期至西汉末年，建除是按历法月序来安排的。这一时期，占卜术很可能还没有形成节气月的概念，至少建除的安排并不遵循节气月。建除安排中的“交节叠值”法似始于东汉。孙占宇(2010：92)则认为战国晚期至西汉末年的建除术很可能是按照节气月来安排十二神值日的，与传统的值日法一致。

〔二〕孔家坡(2006：130)：大啬夫，官名，可能专指县令、长。

〔三〕孔家坡(2006：130)：瘅，《素问·奇病论》注：“瘅，谓热也。”《论衡·顺鼓》：“其有旱也，何以知不如人之有瘅疾也。”丁媛(2018：26)：秦汉时期“瘅”是一大类疾病，《汉书·艺文志·方技略》记载“经方十一家”中有“五藏六府瘅十二病方四十卷”。老官山医简中涉及瘅病就有13种：膏瘅、气瘅、骨瘅、胭瘅、肾瘅、隋(随)瘅、小肠瘅、肠瘅、胃瘅、心瘅、内瘅、黄瘅、风瘅。张家山汉简也有“内瘅”“黄瘅”“瘅病”等。至于“瘅”究竟系何种疾病，历来众说纷纭。古代辞书和古注中对于“瘅”字的训释主要有劳病、黄病、热病。后世疾病中虚劳、消渴、郁症、黄疸或由“瘅”演变而来。从《日书》看，“瘅疾”病情凶险，即使在利于除病的日子仍然预后较差。

〔四〕今按：放甲、放乙均作：“可以治啬夫，可以彻言、君子除罪。”

〔五〕孔家坡(2006：130)：乐，读为“药”。饮药，即服药。今按：《医心方》卷二《针灸服药吉凶日第七》“合服药吉日”条引《湛馀经》云：“凡除日可服药治病，满日不可服药，病人难起。”说除日可以服药，与简文同。

〔六〕孔家坡(2006：130)：报，《汉书·胡建传》注引苏林：“报，论也。断狱为报。”今按：银雀山汉简《三十时》1790：“……【以】战客胜。杀人不报。可为啬夫，嫁女。不可取妇，妇蚤(早)操令。不可冠带剑，入人民。不可出货。”

〔七〕原释作“筑”，此据刘国胜等(2016：131)改释。

〔八〕“病”字原释作“疾”，据王强(2013：253)改释。

〔九〕“死”“□难起”，据刘国胜等(2016：132)改释。

〔一〇〕16号简与残5缀合据周波(2010：398~399)。

〔一一〕今按：放甲、放乙均作：“可以祝祠。”

〔一二〕陈伟武(2007：430)：“亡”当指逃亡，非指死亡。

〔一三〕孔家坡(2006：130)：县官，指官府。今按：放甲、放乙均作：“必执而入公。”

〔一四〕孔家坡(2006：130)：《说文句读》：“谓索求负家偿物也。”或疑指责罚。今按：放甲、放乙均作“责人及执人”，可知本简“责、捕人”即指“责人”和“捕人”。

〔一五〕“功(攻)䍙(戮)”从陈斯鹏(2007a：72)释读。

〔一六〕今按：居延新简 EPF22 · 156：“八月廿六日己巳直成，可祠社稷。”八月己巳为成日与简文合，但简文中无“可祠社稷”的规定，或者“兴大事”即指祠社稷而言。

〔一七〕孔家坡(2006：130)：入室，指迁徙进入新居。今按：放甲、放乙作：“可以居处。”

〔一八〕“波”字据周波(2010：395~398)释读，读为“陂”，“陂堤”应即筑堤防之义。与建除名“闭”的含义照应。

# 从 辰

## (一)

稷辰〔一〕

正月、二月，子秀，丑、戌正阳，寅、酉危阳，卯敫，辰、申䜌(害)〔二〕，巳、未阴，午彻，亥结。睡甲 26 正壹

三月、四月，寅秀，卯、子正阳，辰、亥危阳，巳敫，午、戌䵍(害)，未、酉阴，申彻，丑结。睡甲27正壹

五月、六月，辰秀，巳、寅正阳，午、丑危阳，未敫，申、子䵍(害)，酉、亥阴，戌彻，卯结。睡甲28正壹

七月、八月，午秀，未、辰正阳，申、卯危阳，酉敫，戌、寅䵍(害)，亥、丑阴，子彻，巳结。睡甲29正壹

九月、十月，申秀，酉、午正阳，戌、巳危阳，亥敫，子、辰䵍(害)，丑、卯阴，寅彻，未结。睡甲30正壹

十一月、十二月，戌秀，亥、申正阳，子、未危阳，丑敫，寅、午䵍(害)，卯、巳阴，辰彻，酉结。睡甲31正壹

秀，是胃(谓)重光[三]。利野战，必得侯王。以生子，既美且长，有贤等[四]。利见人及畜畜生(牲)。可取(娶)妇、家(嫁)女、制衣常(裳)。利祠、饮食、歌乐，临官立(莅)正(政)相宜也。睡甲32正 利徙官。免，复事[五]。系，亟出[六]。虽雨，齐(霁)[七]。不可复(覆)室、盖屋[八]。正月以朔[九]，旱，岁善，有兵[一〇]。睡甲33正

正阳[一一]，是胃(谓)番昌[一二]。小事果成，大事又(有)庆[一三]；它毋(无)小大尽吉。利为啬夫，是胃(谓)三昌。时以战[一四]，命胃(谓)三胜。以祠，吉。有为也，美恶自成。生子，吉。可葬 睡甲34正 埋。雨，齐(霁)。亡者，不得。正月以朔，岁善，毋(无)兵[一五]。睡甲35正

危阳，是胃(谓)不成行[一六]。以为啬夫，必三徙官。徙官自如，其后乃昌。免，复事。亡人，自归。又(有)疾，不死。死者，又(有)毁[一七]。利解事[一八]，不可杀。不可取(娶)妇、家(嫁)女，不可 睡甲36正 见人。生子，子死。以雨，半日。正月以朔，多雨，岁半入[一九]，毋(无)兵。睡甲37正

敫，是胃(谓)又(有)小逆，毋(无)大央(殃)。可以穿井、行水、盖屋、饮乐(药)、外除[二〇]。亡者，不得。不可取(娶)妇、家(嫁)女、出入货及生(牲)。不可临官、饮食、〖歌〗乐[二一]、祠祀。以生子，子 睡甲38正 不产[二二]。取(娶)妇、家(嫁)女，两寡相当[二三]。正月以朔，多雨，岁善而柀

不产[二四]，有兵。睡甲39正

‍甯（害），是胃（谓）其群不捧（拜）[二五]，以辞不合（答）。私公必闭，有为不成。亡者，得。利弋猎、报仇、攻军，韦（围）城、始杀[二六]。可取，不可鼠（予）。不可饮食、哥（歌）乐。利以祠外[二七]。以生子，睡甲40正吉。系，亟出。虽雨，见日。正月以朔，旱，又（有）岁，又（有）小兵，毋（无）大兵。睡甲41正

阴[二八]，是胃（谓）乍阴乍阳，先辱而后又（有）庆[二九]。利居室、入货及生（牲）。可取（娶）妇、家（嫁）女、葬埋。以祠祀、饮食、哥（歌）乐，吉。为啬夫，久。以系，不免。生子，男女为盗。睡甲42正不可入寄者。正月以朔，多雨，岁中毋（无）兵，多盗。旦雨夕齐（霁），夕雨不齐（霁）。睡甲43正

彻，是胃（谓）六甲相逆[三〇]。利以战伐，不可以见人、取（娶）妇、家（嫁）女、出入货及生（牲）。不可祠祀、哥（歌）乐。以生子，子死。亡者，得；不得，必死。系，久不已。不可又（有）为也。睡甲44正□□□□□可葬埋。雨，日【也】[三一]。正月以朔，多雨，岁善，毋（无）兵。睡甲45正

结[三二]，是胃（谓）利以出货，不可以入。可以取（娶）妇、家（嫁）女。以免，弗复。系，久不已。不可又（有）为也，而可以葬埋。雨，日也。正月以朔，岁中又（有）兵，又（有）雨。睡甲46正

## 【注释】

〔一〕睡虎地（1990：184）作"稷辰"。睡虎地（1990：后记）：稷疑为稷字之讹，稷读为丛。工藤元男（1993：106）："稷辰"应为楚之占文。饶宗颐（1993a：412）：稷辰是集辰即丛辰也。李学勤（2001：135）："稷"字或为"稷"字之误，而"稷""丛"音近可相通假。《史记·日者列传》有丛辰家，《汉书·艺文志》有《钟律丛辰日苑》二十三卷。刘乐贤（1994：58）：《日书》"稷辰"很可能是"稷辰"之误，而稷与丛古音相近。

〔二〕"害"字从刘乐贤（1994：59）所引裘锡圭释读。王家台作："正月、

二月，子秀，丑、戌正阳，寅、酉危阳，卯敫，辰、申害，巳、未阴，【午彻，】亥结。”正写作“害”。《新编历法集成·别集》“祭祀灶”项“害日”出现时日：“正月辰，二月辰，三月午，四月午，五月申，六月申，七月戌，八月戌，九月子，十月子，十一月寅，十二月寅。”与简文略同。

〔三〕刘乐贤(1994：56)：古称日冕或日珥等现象为重日。重光，重日之光。《汉书·兒宽传》：“癸亥宗祀，日宣重光。”注：“李奇曰：太平之世，日抱重光，谓日有重日也。”王子今(2003：87)引《尔雅·释天》：太岁在辛曰重光。“重光”是岁阳名称之一，此解可能更接近简文本义。

〔四〕睡虎地(1990：185)：等，读为寺，《释名·释宫室》：“寺，嗣也。”有贤寺即有贤嗣。刘乐贤(1994：56)引郑刚说，读“贤等”为“贤能”。晏昌贵(2002b：309~310)：贤等也可能指有贤能之等，无需通假破读。《墨子·非儒下》：“亲亲有术，尊贤有等。”《管子·立政》：“凡上贤不过等，使官不兼能，罚有罪不独及，赏有功不专与。”《左传》襄公三十一年：“年均择贤，义均则卜”，杜注：“义均，谓贤等。”王子今(2003：90~91)：“等”通于“德”，贤等即贤德。范常喜(2008：56)：“等”可以如字读，“有贤等”可理解为有较高的社会地位。

〔五〕睡虎地(1990：186)：免，免官。复事，复职。

〔六〕睡虎地(1990：186)：系，亟出，囚禁的人很快就会释放。《史记·龟策列传》：“卜系者出不出。”今按：《礼记·月令》：孟夏“断薄刑，决小罪，出轻系”。高注：“轻系，不及于刑者，解而出之。”

〔七〕释文、标点从刘乐贤(1994：54)。《史记·龟策列传》：“卜天雨霁不霁。”

〔八〕睡虎地(1990：186)：《论衡·讥日》：“工伎之书，起宅盖屋必择日。”《礼记·王制》注：“今时持丧葬、筑盖、嫁取卜数文书，使民倍礼违制。”

〔九〕睡虎地(1990：186)：《史记·天官书》：“凡候岁美恶，谨候岁始。”又云“汉魏鲜集腊明正月旦决八风”，均与此近。正月朔即岁始，亦即正月旦。

〔一〇〕睡虎地(1990：186)：《史记·龟策列传》：“卜岁中禾稼熟不熟”及“卜岁中有兵无兵”。

〔一一〕今按：《灵枢经·禁服第四十八》：“黄帝亲祝曰：今日正阳，歃心传方，有敢背此言者，反受其殃。”《管子·四时》：“东方……其事：……宗正阳。”《初学记》卷一引《易通卦验》：“立春青阳，云出房如积水。春分正阳，云出张出白鹤。”《易稽览图》：“正阳者，从二月至四月，阳气用事时也。”《类编历法通书大全》卷八“祭祀灶”有“正阳日”：“正月丑、二月卯、三月巳、四月未、五月酉、六月亥、七月丑、八月卯、九月巳、十月未、十一月酉、十二月亥。”①与简文不同。

〔一二〕今按：“番昌”原释文作“滋昌”，孔家坡作“番昌”，今看图版照片，似“番”字，据改。“番昌”当读为“蕃昌”，《左传》闵公元年：“其必蕃昌。”《淮南子·天文》：“以保畜养，万物蕃昌，以困举事，破灭死亡。”《史记·天官书》：“子孙蕃昌。”《潜夫论·思贤》：“传曰：夫成天地之功者，未尝不蕃昌也。”《抱朴子·道意》：“子孙蕃昌，且富且贵也。”

〔一三〕王子今(2003：97)：庆，此处应理解为幸、美、福泽。今按：《周易》甚多“有庆”之辞，如《丰》六五：“来章，有庆誉，吉。”《象》曰：“六五之吉，有庆也。”《坤》：“东北丧朋，乃终有庆。”孔疏：“有庆善也。”《履》：“元吉在上，大有庆也。”孔疏：“大有福庆也。”《大畜》：“六五之吉，有庆也。”《颐》：“由颐厉吉，大有庆也。”《晋》：“失得勿恤，往有庆也。”《睽》：“厥宗噬肤，往有庆也。”《困》：“困于酒食，中有庆也。”《兑》：“九四之喜，有庆也”。

〔一四〕时以战，睡虎地(1990：186)读为“至时以战”或“依时以战”。刘乐贤(2016：348)：字的右上部与秦简“不”字相似，疑可释为“倍”，即“倍”字。

① (元)宋鲁珍、何士泰撰，(明)熊宗立辑：《类编历法通书大全》三十卷，北京图书馆藏明刻本，《四库全书存目丛书》子部第六十八册，齐鲁书社1997年版，第191页。

〔一五〕今按：王家台："正阳，是$_{=}$番(蕃)昌，小事果成，大事有庆，它事毋(无)小大尽吉。可以为啬夫，三昌。适时以战，命曰三胜。以祠，吉；以有为也，美恶自成也。以生子，吉。可以葬埋。以雨，䨀(霁)。亡人，不得。正月以朔，岁美，毋(无)兵。"可参看。

〔一六〕刘乐贤(1994：57)："不成行"是不成功的意思。

〔一七〕刘乐贤(1994：57)：此处"毁"指人居丧时过于哀伤。王子今(2003：102~103)："毁"也可以理解为杀伤以致身体损坏。

〔一八〕刘乐贤(1994：57)：解事可能是指解除之事。《庄子·人间世》："故解之以牛之白颡者，与豚之亢鼻者，与人有痔病者，不可以适河。此皆巫祝以知之矣。"据文献记载，古代解除之事有解土、解祠、解灶等。晏昌贵(2002b：308~309)："解事"也可能是指解仇怨、解狱讼之事。王子今(2003：103~104)将"利解事"和"不可杀"连读，则这里的"解事"，在世俗生活行政司法范围之内。

〔一九〕王子今(2003：104)：简文原意或许为当年收成将为常年的一半。

〔二〇〕刘乐贤(1994：57)：古人谓服父母之丧为外除，服兄弟之丧为内除。《礼记·杂记》："亲丧外除，兄弟之丧内除。"陈伟武(2003：430)："外除"当指室外修治、修除之活动。孔家坡(2006：133)：外除，疑指除官。

〔二一〕吴小强(2000：100)：饮食不应指一般的日常两餐，而是比较讲究的吃饭活动。如亲友相聚、庆贺喜事等，往往需饮酒，故"饮食"并提。王子今(2003：107)："不可""饮食"，不合常理。疑"饮食乐"应当连读。或许"饮食"与"乐"之间有缺字，从下文推想，有可能是"饮食哥(歌)乐"。

〔二二〕"以生子，子不产"，吴小强(2000：39)：译作"在这一天生孩子，孩子生不出来。"今按：下文"岁善而柀不产"，睡乙作"岁善而柀不全"，颇疑此处亦当作"以生子，子不全"，"不全"即肢体有残疾。或说简文在后一个"子"下脱"死"字。

〔二三〕“取妇、家女，两寡相当”，吴小强(2000：39)译作“娶来的媳妇、嫁出去的女儿，两个女人都会变成寡妇”。王子今(2003：107)：“两寡相当”或许并非婚后前景的预言，而是婚前状况的描述。

〔二四〕睡虎地(1990：186)：柀，读为疲，《庄子·齐物论》注：“病困之状。”王子今(2003：107～108)引睡虎地秦律，将“柀”理解为“一部分”，或即睡乙“不全”之意。孔家坡(2006：133)：此句可能是说庄稼收成虽好，但不能保全。单育辰(2007：81～84)：“柀”读为颇。

〔二五〕“拜”字从王子今(2003：109)释读。

〔二六〕始杀，刘乐贤(1994：58)读为“笞杀”。陈伟武(1998：210)读如本字，始杀犹言初杀，即初次杀戮行为。吴小强(2000：39)译为“首次杀生”。王子今(2003：113)读作“诒杀”“绐杀”，即欺杀、诈杀。

〔二七〕睡虎地(1990：235)：外，疑读为禬。《周礼·女祝》：“掌以时招梗禬禳之事，以除疾殃。”注：“除灾害曰禬。”利以祠外，吴小强(2000：39)译为：“有利于祭祀外边的神灵。”王子今(2003：115)：祠外，当即指外祀之祠。外祀，即郊祀。

〔二八〕今按：阴日地支为巳、未，未、酉，酉、亥，亥、丑，丑、卯，卯、巳，在地支中全为阴日无一阳日，这可能是简文“阴”得名的由来。

〔二九〕王子今(2003：116～117)：“庆”与“辱”，其义当为褒美、宠惠、恩遇。今按：《周易》否卦上九爻辞：“倾否，先否后喜。”与简文“先辱后庆”义近。

〔三〇〕刘乐贤(1994：58)：指六甲的地支子、戌、申、午、辰、寅的方位完全相反。十二地支中，子与午、戌与辰、申与寅在方位上恰好是完全相反的，这就是所谓的“六甲相逆”。本篇彻日之地支恰好是午、申、戌、子、寅、辰，正符合“六甲相逆”。

〔三一〕王子今(2003：120)：意思是全天降雨。

〔三二〕今按：《周易尚占》卷上“逐月吉凶神杀”中有“负结”日，其日辰搭配为：正月二月亥、三月四月丑、五月六月卯、七月八月巳、九月十月未、十一月十二月酉。① 与简文结日相同。

## (二)

秦〔一〕

正月、二月，子采(穗)〔二〕，丑、戌〖正〗阳，寅、酉危阳，卯敫，〖辰、〗申憂(害)，巳、未阴，午彻，丑〈亥〉结。睡乙47壹

三月、四月，寅采(穗)，卯、〖子〗正阳，辰、〖亥〗危阳，巳敫，午、戌憂(害)，未、酉阴，申彻，丑结。睡乙48壹

五月、六月，辰采(穗)，巳、寅正阳，午、丑危阳，未敫，申、子憂(害)，酉、亥阴，戌彻，卯结。睡乙49壹

七月、八月，午采(穗)，未、辰正阳，【申、】未〈卯〉危阳，酉敫，戌、寅憂(害)，亥、丑阴，子彻，巳结。睡乙50壹

九月、十月，申采(穗)，【酉、午正阳，戌、巳危】阳，亥敫，巳〈子〉、辰憂(害)，丑、卯阴，寅彻，未结。睡乙51壹

【十一月、十二月，戌采(穗)，亥、申正】阳，戌〈子〉、【未危阳，丑】敫，寅、午憂(害)，卯、巳阴，辰彻，酉结。睡乙52壹

【采(穗)，】□□□车，见【人】，入人民、畜生(牲)，取(娶)妻、家(嫁)女，□□□□□□□不可复(覆)室。正月以朔，旱，睡乙53岁美，有兵。

正阳，可□□□□□□□可以祠，□□□□□□□□毋(无)小大，吉。可以葬。睡乙54正月以朔，岁美，【毋(无)】兵。睡乙55

危阳，不成其行。利【以解】事，不可取(娶)妻、家(嫁)女、见人。生子，死。毋(无)可为。正月以朔，多雨，岁半，毋(无)睡乙56兵。

敫，有细丧，【无大】央(殃)，利以穿井、盖屋，不可取(娶)妻、家

① 刘永明主编：《增补四库未收术数类大全》第三集《易占集成(二)》，江苏广陵古籍刻印社1997年影印本，第448页。

(嫁)女，祠，出入人民[三]、畜生(牲)。正月以朔，多 睡乙 57 雨，岁善而被不全，有兵。雨，白〈日〉也。 睡乙 58

憂(害)，群不摔(拜)，【以辞】不合(答)。亡者，得。可鱼(渔)猎，不可攻，可取不可鼠(予)。利以祠外。系，亟出。正月以朔，旱。 睡乙 59

阴，先辱后庆。利居室，入货、人民、畜生(牲)。可取(娶)妇☐ 睡乙 60 葬埋、祠。正月以朔，多雨，岁中毋(无)兵。 睡乙 61

彻，大彻。利战伐，不可以见人、取(娶)妻、家(嫁)女，出入人民、畜生(牲)。祠，必斗见血。以生子，死。亡者，得。以系，久。正月以朔，多雨， 睡乙 62 岁善，毋(无)兵。☐[四] 睡乙 63

## 【注释】

〔一〕睡虎地(1990：234)：此当为秦人之说。睡甲也有这一段，题为"稷辰"，两者大体相同，可以校正本节脱误。惟此简之采字，《日书》甲种作秀。此简的憂，《日书》甲种作萬。工藤元男(1993：106)：其原义应为"秦之稷辰"。今按：放甲、放乙均无此篇。

〔二〕今按：穗、秀古义可通，《诗·黍离》："彼黍离离，彼稷之穗。"毛传："穗，秀也。"《周易·大过》九二："枯杨生稊，老夫得其女妻，无不利。"王注："稊者杨之秀也。"孔疏："稊者杨柳之穗，故云杨之秀也。"

〔三〕李学勤(2001：138)：所谓"出入"主要即指买卖。

〔四〕刘乐贤(1990：325~326)：63 号简残缺过甚，上部只存四字。据文例推测，该简下部应是关于"结"的行事宜忌。

## (三)

□[一]

正月、二月，子秀，丑、戌正阳，寅、酉危阳，卯徹，辰、申介[二]，巳、未阴，午彎，亥结。 孔家坡 25

三月、四月，寅秀，卯、子正阳，辰、亥危阳，巳徼，午、戌介，未、酉阴，申䙴，丑结。孔家坡26壹

五月、六月，辰秀，巳、寅正阳，午、丑危阳，未徼，申、子介，酉、亥阴，戌䙴，卯结。孔家坡27

七月、八月，午秀，未、辰正阳，申、卯危阳，酉徼，戌、寅〖介，亥、丑〗阴，子䙴，巳结。孔家坡28

九月、十月，申秀，酉、午正阳，戌、巳危阳，亥徼，〖子、辰〗介，丑、卯阴，寅䙴，未结。孔家坡29

〖十一月、十二月，戌秀，〗亥、申正阳，子、未危阳，丑徼，寅、午介，卯、巳阴，辰䙴，酉结。孔家坡30

秀日，是胃(谓)重光☐【王】。以生子，美且长，贤其等。利见人及入畜产。可以取(娶)妻、嫁女，【制】孔家坡31衣常(裳)，冠带☐以畲(饮)，歌乐。临官立(莅)正(政)相宜。以徙官，免事〔三〕。以系，亟出。唯(虽)雨，孔家坡32齐(霁)。不可☐【岁】美，有兵。孔家坡33

正阳，是胃(谓)番(蕃)昌，小事果成，大事有庆，它事无小大尽吉。利以为啬夫，三昌。□时以战，命胃(谓)三孔家坡34胜。以祠，吉。以有为也，美恶自成。生子，吉。可以葬。以雨，齐(霁)。亡者，不得。正月以朔，岁美，毋(无)兵。孔家坡35

〖危阳〗☐三徙官，自如，其后乃昌。以免，复为。有病，不死。死者，有毁。利以解事。孔家坡36☐【不】可见人，见人不成。以雨，半见日。生子，子死。毋(无)可有为也。正月以朔，多雨，岁半入，毋(无)兵。孔家坡37

〖徼日〗☐利以穿井、沟窦(渎)〔四〕、行水、盖屋、畲(饮)药、外除。亡者，不得。不可以取(娶)妻、嫁女、出孔家坡38入畜生(牲)、为啬夫、临官、畲(饮)食、歌乐、祠祀、见人，若以之，有小丧，毋(无)央(殃)。以生子，子死，不产。取(娶)妻、嫁女，两寡相当。孔家坡39【正月以朔，多雨，】□岁而枝不全，有兵。雨，日也。孔家坡40

介日，是胃(谓)其群不捧(拜)，以辞不合(答)。私【公】必闭，有为不果。亡者，得。利以田鱼(渔)、弋猎、报仇。可以 孔家坡41 攻军、围城、始杀。可以取，不可予。歌乐、酓(饮)食。利以祠祀外。生子，吉。以系，亟出。唯(虽)雨，见日。正月以朔， 孔家坡42 旱，有岁，有小兵。 孔家坡43

阴日，是胃(谓)作(乍)阴作(乍)阳，先辱后有庆。利以居室、入货、见人、畜产。可以取(娶)妻、嫁女、葬。以祠祀，酓(饮)食、 孔家坡44 歌乐，吉。以为啬夫，久。以系，久，不免。以生子，为盗。以入客，是胃(谓)夺主人家。正月以朔，多雨， 孔家坡45 齐(霁)。雨，居外者齐(霁)〔五〕。 孔家坡26贰

敫日，是胃(谓)六甲相逆。利以战伐，不可见人、取(娶)妻、嫁女、出入人、畜生(牲)。祠祀歌乐，必斗见血。生子，子死。亡者，不得， 孔家坡46 必死。以系，久，不已。雨，日也。正月以朔，多雨，岁美，毋(无)兵。 孔家坡47

□□〔六〕……正月以朝〔七〕，多雨，岁中有兵。 孔家坡48

## 【注释】

〔一〕孔家坡(2006：132)：由于25号简首端残损，篇题文字残损，疑是"辰"字。

〔二〕今按：介与害、割、匄(丐)古通用①，则介日当即害日。

〔三〕孔家坡(2006：132)："事"上应脱"复"字。复事，复职。陈伟武(2007：430)：简文无脱误，"免事"当连读，犹言"免于事"，指因狱事而免职。

〔四〕孔家坡(2006：132、133)将"沟窦"断读，注窦为窖穴。今按：与之并列的"穿井""行水""盖屋""饮药"均为动宾结构，"沟窦"亦应连读，沟

① 参看于省吾：《甲骨文字释林》，中华书局1979年版，第354页。

为动词，窦通渎，是开通沟渠的意思。

〔五〕孔家坡(2006：133)：此句原写在26号简上，暂接于此。

〔六〕孔家坡(2006：133)：此二字似为“结日”。今按：48号简上半残，如果是“结日”，则“结日”的占辞过短，与其他日名的占文为2-3简迥异，恐非。“结日”简多半是遗失了。

〔七〕孔家坡(2006：133)：朝，义同“朔”。《荀子·礼论》注：“月朝，月初也。”又疑“朝”是“朔”的误字。今按：《初学记》卷四《元日》引裴玄《新语》及《孔丛子》并谓正朝。是朝有朔义。又，《国语·齐语》：“正月之朝，乡长复事。”徐元诰《集解》引王引之曰：“此言正月之朝，则指上旬而言，非专指朔日也。”

# 卷　二

## 星　朔

【荆】层朔于鎣[一]，夏层恚(奎)，享月胃，夏柰毕，八月东井，九月遛(柳)，十月【张】，□□□，献马房，冬柰心▨[二] 九店 78

### 【注释】

〔一〕鎣，九店(2000：128)、陈伟(2003：340)、刘乐贤(2004：30)皆以为“营宫”的合文，即二十八宿中的营室。陈剑(2011a)：“营₌”当释读为“营室”，“营”下的符号“=”应看作“省代符号”，代替在此类文献中常出现的成语“营室”之下字，而与“营”字字形本身无关，亦无涉于“同义换读”。“营室”省作“营₌”，可与秦汉简帛文献中“是谓”省作“是₌”、“卑虒”省作“卑₌”合观。刘建民(2014：224)认为“营₌”即专有名词“营室”的特殊合文形式，不必释作“营宫”。

〔二〕尚民杰(1998：63)以为秦简所记即古文献中的“日在”，实际上是指某一月时太阳运行到的星宿，具体的说应当是月朔时太阳所在的星宿。王志平(1999：28～29)、王胜利(2005：519～532)均认为是日躔。九店(2000：127)：78 号残简记每月合朔所躔之宿，其内容与《淮南子·天文》里标题为“星”的一节相似：“《星》：正月建营室，二月建奎，三月建胃，四月建毕，五月建东井，六月建张，七月建翼，八月建亢，九月建房，十月建尾，十一月建牵牛，十二月建虚。”睡甲楚除第一简第一栏，记的是十二月所躔之宿，与其后的楚除十二名所值十二辰相配。78 号简的文字有可能属于此种性质。刘乐贤(2003a：79)认为楚简中的“朔”就是朔日，“正月朔于营室”，是说正月朔日在营室。这条简文是关于各月朔日出现在何宿的明确规定。今按：北大汉简《揕舆》(简48)："朔星：正月营室，二月奎，三月胃，四月觜觿，五月东井，六月酉(柳)，七月翼，八月角，九月氐，十月尾，十一月斗，十二月婺女。"可参看。

# 星 官

## （一）

星〔一〕

角，利祠及行，吉。不可盖屋。取(娶)妻，妻妬。生子，为〖吏〗。睡甲68正壹

亢，祠、为门、行，吉。可入货。生子，必有爵。睡甲69正壹

牴(氐)，祠及行、出入货，吉。取(娶)妻，妻贫。生子，巧〔二〕。睡甲70正壹

房，取(娶)妇、家(嫁)女、出入货及祠，吉。可为室屋。生子，富。睡甲71正壹

心，不可祠及行，凶。可以行水。取(娶)妻，妻悍。生子，人爱之。睡甲72正壹

尾，百事凶。以祠，必有敫〔三〕。不可取(娶)妻。生子，贫。睡甲73正壹

箕，不可祠。百事凶。取(娶)妻，妻多舌〔四〕。生子，贫富半。睡甲74正壹

斗，利祠及行贾、贾市，吉。取(娶)妻，妻为巫。生子，不盈三岁死。可以攻伐。睡甲75正壹

牵牛，可祠及行，吉。不可杀牛。以结者，不择(释)〔五〕。以入〖牛〗，

老一[六]。生子，为大夫。睡甲 76 正壹

须女，祠、贾市、取（娶）妻，吉。生子，三月死，不死毋晨（唇）[七]。睡甲 77 正壹

虚，百事凶。以结者，易择(释)。亡者，不得。取(娶)妻，妻不到。以生子，毋(无)它同生[八]。睡甲 78 正壹

危，百事凶。生子，老为人治（笞）也[九]，有（又）数诣风雨。睡甲 79 正壹

营室，利祠。不可为室及入之。以取(娶)妻，妻不宁。生子，为大吏。睡甲 80 正壹

东辟（壁），不可行。百事凶。以生子，不完[一〇]。不可为它事。睡甲 81 正壹

奎，祠及行，吉。以取（娶）妻，女子爱而口臭[一一]。生子，为吏。睡甲 82 正壹

娄，利祠及行。百事吉。以取(娶)妻，男子爱。生子[一二]。亡者，人意之[一三]。睡甲 83 正壹

胃，利入禾粟及为囷仓，吉。以取（娶）妻，妻爱。生子，必使[一四]。睡甲 84 正壹

卯(昴)，猎、贾市，吉。不可食六畜[一五]。以生子，喜斗。睡甲 85 正壹

毕，以猎置罔(网)及为门，吉。以死，必二人。取(娶)妻，必二妻。不可食六畜。生子，痤(眚)[一六]。亡者，得。睡甲 86 正壹

此（觜）巂，百事凶。可以敫（徼）人攻雠[一七]。生子，为正[一八]。睡甲 87 正壹

参，百事吉。取(娶)妻吉。唯生子不吉。睡甲 88 正壹

东井，百事凶。以死，必五人死；以杀生（牲），必五生（牲）死。取（娶）妻，多子。生子，旬而死[一九]。可以为土事[二〇]。睡甲 89 正壹

舆鬼，祠及行，吉。以生子，癃。可以送鬼[二一]。睡甲 90 正壹

【柳，】百事吉。取(娶)妻，吉。以生子，肥。可以寇〈冠〉。可请谒。可

田猎。睡甲 91 正壹

七星，百事凶。利以垣。生子，乐。不可出女。睡甲 92 正壹

张，百事吉。取(娶)妻，吉。以生子，为邑桀(杰)。睡甲 93 正壹

翼，利行。不可臧(藏)。以祠，必有火起。取(娶)妻，必弃。生子，男为见(觋)，〖女〗为巫。睡甲 94 正壹

【轸,】□乘车马〔二二〕、〖制〗衣常(裳)、取(娶)妻，吉。以生子，必驾〔二三〕。可入货。睡甲 95 正壹

## 【注释】

〔一〕杨巨中(1988：72)：《日书·星》的科学意义就在于用晨宿辨认月令，是中国史上第一个系统地用二十八宿辨认时令的天文资料，也说明它是《淮南子·天文》等汉代资料的源头。刘乐贤(1994：114)：本篇的二十八宿不会是天空中实际运行的二十八颗实星，而只是日者们手中的一套符号。二十八宿可能是用来记日的。今按："星"写于 68 号简简首，为篇题。"星"与《淮南子·天文》"星"章所指相同，均指二十八星宿。

〔二〕巧，吴小强(2000：65)：孩子将来心灵手巧。今按：《大戴礼·易本命》："食谷者智慧而巧。"《荀子·非十二子》："为诈而巧。"睡甲"人字"占生子"巧"与"盗"连称，可见"巧"一种负面评价。

〔三〕敫，睡虎地(1990：193)：儌，《说文》："幸也。"今按：本条占文称"百事凶"，后文"不可取妻。生子，贫"，皆为负面占语，则所谓"以祠，必有敫"亦应为负面判断。孔家坡作"必有败"，"敫"或即"败"义。

〔四〕刘乐贤(1994：112)：多舌即多口舌，是喜欢搬弄是非、多嘴多舌的意思。王子今(2003：164)："多舌"即"长舌"，为人厌弃。

〔五〕结，睡虎地(1990：193)：结，结交；吴小强(2000：65)：这一天结交朋友，永远是朋友。王子今(2003：166)："择"直取"择交"之意。

〔六〕睡虎地(1990：193)：老一，疑指牛至老专属一主。赵逵夫(2012：85)：这句话是说：一年中日值牵牛宿之时，举行祭祀活动及远行都吉利；

不能杀牛；这个时间结交的朋友，永远不会分手；买进的牛，至老死跟定一个主人。今按：《礼记·曲礼下》："凡祭祀宗庙之礼，牛曰一元大武。"《左传》宣公四年："畜老，犹惮杀之。"《左传》成公十七年："古人有言曰：'杀老牛莫之敢尸。'"亦见《国语·晋语六》。《商君书·赏刑》："从马华山之阳，从牛于农泽，从之老而不收。"或可参。

〔七〕睡虎地(1990：193)：毋晨，疑读为无唇。刘乐贤(1994：112)：无唇指身体残缺不全。王子今(2003：167)：所谓"无唇"，被看作异象。

〔八〕刘乐贤(1994：112)：同生即同产，指同母兄弟姐妹。今按：《汉书·元后传》注引张晏曰："同父则为同产，不必同母也。"

〔九〕睡虎地(1990：193)：治，疑读为笞。

〔一〇〕刘乐贤(1994：112)：不完即不全，指人的肢体不全。

〔一一〕吴小强(2000：65、66)：口臭，口香。简文译作"娶来的她年轻妩媚，湿润的口中散发出迷人的芳香"。王子今(2003：170～171)：口臭指口中散发秽恶之气。范常喜(2008：57)：认为"臭"有"香"义的看法主要源于《史记·礼书》及其《索隐》中的例子，并引唐钰明说，以为《礼书》中的"臭"是"睪"的形近误字，训"臭"为香的例子是不存在的。

〔一二〕刘乐贤(1994：113)：此句"生子"后疑有脱文，后面一句"亡者，人意之"似是另一事，与"生子"无关。

〔一三〕睡虎地(1990：193)：意，读为隐。《左氏春秋》昭公十五年"季孙意如"，《公羊》作"隐如"，可证。"亡者，人意亡"，吴小强(2000：66)译作"逃亡的人，别人会把他隐藏起来"。今按："意"当作"测度""猜度"解，"亡者，人意之"，义为逃亡者，人能猜度其去处。睡虎地秦简《封诊式·穴盗》82号简："不智(知)盗者可(何)人及蚤(早)莫(暮)，毋(无)意殹(也)。"注："意，关于盗犯的猜测，《史记·张仪列传》：'已而楚相亡璧，门下意张仪，曰：仪贫无行，必此盗相君之璧。'"

〔一四〕刘乐贤(1994：113)据乙种《日书》补"人"字。李学勤(2001：138)：使人，应指对人的役使。王子今(2003：172)：使人，奉命出使者。

今按：《韩非子·难二》："使人又非所佚也，人主虽使人，必以度量准之，以刑名参之。"《大戴礼·曾子本孝》："孝子之使人也，不敢肆，行不敢自专也。"

〔一五〕汪桂海(2013：85)：这里的"食"，应理解作喂养的意思。

〔一六〕睡虎地(1990：193)：疰，疑即眚字。《说文》："目病生翳也。"刘乐贤(1994：113)：该字见于《龙龛手鉴·疒部》，是瘠的俗字。《释名·释天》："眚，瘠也，如病者瘠瘦也。"

〔一七〕睡虎地(1990：193)：徼，拦截。刘乐贤(1994：113)引郑刚读为撽。

〔一八〕睡虎地(1990：193)：正，官长。王子今(2003：174)："为正"应即"为政"。

〔一九〕蒲慕州(1993：631)："取妻多子"应该是好事，只是若遇到东井这星宿时，生子就会早夭。所以这段话等于是说，东井之日，娶妻吉，生子不吉。

〔二〇〕刘乐贤(1994：113)："土事"指建筑动土一类的事。

〔二一〕刘乐贤(1994：113)：《荆楚岁时记》等古籍有正月晦日送穷鬼的记载，疑与本简"送鬼"有关。王子今(2003：176)：通常所谓"送鬼"有另外的含义，指驱送危害人的鬼祟。

〔二二〕王子今(2003：164)："□乘车马"或即"可乘车马"。

〔二三〕睡虎地(1990：193)：驾，可读为嘉，《尔雅·释诂》："善也。"

## (二)

官〔一〕

正月

营室，利祠。不可为室及入之。以取(娶)妻，不宁。生子，为吏。睡乙80壹

东臂(壁)，不可行。百事凶。以生子，不完。不可为它事〔二〕。

睡乙 81 壹

〖二月〗

奎，祠及行，吉。以取（娶）妻，女子爱【之】。生〖子〗，为吏。睡乙 82 壹

娄，祠及百事，吉。以取（娶）妻，男子爱之。生子。亡者，人意之。睡乙 83 壹

三月

胃，利入禾粟米及为囷仓，吉。以取（娶）妻，妻爱。生【子】，使人。睡乙 84 壹

卯（昴），猎、贾市，吉。不可食六畜。以生〖子〗，喜斗。睡乙 85 壹

四月

毕，以猎置网及为门☒取（娶）妻，必二。不可〖食〗畜生（牲）。生子☒睡乙 86 壹

此（觜）巂，百事凶。可以敫（徼）人攻雠。生子，为正。睡乙 87 壹

参，百事吉☒。睡乙 88 壹上

五月

东井，百事凶。以〖死，必〗【五人；杀生（牲），】必五生（牲）死。取（娶）妻，多子。生子，旬死。可以为土事。睡乙 89 壹

舆鬼，祠及行，吉。以生子，瘩。可以从〈送〉鬼。睡乙 90 壹

六月

酉（柳），百事吉。以〖生〗子，肥。可始寇〈冠〉。可请谒。可田猎。取（娶）妻，吉。睡乙 91 壹

七星，百事凶。利以垣。生子，乐。不可出女。睡乙 92 壹

七月

张，百事吉。取（娶）妻〖，吉〗。以生子，为邑桀（杰）。睡乙 93 壹

翼，利行。不可臧（藏）。以祠，必有火起。取（娶）妻，必弃。生子，男为见（觋），女为巫。睡乙 94 壹

轸，乘车〔三〕、〖制〗衣常（裳）、取（娶）妻，吉。生子，必贺〔四〕。可入

货。睡乙95壹

八月

角，利祠及〖行〗，吉。不可盖室。取(娶)妻，妻妬。生子，子为吏。睡乙96壹

亢，祠、为门、行，吉。可入货。生子，必有爵。睡乙97壹

九月

氐，祠及行、出入〖货〗，吉。取(娶)妻，妻贫。生子，巧。睡乙98壹

方(房)，取(娶)妇、家(嫁)女、出入货，吉。可以为室。生子，寡〈富〉〔五〕。祠，吉。睡乙99壹

十月

心，不可祠及行，凶。可以〖行〗水。取(娶)妻，妻悍。生子，人爱之。睡乙100壹

尾，百事凶。以祠，必有敫。不可取(娶)妻。生子，贫。睡乙101壹

箕，不可祠。百事凶。取(娶)妻，妻多舌。生子，贫富半。睡乙102壹

〖十一月〗

斗，利祠及行贾、贾市，吉。取(娶)妻，妻为巫。生子，不到三岁死。不可攻。睡乙103壹

牵牛，〖可祠及行，〗【吉。】不可杀牛。以桔(结)者，不择(释)。以入牛，老一。生子，子为大夫。睡乙104壹

十二月

婺女〔六〕，祠、贾【市、取(娶)】妻，吉。生子，三月死，毋(无)晨(唇)。睡乙105壹

虚，百事〖凶〗。以结者，易择(释)。亡者，不得。取(娶)妻，妻不到。以生子，毋(无)它同生。睡乙106壹

〖危，〗百事凶。生子，老为人治(笞)也，数诣风雨。睡乙107壹

**【注释】**

〔一〕成家彻郎(1989：73~74)："官"与"星"有两点不同，"官"在星宿

前写有月名，“星”则没有；“官”“星”二十八宿的顺序是相同的，但起始的星宿不同。基于此，应该认为“星”和“官”是两种不同类的占卜，“官”是根据太阳的确切位置而占卜；“星”也许是太阳落山后，根据能看见的星宿而占卜的占星术。刘乐贤(1994：343)：本篇标题“官”字原写在 81 号简的上部，整理小组照原位置排印，现按惯例将它移至简首。

〔二〕睡虎地(1990：237)下接残简“徙死庚子寅辰北徙死”。刘乐贤(1994：344)：此九字是关于迁徙的占文，与“官篇”无关。今按：此九字应属“徙死”，与睡甲 126 号简略同。但从此简下栏“正月壬臽”看，当是下接“二月癸臽”。细察该简，没有误拼的痕迹，所以该简理应在此。可能的解释，是抄手误将“徙死”的内容抄录于此。今删。

〔三〕睡虎地(1990：239)：乘上原有脱文。

〔四〕睡虎地(1990：239)：《仪礼·觐礼》：“伯父实来，予一人嘉之。”注：“今文嘉作贺。”是贺可读为嘉。今按：《韩非子·六反》：“且父母之于子也，产男则相贺，产女则杀之。此俱出父母之怀衽，然男子受贺，女子杀之者，虑其后便，计之长利也。”读如本字似亦可通。

〔五〕睡虎地(1990：239)：寡，《日书》甲种作富，二字形近。

〔六〕睡虎地(1990：239)：婺女二字合文，与前营室、牵牛等同例。刘乐贤(1994：345)：婺女即甲种“星篇”的须女，古书中须女又名婺女。

## (三)

〖八月角〗☐【不可】盖屋。取(娶)妻，妻妬。司路〔一〕。以生☐ 孔家坡 49

〖亢〗☐□室、为门、取(娶)妻、嫁女、入货、生子，皆吉。孔家坡 50

【九月氐，】□□□□。可以出货、畜生(牲)。不可以取(娶)妻、嫁女。司□☐ 孔家坡 51

房，利取(娶)☐祠，吉。可为室屋。以生子，富。孔家坡 52

【十月】心，不可祠祀，行，凶。利以行〖水〗☐【以生】子，人爱之。而可杀□〔二〕，可以学史〔三〕。孔家坡 53

尾，百事凶。以祠祀，必有败。不【可】取(娶)妻。司亡[四]。以生子，必贫。不可杀□[五]。孔家坡54

箕，不可祠祀，百事凶。取(娶)妻、妻▨司弃[六]。以生子，贫富半。孔家坡55

〖十一月〗斗，利祠及行、贾市，吉。取(娶)妻，妻为▨[七]以生子，不盈三岁死。可以功(攻)伐、入奴婢、马牛。孔家坡56

牵牛，利以祠祀及行、入货、马□□▨□为啬夫妻。孔家坡57

十二月婺女，利祠祀、贾市，皆吉。以生▨毋(无)辰(唇)。司命[八]。以亡者，不盈五岁死。不可取(娶)妻、嫁女。虽它大吉，勿用。孔家坡58

虚，百事凶。以结者，易【择(释)】，【亡人不得，】取(娶)妻，妻不到[九]。司死[一〇]。以生，毋(无)它同生。不可取(娶)妻、嫁女。虽它大吉，勿用。孔家坡59

〖危〗▨□□□数诣风雨，大凶[一一]。孔家坡60

正月营室，【利祠。不可为室】及入之。以取(娶)妻，不宁。司定[一二]。以生子，为大吏。孔家坡61

东辟(壁)，不可行，百事凶。司不(府)[一三]。以生子，不完。不可为它事[一四]。孔家坡62

二月奎，利祠祀及行，吉。以取(娶)妻，妻爱而口臭[一五]。司寇[一六]。以生子，为吏。不可穿井。孔家坡63

娄，利以祠祀及行，百事吉。以取(娶)妻，妻爱。可筑室[一七]。司瘳(戮)[一八]。孔家坡64

〖三月胃〗▨利入禾粟及为囷仓，吉。以取(娶)妻，妻爱而弃。利以祠祀，复(覆)内[一九]，入马牛。不可以葬。孔家坡65

〖昴，〗利以弋猎，贾市，吉。不可食六畜生(牲)。可以筑室及闲牢。司兵[二〇]。以生子，喜斗。孔家坡66

【四月】毕，利以弋猎……□□□，为门，吉。以死，必二人。不可取(娶)妻，必二妻。司空[二一]。以生子，徙[二二]。亡者，得。孔家坡67

〖觜巂〗▨……孔家坡68

参，百事凶。孔家坡 69

五月东井，百事凶。以死，必五人；杀产，必五产。☐多子。司家〔二三〕。以生子，旬而死。孔家坡 70

舆鬼，利祠祀及行，吉。生子，子癃。可以□□。孔家坡 71

六月柳，百事吉。取(娶)妻吉。生子，子肥。可始冠〔二四〕，可【请谒】，可田猎。司□〔二五〕。□□。孔家坡 72

七星，百事凶。利以垣。生子，子乐〔二六〕。不可以取(娶)妻、嫁女。唯(虽)它大吉，勿用。孔家坡 73

〖七月张〗☐以生子，为邑桀(杰)。孔家坡 74

〖翼〗☐起。取(娶)妻，妻弃。司臧〔二七〕。以生子，为巫〔二八〕，男为见(觋)。可以傅(补)门牖〔二九〕。孔家坡 75

〖轸〗☐可以筑室。司家〔三〇〕。以生子，必驾。可以入货。孔家坡 76

## 【注释】

〔一〕孔家坡(2006：135)："司"下所记系星宿的职掌，疑为"马"字。《开元占经》卷六十引《春秋纬》："角主兵"，与司马相合。刘国胜等(2016：133)据红外影像改释为"司路"，今从之。

〔二〕孔家坡(2006：135)："杀"下一字疑为"牺"字。王贵元(2006)：此字上从"美"、下从"牢"，当是"牺"字异体。刘玉环(2014：118～119)认为是"马""牛"二字的合书。

〔三〕"学史"据李天虹、罗运兵(2018：318～319)改释。

〔四〕孔家坡(2006：135)：《开元占经》卷六十引《石氏》："尾、箕主后宫妃后府。"简文云尾"司亡"、箕"司弃"，则尾、箕的职掌可能与妻室的亡、弃有关。今按：《史记·天官书》："尾为九子，曰君臣；斥绝，不和。"《开元占经》卷六十《东方七宿占一》引《二十八宿山经》曰："尾主水，又主君臣；尾动者，君臣不和，必有事。"简文"司亡"或与此有关。

〔五〕今按：缺释之字似与 53 号简末字相同。

〔六〕今按：《史记・天官书》："箕为敖客，曰口舌。"《索隐》引宋均曰："敖，调弄也。箕所以簸扬，调弄象也。箕又受物，有去去来来，客之象也。"又，箕与弃音近，箕宿司弃或以此。

〔七〕孔家坡(2006：135)：据文例及睡虎地秦简，此句应作"妻为巫，司□"。

〔八〕孔家坡(2006：135)：司命，《开元占经》卷六十一引《圣洽符》："须女者，主娶妇嫁女也。"娶女嫁女与生命繁衍有关，故简文云婺女的职掌为司命。今按：《史记・天官书》正义："须女，贱妾之称，妇职之卑者，主布帛裁制嫁娶。"

〔九〕今按：印台汉简《日书》："虚 ，不可以祠。结，易绎(释)。亡人，不得。取(娶)妇，不到 。"孔家坡"取(娶)妻"前或可补"亡人不得"。

〔一〇〕孔家坡(2006：135)：司死，《开元占经》卷六十一引《黄帝》："虚二星，主坟墓冢宰之官。"又引《甘氏》："虚主丧事。"李天虹(2006：151)：《史记・天官书》："虚为哭泣之事。"《开元占经》卷六十一引《黄帝》："虚二星，主坟墓冢宰之官。十一月，万物尽，于虚星主之，故虚星死丧。"又引甘氏曰："虚主丧事，动则有丧。"郗萌曰："虚危并为一体，主觞客之事。中有六星不欲明见也，明见，则神龟用事，将有哭泣之事，则占于虚。"虚为哭泣之事，主死丧，与简文"司死"相合。

〔一一〕今按：印台汉简《日书》："危，不可以祠，生子老为人治之。"

〔一二〕孔家坡(2006：135)：司定，《尔雅・释天》"营室谓之定"，注："定，正也。"今按：《史记・天官书》："营室为清庙，曰离宫、阁道。"《索隐》引《元命包》："营室十星，埏陶精类，始立纪纲，包物为室。"

〔一三〕孔家坡(2006：135)：司府，《说文》"府，文书藏也"，段注："文书所藏之处曰府。"《开元占经》卷六十一引《石氏》："东壁，主文章图书府。"李天虹(2006：151)：司不，"不"疑当读作"府"。古音"不"是之部帮母字，"府"从"付"声，是侯部帮母字；二字声母相同，韵近可转。古书有"不"声字与"付"声字通用的例子。《晋书・天文志上》："东壁二星，主文章，天下图书之秘府也。"《开元占经》卷六十一引《佐助期》："东壁主文章。"又引石氏曰："东壁，主文章图书府。"《石氏赞》："东壁，主文章、万物。"简文"司府"之意，与传世文献所载东壁的执掌完全相同。

〔一四〕今按：印台汉简《日书》："东壁，不可祠、为室筑东方、东行，百事不吉。"

〔一五〕今按：印台汉简《日书》："二月奎，得以祠、行，家(嫁)女、取(娶)妇，可也，男子爱。"刘乐贤(2009b：92)释文缺"二月"。

〔一六〕孔家坡(2006：135)：司寇，《淮南子·主术》注："寇，亦兵也。"《开元占经》卷六十一引《佐助期》："奎主武库。"又引《石氏赞》曰："奎主军，兵禁不时，故置军以领之。又曰奎主库兵，秉统制政功以成。"

〔一七〕今按：印台汉简《日书》："娄，利以祠，家(嫁)女、取(娶)妇，鱼(渔)邋(猎)，入人、六畜，利入不利出。"

〔一八〕孔家坡(2006：135)：司戮，《开元占经》卷六十一引《黄帝》："(娄)一名天府，郊太牢也。"又引《孝经章句》："娄，市也"，巫咸曰："娄为天狱。"太牢、天狱皆与杀伐有关。古代经常在集市上处决犯人，"市"亦与杀戮有关。

〔一九〕孔家坡(2006：136)：覆内，即盖屋。

〔二〇〕孔家坡(2006：136)：司兵，《开元占经》卷六十二引《西官候》："昴，一名武……主兵、主丧。"

〔二一〕孔家坡(2006：136)：司空，《国语·周语中》注："掌道路者。"《开元占经》卷六十二引郗萌曰："毕主山河。"又引《春秋纬》："毕为连界天街，主守备外国。"李天虹(2006：152)：司空本是古官名，主要掌管水土营建方面的事务。《史记·天官书》"昴、毕为天街"，《索隐》引孙炎曰："昴、毕之间，日、月、五星出入要道，若津梁也。"《开元占经》卷六十二引郗萌曰："毕主山河。"凡此所云与古官职司空的执掌相近。

〔二二〕孔家坡(2006：136)：徃，疑读为"眚"。王强(2014：36)改从睡甲，释作"痓"。

〔二三〕孔家坡(2006：136)：司家,《开元占经》卷六十三引《悬象说》："井，女主之象也。"又引《石氏赞》："东井八星，主水衡。井者象法，水法水平定，执性不淫，故主衡。"古称夫或妻为家，则此"司家"可能是说井宿所掌系家内之事。今按：下文76号简亦有"司家"，陈炫玮(2007：43)以为此处乃"司清"之误，又引刘增贵说，疑为"司豖"之误。

〔二四〕"始"字，整理者释作"以"，此从王强(2013：257)、张显成、杨艳辉(2014：24)释，"始冠"即初冠。

〔二五〕司□，王强(2014：38)疑为"司占"。司后一字，刘国胜等(2016：134)疑是"令"字。

〔二六〕孔家坡(2006：136)：乐，可能指乐工。《论语·微子》："齐人归女乐，季桓子受之，三日不朝。"今按："乐"如指乐工，则简文当为"子为乐"。疑"乐"指"子"之性情安乐、愉悦，《论语·学而》："有朋自远方来，不亦乐乎。"《史记·乐书》："啴缓慢易繁文简节之音作，而民康乐。"

〔二七〕孔家坡(2006：136)：臧，疑读为"倡"。《开元占经》卷六十三引《石氏》："翼，天乐府也。"又引《石氏赞》："翼为天倡。"李天虹(2006：152)：司臧。《天官书》正义载翼"主夷狄"。《开元占经》卷六十三引《列宿说》："翼，主蛮夷。"臧是古代对奴婢的贱称，于简文或指夷狄。

〔二八〕孔家坡(2006：136)："为"字前可能讹脱了"女"字。

〔二九〕"傅(补)"字从王强(2013：258)释读。

〔三〇〕孔家坡(2006：136)：司家，这里的家指朝廷、帝王。《吕氏春秋·贵卒》注："公家，公之朝也。"《后汉书·马融传》注："三家，三皇也。"《开元占经》卷六十三引巫咸曰："轸，天子政朝也。"又引《黄帝》："轸者，以候王者寿命。"

李天虹(2006：150、153)："亢""房""胃""参""舆鬼""七星"等六宿可以肯定没有记录职掌；"心""牵牛""危""觜巂""张"等宿存疑。"司某"类占语，似是就星宿而言，指各星宿的职掌；这样既能找到"司某"类占语的主体，同时，也能够解释睡乙为什么自名为"官"。

# 直 心

## （一）

入正月二日〈旬〉一日心，睡甲 83 背肆

入二月九日直心，睡甲 84 背肆

入三月七日直心，睡甲 85 背肆

入四月旬五日心，睡甲 86 背肆

入五月旬二日心，睡甲 87 背肆

入六月旬心，睡甲 88 背肆

入七月八日心，睡甲 89 背肆

入八月五日心，睡甲 90 背肆

入九月三日心，睡甲 91 背肆

入十月朔日心，睡甲 92 背肆

入十一月二旬五日心，睡甲 93 背肆

入十二月二日〈旬〉三日心〔一〕。睡甲 94 背肆

### 【注释】

〔一〕尚民杰(1998：62)认为简文与二十八宿记日法有关，简文所记为十二个月当中“心”与某日的对应关系。刘乐贤(2003a：74～75)：简文列出的，是各月心宿所值之日期。用每月朔日所值的星宿(今按：即“星朔”篇表列之正月营室一类星月对照者)进行推算，所得结果为：正月二十一日(今按：用正月朔日营室下推至心宿为二十一天，下同)，二月十九日，三月十七日，四月十五日，五月十二日，六月十日，七月八日，八月五日，九月三日，十月一日，十一月二十六日，十二月二十四日。将它与秦简比较，四至

十月七个月的值心之日完全一致，另有五个月的日期不完全一致，有的是抄写之误，如“入正月二日一日心”的前一个“日”应为“旬”的误写，“入二月九日直心”应是“入二月旬九日”之脱。有的是推算时差了一天，如十一月本应为二十六日，十二月应为二十四日。工藤元男(2010：124)：这段话整体内容说的是各月心宿出现的日子，因此这与后世的《宿曜经》一样，其背景应该是用二十八宿纪日的占法。若果真如此，二月条、三月条的“直心”可理解为“直心宿”(直即值)，其他月则省略了“直”字。今按：也许简文十一月、十二月条并不误，而是取不同的星宿作为朔日，如十一月取牵牛而不取斗宿，十二月取虚宿不取婺女，所得结果即可合于简文。此外，心宿在古代又称大火或火星，简文中的纪日法可能是古代火历的遗留。

## (二)

入正月二日〈旬〉一日心，睡乙95贰
入二月九日直心，睡乙96贰
入三月七日直心，睡乙97贰
入四月旬五日心，睡乙97贰
入五月旬二日心，睡乙99贰
入六月旬心，睡乙100贰
入七月八日心，睡乙101贰
入八月五日心，睡乙102贰
入九月三日心，睡乙103贰
入十月朔日心，睡乙104贰
入十一月二旬五日心，睡乙105贰
入十二月二日〈旬〉三日心。睡乙106贰

## (三)

〚十月一日心，十一月廿六〛日心，十二月廿四日心，正孔家坡残40月廿一日，二月十九日，三月十七日，四月十五日，五月十二日，六月十日，七月八日，孔家坡 202 八月五日，九月三日心。凡月心〔一〕孔家坡 203 利初学 孔家坡残 6【史，不可】祠及杀〔二〕。孔家坡 237

**【注释】**

〔一〕陈炫玮(2007：132)将残简 40 号释作“心，□月廿四日心”，认为属于此篇。他复原的结果与上述刘乐贤的推算相合。

〔二〕简 203 与残 6 及简 237 的缀合，见李天虹、罗运兵(2018：316~322)。据李、罗二位所引周家寨《日书》为：“学：十月朔心，十一月廿六日心，十二月廿四日心，正月廿一日，二月十九日，三月十七日，四月十五日，五月十二日，六月十日，七月八日，八月五日，九月三日心。凡月心，利初学书，不可祠及杀。”本篇或与之类似。

## 天　阎

天阎〔一〕睡乙 88 叁

正月虚□□□，睡乙 89 叁

二月东辟(壁)廿七日，睡乙 90 叁

三月角十三日，睡乙 91 叁

四月房十四日，睡乙 92 叁

五月旗(箕)十四日，睡乙 93 叁

六月东井廿七日，睡乙 94 叁

七月七星廿八日，睡乙 95 肆

八月轸廿八日，睡乙 96 肆

九月奎十三日，睡乙 97 肆

十月【昴】十四日〔二〕，睡乙 98 肆

十一月参十四日，睡乙 99 肆

十二月斗廿一日〔三〕。睡乙 100 叁

十一月乙卯天臽〔四〕。睡乙 101 叁

**【注释】**

〔一〕睡虎地(1990：240)：天阎，后文又作“天臽”。刘乐贤(1994：353)引郑刚说，以为天阎即彗星，岁星所化。刘乐贤以为神煞，与地臽相对。

〔二〕刘乐贤(1994：352)：据文例推测，此处缺字当为昴。

〔三〕尚民杰(1998：62)：《天阎》篇中所讲的是十二个月中的某一日与二十八宿中的十二个星宿的对应关系，它的实际意义应当是十二个月中的某一天正值某一星宿，而且每一个月中具体日数的差似有一定规律。刘乐贤(2003a：75~76)：简文所列的，是各月某一星宿及所值之日期。如果按各月朔日星宿推算，应为：正月虚二十七日，二月东壁二十八日，三月角十三日，四月房十四日，五月箕十四日，六月东井二十七日，七月七星二十八日，八月轸二十八日，九月奎十三日，十月昴十四日，十一月参十四日，十二月斗二十七日。今按：马王堆帛书《出行占》只列星名没有日数，命名为“臽星”，并说“臽星不可行及入官”。

〔四〕今按：此条与“天阎”篇之天阎并非同一神煞，亦非臽日。可能是当时的抄手因音近的关系顺手抄录在“天阎”篇的下端。

## 血　忌

血忌〔一〕

春心，夏舆鬼，秋娄，冬虚〔二〕，不可出血若伤，必死〔三〕。血忌，帝启百虫口日也。甲寅、乙卯、乙酉，不可出血，出血不出三岁必死〔四〕。孔家坡 397

## 【注释】

〔一〕孔家坡(2006：179)："血忌"写在 397 号简首端，是原有的篇题。本篇讲述出血的忌日。《协纪辨方书》卷六有"血忌"条，说法与本篇不同；卷十讲"血忌"日忌针刺，与本篇有相通之处。今按：简文对"血忌"的规定可分为二节，其一是以春夏秋冬四季与二十八宿中的心、舆鬼、娄、虚四宿搭配，成为血忌日；其二是规定甲寅、乙卯、乙酉不可出血，为"帝启百虫口日也"。二者之间的关系尚不清楚。

〔二〕刘国胜等(2016：136)据红外影像释作"处"，通作"虚"，或是"虚"字误抄。今按：香港 73："娄、虚，是胃(谓)血忌，出血若伤，死。"其前当脱"【春】心，【夏】舆鬼"。根据二十八宿纪日法推算，春心约为正月廿一日，二月十九日，三月十七日；夏舆鬼约当四月五日，五月二日，六月廿八日；秋娄为七月十九日，八月十六日，九月十四日；冬虚为十月七日，十一月四日，十二月二日。《医心方》卷二《针灸服药吉凶日第七》"针灸忌日"条引《虾蟆经》云："凡月一日，五日，六日，七日，八日，十五日，十六日，十八日，廿三日，廿四日，廿七日，廿九日，右日不治长病，皆不可灸刺、出血，及月尽三日亦凶。又云：凡血忌日，正月丑，二月未，三月寅，四月申，五月卯，六月酉，七月辰，八月戌，九月巳，十月亥，十一月午，十二月子。右十二日是血忌也，一名煞忌，一名禁忌，其日不可灸刺见血，凶。"《星历考原》卷四："《历例》曰：血忌者：正月丑，二月未，三月寅，四月申，五月卯，六月酉，七月辰，八月戌，九月巳，十月亥，十一月午，十二月子。"此为针灸忌日。居延新简 EPT65・425 背"十八日丁酉满血忌往亡"，从历注推算为六月。① 流沙坠简永元六年历谱十一月"十一日甲午破血忌反支"。皆合于针灸血忌日之规定。《论衡・四讳篇》："祭祀言触血忌。"《讥日篇》："《祭祀之历》亦有吉凶，假令血忌、月杀之日固凶，以杀牲设

① 参看晏昌贵：《敦煌具注历日中的"往亡"》，《魏晋南北朝隋唐史资料》2002 年第 19 辑。

祭，必有患祸。”这是讲祭祀的忌日。《新刻趋避检》卷上“血忌日”为“春子午戌，夏亥辰寅，秋巳午丑，冬申酉未”①。都与简文相同。又，居延新简EPT58·21第二栏：“九月三日、十九日、廿四日不可以杀六畜见血，十月朔日、廿日、廿二日、廿九日不可以杀六畜见血，十一月四日、廿六日不可以杀六畜见血，十二月二日、十一日、廿四日、卅日不可以杀六畜见血。”则不同于上述血忌日。姜守诚(2016：113)：据出土文献资料显示，汉代“血忌”日的排列方式至少存在两种或三种，直到东汉以后才逐步固定下来，专以每月特定的纪日地支来循环更替，一直延续至今。

〔三〕刘国胜(2006：343)：简文大意是说血忌日，如果有出血或受创伤，就会死亡。

〔四〕今按：武威汉代医简：“甲寅，乙卯，不可久刺，不出旬死。”“入月六日、十六日、十八日、廿二日，皆不可久刺见血。此已。”②或与此有关。

## 玄 戈

玄戈〔一〕

十月，心、危、营室大凶，心、尾致死，毕、此(觜)巂大吉，张、翼少(小)吉，柖(招)榣(摇)毄未〔二〕，玄戈毄尾。睡甲47正壹

十一月，斗、娄、虚大凶，角、房致死，胃、【参】大吉〔三〕，柳、七星少(小)吉，柖(招)榣(摇)毄午，玄戈毄心。睡甲48正壹

十二月，须女、斗、牵牛大凶，角、犺(亢)致死，奎、娄大吉，东井、舆鬼少(小)吉。柖(招)榣(摇)毄巳，玄戈毄房。睡甲49正壹

① 刘永明主编：《增补四库未收术数类大全》第十集《阴阳五行(四)》，江苏广陵古籍刻印社1997年影印本，第1482页。

② 甘肃省博物馆、武威博物馆合编：《武威汉代医简》，文物出版社1975年版，图版第10页、释文第18页。释文据图版略有改动。

正月，营室、心大凶，张、翼致死，危、营室大吉，毕、此(觜)巂少(小)吉〔四〕，柖(招)榣(摇)毄辰，玄戈毄翼。睡甲50正壹

二月，奎、氐、房大凶，七星致死，须女、虚大吉，胃、参少吉〔五〕，柖(招)榣(摇)毄卯，玄戈毄张。睡甲51正壹

三月，胃、角、犺(亢)大凶，东井、舆鬼致死，斗、牵牛大吉，奎、娄少(小)吉〔六〕，柖(招)榣(摇)毄寅，玄戈毄七星。睡甲52正壹

四月，毕、张、翼大凶，毕、此(觜)巂致死，心、尾大吉，危、营室少(小)吉，柖(招)榣(摇)毄丑，玄戈毄此(觜)巂。睡甲53正壹

五月，东井、七星大凶，胃、参致死，角、房大吉，须女、虚少(小)吉，柖(招)榣(摇)毄子，玄戈毄毕。睡甲54正壹

六月，柳、东井、舆鬼大凶，奎、娄致死，角、犺(亢)大吉，斗、牵牛少(小)吉，柖(招)榣(摇)毄亥，玄戈毄茅(昴)。睡甲55正壹

七月，张、毕、此(觜)巂大凶，危、营室致死，张、翼大吉，心、尾少(小)吉，柖(招)榣(摇)毄戌，玄戈毄营室。睡甲56正壹

八月，角、胃、参大凶，须女、虚致死，柳、七星大吉，角、房少(小)吉，柖(招)榣(摇)毄酉，玄戈毄危。睡甲57正壹

九月，氐、奎、娄大凶，斗、牵牛致死，东井、舆鬼大吉，张、翼少(小)吉，柖(招)榣(摇)毄申，玄戈毄虚。睡甲58正壹

**【注释】**

〔一〕睡虎地(1990：188)：玄戈，星名。《开元占经·石氏中官占·上一》引《石氏星经》："玄戈，一星，在招摇北。"

〔二〕睡虎地(1990：188)：招摇，有两星都名招摇。一为北斗第七星，《史记·天官书》："杓端有两星，一内为矛，招摇；一外为盾，天锋。"一属氐宿，《开元占经·石氏中官·上一》："招摇一星，梗河北。"此处招摇，应系前者。刘乐贤(1994：75)：秦汉时代的帛书及占星盘中，招摇都作柖榣。王维坤(1992：112)：招摇与玄戈均为"北斗九星"之列。李零(2000：125)：

简文以招摇、玄戈表示斗击。王子今(2003：138)：安徽阜阳汉汝阴侯墓出土占盘在北斗星位置刻有星名，或释作“招摇”，或释作“柖榣”。今按：中国古代有北斗九星之说，刘向《九叹·远逝》：“合五岳与八灵兮，讯九鬿与六神。”王逸《楚辞章句》：“九鬿，为北斗九星也。”《开元占经》卷九十一引《春秋纬》：“彗星出北斗九星中，九卿反。”但北斗九星具体所指，则颇有异说。洪兴祖《楚辞补注》说：“北斗七星，辅一星在第六星旁，又招摇一星在北斗杓端。”北斗七星外加辅星和招摇星，这是第一说。《宋史·天文志》说：“第八星曰弼星，在第七星右，不见，《汉志》主幽州；第九星曰辅星，在第六星左，常见，《汉志》主并州。”《困学纪闻》卷九引《北斗经疏》也以北斗七星外加辅、弼二星为北斗九星，这是第二说。《通雅》卷十一则说：“九鬿九纪皆北斗九星也。……第八星曰招摇，第九星曰玄戈。”《历体略》卷中也说：“玄戈一星或名天戈，亦入氐，在摇光左，遥连招摇为北斗九星。”北斗七星外加玄戈、招摇二星为北斗九星，这是第三说。简文合于第三说。

毄，睡虎地(1990：187)读作“系”。张铭洽(1988：72)、饶宗颐(1993a：414~415)读作“击”。王志平(1999：32~34)：“招摇毄”是招摇所击，即北斗雌神的对冲。后世选择通书中的招摇(厌对)，原来只是先秦的招摇(北斗雌神)的对冲。招摇、玄戈既可视为实际的星体，也可视为神煞。简文中的大凶、致死、大吉、小吉同样可以视为岁神或月神。大凶正月起亥，逆行十二辰；致死正月起申，逆行十二辰；大吉正月起寅，逆行十二辰；小吉正月起巳，逆行十二辰。张春梅(2005：14~15)：玄戈篇的第1部分(即“十月心”部分)有可能是描述岁星的运行轨迹，第2~5部分(余下部分)是太岁占。玄戈篇反映的，是根据岁星和太岁的运行轨迹，进行岁星纪年和太岁占卜。

〔三〕刘乐贤(1994：75)补“参”字。罗今见(2015：69)补“昴”，并且认为“娄”为“女”之误，“角”为“氐”之误。

〔四〕罗今见(2015：69)认为“正月，营室、心大凶”应修正为“正月，营室。心、尾大凶”。今按：印台汉简《日书》：“星臽：正月，心、尾、参大凶，张、翼【致死，毕、觜觿小吉，危、营室大吉】。”可参看。

〔五〕罗今见(2015：69)认为“二月……七星致死”应修正为“二月……柳、七星致死”。今按：印台汉简《日书》：“二月，牴(氐)、房、翼大凶，柳、星致死，胃、昴小吉，婺女、虚大【吉】。”

〔六〕今按：印台汉简《日书》：“三月，角、亢、张、{翼}大凶，东井、舆鬼致死，奎、娄【小吉，斗、牵牛大吉】。”刘乐贤(2009：96)：此处“翼”字可能是衍字。

## 日 廷

日廷〔一〕

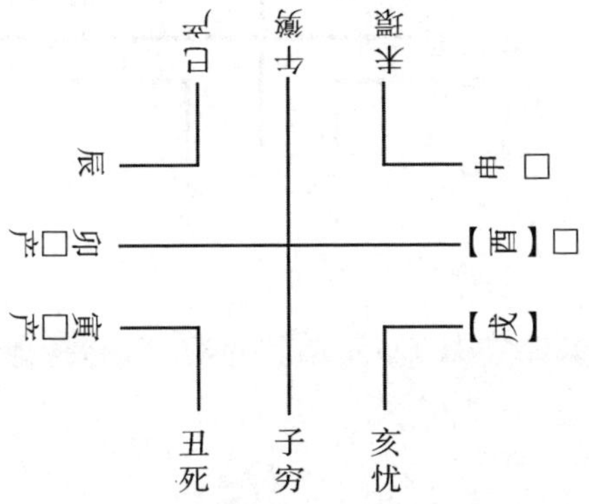


图一 孔家坡124壹-134壹〔二〕

### 【注释】

〔一〕孔家坡(2006：144)：“日廷”，写在129号简的首端，是简文原有的篇题。《论衡·诘术》：“日廷图甲乙有位，子丑亦有处，各有部署，列布五方，若王者营卫，常居不动。”日廷图的基本格局是一种干支方位配置的模式。今按：此图的基本框架又称为“钩绳图”，《淮南子·天文》：“子午、卯酉为二绳，丑寅、辰巳、未申、戌亥为四钩。东北为报德之维也，西南为背阳之维，东南为常羊之维，西北为号通之维。日冬至则斗北中绳，阴气极，阳气萌，故曰冬至为德。日夏至则斗南中绳，阳气极，阴气萌，故曰夏至为刑。”这个图式也常见于古代式盘和博局，是古代术士眼中的“宇宙模式”①。简文称“日廷”，大概是把它看作日月运行场所的微观模型。

〔二〕孔家坡(2006：144)：图一中十二支下的文字是配图的吉凶之语。“申”下一字，王强(2014：52)释作“富”。“酉”后一字，可能是“戚”，义同忧。

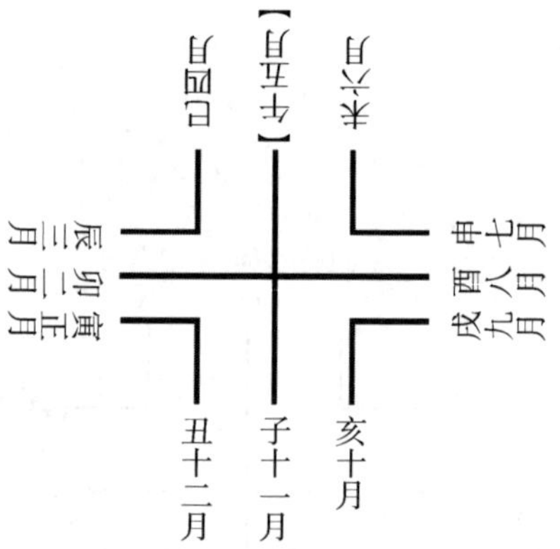


图二　孔家坡 123 叁-126 壹叁，130 肆，134 叁，135 贰-137 贰〔一〕

## 【注释】

〔一〕孔家坡(2006：145)：图二在原简上不太规范。本图将十二月与分处四方的十二地支相配，可能是说明岁徙十二月各月的辰位处向。如正月在寅，十一月在子。《淮南子·天文》：“北斗之神有雌雄，十一月始建于子，月从〈徙〉一辰。雄左行，雌右行。五月合午谋刑，十一月合子谋德。”

---

① 参看李零：《中国方术考(修订本)》，东方出版社 2000 年版，第 89~176 页。

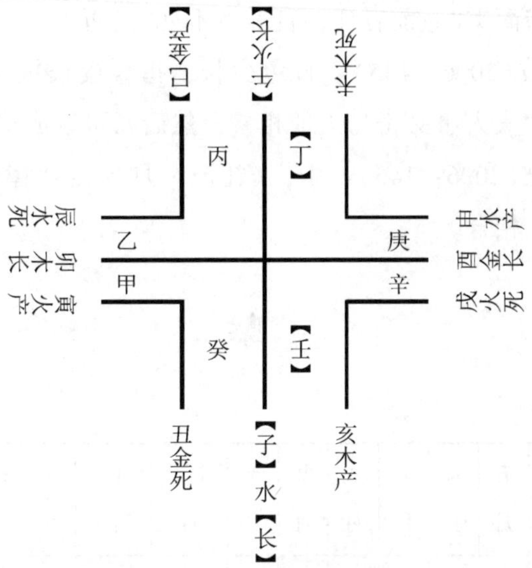


图三 孔家坡 121 叁-122 叁，123 肆-125 肆，130 伍，133 叁，134 肆，135 叁-137 叁〔一〕

斗撃(系)〔二〕：孔家坡 129 叁 直前者死，孔家坡 130 叁 直后者不死〔三〕。孔家坡 131 叁 以此与日色少长相参〔四〕，相中乃可用也〔五〕。孔家坡 132 叁

## 【注释】

〔一〕孔家坡(2006：146)：《淮南子・天文》有与图三类似的插图。《淮南子・天文》云："天地以设，分而为阴阳。阳生于阴，阴生于阳。阴阳相错，四维乃通。或死或生，万物乃成。……天有四时以制十二月……天有十二月以制三百六十日……故举事而不顺天者，逆其生者也。"陈炫玮(2007：94)：图上文字主要是依据五行三合局的原理排列而成。

〔二〕孔家坡(2006：145)：撃，疑读为"系"，维系、拘束的意思。《史记・天官书》："斗为帝车，运于中央，临制四乡。分阴阳，建四时，定诸纪，皆系于斗。"又《汉书・艺文志》："阴阳者，顺时而发，推刑德，随斗撃，因五胜，假鬼神而为助者也。"

〔三〕孔家坡(2006：145)：《淮南子・天文》："合于岁前则死亡，合于

岁后则无殃。”与简文“直前者死，直后者不死”意近。

〔四〕孔家坡（2006：145）：日色少长，指昼夜长短。相参，相配。《国语·越语下》：“夫人事必将与天地相参，然后乃可以成功。”

〔五〕孔家坡（2006：145）：中，《礼记·月令》：“律中大蔟。”注：“中，犹应也。”相中，相合。

# 擊

| 〖正月 | 二月 | 三月 | 四月 | 五月 | 六月〗 | 七月 | 八月 | 九月 | 十月 | 十一月 | 〖十二月〗 | | 孔家坡 78 |
|---|---|---|---|---|---|---|---|---|---|---|---|---|---|
| 〖寅 | 卯 | 辰 | 巳 | 午 | 未〗 | 申 | 酉 | 戌 | 亥 | 子 | 丑 | 擊昏 | 孔家坡 79 |
| 〖卯 | 辰 | 巳 | 午 | 未 | 申 | 酉〗 | 戌 | 亥 | 子 | 丑 | 寅 | 擊夕 | 孔家坡 80 |
| 〖辰 | 巳 | 午 | 未 | 申 | 酉 | 戌 | 亥 | 子〗 | 丑 | 寅 | 卯 | 擊人郑（定） | 孔家坡 81 |
| 〖巳 | 午 | 未 | 申 | 酉 | 戌 | 亥〗 | 子 | 丑 | 寅 | 卯 | 辰 | 擊夜半 | 孔家坡 82 |
| 午 | 未 | 申 | 酉 | 戌 | 亥 | 子 | 丑 | 寅 | 卯 | 辰 | 巳 | 擊夜过半 | 孔家坡 83 |
| 未 | 申 | 酉 | 戌 | 亥 | 子 | 丑 | 寅 | 卯 | 辰 | 巳 | 午 | 擊鸡鸣 | 孔家坡 84 |
| 申 | 酉 | 戌 | 亥 | 子 | 丑 | 寅 | 卯 | 辰 | 巳 | 午 | 未 | 擊平旦 | 孔家坡 85 |
| 酉 | 戌 | 亥 | 子 | 丑 | 寅 | 卯 | 辰 | 巳 | 午 | 未 | 申 | 擊日出 | 孔家坡 86 |
| 戌 | 亥 | 子 | 丑 | 寅 | 卯 | 辰 | 巳 | 午 | 未 | 申 | 酉 | 擊食时 | 孔家坡 87 |
| 〖子 | 丑 | 寅 | 卯 | 辰 | 巳〗 | 午 | 未 | 申 | 酉 | 戌 | 亥 | 擊日失（昳） | 孔家坡 88 |
| 〖亥 | 子 | 丑 | 寅 | 卯 | 辰 | 巳 | 午 | 未 | 申 | 酉 | 戌 | 擊日中〗 | |
| 〖丑 | 寅 | 卯 | 辰 | 巳〗 | 午 | 未 | 申 | 酉 | 戌 | 亥 | 子 | 擊日入〔一〕 | 孔家坡 89 |

**【注释】**

〔一〕孔家坡(2006：137)：本篇讲述一年十二个月中，每月十二支日斗所擊的时段。与十二支相应，所记共十二时，但它采纳的似乎是十六时制，时名多与放甲“生子”篇的十六时名相合。本篇的性质或许与睡虎地“玄戈”篇有相通之处。若此推测不误，本篇所述可能与斗建有关，十二时亦可能指代方位。据文例，87、88 号之间缺失一简，简文或作“亥子丑寅卯辰巳午未申酉戌擊日中”。黄儒宣(2013：57~62)认为本篇是结合日廷图使用的，应与日廷合为一篇。“擊”篇可能接在“日廷”“斗擊”之后，并以“日廷”当作共同的标题。

## 十二时制

〖鸡鸣丑，平旦〗寅，日出卯，食时辰，莫(暮)食巳，日中午，㬥未，下市申，舂日酉，牛羊入戌，黄昏亥，人【定】〖子〗〔一〕。睡乙 156

**【注释】**

〔一〕睡虎地(1990：244)：这是迄今为止关于十二时最早的记载，又是以十二辰表示十二时最早的记载。简文“㬥未”应是“日失未”之误，马王堆帛书《隶书阴阳五行》日昳亦作日失。由于日失二字抄在一起，与㬥字相似，遂误为㬥字。饶宗颐(1993a：424)以为殆即禺中之“禺”，禺读隅。尚民杰(1997b：70)：㬥本是一种食具，以㬥作为时段的名称，正是因为此时段与吃饭有关。表示的则是与午饭相关之义。今按：水泉子汉简《日书》记载十二时为：鸡鸣、平旦、日出、食时、隅中、日中、日昳、暮餔、日入、昏时、人定、夜半。

# 十天干配十二时制

☐食到隅中丁，日中戊，日失(昳)己，日失(昳)到夕时庚，夕时到日入辛，日入到人郑(定)〖壬〗〔一〕，人郑(定)孔家坡365到夜半癸〔二〕。孔家坡366

**【注释】**

〔一〕孔家坡(2006：173)："郑"后脱"壬"字。

〔二〕孔家坡(2006：173)：本篇将十天干与一日之时辰相配，意图和睡乙十二支与一日之时辰相配是一样的。今按：据秦汉时期的时制，缺文可能是：鸡鸣到平旦甲，平旦到日出乙，日出到蚤食丙，蚤食到隅中丁。

# 刺　毁

## (一)

入月六日刺，七日刺，八日刺，二旬二日刺，旬六日毁〔一〕。睡甲124背

**【注释】**

〔一〕刘乐贤(1994：291)：古人将农历初七、八日叫做上弦，二十二、三日叫做下弦。本篇刺可能与弦是同一回事，毁也可释为月亮开始由圆变缺。本篇很可能是一段月相记录，告诉人们每月六、七、八日及二十二日月亮是半圆形，十六日月亮开始由圆变缺。

## (二)

入月六日、七日、八日、二旬二日皆睡乙45贰刺，旬六日毁。睡乙46贰

## 天刺

天刺，凡朔日，入月〔一〕六日，七日，望，十八日，廿二日，此天刺，不可祠及杀。孔家坡 236 壹

寅不可祠。孔家坡 236 贰

**【注释】**

〔一〕今按：入月，原释文作“六月”，今据图版改释。

## 朔望弦晦

### （一）

墨（晦）日，利坏垣〔一〕、彻屋、出寄者，毋歌。朔日，利入室，毋哭〔二〕。望，利为囷仓。睡甲 155 背

弦、望及五辰不可以兴乐□〔三〕。五丑不可以巫〔四〕，啻（帝）以杀巫减（咸）〔五〕。睡甲 27 正贰

**【注释】**

〔一〕今按：《礼记·月令》：“孟秋之月……修宫室，坏墙垣，补城郭。”《吕氏春秋·孟秋纪》：“坏作坿。”

〔二〕今按：《颜氏家训·风操篇》：“道书又曰，晦歌朔哭，皆当有罪。天夺之算，丧家朔望，哀感弥深，宁当惜寿，又不哭也。”《抱朴子·微旨》：“晦歌朔哭。”《医心方》卷廿七《杂禁第十一》引《枕中方》云：“勿以朔晦日怒。”

〔三〕今按：缺文可能是墨点，并非文字。

〔四〕今按：此巫当用作动词，指施行巫术。简文或脱“为”“作”一类字。

〔五〕睡虎地(1990：186)：巫咸，商太戊时臣，见《书·君奭》。《庄子》《楚辞》《山海经》《吕氏春秋》《淮南子》等书均以为巫祝之神。刘乐贤(1994：67)疑指后者。帝以五丑日杀巫咸之说，不见于载籍，其内容难以详考。王子今(2003：124~125)：巫咸作为传说时代的神巫，时代及事迹无可确定。《山海经》之巫咸，有群巫集团领袖之身份。

## (二)

正月、七月朔日，以出母〈女〉、取(娶)妇，夫妻必有死者。以筑室，室不居〔一〕。睡乙 117

凡月望，不可取(娶)妇、家(嫁)女、入畜生(牲)。睡乙 118

**【注释】**

〔一〕今按：“室不居”即室不可居住的意思。

# 日　夕

## (一)

十月楚冬夕，日六夕七〈十〉。睡甲 64 正贰

十一月楚屈夕，日五夕十一。睡甲 65 正贰

十二月楚援夕，日六夕十。睡甲 66 正贰

正月楚刑夷，日七夕九。睡甲 67 正贰

二月楚夏杘，日八夕八。睡甲 64 正叁

三月楚纺月，日九夕七。睡甲 65 正叁

四月楚七月，日十夕六。睡甲 66 正叁

五月楚八月，日十一夕五。睡甲 67 正叁

六月楚九月，日十夕六。睡甲 64 正肆

七月楚十月，日九夕七。睡甲 65 正肆

八月楚爨月，日八夕八。睡甲 66 正肆

九月楚献马，日七夕九〔一〕。睡甲 67 正肆

## 【注释】

〔一〕王胜利(1987：76)：表中的楚月份当属于一种正月建亥的楚历。睡虎地(1990：191)：以上数简秦楚月名对照，为研究楚国历法的重要资料。可知楚的八月为秦的五月，楚的七月为秦的四月，则楚的冬夕是楚的一月，与秦的十月相当；楚的屈夕是楚的二月，与秦的十一月相当；楚的援夕是楚的三月，与秦的十二月相当；楚的刑夷是楚的四月，与秦的正月相当。所云“日六夕七〈十〉”等指各月白昼与夜晚长短的比例。将一昼夜分为十六等分，随着季节的推移，各月昼夜长短比例各不相同，但昼夜的总和都是十六。《论衡·说日》：“儒者或曰日月有九道，故曰日行有近远，昼夜有长短也。夫复五月之时，昼十一分，夜五分；六月，昼十分，夜六分；从六月往至十一月，月减一分。此则日行月从一分道也。岁，日行天十六道也，岂徒九道?”所述与此相同。刘信芳(1992：49)：秦虽以十月为岁首，却并不改变夏历月名。就该表的实际内涵而言，称作“夏楚月名对照表”更为准确。该表的真实用途，在于给秦人使用楚国日书提供换算的参照系。

## (二)

正月，日七夕九。睡甲 60 背叁

二月，日八夕八。睡甲 61 背叁

三月，日九夕七。睡甲 62 背叁

四月，日十夕六。睡甲 63 背叁

五月，日十一夕五。睡甲 64 背叁

六月，日十夕六。睡甲 65 背叁

七月，日九夕七。睡甲 66 背叁

八月，日八夕八。睡甲 67 背叁

九月，日七夕九。睡甲 68 背叁

十月，日六夕十。睡甲 60 背肆

十一月，日五夕十一。睡甲 61 背肆

十二月，日六夕十。睡甲 62 背肆

## （三）

五〈正〉月，日七夕九。睡乙 18 贰

二月，日八〖夕八〗。睡乙 19 贰

三月，日九夕七。睡乙 20 贰

四月，日十夕六。睡乙 21 贰

五月，日十一夕五。睡乙 22 贰

六月，日十夕六。睡乙 23 贰

七月，日九夕七。睡乙 24 贰

八月，日八夕八。睡乙 25 贰

九月，日七夕九。睡乙 26 贰

十月，日六夕十。睡乙 27 贰

十一月，日五夕十一。睡乙 28 贰

十二月，日六夕十。睡乙 29 贰

# 卷　三

## 死生阴阳

〖死〗生阴阳〔一〕：夬〔二〕生于丑，即生于寅，衰生于卯；夬巟（亡）〔三〕于辰，即巟（亡）于巳，衰巟（亡）于午。〖夬病于未，即病于申，衰病于酉；夬死于戌，即死于亥，衰死于子。〗〔四〕九店 96

□□□□□。凡巟（亡）日，□辰少日必得〔五〕，日少辰□□〔六〕。岁之后□□其□不死▨〔七〕九店 97

▨□巟（亡）□▨九店 98

▨如以行，必巟（亡）□又□九店 99

### 【注释】

〔一〕李守奎（1997：67）补作"子生"。李零（1999：149）补作"死生"。

〔二〕刘乐贤（1996b：64）、李守奎（1997：67）释作"夬"。九店（2000：135~136）释为"允"。

〔三〕李守奎（1997：67）隶作"巟"，读为"亡"。李零（1999：149）读为"旺"。九店（2000：136）以为"盲"字的异体，读为死亡之"亡"。

〔四〕李零（1999：149）补作"夬病于未，即病于申，衰病于酉；夬死于戌，即死于亥，衰死于子"。本书的读法从李守奎（1997：68）、李零（1999：149）。

〔五〕九店（2000：136）："辰"上一字似是《说文》古文"多"。"辰"指十二地支，"日"指十天干。

〔六〕九店（2000：136）：补作"必亡"。

〔七〕李守奎（2001：43）怀疑与 77 号简的"大岁"有关。今按：《日书》讲五行的很多，但直接讲阴阳的却比较少。本篇简文多残缺，从残文看，或与阴阳有关，因置于卷首。

## 五　胜

### （一）

金胜木，睡甲83背叁火胜金，睡甲84背叁水胜火，睡甲85背叁土胜水，睡甲86背叁木胜土。睡甲87背叁

东方木，睡甲88背叁南方火，睡甲89背叁西方金，睡甲90背叁北方水，睡甲91背叁中央土。睡甲92背叁

### （二）

丙丁火，火胜金。睡乙79贰戊己土，土胜水。睡乙80贰庚辛金，金胜木〔一〕。睡乙81贰壬癸水，水胜火。睡乙82贰

**【注释】**

〔一〕刘乐贤（1994：347）：原释文作“金胜水”，可能是排印错了。今按：简文前当有“甲乙木，木胜土”之类。又，周家台259：“【甲乙木、丙】丁火、戊己土、庚辛金、壬癸水。”只讲天干配五行，没有五胜内容。

### （三）

五胜〔一〕

五胜：东方木，金胜木。段（锻）铁长三寸〔二〕，操，东。南方火，水胜火。以㿜盛孔家坡105【水】〔三〕，操，南。【北方】水，土胜水。操土，北，

裹以布。西方金，火胜金。操炭长三寸，以西，缠以布。欲有孔家坡 106 所之〔四〕，行操此物不以时〔五〕。孔家坡残 24+孔家坡 107

**【注释】**

〔一〕孔家坡(2006：140)："五胜"写在 105 号简首端，是原有的篇题。本篇内容主要讲述五行相胜。

〔二〕"段(锻)"字据刘国胜(2014：217~218)释读，马王堆帛书《五十二病方》："去人马疣方：取段(锻)铁者灰三……"简文"段(锻)铁长三寸，操，东"意思是说往东行要手持长三寸的锻铁。

〔三〕孔家坡(2006：140)：簭，疑读为"齍"，《说文》段注："黍稷器，所以祀者。"

〔四〕将残简 24 与 107 号简缀合是刘国胜(2014：218)的意见。"所之"即所往。

〔五〕陈炫玮(2007：67)：若欲前往某方时，只要手所持之物与所欲前往之方向，五行关系属于相克，那么就不必受到时间的限制了。今按：简文所谓"时"，当指出行的时日宜忌，意思是说不必受时日吉凶的限制，周家台 363："有行而急，不得须良日，东行越木，南行越火，西行越金，北行越水，毋须良日可也。"额济纳 2002ESCSF1：4："……南方火，即急行者，越此物，行，吉。"额济纳 2002ESCSF1：14："……持水北行，持……"并可参。

## 物 生

### (一)

□生〔一〕：

水生申，壮子，老辰。木生亥，壮卯，老未。孔家坡 103 火生寅，壮

午，老戌。金生巳，壮酉，老丑〔二〕。孔家坡 104

【注释】

〔一〕孔家坡(2006：139)：“□生”写在 103 号简首端，是原有的篇题。缺字，刘国胜等(2016：134~135)据红外影像释作“物”，以为“物生”意指五行相生。

〔二〕孔家坡(2006：139)：本篇以十二支与五行之水、木、火、金的生、壮、老三阶段相配，配置合于五行三合局。放乙“五行篇”有相同的内容。《淮南子·天文》等所记五行三合局增加了土行。今按：《淮南子·天文》：“木生于亥，壮于卯，死于未，三辰皆木也。火生于寅，壮于午，死于戌，三辰皆火也。土生于午，壮于戌，死于寅，三辰皆土也。金生于巳，壮于酉，死于丑，三辰皆金也。水生于申，壮于子，死于辰，三辰皆水也。”此即五行三合局。

## (二)

〖酉、〗丑、巳金〔一〕，金胜木。睡乙 83 贰……睡乙 84 贰未、亥、〖卯木，木〗胜土。睡乙 85 贰……睡乙 86 贰辰、申、子水，水胜火〔二〕。睡乙 87 贰

【注释】

〔一〕睡虎地(1990：239)：当为“酉丑巳金”，脱酉字。

〔二〕缺文据饶宗颐(1993a：458)补。今按：此即所谓五行三合局。“日廷”亦有类似内容。

# 刑　德

正月：刑在堂〖，德在庭〗。孔家坡 91 壹

二月：刑〖在庭，德在门〗。孔家坡92壹

三月：刑在门，德在巷。孔家坡93壹

四月：刑在巷，德在术〔一〕。孔家坡94壹

五月：刑在术，德在野。孔家坡95壹

六月：刑德并在术。孔家坡96壹

七月：刑在术，德在野。孔家坡91贰

八月：刑在巷，德在术。孔家坡92贰

〖九月：〗刑在门，德在巷。孔家坡93贰

〖十月：〗刑在庭，德在门。孔家坡94贰

十一月：刑在堂，德在庭。孔家坡95贰

十二月：刑德并在堂。孔家坡96贰

☒□及至德所在乃可治也〔二〕。孔家坡90

## 【注释】

〔一〕孔家坡（2006：138）：术，街道，道路。《说文》："邑中道也。"

〔二〕孔家坡（2006：138）：刑德是推算阴阳吉凶的择日之术。《淮南子·天文》记有"刑德七舍"，主要用以表示阴阳之气的消长。七舍中门为刑德相合之舍，室、野，堂、术，庭、巷则两两对冲，互为刑德。其文云："刑德有七舍。何谓七舍？室、堂、庭、门、巷、术、野。十二月德居室三十日，先日至十五日，后日至十五日，而徙所居各三十日。德在室则刑在野，德在堂则刑在术，德在庭则刑在巷，阴阳相德则刑德合门。八月、二月，阴阳气均，日夜分平，故曰刑德合门。德南则生，刑南则杀，故曰二月会而万物生，八月会而草木死。两维之间，九十一度十六分度之五而升，日行一度；十五日为一节，以生二十四时之变。"本篇"刑德"具体内容与《天文》有别。篇中所述刑德只有六舍，一至五月按堂、庭、门、巷、术、野的顺序依次两两相配，互为刑德。其他则七月如五月，八月如四月，九月如三月，十月如二月，十一月如正月，六月、十二月刑德相合。按文例，六月、

十二月刑德相合之舍应该相同，但原文一合于术，一合于堂。陈炫玮(2007：56)推测孔家坡"刑德六舍"可能是《淮南子》"刑德七舍"的前身。今按：《五行大义》卷二《论德》："建子之月，德在室刑在野。建丑之月，德在堂刑在街。建寅之月，德在庭刑在巷。建卯之月，德刑俱会于门。建辰之月，德在巷刑在庭。建巳之月，德在街刑在堂。建午之月，德在野刑在室。建未之月，德在街刑在堂。建申之月，德在巷刑在庭。建酉之月，德刑合门。建戌之月，德在庭刑在巷。建亥之月，德在堂刑在街。"《太平经·案书明刑德法第六十》："十一月德在室中，刑在四〔远〕野；十二月德在明堂；正月德居庭；二月德在门；三月德外道巷；四月德到于六远八境，去内室之野处，刑居内室；五月刑在室中；六月刑在堂；七月刑在庭；八月德在门；九月刑在道巷；十月刑及六远八境，随德行到于明堂。"

## 成 日

〖凡春三月甲、乙，丙、丁不吉，〗壬、癸吉，庚、辛城(成)日〔一〕。九店 37 上

〖凡夏三月〗丙、丁，庚、辛不吉，甲、乙吉，壬、癸城(成)日。九店 38 上

凡秋三月庚、辛，壬、癸不吉，丙、丁吉，甲、乙城(成)日。九店 39 上

凡冬三月壬、癸，甲、乙不吉，庚、辛吉，丙、丁城(成)日。九店 40 上

凡城(成)日，利以取(娶)妻、家(嫁)女、冠，利以城(成)事〔二〕，利以内(入)邦中，利以内(入)室，利以内(入)田邑，利以内(入)人民。{利。}〔三〕

凡吉日，利以祭祀、祷祠〔四〕。

凡不吉日，九店 41 利以见公王与贵人〔五〕，利以取货于人之所，毋(无)以舍人货于外〔六〕。九店 42

## 【注释】

〔一〕陈侃理(2014：230~231)：按照日干与方位的配伍，甲、乙为东方之日，丙、丁南方，庚、辛西方，壬、癸北方。此简以日在岁位、岁前之方为不吉，在岁后为吉，在岁对为成日(亦吉)，虽然名称不同，但实质上与北大汉简《揕舆》是一致的。

〔二〕九店(2000：101)：成事，把事情办成。今按：《左传》桓公二年："特相会，往来称地，让事也。自参以上，则往称地，来称会，成事也。"章太炎《春秋左传读》："'成'与'让'为对文"，"当任之意，方肯为会主，正与让相反也"。是"成事"犹主事。又，《左传》宣公十二年："其为先君宫，告成事而已。"《国语·吴语》："克有成事"，韦昭注："成事，成功也。"

〔三〕今按："利"或为衍文。

〔四〕杨华(2018：88~90)：祭祀与祷祠是两种不同的宗教行为，祭祀是正祭，为四时常祭；而祷祠则是"非常之祭"，是因事起祭的临时行为。祷是为了解除灾难，它在祠之前举行，而祠则在得偿所愿之后举行，是对祷的还愿之祭。在古代祀制中，祭祀的规格要高过祷祠。祭祀是功利性的，祷祠是非功利性的。

〔五〕九店(2000：101)："公王"疑是"王公"倒文，大概是为了避免把"王公"之"公"误认为楚县公的缘故。简文"公王"指国君。"贵人"指卿大夫。《礼记·内则》："贵人则为衣服"，郑玄注："贵人，大夫以上也。"今按：《史记·天官书》："敦牂岁：岁阴在午，星居酉。以五月与胃、昴、毕晨出，曰开明。炎炎有光。偃兵；唯利公王，不利治兵。"又："三星若合，其宿地国外内有兵与丧，改立公王。"《文子·上德》："公王居上，以明道德。"伯2797《相书》："女人黑子著阴左右，应作公王妻。"浙藏敦煌131《京房易占》："阴气生于午，利见公王大人，吉。"是古占书中有"公王"之例。

〔六〕九店(2000：102)："舍"读为给予之"予"。"舍人货"是予人以货的意思。

又，刘乐贤(1996b：66，1998：89)、陈松长(1997：553)：凡不吉日却说利以见公王与贵人，41号与42号简不一定相连。41号也可能下接110号："……妻，不可以……"或是。

## 杀　忌

春三月甲乙，不可以杀，天所以张生时〔一〕。睡甲102背

夏三月丙丁，不可以杀，天所以张生时。睡甲103背

秋三月庚辛，不可以杀，天所以张生时。睡甲104背

冬三月壬癸，不可以杀，天所以张生时。睡甲105背

此皆不可杀，小杀小央(殃)，大杀大央(殃)。睡甲106背

**【注释】**

〔一〕睡虎地(1990：222)：张，使强大兴盛。刘乐贤(1994：280~281)：杀即杀牲，古人对此颇多禁忌。古代《月令》之书皆以秦正月为养生之时，与《日书》同义。本篇的季节与日干之间的关系是依五行学说安排的。

## 杀　日

杀日

戊午不可杀牛，乙丑〚不〛可以杀犬，子不可杀鸡，孔家坡238 壬辰不可杀豕〔一〕。

戊己杀彖〔二〕，长子死。入月旬七日以杀彖，必有死之。孔家坡239

**【注释】**

〔一〕今按：岳山M36：43背："丙午，不可刹(杀)羊，不隐货。辛□，不可刹(杀)鸡，不利田邑。壬辰、壬戌，不可刹(杀)犬，不隐妻子。"与此不同。

〔二〕孔家坡(2006：161)：彖，《说文》：“豕也。”今按：《乙瑛碑》：“大常丞监祠，河南尹给牛羊彖鸡□□各一。”①

## 啻(帝)

啻(帝)〔一〕

春三月，啻(帝)为室申〔二〕，剽卯〔三〕，杀辰，四法(废)庚、辛〔四〕。睡甲96正壹

夏三月，啻(帝)为室寅，剽午，杀未，四法(废)壬、癸。睡甲97正壹

秋三月，啻(帝)为室巳，剽酉，杀戌，四法(废)甲、乙。睡甲98正壹

冬三月，啻(帝)为室辰〔五〕，剽子，杀丑，四法(废)丙、丁〔六〕。睡甲99正壹

凡为室日，不可以筑室〔七〕。筑大内〔八〕，大人死。筑右序〔九〕，长子妇死；筑左序，中子妇死；筑外垣，孙子死。筑北垣，牛羊死〔一〇〕。

杀日〔一一〕，勿以杀六畜，不可以睡甲100正取(娶)妇、家(嫁)女、祷祠、出货。

四法(废)日，不可以为室，覆屋〔一二〕。睡甲101正壹

## 【注释】

〔一〕刘乐贤(1994：127)：啻是篇题，当是“啻为室日”之省略。啻读为帝。尚民杰(2000b：204)：“帝为室日”与“地杓神以毁宫日”实为一义，这里的“室”也可以理解为“宫”，“帝”即神，当指土神而言。

〔二〕金良年(1993：162)：春三月“为室申”之“申”为“亥”之误。今按：放乙95壹正写作“亥”。② 金说当是。

① 高文：《汉碑注释》，河南大学出版社1997年版，第173页。

② 陈伟主编，孙占宇撰著：《秦简牍合集：释文注释修订本(肆)》，武汉大学出版社2016年版，第59页。

〔三〕今按：剽，放乙《日书》写作“杓”。

〔四〕睡虎地(1990：195)：《宋书·武帝纪》：“江陵平，加领南蛮校尉。将拜，值四废日，佐吏郑鲜之、褚叔度、王弘、傅亮白迁日，不许。”刘乐贤(1994：129)：“四废日”，原简作“四法日”。法、废二字在古代汉语中是通假字。今按：原释文径作“四废日”。

〔五〕金良年(1993：162)：冬三月“辰”为“申”之误。尚民杰(2000b：204)以为冬三月“辰”为“亥”之误。今按：放乙98壹写作“申”。从对冲关系看，此处应以“申”为是。本篇四时“为室”“剽日”“杀日”利用十二地支，春三月“杀日”既为“辰”，此处(冬三月帝为室)就不当再有“辰”日。此“辰”或为“亥”字形误，其日辰搭配又与春三月互倒。

〔六〕今按：《三术撮要》“坛经四季休旺日城日”之“官日”与简文剽日相同，“牢日”与简文杀日相同。① 又，放乙94壹将三月庚、辛，六月壬、癸，九月甲、乙，十二月丙、丁称为“日衝(冲)”。

〔七〕睡虎地(1990：195)：《后书汉·郭陈列传》：“司隶校尉下邳赵兴，亦不恤讳忌。每入官舍，辄更缮修馆宇，移穿改筑，故犯妖禁。”可见秦汉时期，修筑或改建房屋，禁忌甚多。

〔八〕刘乐贤(1994：127)：大内，指大卧室。吴小强(2000：83)：“大内”或指国君后宫，或指贵族高官的后室。

〔九〕序，睡虎地(1990：196)疑读为宅；刘乐贤(1994：128)引郑刚说，读为堵；施谢捷(1998：171)读为序。此从施谢捷说。放乙“帝”篇亦写作“序”。

〔一〇〕今按：放乙101壹作：“筑宫垣，孙子死。筑外垣，牛马及羊死之。”

〔一一〕王光华、李秀茹(2006：204)：春三月属木，辰处甲木之衰地；夏三月属火，未处丙火之衰地；秋三月属金，戌处庚金之衰地；冬三月属

① 刘永明主编：《增补四库未收术数类大全》第十集《阴阳五行(一)》，江苏广陵古籍刻印社1997年影印本，第227页。

水，丑处壬水之衰地。既居本行之衰地，有衰谢之气，须扶养休息，不可以杀。

〔一二〕今按：放乙 103 壹："四废日不可以为室□内，为囷、仓及盖。"居延新简 EPF22 · 372："又今日四废，曰天雨，恐有戎兵。"其规定与此不同。

## 大败日

春三月季庚、辛〔一〕，夏三月季壬、癸，秋三月季甲、乙，冬三月季丙、丁，此大败日。取(娶)妻，不终〔二〕；盖屋，燔；行，傅〔三〕；毋可有为。日冲〔四〕。睡甲 1 背

### 【注释】

〔一〕睡虎地(1990：209)：季，似是四季之季。刘乐贤(1994：205～206)：季字在先秦文献中尚无季节之义，四季之称(代表四时)要晚到蔡邕《月令答问》。此处的"季"应理解为孟、仲、季之季，即每月的第三个天干日。六十甲子纪日，每一天干在一月中必出现三次，可依次称为孟、仲、季。本简春三月季庚、辛，当理解为春天三个月中第三个庚日和第三个辛日。

〔二〕王子今(2003：313)：这里的"不终"，可能指年寿，也可能是指婚姻关系。

〔三〕睡虎地(1990：209)：傅，疑读为痡，《诗 · 卷耳》正义引孙炎云："人疲不能行之病。"刘乐贤(1994：206)读为缚，义为系。王子今(2003：313)读为覆，义指严重的交通事故。方勇(2012a：497)：疑为"传(傳)"字之误，"传"有逮捕义。今按：马王堆帛书《出行占》："季冲：庚辛、壬癸、【甲乙、】丙丁，凡是日不可以饮、乐歌，大凶；以行，约缚。"刘乐贤说是。

〔四〕刘信芳(1993：89)：日冲，当谓水与火冲，金与木冲。刘乐贤(1994：207)：简文所载显然与"帝篇"的四废日有关。都是以春之庚辛、夏

之壬癸、秋之甲乙、冬之丙丁为忌。当然，这里的忌日比四废日少，显然只有“帝篇”四废日的三分之一。所以又叫它大败日，又称之为日冲。看来，这种日子比四废日还要严重，是凶日中的凶日。刘乐贤(2006d：386)：此即张家山汉简《盖庐》中的“日橦八日”。陆平(2009：315)：“日冲”不是凶日名称，而是对四废日的解释说明。“冲”是冲克，指四季各月的五行与其日的天干所属的五行存在相克关系，如春三月五行属木，庚辛属金，金克木。今按：香港61“乙、丙丁，四废，日冲之日，不可入官，为室，困盖，复(覆)内及行□”，可证四废日与日冲有关。《类编历法通书大全》卷四“修造动土”“正四废”：“春庚申、辛酉，夏壬子、癸亥，秋甲寅、乙卯，冬丙午、丁巳。”卷二十九“论四废日”：“春以庚金为废，夏以壬水为废，秋以甲木为废，冬以丙火为废。春庚者而申亦属金，夏壬者而子亦属水，秋甲者而寅亦属木，冬丙者而午亦属火，谓之干支连见。又《蓬瀛经》云：四废之日乃五行无气，福德不临之辰，百事忌用，阴阳备用云。春庚辛，夏壬癸，秋甲乙，冬丙丁为四废之日，乃五行无气、福德不游之辰，于诸历皆忌修造，如修造用之，或事不了。又有四正废日者，春庚申、辛酉，夏壬子、癸亥，秋甲寅、乙卯，冬丙午、丁巳，此尤当避也。其日只宜制棺立生坟，如破土安葬，则不忌。”①在式图上，春三月之甲乙与庚辛对冲，夏三月丙丁与壬癸对冲。日冲或指此而言。

## 四季日

四季日〔一〕

四季日为废日，废日不可有为也。以有为也，其事必废。孔家坡204

**【注释】**

〔一〕孔家坡(2006：154)：“四季日”写在204号简首端，是原有的篇

① 《四库全书存目丛书》子部第六十八册，齐鲁书社1997年版，第562页。

题。所谓“四季日”与睡甲“帝”篇所记的“四废日”相当，只是范围较小。本篇对四季日的日期没有作具体说明，据睡甲，“四季日”可能是指春三月季庚辛、夏三月季壬癸、秋三月季甲乙、冬三月季丙丁。今按：《乙巳占》卷十《候四夷入中国占第九十九》《杂占王侯公卿二千石出入第一百》并以辰、未、戌、丑为四季日。《齐民要术》卷二：“四季：辰、戌、丑、未、戊、己。”《黄帝内经》卷六：“日垂四季死”，王冰注：“辰、戌、丑、未，土寄王之，脾气内绝，故日垂四季而死也。”与简文不同。

# 臽　日

## （一）

四月甲臽，睡甲136正肆 五月乙臽，睡甲137正肆 七月丙臽，睡甲138正肆 八月丁臽，睡甲139正肆 九月己臽，睡甲136正伍 十月庚臽，睡甲137正伍 十一月辛臽，睡甲138正伍 十二月己臽〔一〕。睡甲139正伍 正月壬臽，睡甲136正陆 二月癸臽，睡甲137正陆 三月戊臽，睡甲138正陆 六月戊臽。睡甲139正陆

凡臽日，可以取（娶）妇、家（嫁）女，不可睡甲136正捌 以行，百事凶。睡甲137正捌

【注释】

〔一〕刘信芳（1993：87）：正月壬臽、二月癸臽者，是因为正、二月为春季，“壬癸”于日中代表冬季，冬季已过，故壬癸为臽，臽即陷。其余可类推。值得重视的是，“三月戊臽”“六月戊臽”“九月己臽”“十二月己臽”，戊己为中土日干，古人以中土方无定位，寄在四维，说明先秦已有土居四维的思想。三月末当春夏之交，六月末当夏秋之交，九月末当秋冬之交，十二月

末当冬春之交，于方位正当四维。刘乐贤(1994：351)：《论衡·讥日》："《葬历》曰：葬避九空、地臽及日之刚柔、月之奇偶。""臽日"即地臽，与"天阎"相对。刘增贵(2001：514~515)：臽日的意思是：春天当为甲乙，木气已发，而日干却为上一季之壬癸冬水，故正月、二月以壬癸为臽，与地之陷相当。刘乐贤(2006d：389)：此即张家山汉简《盖庐》中的"日臽十二日"。今按：原简文与"敫日"篇合抄在一起，先抄干支安排，再写时日吉凶。且"臽日"的顺序为：四月甲臽，五月乙臽，七月丙臽，八月丁臽，九月己臽，十月庚臽，十一月辛臽，十二月己臽，正月壬臽，二月癸臽，三月戊臽，六月戊臽。大约是按十天干的先后次序。

## （二）

正月壬臽，睡乙88贰二月癸臽，睡乙89贰三月戊臽，睡乙90贰四月甲臽，睡乙91贰五月乙臽，睡乙92贰六月戊臽，睡乙93贰七月丙臽，睡乙94贰八月丁臽，睡乙95叁九月己臽，睡乙96叁十月庚臽，睡乙97叁十一月辛臽，睡乙98叁十二月己臽〔一〕。睡乙99叁

**【注释】**

〔一〕今按：睡乙的臽日是按月序编排的，与睡甲略异。且睡乙没有占辞。

## （三）

七月丙〔一〕，八月丁，九月己，十月孔家坡168壹

**【注释】**

〔一〕丙，原释文作"辛"，此据陈炫玮(2007：114~115)释改。

# 敫　日

## (一)

夏三月丑敫，睡甲 136 正柒 春三月戊〈戌〉敫[一]，睡甲 137 正柒 秋三月辰敫，睡甲 138 正柒 冬三月未敫。睡甲 139 正柒

凡敫日，利以渔猎、请谒、责 睡甲 138 正捌 人、挚(执)盗贼，不可祠祀、杀生。睡甲 139 正捌

### 【注释】

〔一〕敫，亦作“徼”，刘信芳(1993：88)：徼与交古音通，在这里可理解为季节之交。刘乐贤(1994：175)：此条“戊”当是“戌”的误写。春三月戌、夏三月丑、秋三月辰、冬三月未，即所谓“四敫日”，亦作“四激日”“四徼日”，后世选择通书亦作“四击日”。今按：香港 60：“未。东壁。四徼，不可为□日，作事不□，□中绝。”“未”或即“冬三月未”或“冬未”，“四徼”当即本篇之“四敫”。又，本篇将“夏三月丑”抄在“春三月”之前，而睡甲 2 正贰又以秋、冬、春、夏为序，睡乙 77 则为春、夏、秋、冬。

## (二)

凡不可用者，秋三月辰，冬三月未，春三月戌，夏三月亥〈丑〉[一]。睡甲 1 正贰

### 【注释】

〔一〕刘信芳(1993：88)：简中的“亥”明显为“丑”字之误。刘乐贤

（1994：24）：这一条简讲的是四敫日。

## （三）

见〈敫〉〔一〕

春三月戌，夏丑，秋三月辰，冬未，皆不可以大祠，可有求也。睡乙77

### 【注释】

〔一〕原释文作“见”，为篇题。刘乐贤（2016：495）：或疑释作“敫”。

# 艮　山

## （一）

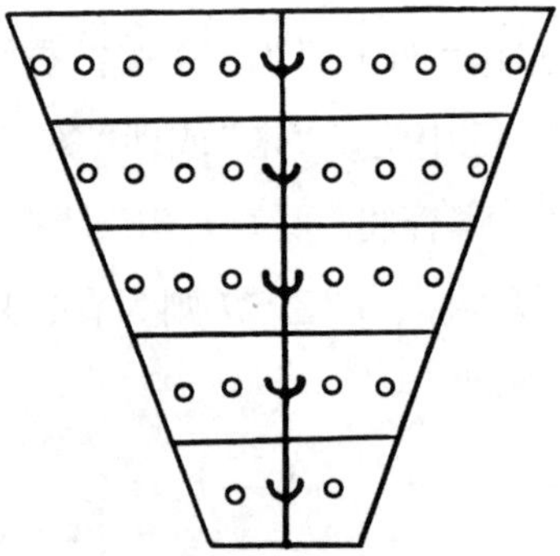

睡甲47正贰-60正贰〔一〕

此所胃（谓）艮山〔二〕，禹之离日也〔三〕。从上右方数朔之初，日睡甲47正叁及枳（支）各一日，尽之而复从上数〔四〕。日与睡甲48正叁枳（支）刺艮山之胃（谓）离日〔五〕。

离日不可 睡甲49正叁 以家(嫁)女、取(娶)妇及入 睡甲50正叁 人民、畜生(牲)，唯 睡甲51正叁 利以分异〔六〕。离 睡甲52正叁 日不可以行，行不反(返)。睡甲53正叁

## 【注释】

〔一〕李零(2000：201)：右半15个小圆圈表示从朔到望，左边15个小圆圈表示从既望到晦。

〔二〕睡虎地(1990：190)：艮山，《周易·说卦》："艮为山。"李学勤(2001：149)：《艮卦》的特性是静止不动，相背不见，这正和《艮山图》表达的思想相合。"离日"与"反支"夹居于山背两侧，也象征了这一思想。既然静止不动，自然是不宜出行；相背不见，自然是不宜嫁娶等事而利于分异。由此足见，虽然《艮山图》是一种流行于民间的数术禁忌，但它的思想来源却是《周易》，包括《易传》对《艮卦》的分析。

〔三〕今按：所谓"禹之离日"或"禹离日"，是将"离日"托名于大禹，大约与禹治水三过家门而不入的传说故事有关。方技数术之书多托名古代圣王如黄帝、神农、禹、汤等，未必与这些英雄圣王有直接关系。

〔四〕尽，原释作"数"，郑刚(刘乐贤1994：93引)曾据照片改释作"书"，黄文杰(2008：160)亦有相同的意见。程少轩(2011：433)据孔家坡简确定这个字当释为"尽"。

从，孔家坡简作"道"，程少轩(2011：434)颇疑这里也是"道"字。由于图版模糊，难以遽断，暂从整理者释读。

〔五〕李学勤(2001：147~148)："从上右方数"，即自图右上角的圆圈数起，数的次序是由上而下，向左转行，和汉字的情形相同。"朔"是月初，"朔之初日及枳(支)各一日"，是说从月初数起，每日以及"支"各占一个圆圈。"支"当为"反支"的简称。"刺"，应为"夹"字之误。与"反支"夹艮山的日子便是"离日"，也就是说和"反支"日紧贴在《艮山图》中绕两侧的日子是"离日"。每月的"离日"只能在十一日到十二日之间，少则一日，多则二日。

刘乐贤(1994：96)同意李学勤先生的意见，并在元光元年历谱中找到反支简称为"子"的例子。但他认为睡虎地一月只有3个反支日，由此推导出来的离日每月只有一个。陈炫玮(2007：106~111)、森和(2008：3~8)同于李、刘二氏之说。

〔六〕李学勤(2001：146)：秦商鞅之法："民有二男以上不分异者，倍其赋。""分异"就是分家。

## (二)

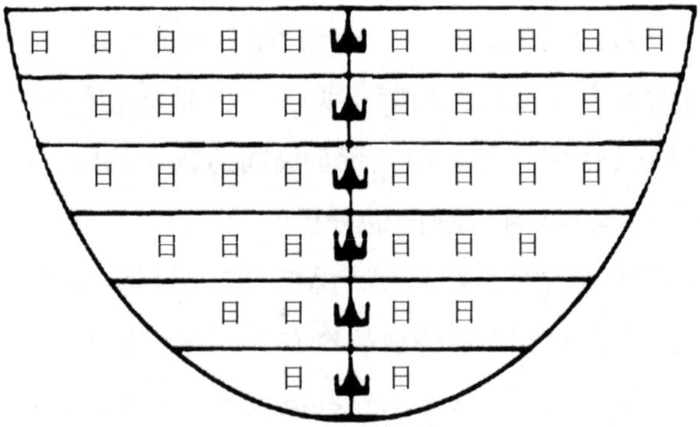

图 孔家坡 139 贰-149 贰〔一〕

是胃(谓)根山，禹离日也。孔家坡 139 叁 数从上右方数朔初〔二〕，日及 孔家坡 140 叁 字(支)各居一日〔三〕。尽，复道上右 孔家坡 141 叁 方数〔四〕。日与字(支)夹根山 孔家坡 142 叁 是胃(谓)离日〔五〕。

离日不可取(娶)妻 孔家坡 143 叁 、【嫁女】及入人、畜生(牲)、货。孔家坡 144 叁 可分异。孔家坡 145 叁

## 【注释】

〔一〕孔家坡(2006：148)：本图倒数第二列残缺，此据图例补。今按：

孔家坡《艮山图》比睡虎地多出一栏，即从上往下数第二栏：重写了四日栏。此栏当是抄手误植。

〔二〕孔家坡(2006：148)：朔初，指岁首之月的朔日。刘乐贤(2006b：101~103)亦指出马王堆帛书《天文气象杂占》中有用“朔”为“月”的例子。所以，云梦秦简和孔家坡汉简《日书》中的这一处“朔”也可能指月，“朔之初”即每月的第一日。

〔三〕孔家坡(2006：148)：支，指反支日。

〔四〕孔家坡(2006：148)：道，《管子·禁藏》：“故凡治乱之情，皆道上始。”注：“道，从也。”

〔五〕孔家坡(2006：148)：夹，夹持，即从两旁相夹。《后汉书·王龚传》：“实有折枝之易，而无挟山之难。”挟、夹，一字分化。

陈伟(2002：146~148)读作：“从上右方数朔之初，日及枳(支)各一日数之。而复从上数。日与枳(支)刺〈夹〉，艮山之胃(谓)离日。”“方”读为“旁”，“方数”即“旁行计数”，亦即古书所说的“旁行”或“傍行”。“朔”是指一年的历法体系，“朔之初”也就是一年中的第一天。“日”指图中的圆圈，“枳(支)”应该是指图中各行中间的垂线以及由之生出的犄角形弧线，共有5个。“艮山”应与上文读断，“艮”有限的意思。艮山，即限于山。在简书具体所指，应是“与枳(支)夹”的“日”，也就是说，位于中垂直线两侧的日辰是所谓“离日”。其占断方法是：每年从开始的那天起算，在图中最上一行自右至左，每天移动一“日”(即圆圈)或“枳(支)”；在上一行数完后，转到其下一行再从右而左计数；当底行数完后，再回到最上一行重新计数。在“枳(支)”之两旁的日辰，就是所谓“离日”。

今按：《艮山图》的总体读法，应将简文从右至左读，读完一行(栏)，再从第二行的右边读起，直至终了。此即孔家坡简所谓“数从上右方数朔初”，“尽，复道上右方数”。亦即古书中所谓的“旁行邪(斜)上”。“朔之初”或“朔初”是指月初。简文中的“日及枳(支)”分别指天干和地支。假如以甲子当“朔之初”，按六十甲子的次序纳入图中，即可得出“离日”为：每月

(入月)的3日、11日、15日、18日、26日、30日。大月6个离日，小月5个离日。

黄儒宣(2013：129~130)：最近公布的放马滩秦简，一支竹简载有关于“离日”的说明，文字为：“丙寅、甲戌、戊寅、辛丑、己丑、癸巳、丙申、甲辰、戊申、辛亥、己未、癸亥是谓离日，不可入官”(乙种简318)。虽然放马滩秦简没有“艮山”图，但是我们可以依据干支进行复原，所得十二日有十一日相同，仅有“辛巳”一项，放马滩秦简作“辛丑”，疑是误书。放马滩秦简《日书》是按照六十甲子的顺序，“离日”有固定的干支，与睡虎地秦简、孔家坡汉简《艮山》从朔日开始数，每月“离日”在不同的干支，计算方法实际上是有差异存在的。

## 反　支

### (一)

反枳(支)〔一〕

子、丑朔，六日反枳(支)〔二〕；寅、卯朔，五日反枳(支)；辰、巳朔，四日反枳(支)；午、未朔，三日反【枳(支)】；申、酉朔，二日反 睡甲153背 枳(支)；戌、亥朔，一日反枳(支)。复卒其日，子有(又)复反枳(支)。一月当有三反枳(支)〔三〕。 睡甲154背壹

**【注释】**

〔一〕睡虎地(1990：227)：《后汉书·王符传》注：“凡反支日，用月朔为正；戌亥朔，一日反支；申酉朔，二日反支；午未朔，三日反支；辰巳朔，四日反支；寅卯朔，五日反支；子丑朔，六日反支。见阴阳书也。”与简文相合。

〔二〕今按：流沙坠简(1993：93)：“反支之法：子丑朔，六日反支，故子朔，巳反支也。”可参看。

〔三〕李学勤(2001：147)：“三”应为“五”之误。刘乐贤(1994：301～307)：“复卒其日”的“日”应当是指十二支中剩下的那些日子，这句话的意思是说，假如子日是朔日，第六日巳日是反支日；然后再继续数完十二支中剩下的全部日子，这样又一次继续以子日为起点，子日之后的第六日又是反支日。其余各日类推。由于一月只有三十天，十二地支最多只能轮流用三次，所以一月当有三反支。孙占宇(2011：31)：所谓“反支”，就是在方位上互相“对冲”的六对地支，即巳与亥、子与午、丑与未、寅与申、卯与酉 、辰与戌。每一对反支日在顺序上相隔六位，一月三十天之中正好有五个反支日。若这一理解不误，则睡虎地秦简中对反支日的规定宜做如下理解(以朔日为子为例)：若朔日为子，从子位数起第六日巳为反支，由于反支是一个“对”的概念 ，此处已暗含了与巳对应的另一个反支日亥，而这个亥又是从巳位数起第六日 ，再从亥位数起 ，第六日仍为巳 ，余可类推 。因此，睡虎地秦简所见一月之中也有五个反支日 ，其文中“一月当有三反支”为“五反支”之误的可能性较大。白军鹏(2014：135)：这个“复”似乎可以理解为“重复”，而非“再接着”。比如某月朔日为子，则六日为“巳”，按照传统的看法，还应该继续数完六日到“亥”，但是根据睡虎地“反支”的解释，我们完全可以不考虑“再六日”，而是在“复卒其日”的过程中，只数与“巳”重复的“反支”，即只数“巳”，这样，数完之后，恰好共有三个“巳”日。也就是“一月当有三反枳(支)”。

## (二)

反支〔一〕

〖子朔，巳、亥反〗支。孔家坡 123 贰

〖丑朔，午、子反〗支。孔家坡 124 贰

寅朔，午、子反支。孔家坡 125 贰

【卯朔，】未、丑反支。孔家坡 126 贰

辰朔，未、丑反支。孔家坡 127 贰

巳朔，申、寅反支。孔家坡 128 贰

午朔，申、寅反支。孔家坡 129 贰

未朔，酉、卯反支。孔家坡 130 贰

申朔，酉、卯反支。孔家坡 131 贰

酉朔，戌、辰反支。孔家坡 132 贰

戌朔，戌、辰反支。孔家坡 133 贰

亥朔，亥、巳反支〔二〕。孔家坡 134 贰

反支日，入一出百，出一入百〔三〕。求反支日，先道朔日始数。其雌也〔四〕，从亥始数，孔家坡 135 壹 右行。谁〈雄〉也〔五〕，从戌始〔六〕，先〈左〉行〔七〕。前禺(遇)其日为反【支，后遇其日为解】衔〔八〕。孔家坡 136 壹 前自得，为有事；后自得，为事巳〈已〉〔九〕。孔家坡 137 壹

## 【注释】

〔一〕今按："反支"写在 135 号首端，为篇题。今提前作为篇题。

〔二〕今按：放乙规定的反支日与此同。但在反支日下写有徙官、系囚、冠带、见人、娶妇嫁女、入臣妾等事项占卜。

〔三〕今按：此似为占语，其意不明。

〔四〕雌，王贵元(2006)改释为"碓"。

〔五〕雄，王贵元(2006)改释为"谁"。

〔六〕"始"字据王贵元(2006)释补。

〔七〕"左"字据刘增贵(2008：236~237)改释，本简读法亦从刘氏。

〔八〕缺文陆平(2007a)补作"前禺(遇)其日为反〔支〕"。白军鹏(2014：141~142)补"后遇，其日为解衔"。所谓"解衔"，大概是解除殃咎、不祥之义。所解之"衔"当与反支大有关系。

〔九〕今按："前""后"当据"冲"而言，指"冲"的前后地支。关于反支日，除上举《后汉书》注外，还有其他文献记载，如，《医心方》卷二《针灸服药吉凶日第七》："凡反支日，子丑在朔，六日反支。寅卯在朔，五日反支。辰巳在朔，四日反支。午未在朔，三日反支。申酉在朔，二日反支。戌亥在朔，一日反支。右日不可灸刺服药，大凶。"《武经总要·后集》卷二十："黄帝占曰：反支日不可出军。戌亥为月朔，则一日、七日、十三日、十九日、二十五日是；申酉为朔，则二日、八日、十四日、二十日、二十六日是；午未为月朔，则三日、九日、十五日、二十一日、二十七日是；辰巳为月朔，则四日、十日、十六日、二十二日、二十八日是；寅卯为月朔，则五日、十一日、十七日、二十三日、二十九日是；子丑为月朔，则六日、十二日、十八日、二十四日是。"《星历考原》卷四《反支》："《历例》曰：反支以月朔，得戌亥日者初一日，得申酉日者初二日，得午未日者初三日，得辰巳日者初四日，得寅卯日者初五日，得子丑日者初六日，为反支也，其日忌上表章。按十二支皆以顺布，今自戌亥而逆之，是反支也，其忌可知。"这些说法虽异，但实质是一样的，陈梦家曾列表如下(见表16)：

**表16**

| 戌亥 | 申酉 | 午未 | 辰巳 | 寅卯 | 子丑 |
|---|---|---|---|---|---|
| 一 | 二 | 三 | 四 | 五 | 六 |
| 七 | 八 | 九 | 十 | 十一 | 十二 |
| 十三 | 十四 | 十五 | 十六 | 十七 | 十八 |
| 十九 | 廿 | 廿一 | 廿二 | 廿三 | 廿四 |
| 廿五 | 廿六 | 廿七 | 廿八 | 廿九 | 卅 |

每月有五个反支日。[①] 刘乐贤(1994：305)据元光元年历谱(历日)将反支归纳如下表(见表17)：

① 陈梦家：《汉简缀述》，中华书局1980年版，第238页。

表 17

| 朔日地支 | 反支日地支 |
| --- | --- |
| 子 | 巳、亥、巳、亥、巳 |
| 丑 | 午、子、午、子、午 |
| 寅 | 午、子、午、子、午 |
| 卯 | 未、丑、未、丑、未 |
| 辰 | 未、丑、未、丑、未 |
| 巳 | 申、寅、申、寅、申 |
| 午 | 申、寅、申、寅、申 |
| 未 | 酉、卯、酉、卯、酉 |
| 申 | 酉、卯、酉、卯、酉 |
| 酉 | 戌、辰、戌、辰、戌 |
| 戌 | 戌、辰、戌、辰、戌 |
| 亥 | 巳、亥、巳、亥、巳 |

孔家坡简先写十二支朔日的反支地支，后写求反支日的方法和占语。由于简文有残缺，求反支日之法还不是很清楚，但简文所列的反支日与陈梦家、刘乐贤所列表是一致的。关于反支的来历，《星历考原》卷四："按十二支皆以顺布，今自戌亥而逆之，是反支也。"但据简文所述，其法有右行亦有左行，反支之义，恐与逆行无关。《协纪辨方书》卷六《反支》说："反支之义，恶其将尽也。戌亥朔，本日即支将尽矣。申酉朔，则在二日；午未朔，则在三日；胥同此例也。"刘乐贤（1994：303～306）批评此说，认为子丑朔日，第六日巳即为反支，地支未尽。因而提出反支就是地支位置相对立。刘增贵（2008：237～238）则认为"反支"的"反"是计算日子的方向，反支为反向计算其地支。

# 五 子

## (一)

凡五子，不可以作大事，不城(成)，必毁，其壬(身)又(有)大咎〔一〕；非 九店37下 其身〔二〕，长子受其咎〔三〕。

凡五卯，不可以作大事，帝以命 九店38下 嗌(益)凄(赍)禹之火〔四〕。午，不可以树木〔五〕。

凡五亥，不可以畜六牲 九店39下 腯(扰)〔六〕，帝之所以翏(戮)六腯(扰)之日〔七〕。九店40下

**【注释】**

〔一〕壬，刘乐贤(1996b：63)、李守奎(1997：68)、陈伟(1998：156)、李零(1999：145)并释作“身”。陈松长(1997：551)释作“廷”。

〔二〕非，李守奎(1997：68)补“于”。陈伟(1998：156)补“非”。李零(1999：145)补“央(殃)”。今按：当是“非”字。下有勾识符。

〔三〕“凡五子……长子受其咎”，李守奎(1997：68)读作：“凡五子，不可以作大事，不成，必毁其身，有大咎于其身，长子受其咎。”陈伟(1998：156)读作：“凡五子，不可以作大事。不成，必毁其身，有大咎；非其身，长子受其咎。”李零(1999：145)读作：“凡五子，不可以作大事，不成必毁，其身有大咎，殃其身，长子受其咎。”张富海(2004：358)读作：“凡五子，不可以作大事，不成，必毁，其身有大咎；非其身，长子受其咎。”今从后者。

〔四〕刘乐贤(1998：89)：简文的帝似不可能是指帝舜。

凄，九店(2000：102)：凄疑读为“赍”，义为送。李零(1999：145)读

作“济”。

〔五〕刘乐贤(1998：90)：“午不可以树木”不见得与前面的简文有关。树木，即种树木的意思。九店(2000：103)：“午不可以树木”属于“五卯”的禁忌，指午时。以“帝以命益赍禹之火”之日和属火之时植树，其后树木必为火所焚，所以在这样的日、时“不可以树木”。来国龙(2005：21)补作“凡五午，不可以树木”。

〔六〕九店(2000：103)：“腊”当读为“扰”，“六扰”与“六牲”同义，六牲指马、牛、羊、豕、犬、鸡。“牲扰”连言，构成同义复词。陈伟(1998：164)：“牲”是某人加入的注，后在传抄中与正文混同。陈伟武(2002：236)：“六腊”即“六牲腊”的简称。“六牲腊”有“六牲”和“六腊”两种缩略形式。

〔七〕翏，刘乐贤(1996b：63)读为“戮”。

## （二）

□□〔一〕

五子不可以祠百鬼，利为囷。孔家坡 182 贰

五丑不可居新室，不出岁，必有死者〔二〕。孔家坡 183 贰

五寅利除疾。孔家坡 184 贰

五辰利泽臬及入臣妾〔三〕。孔家坡 185 贰

五巳不可食新禾黍，唯利学史〔四〕、为囷。孔家坡 186 贰

五午可入货，货后绝亡〔五〕。孔家坡 187 贰

五未不可尌(树)，宫中澍(树)，产【人】死〔六〕。孔家坡 188 贰

五酉不可盖室、材(裁)衣常(裳)。孔家坡 190 贰

## 【注释】

〔一〕今按：简端有二字，整理者未释，或为篇题。王强(2015a：156)以

为第二字与“支”字相类，因之改题为“五支”。

〔二〕今按：简文到此完，整理者以为缺文，恐不确。

〔三〕“泽”从王贵元(2006)、刘玉环(2014：120)释，“泽枲”即“沤麻”。高一致(2017：242~243)读作“择枲”，或可理解为对所种植之麻进行挑选、优化。

〔四〕学史，据李天虹、罗运兵(2018：318~319)改释。

〔五〕孔家坡(2006：155)：“可”字前脱“不”字。绝，死亡。

〔六〕孔家坡(2006：155)：树产人死，即树生而人死。今按：整理者读为：“五未不可树宫中，树产人死。”或可读为：“五未不可树，宫中树，产人死。”《巢氏诸病源候总论》卷四十三《产已死而子不出候》：“或傍看产人抱腰，持捉失理，皆令产难而致胎上掩心闷绝故死也。”又卷四十七《难乳候》：“凡小儿初生看产人，见儿出急，以手料拭儿口，无令恶血得入儿腹，则儿腹内调和，无有疾病。”《伤寒总病论》卷一《叙论》：“若虚损及新产人不能吐者，可服枳实散。”《普济方》卷二百十二：“年老、虚弱、妊娘、产人，皆可服之粥饮。”

# 十二支忌

## (一)

毋以子卜筮，害于上皇〔一〕。睡甲 101 正贰

毋以丑徐(除)门户〔二〕，害于骄母〔三〕。睡甲 102 正贰

毋以寅祭祀、凿井，质以细□。睡甲 103 正贰

毋以卯沐浴〔四〕，是谓血明，不可□井池〔五〕。睡甲 104 正贰

毋〚以〛辰葬，必有重丧〔六〕。睡甲 105 正贰

毋以巳寿(祷)，反受其英(殃)。睡甲 107 正贰

毋以午出入臣妾、马[七]，是胃(谓)并亡。睡甲108正贰

毋以木〈未〉斩大木，必有大英(殃)。睡甲109正贰

毋以申出入臣妾、马牛、金材(财)[八]，是睡甲110正贰胃(谓)□□□。睡甲111正贰

毋以酉台(始)寇(冠)、带剑，恐御矢睡甲112正贰兵[九]，可以渍米为酒，酒美。睡甲113正贰

未不可以澍(树)木，木长，澍(树)者死。睡甲124正叁

戌不可以为床，必以殚死人[一〇]。睡甲125正叁

毋以子、丑傅户[一一]。睡甲154背贰

## 【注释】

〔一〕睡虎地(1990：197)：上皇，《楚辞·九歌》："吉日兮辰良，穆将愉兮上皇。"注："上皇谓东皇太一也。"《庄子·天运》："九洛之事，治成德备，临照下土，天下载之，此之谓上皇。"则指帝王。两说均可通。王子今(2003：232)：郑玄《诗谱序》："诗之兴也，谅不于上皇之世。"孔颖达疏："上皇，谓伏羲，三皇之先者。"工藤元男(2010：171)：上皇是最高帝王的意思，并不是遥远上古的天帝，而是统治者理想的形象。张国艳(2018：19)："上皇"当非人间帝王，而应是能致人灾祟的神煞。今按：刘向《九叹·远逝》："情慷慨而长怀兮，信上皇而质正。"上皇，上帝也。《太平经·守一入室知神戒第一百五十二》："故为太皇天道教化，立可待也。德君行之，乃名为天之神子也，号曰上皇。"

〔二〕睡虎地(1990：197)：除，整治。方勇(2012a：453)：疑"徐"通"涂"，把门和窗都用泥巴填涂严实。

〔三〕睡虎地(1990：198)：骄，疑读为高。高母，高祖母。饶宗颐

(1993a：451~452)引《路史·后记》十二，以为启、均之母后趫。亦作“后娇”或“女憍”。

〔四〕睡虎地(1990：198)：《论衡·讥日》引《沐书》：“子日沐令人爱之，卯日沐令人头白。”是秦汉时均以卯日沐浴为忌。《隋书·经籍志》有《沐浴书》一卷。清《协纪辨方书·用事篇》也有“沐浴宜忌”的记载。今按：《夏小正》五月经云：“蓄兰。”传曰：“为沐浴也。”《医心方》卷四《治发令生长方第一》引《如意方》：“乙卯丙辰日沐浴，令人发长。”“癸亥日除白发，甲子日烧之，自断。”《医心方》卷廿七《养形第三》引《养生要集》云：“《中经》曰：人不欲数沐浴，数沐浴动血脉，引外气。”

〔五〕刘乐贤(1994：145)：“井”前一字当是“凿”或“穿”。刘乐贤(2016：380)：此字与秦简中“为”的简省写法近似，或是“为”。

〔六〕今按：《论衡·辨祟篇》：“辰日不哭，哭有重丧。今无教者，辰日有丧，不问轻重，举家清谧，不敢发声，以辞吊客。”《颜氏家训·风操篇》：“阴阳说云，辰为水墓，又为土墓，故不得哭。”

〔七〕睡虎地(1990：198)在马后补“牛”字。王子今(2003：235)以为“午”与“马”有对应关系，未必脱“牛”字。

〔八〕刘乐贤(2016：380)：金，整理者释为“货”。今据红外影像改释。金财，金钱财货。《管子·制分》：“聪耳明目，不为爱金财。”

〔九〕睡虎地(1990：198)：御，《诗·鹊巢》《甫田》郑笺并云：“迎也。”方勇(2012a：454)：“御”似可通“遇”，表遭受、碰到义。

〔一〇〕睡虎地(1990：200)：《吕氏春秋·先识》：“威公薨，肂九月不得葬。”注：“下棺置地中谓之肂。”肂，为陈尸之意。

〔一一〕睡虎地(1990：227)：傅户，疑读指傅籍。刘增贵(2011：52~53)：“傅”后来都用于到了年龄需要登记的个人，尤指及龄的服役者，不应指整个户。“傅户”指的也是门户建筑之事，可有两种解释：一是将其解释成粉刷、涂治门户，另一种解释，则为“安装门户”。

## （二）

毋以子卜筮，视☐命曰毋(无)上刚[一]。睡乙 126

辰不可以哭、穿肆(肂)，且有二丧。不可卜筭、为屋。睡乙 191 贰

**【注释】**

〔一〕吴小强(2000：217)：上刚，指昂扬刚强之气。

## （三）

〖子不〗【可起土功，□□□。】

【丑不可】穿户牖，相夺日光，长子失明。

寅不可行，出入不至五里，人必见兵。不可祷祠，归 孔家坡 392 以礼伤[一]，百鬼不乡(飨)。

卯不可收五种，一人弗尝。不可穿井，百泉不通。

辰不可举丧，出入三月，必复有丧。孔家坡 393

巳不可入钱财，人必破亡。不可杀鸡，祠主人。毋伤巫，受其央(殃)。

午不可计数[二]，不可临官，四徼不当。

未不可 孔家坡 394 行作，不可上山，斧斤不折，四支(肢)必伤。

申不可功(攻)石玉，石玉不出，人必破亡。

酉不可寇城[三]，出入三岁，人必有诅明(盟)。

戌不可 孔家坡 395 取(娶)妻、嫁女，且作且丧。

亥不可迁徙，必反(返)其乡[四]。孔家坡 396

**【注释】**

〔一〕陈炫玮(2007：226)：归读为馈。伤，害也。

〔二〕孔家坡(2006：178)：计数，可能指计谋、谋划。陈炫玮(2007：226)：计数可能指计算而言。

〔三〕今按：原释文(孔家坡2006：178)作"寇〈冠〉、城"，但也可能直接读为"寇城"。

〔四〕"必返其乡"据王强(2014：146)释读。今按：简文明、乡、尝、丧、亡、殃、当、伤均为阳部韵。传世文献亦有类似记载，如《居家宜忌》"附录"："甲不开仓，乙不栽植，丙不修灶，丁不剃头，戊不受田，己不破券，庚不经络，辛不合酱，壬不决水，癸不词讼，为十干忌日。子不问卜，丑不冠带，寅不祭祀，卯不穿井，辰不哭泣，巳不远行，午不苫盖，未不服药，申不安床，酉不会客，戌不吃狗，亥不嫁娶，为十二支忌日。"①《协纪辨方书》卷三十五《百忌日》同。《增补万全玉匣记》上卷"彭祖百忌日"亦有类似说法。②

# 十二支占出入盗疾

## (一)

☐吉，南又(有)〖得。〗九店72〖子，朝〗闭夕启。凡五子，朝逃(盗)〔一〕得，昼不得，夕不得。以内(入)，见疾。以又(有)疾☐ 九店60☐瘳，死生在□。九店76

☐西亡行〔二〕，北〖吉〗，南又(有)得。丑，朝启夕闭〔三〕。凡五〖丑〗九店61☐大瘳，死生在子。九店75

☐北吉，西亡行，南又(有)得。寅，〖朝〗闭夕启。凡五寅，朝〖逃

① 刘永明主编：《增补四库未收术数类大全》第九集《杂术集成(一)》，江苏广陵古籍刻印社1997年影印本，第62~63页。

② 《增补万全玉匣记》，中国文联出版社2005年版，第78页。

(盗)〛得，昼得，夕不得。〚以内(入)，〛吉。以又(有)疾，午少瘳，申大瘳，死生在□[四]。九店 62

▨北见疾，西吉，南又(有)得。卯，〚朝闭夕〛启。凡五卯〚，朝逃(盗)得，夕不得〛。以内(入)，必又(有)大死。以又(有)〚疾〛，未少瘳，申大瘳，死生在丑[五]。九店 63

▨〚南〛又(有)〚得〛。辰，朝启夕闭。凡五辰，朝〚逃(盗)不〛得，昼得，夕得。以内(入)，吉，以又(有)疾，酉少瘳，戌大瘳，死生在子。九店 64

▨又(有)得，西凶。〚南见〛疾。巳，朝闭夕启。凡〚五巳〛，朝逃(盗)得，夕不得。▨瘳，死生在寅。九店 65

▨北得，西闻言，南〚凶。午，朝闭夕启。凡五〛午，朝逃(盗)得，夕不得。以又(有)疾，戌少瘳，〚子大瘳，〛死生在寅。九店 66

〚未〛以东吉，又(有)得，北凶，西〚南吉。未，朝〛启夕闭。凡五未，朝逃(盗)不得，昼得，夕得。以内(入)，吉。以又(有)疾，子少瘳，卯大瘳，死生在寅。九店 67

▨〚申，朝〛闭夕启。凡五申，朝逃(盗)〚得〛▨九店 68▨□□□入，吉。以又(有)〚疾〛▨九店 74

▨酉，朝启〚夕〛闭。凡五酉九店 69▨得，西北见□□▨九店 73

戌以东吉▨〚凡〛五戌，朝▨□，辰大瘳，死生在酉。九店 70

▨以入，又(有)得，非盎乃引[六]。亥，朝闭夕启。凡五亥，朝逃(盗)得，昼得，夕不得。以又(有)疾，卯少瘳，巳大瘳，死生在申。九店 71

## 【注释】

〔一〕九店(2000：120)：“逃”应当假借为“盗”。

〔二〕今按：原释文作“以行”，此据刘乐贤(2003b：117)释改。

〔三〕九店(2000：120)：占辞大概漏写“昼夕得”一类的文句。

〔四〕刘信芳(1997：536)补“亥”。

〔五〕九店（2000：122）：秦乙卯之占辞作“亥”，楚简文字“丑”“亥”形近，不知是楚人误书所致，还是秦人误认所致。

〔六〕非盤乃引，李零（1999：147）读作“非瘀乃引”，意思是说“不得瘀病就得引病”。九店（2000：124~125）作“盤”，疑读为“与”，训为“予”。整句意为：得到的东西，不是别人给予的，就是自己拿取的。今按：北大汉简《六博》（简34-35）：“问病者，在方中者，病有瘳。在兼（廉）者，死。在楬者，病恶引中。在道者，久。在张者，有瘳。在曲者，筋引。在诎者，病中相引。在长下若高者，病久难已。”

## （二）

子以东吉，北得，西闻言，〖南〗凶〔一〕。朝启夕闭〔二〕。朝兆（盗）不得〔三〕，昼、夕得。以入，见疾。以有疾，辰少（小）翏（瘳），午大翏（瘳），死生在申，黑 睡乙157 肉从北方来，把者黑色，外鬼父葉（世）为姓（眚）〔四〕，高王父谴适（谪）〔五〕。豕☐ 睡乙158

丑以东吉，西先〈无〉行〔六〕，北吉，南得。睡乙159A【朝】启夕闭〔七〕。朝兆（盗）不得。以入，小亡。以有疾，巳少（小）翏（瘳），酉大翏（瘳），死生在子，睡乙179B 脂肉从东方来〔八〕，外鬼为姓（眚），巫亦为姓（眚）〔九〕。睡乙160

寅以东、北吉，西先〈无〉行，南得。朝闭夕启。朝兆（盗）得，昼、夕不得。以入，吉。以有疾，午少（小）翏（瘳），申大翏（瘳），死生在 睡乙161 子，☐巫为姓（眚）。睡乙162

卯以东吉，北见疾，西、南得。朝闭夕启。朝兆（盗）得，昼、夕不得。以入，必有大亡。以有疾，未少（小）翏（瘳），申大翏（瘳），死 睡乙163 生在亥，狗肉从东方来，中鬼见社为姓（眚）〔一〇〕。睡乙164

辰以东吉，北凶，〖西〗先〈无〉行〔一一〕，南得。朝启夕闭。朝兆（盗）不得，夕、昼得。以入，吉。以有疾，酉少（小）翏（瘳），戌大翏（瘳），死生

在子，睡乙 165 乾肉从东方来，把者精(青)色，巫为姓(眚)。睡乙 166

巳以东吉，北得，西凶，南见疾。朝闭夕启。朝兆(盗)得，昼、夕不得。以入，吉。以有疾，申少(小)翏(瘳)，亥大翏(瘳)，死生在寅，赤睡乙 167 肉从东方来，高王父谴姓(眚)。睡乙 168

午以东先〈无〉行，北得，西闻言，南凶。朝闭夕启。朝兆(盗)得，昼、夕不得。以入，吉。有睡乙 169A 疾，戌少(小)翏(瘳)，子大翏(瘳)，死生睡乙 175B 在寅，赤肉从南方来，把者赤色，外鬼兄枼(世)为姓(眚)〔一二〕。睡乙 170

未以东得，北凶，西、南吉。朝启{多}夕闭〔一三〕。朝兆(盗)不得，昼、夕得。以入，吉。以有疾，子少(小)翏(瘳)，卯大翏(瘳)，〖死〗生在寅，赤肉睡乙 171 从南方来，把者〖赤〗色，母葉(世)外死为姓(眚)。睡乙 172

申以东、北得，西吉，南凶。朝闭夕启。朝兆(盗)得，昼、夕不得。以入，吉。以有疾，子少(小)翏(瘳)，□〖大〗翏(瘳)，死生在辰，睡乙 173 鲜鱼从西方来，把者白色，王父谴牂(牲)为姓(眚)。睡乙 174

酉以东蔺(吝)，南闻言，西凶〔一四〕。朝【启】〖夕〗闭。朝兆(盗)不得，昼、夕得。以入，有□。睡乙 175A〖以有〗疾，丑少(小)翏(瘳)，辰大翏(瘳)，死生睡乙 169B 在未，赤肉从北方来，外鬼父枼(世)见而欲，巫为姓(眚)，室鬼欲狗(拘)〔一五〕。睡乙 176

戌以东得，西见兵，冬之吉〔一六〕，南凶。朝启夕闭。朝兆(盗)不得，昼、夕得。以入，蔺(吝)。以有疾，卯少(小)翏(瘳)，辰大翏(瘳)，死睡乙 177 生在酉，鲜鱼从西方来，把者白色，高王父为姓(眚)，野立为▨〔一七〕。睡乙 178

亥以东、南得，北吉，西禺(遇)□〔一八〕。睡乙 179A〖朝〗闭夕启〔一九〕。朝兆(盗)得，昼、夕不得。以入，得。【以有】疾，卯少(小)翏(瘳)，巳大翏(瘳)，死生睡乙 159B〖在申〗，黑肉从东方来，母枼(世)见之为姓(眚)〔二〇〕。睡乙 180

## 【注释】

〔一〕刘乐贤(1994：370)："凶"前脱一"南"字。

〔二〕今按：王家台 393："五子，旦闭夕启，北得，东吉，南凶，西□……"说与本简同，"西"后可补"闻言"。

〔三〕李家浩(1999：95)："兆"应假借为"盗"。

〔四〕李晓东、黄晓芬(1989：91)：这里的"姓"就是"祟"字的假借。同样一条文辞，甲种本的"祟"字，乙种本都换成了"姓"字，足证"姓"与"祟"通。睡虎地(1990：246)：父世，父辈，指伯父、叔父等。眚，《国语·楚语下》注："犹灾也。"刘乐贤(1994：370)："为眚"即"为祟"，眚、祟词义相近。蒲慕州(1993：646)：外鬼也就是非自己家族的亡灵。

〔五〕刘乐贤(1994：370)：高王父即高祖王父。谴谪是解除罪谪的意思，与"谴眚"意义相近。

〔六〕刘乐贤(2003b：115～117)据马王堆帛书《出行占》，以为秦简中的"先行"为"无行"之误。

〔七〕今按：王家台 388："五丑，旦启夕闭，东、北吉，南得，西毋行。"

〔八〕睡虎地(1990：246)：脂，《说文》："豕肉酱也。"

〔九〕今按：本条据李家浩(1999：96～97)重编。

〔一〇〕睡虎地(1990：246)：见，疑即觋字，《日书》甲种觋均省作见。陈伟武(1998：211～212)："见"用常义，浅显易见，毋庸深求。吴小强(2000：230)：见社，指在社祠显现身形。

〔一一〕睡虎地(1990：246)："先行"(即无行)上有脱文。今按：脱文当是"西"。

〔一二〕今按：本条据李家浩(1999：97～98)重编。

〔一三〕睡虎地(1990：246)："多"字衍。今按：王家台 347："五未，旦闭夕启，西、南吉，东得，北凶。"

〔一四〕今按：本条缺"北"方吉凶。

〔一五〕今按：本条据李家浩（1999：97～98）重编。

〔一六〕睡虎地（1990：246）：冬读为中。《礼记·乡饮酒义》："冬之为中也。"中之吉，到中部地区就吉利。一说，冬读为终，冬之吉意谓最后化险为夷。今按：按五配方位，冬配北方，所以，这里也许是暗指"北吉"。

〔一七〕睡虎地（1990：246）：立，疑读为位。野位，野外的神祠。

〔一八〕吴小强（2000：230）："遇"字后疑为"兵"。

〔一九〕今按：王家台 395："五亥，旦莫（暮）不闭，北吉，东凶。□会饮食百具□。"与本简不同。

〔二〇〕今按：本条据李家浩（1999：97～98）重编。额济纳 2002ESCSF1：5A："卯，东、南有得，西、北凶。辰，东大吉，南有得，西、北凶。巳，东毋行，南大吉，西凶，北有得。午，东、北有……"可参。

## 孤　辰

□□〔一〕命曰八星，是胃（谓）孤辰〔二〕，月之大伍也〔三〕，咸池之败也。取（娶）妻、嫁女、迁徙、启门，北南西东必擊是时〔四〕，春秋 孔家坡 101 冬夏之日虽吉，而不见是时〔五〕，其事必不久，有不成。孔家坡 102

**【注释】**

〔一〕孔家坡（2006：139）：此二字写在 101 号简首端，是原有的篇题。今按：简文可能连读，恐非篇题。

〔二〕陈炫玮（2007：139）：孤辰，古代占卜者术语，原指六甲中无天干相配的地支叫孤辰，如甲子旬中无戌、亥，戌、亥即为孤辰，又叫"空亡"。今按：《三命通会》卷七："春丑巳，夏辰申，秋未亥，冬戌寅，即孤辰寡宿。"《星历考原》卷五引《堪舆经》谓不合为孤辰，具体日期为三月戊申、庚申、壬申，四月己未、辛未、癸未，九月甲寅、丙寅、戊寅，十月乙丑、己丑、丁丑。曹震圭注曰："以阴建左右之干自配者为孤辰，非其正应阴自配也，故曰不合。"《协纪辨方书》卷四所记相同。

〔三〕今按：大伍，亦见"直室门"，睡甲中为"吉祥门"。

〔四〕王强(2013：258)将"擊"改释为"听"，《周礼·酇长》："凡岁时之戒令皆听之。"郑玄注："听之，受而行之也。"可作为本篇听字之训释。

〔五〕今按："是时"当指"孤辰"，是吉兆。

## 蚩尤死日

入月二旬，蚩尤死日也〔一〕，不可哭临、聚众、合卒。孔家坡 183 壹

**【注释】**

〔一〕蚩尤从刘乐贤(2010a：110~111)释读。

## 毋　后

甲子、乙丑，可以家(嫁)女、取(娶)妇、寇〈冠〉带、祠，不可筑、兴土攻(功)，命曰毋(无)后。睡乙 125

# 卷 四

## 衣

### （一）

▨于人〔一〕，丁亥又（有）灵〔二〕，丁巳终其身〔三〕，亡□▨九店94

▨□□□□□申〔四〕，己未，壬申〔五〕，以折（制）必以内（入）▨〔六〕九店95

**【注释】**

〔一〕陈伟（1998：162）以为“于”前一字是“媚”字。今按：从睡甲看，当是“丁丑媚于人”。

〔二〕睡甲作“丁亥灵”，睡虎地（1990：186）：灵，福。《左传》昭公三十二年：“今我欲徼福假灵于成王。”哀公二十四年：“寡君欲徼福于周公，愿乞灵地臧氏。”灵与福对举，是灵与福同义。晏昌贵（2002b：305～306）：《日书》中有关丁亥日制衣“有灵”或“灵”的说法，是指有灵验，可能是服妖的一种。今按：“丁亥有灵”或“丁亥灵”只见于九店楚简和睡甲22正贰，而在睡甲下条还有“毋以楚九月己未台（始）被新衣”的说法，可见这是楚人一种制衣日。

〔三〕九店（2000：135）：“终”“中”古音相近，可以通用。疑本简“终”应读为“衷”，《广雅·释诂一》：“衷，善也。”本简“其”字当训为“于”。今按：睡甲作“安于身”。

〔四〕今按：从下文所列诸条看，己未、壬申常与戊申并列为衣忌，所以前缺一字当是“戌”。

〔五〕“申”原释文作“戌”，周波(2006：87)改释为“申”。

〔六〕今按：九店楚简保存两条有关“衣”的简文，前条(九店94)当是衣良日，后条(九店95)或为衣忌日。

## (二)

衣

褺(制)衣，丁丑媚人〔一〕，丁亥灵，丁巳安于身，癸酉多衣。毋以楚九月己未台(始)被新衣〔二〕，衣手□必死。睡甲26正贰

衣良日：丁丑，丁巳，丁未，丁亥，辛未，辛巳，辛丑，乙丑，乙酉，乙巳，辛巳，癸巳，辛丑，癸酉。乙丑、巳、酉，辛巳、丑、酉，丁巳、丑，吉〔三〕。

丁丑材(裁)睡甲113背衣〔四〕，媚人。入十月十日日乙酉，十一月丁酉材(裁)衣，终身衣丝〔五〕。十月丁酉材(裁)衣，不卒岁必衣丝。睡甲114背

衣忌：癸亥，戊申，己未，壬申，丁亥〔六〕，癸丑，寅、申、亥、戊、巳、癸、甲，己卯，辛卯，癸卯，丁、戊、己、申。六月己未，不可以褺(制)新衣〔七〕，必死睡甲115背。己、戊、壬、癸，丙申，丁亥，必鼠(予)死者。癸丑，寅、申、亥，秋丙、庚、辛，材(裁)衣，必入之〔八〕。睡甲116背五月、六月，不可为复衣〔九〕。月不尽五日，不可材(裁)衣。睡甲117背

丁酉褺(制)衣常(裳)，以西有(又)以东行，以坐而饮酉(酒)，矢兵不入于身，身不伤〔一〇〕。睡甲118背

## 【注释】

〔一〕刘乐贤(1994：62)：媚人指让人喜爱，或与古之媚道有关。王子今(2003：122)：《日书》所谓“媚人”，不是一般的“惹人喜爱”，当特指性爱关系，与汉代所谓“夫人媚道”及“媚惑”之术类近。

〔二〕刘乐贤(1994：62)：被衣即披衣。今按：楚九月即秦六月。下文睡甲115背："六月己未，不可以裚新衣，必死"的条文，与此同，可见是来自楚人的衣忌。又，北大汉简《六博》(简25、26)："衣吉日：甲子，乙丑、巳、酉，辛丑，己酉。丁丑，妇〈媚〉人。丁巳，安身。癸酉，多衣。以丑财(裁)衣，以酉衣之，必大吉。""衣忌：入月十七日不可以财(裁)衣，六月己未不可衣新衣，必死水中。"

〔三〕刘乐贤(1994：62)：本段辛巳、辛丑、乙丑、丁巳等重复出现，不知何故。今按：原简在后一个"乙丑"前有一黑点，表明它们可能有不同的来源。其中前段"衣良日"中，"辛巳"和"辛丑"都重复出现。后一段中，"乙丑、巳、酉"当分别指乙丑、乙巳、乙酉。以下类推。放甲(放乙略同)："衣新衣良日：乙丑、丁卯、庚午、辛酉、己巳、壬子。材(裁)衣良日：丁丑、丁巳、乙巳、己巳、癸酉、乙亥、乙酉、己丑、己卯、辛亥。"岳山M36：43背："衣良日，丙辰，庚辰，辛未，乙酉，甲辰，乙巳，己巳，辛巳，可以裚(制)以衣，吉。"居延新简EPT6·99："【裁衣】良日：己丑，己巳，丁丑，辛巳，乙酉，己丑，丁酉……"并可参看。

〔四〕睡虎地(1990：224)：《祀记·丧大记》注："裁，犹制也，字或为材。" 王子今(2003：484)："裁衣"可能只是"制衣"的初步工序。

〔五〕刘乐贤(1994：62)：衣丝即衣饰精美的意思。王子今(2003：486)：衣丝，是富贵的标志。

〔六〕刘乐贤(1994：63)：上文"衣良日"中也有丁亥，二丁亥必有一误。今按：前一个衣良日中"丁亥"可能与楚人"丁亥有灵"有关，是楚人的衣良日；后一个丁亥则是秦人的衣忌日，岳山M36：43背："凡衣忌：戊申，己未，壬申，戌，丁亥，勿以裚(制)衣。毋以八月、九月丙、辛，癸丑，寅、卯材(裁)衣。"丁亥亦为衣忌日。

〔七〕睡虎地(1990：224)：裚，所从之折从屮，从斤，从丮，斤反书。刘钊(1996)改释作"禣"，读作"探"，训为"试"或"用"。今按：敦煌卷子伯二八八二："申日，着新衣，富贵，宜子孙。欲得求愿日，所愿从心，己丑、己巳日是。"或可参。

〔八〕刘乐贤(1994：63)：疑"必入之"是"死者必入之"的省略。吴小强(2000：162)：入，死。《韩非子·解老篇》："人始于生而卒于死，始谓之出，卒谓之入，故曰出生入死。"

〔九〕刘乐贤(1994：63)：复衣是有里可套棉絮的衣服。吴小强(2000：162)：复衣，短夹衣。《释名》："有里曰复"。

〔一〇〕张士伟、陈朝军(2017：34)：酒亦从酉，且为"百药之长"，性能"杀百邪恶毒气"，在酉日饮酒，会有一种辟除兵戈伤害的巫术效果。今按：此条讲以某日制衣，在某种特殊情形下"矢兵不入于身"，颇类似后世刀兵不入的巫术观念，值得重视。

## (三)

衣

衣良日，乙丑、巳、酉，辛巳、丑、酉，吉。

丁丑材(裁)衣，媚人。入七月七日日乙酉〔一〕，十一月丁酉材(裁)衣，终身衣丝。十月丁酉 睡甲119背 材(裁)衣，不卒岁必衣丝。

衣忌日，己、戊、壬、癸，丙申，丁亥，必鼠(予)死者。癸丑，寅、申、亥，秋丙、庚、辛，材(裁)衣，睡甲120背 必入之。五月六月，不可为複衣。月不尽五日，不可材(裁)衣。

丁酉材(裁)衣衣常(裳)〔二〕，以西有(又)以东行，以坐而饮酉(酒)，矢 睡甲121背

马〔三〕兵不入于身，身不伤。睡甲122背

## 【注释】

〔一〕刘乐贤(1994：63)：本条"日"字下有重文符。龙仕平(2012：115)：据图版，两个"七"字最好隶释为"十"。今按：睡甲114背作"入十月

十日日乙酉”。这种将序数日(十日)与干支日(乙酉)重复连用在日书中是非常少见的。

〔二〕刘乐贤(1994：63)：本条“衣”字下有重文符。

〔三〕睡虎地(1990：225)：此简背首有一“马”字。下123简背未见字。林清源(2002：795)：有可能是书手一时疏忽的结果。

### (四)

𢍰(制)

凡五丑，利以𢍰(制)衣。丁丑在亢〔一〕，𢍰(制)衣常(裳)，丁巳衣之，必敝。▨

▨【不】可以【𢍰(制)▨】睡乙129

## 【注释】

〔一〕今按：“亢”或指式盘(图)上星宿亢所在的方位。

### (五)

▨以裁衣，必衣丝。入月旬七，不可裁衣，不燔乃亡〔一〕。孔家坡194

▨及冠必燔亡〔二〕。八月、九月癸丑、寅、申、亥〔三〕，不可裁衣常(裳)，以之，死。孔家坡195

十月丁酉以裁▨〔四〕孔家坡残28

## 【注释】

〔一〕孔家坡(2006：153)：燔，《玉篇》：“烧也。”王强(2015b：175～176)据武威汉简“日忌”6号简“申毋财(裁)衣，不烦必亡”，认为“燔”“烦”都应训读为迁徙、流亡之义的“播”，意为如果不流离失所就一定会死亡。下文“燔亡”当读作“播亡”，意为流亡。

〔二〕孔家坡(2006：153)：冠，疑指初冠。今按：岳山 M36：43 背：“五服忌，甲申冠，丙申弁，戊申带，庚申裳，壬申屦。”或可参。

〔三〕陈斯鹏(2007a：73)：应理解为八、九二个月中的癸丑、寅、申、亥诸日。

〔四〕本条据陈炫玮(2007：128)释补。

# 初　冠

初寇〈冠〉

凡初寇〈冠〉，必以五月庚午，吉。凡寻车及寇〈冠〉☐申，吉。☐〔一〕 睡乙 130

## 【注释】

〔一〕今按：古代初冠有吉日，如《玉匣记》卷上“冠笄吉日”条：“甲子，丙寅，丁卯，戊辰，辛未，壬申，丙子，戊寅，壬午，丙戌，辛卯，壬辰，丙申，癸卯，甲辰，乙巳，丙午，丁未，甲寅，乙卯，辛酉，壬戌。”①与简文不同。

# 田　忌

## (一)

田亳主以乙巳死〔一〕，杜主以乙酉死〔二〕，雨币(师)以辛未死〔三〕，田大人以癸亥死〔四〕。睡甲 149 背

① 《增补万全玉匣记》，中国文联出版社 2005 年版，第 87 页。

## 【注释】

〔一〕刘乐贤(1994：47)：田亳主当即田主，《类编历法通书大全》卷十种莳总论："田主乙巳日死，辛亥日葬。"《新刊阴阳宝鉴克择通书·前集》所记全同，其死日一致，当是一人。又称田亳主当读为田宅主，即田地与屋宅之神。今按："田亳主"与下文"田大人"当非一人，"田亳主"或为田宅之神主，"田大人"当即田主。又，郭永秉改释为"田京主"。①

〔二〕睡虎地(1990：227)：杜主，《史记·封禅书》："于杜亳有三杜主之祠、寿星祠，而雍菅庙亦有杜主。杜主，故周之右将军，其在秦中，最小鬼之神者。各以岁时奉祠。"索隐云："秦宁公与亳王战，亳王奔戎，遂灭汤社。皇甫谧亦云：周桓王时自有亳王号汤，非殷也。"又引徐广云："京兆杜县有亳亭。"索隐又云："案《地理志》：杜陵，故杜伯国，有杜主祠四。《墨子》云：周宣王杀杜伯而不罪，后宣王田于圃，见杜伯执弓矢射，宣王伏弢而死。"刘乐贤(1994：48)：还有一种可能性，就是将《日书》的杜主读为社主或土主，为古代土地之神。

〔三〕睡虎地(1990：227)：雨师，《周礼·大宗伯》："以槱燎祀司中、司命、飌(风)师、雨师。"注："雨师，毕也。"毕为二十八宿之一。《风俗通义·祀典》引《春秋左氏说》云："共工之子为玄冥，郑大夫禳于玄冥，雨师也。"《楚辞·天问》谓雨师名蓱翳。《汉书·郊祀志》言祠二十八宿、风伯雨师，注："雨师，屏翳也，一曰屏号。……此志既言二十八宿，又有风伯雨师，则知非箕、毕也。"今按：《风俗通义》卷八《祀典·雨师》："《春秋左氏传》说：'共工氏之子为玄冥师。郑大夫子产禳于玄冥。'玄冥，雨师也。谨按《周礼》：以槱燎祀雨师。雨师者，毕星也。诗云：月离于毕，俾滂沱矣。易师卦：师者，众也。土中之众者莫若水。雷震百里，风亦如之，至于太山不崇朝而遍雨天下，异于雷风，其德散大，故雨独称师也。丑之神为雨师，故以己丑日祀雨师于东北，土胜水为火相也。"又曰："未之神为稷，故以癸

① 转引自陈伟主编，刘乐贤撰著：《秦简牍合集：释文注释修订本(贰)》，武汉大学出版社 2016 年版，第 470~471 页。

未日祠稷于西南，水胜火为金相也。”“辰之神为灵星，故以壬辰日祀灵星于东南，金胜木为土相也。”“戌之神为风伯，故以丙戌日祀于西北，火胜金为木相也。”《后汉书·祭祀志下》：“县邑常以乙未日祠先农于乙地，以丙戌日祠风伯于戌地，以己丑日祠雨师于丑地，用羊豕。”

〔四〕睡虎地(1990：227)：田大人，当为田神。今按：《新刻趋避检》卷上“农事忌日”：“田祖甲寅日死；田父丁亥日死，丁未日葬；田母丙戌日死，丁亥日葬；田主乙巳日死，辛亥日葬；田夫丁亥日死，辛亥日葬；后稷癸巳日死，甲寅日葬。凡种五谷，已上并忌。”①《臞仙肘后经》所记相同。②

## (二)

田忌：丁亥、戊戌，不可初田及兴土攻(功)〔一〕。睡甲150背

初田毋以丁亥、戊戌。睡乙30贰

**【注释】**

〔一〕汪桂海(2012：433)：“初田”有二义，一是指刚开垦的土地进行初次耕作，二是指春天开始耕作。简文所指，以后一种可能性比较大。

## (三)

始耕田之良日：牵牛〔一〕，酉、亥。辰、巳，不可种、出种；乙巳、壬，不可予、入五种〔二〕。五月东井，利澍(树)蓝、韭〔三〕。司清。孔家坡453

**【注释】**

〔一〕今按：牵牛亦以二十八星宿纪日，牵牛为始耕田良日，大约与牛耕

---

① 刘永明主编：《增补四库未收术数类大全》第十集《阴阳五行(四)》，江苏广陵古籍刻印社1997年影印本，第1566页。

② 《四库全书存目丛书》子部第六十八册，齐鲁书社1997年版，第92页。

有关。

〔二〕今按：五种当指五谷。杜陵木牍《日书》："始田良日：乙未、乙亥、己亥、己未；利一(以)播种、出粪，家大富。"亦将始耕田与播种联系在一起。

〔三〕今按：树为种植。蓝，一年生草本植物，叶形似蓼而味辛，干后变暗蓝色，可加工成靛青，作染料。叶也可供药用。《礼记·月令》仲夏之月"令民毋刈蓝以染"，郑玄注："为伤长气也，此月蓝始可别。"韭指韭菜，《诗·豳风·七月》："四之日其蚤，献羔祭韭。"

## 始 种

始种

正月七日，二月十四日，三月廿一日，四月八日，五月十六日，六月廿四日，七月九日，〖八月十八日，九月廿七日，〗十月七〈十〉日，十一月廿日，十二月卅〖日〗〔一〕，以种，一人弗食也。孔家坡 452

**【注释】**

〔一〕今按：上述时日规定与"往亡"日相合，与五行生克相关，缺文可据补。

## 五谷宜忌

### (一)

禾良日〔一〕：己亥、癸亥、五酉、五丑。睡甲 17 正叁

禾忌日：稷龙寅〔二〕，秫丑，睡甲 18 正叁 稻亥，麦子，菽、荅卯，睡甲 19 正叁

麻辰，荞癸、亥〔三〕。各常 睡甲 20 正叁 □忌，不可种之及初 睡甲 21 正叁 获、出入之〔四〕。辛、卯不可以 睡甲 22 正叁 初获禾。睡甲 23 正叁

## 【注释】

〔一〕刘乐贤(1994：43～44)：禾有广义与狭义之别，广义的禾泛指谷物、粮食，狭义的禾专指粟。“禾良日”“禾忌日”中的“禾”泛指谷物、粮食。

〔二〕睡虎地(1990：184)：《淮南子·要略》：“操舍开塞，各有龙忌。”注：“中国以鬼神之事曰忌，北胡、南越皆谓之请龙。”故龙意即禁忌。贺润坤(1988：65)、刘乐贤(1994：42，2003a：84～98)、王子今(2003：76～78)并以为简文龙日相当于忌日。宋华强(2012：257～263)：从通假材料看，“龙”与“禁”也有辗转相通的例证。“龙”与“隆”相通，如《左传》成公二年“齐侯伐我北鄙，围龙”，《史记·晋世家》《鲁周公世家》“龙”皆作“隆”；而“隆”又与“林”相通，如《史记·外戚世家》“林虑公主”，《史记·高祖功臣侯者年表》《景惠间侯者年表》、《汉书·外戚传》“林虑”皆作“隆虑”。可见“龙”和“禁”是有可能相通的。把“龙”读为“禁”，则战国秦简日书中的“龙日”即“禁日”，义同“忌日”。今按：《类编历法通书大全》卷四“修造动土”有“筑墙宅龙六七月，占墙伏龙六七月占西墙”①。此“龙”亦当为禁忌之意。

〔三〕王子今(2003：81)：“癸亥”有两种理解，或可理解为癸亥日，或可理解为癸日和亥日。

〔四〕刘乐贤(1994：42)：种、获、出入是三件事。种指播种，获指收割，出入指运进或运出(即买与卖)。

## (二)

五种忌：丙及寅禾〔一〕，甲及子麦，乙巳及丑黍，辰麻，卯及戌叔(菽)，亥稻，不可以始种 睡甲 151 背 及获、赏(尝)〔二〕，其岁或弗食。睡甲 152 背

① 《四库全书存目丛书》子部第六十八册，齐鲁书社 1997 年版，第 144 页。

【注释】

〔一〕刘乐贤(1994：44)：本段禾与五谷并列，是狭义的禾，特指粟。金良年(1999：51)：当时的"五谷""五种"之类的称谓是个很宽泛的概念，它不仅可以基本概括粮食作物，而且还能涵指某些非粮食作物。

〔二〕睡虎地(1990：227)：尝，指以忌日始种或收获。刘乐贤(1994：44)：此处尝当指尝新。今按：放乙 164："五种忌：子麦、丑黍、寅稷、卯菽、辰麻、戌秫、亥稻，不可始种、获及尝。"印台："五种忌日：子麦，丑黍，辰禾，亥稻，戌叔(菽)，不可种及赏(尝)。"马王堆帛书《阴阳五行》甲篇"诸神吉凶"有黍、麻、稻、菽等五谷吉凶日，唯帛书残破，多未能明，其中可见麻之凶日为乙丑、戊辰，似与日书相合。

(三)

五谷良日：己☐【寅】出种及鼠(予)人。壬辰，乙巳，不可以鼠(予)。子，亦勿以种。睡乙 64

五谷龙日：子麦，丑黍，寅稷，辰麻，申、戌叔(菽)，壬、辰瓜，癸葵〔一〕。睡乙 65

【注释】

〔一〕金良年(1999：51)：《日书》中所说的瓜，可能指瓜类作物，也可能是"苽"的假借字。苽在古代属六谷之一。"葵"即冬葵，属锦葵属锦葵科，简称葵菜。

(四)

五种忌日：丙及寅禾，田〈甲〉及子麦，乙巳 睡乙 46 贰 及丑黍，辰

〖麻〗，卯及戌叔(菽)，亥稻，不 睡乙47贰 可以始种、获、始赏(尝)，其 睡乙48贰 岁或弗食。睡乙49贰

凡有入也，必以岁后；有出 睡乙50贰 也，必以岁前。睡乙51贰

## (五)

己亥，癸亥、丑、酉，皆禾吉日也。孔家坡454

麦龙子，稷龙寅，黍龙丑，稻龙戌，叔(菽)龙卯，麻龙辰。孔家坡455

以秋禾孰(熟)时，取禾种数物各一斗粟，盛新瓦壅(甕)中，臧(藏)燥地，到正月敉取〔一〕，其息最。孔家坡456 ……种之。孔家坡457

**【注释】**

〔一〕孔家坡(2006：160)敉，《尔雅·释言》："抚也。"李天虹、蔡丹(2015：173~174)以为是"料"的讹字，"料"度量、计数的意思。今按：《齐民要术》卷一《收种第二》引《氾胜之书》曰："欲知岁所宜，以布囊盛粟等诸物种平量之，埋阴地，冬至日窖埋，冬至后五十日发取量之，息最多者岁，所宜也。"崔寔曰："平量五谷各一升，小罂盛埋垣北墙阴下，余法同上。"

# 七畜日

## (一)

人

良日：甲子、申，乙□，戊子、寅，己亥，庚寅、辰、午，辛丑，壬辰，癸未。其忌：壬午，戊午、戌，丁▨〔一〕睡乙78+73B

人良日〔二〕：乙丑，乙酉，乙巳，己丑，己酉，己巳，辛丑，辛酉，辛巳，癸酉，癸巳。其忌：丁巳，丁未，戊戌，戊辰，睡甲 80 正贰 戊子，不利出入人。男子龙庚寅，女子龙丁。睡甲 81 正贰

☐【乙】亥，乙未，乙酉，乙丑，己卯，辛亥，辛丑，乙巳。忌日：戊戌，壬戌，癸亥，己丑，丙申〔三〕。孔家坡 222

## 【注释】

〔一〕本篇有关睡乙的简文均据陈伟(2015：487~491)重编。

〔二〕饶宗颐(1993a：430、431)：人日之名起于先秦时。类似以色列上帝七日造人之说。刘乐贤(1994：125)：这里的“人良日”主要是为买卖奴隶而设的，与下文金钱良日主要是买卖货物而设是同样的情形。今按：居延新简 EPT65・165A：“出入奴婢良日：乙丑、辛☐”“辛”后或是“丑”字，此可证明刘乐贤的说法正确。

〔三〕今按：孔家坡(2006：159)将本篇相关文字多归入“土忌”，今暂移置于此篇。放乙 153 壹：“人忌：丁未，戊戌，壬戌，壬午，壬申。吉日：乙丑，庚辰，壬辰，己亥，己丑、未，己酉。”

## (二)

【马日】

马良日：甲申，乙丑、亥，己丑、酉、亥、未，庚辰、申，壬辰，戊辰、未☐乘之。其忌：甲寅、午，丙辰，丁巳、睡乙 68 未，戊☐ 睡乙 69

马良日：乙丑，乙酉，乙巳，乙亥，己丑，己酉，己亥，己巳，辛丑、酉，辛巳，辛亥，癸丑，癸酉，癸巳，睡甲 82 正贰 庚辰。其忌：丙子，丙午，丙寅，丁巳，丁未，戊寅，戊戌，戊子，庚寅，辛卯。睡甲 83 正贰

☐【午，己酉、亥，庚辰，】辛卯，戊戌，己巳，乙巳、酉，壬辰。忌日：庚戌，庚寅。孔家坡 223

（三）

牛日

牛良日：甲午、寅，戊午，庚午、寅，丙寅，壬寅，丁酉、未，甲辰，可以出入牛、服之〔一〕。其忌：乙【巳】，☐睡乙 70 未，辛丑，戊辰，壬午。睡乙 71

牛良日：庚辰，庚申，庚午，辛酉，壬戌，壬申，壬午，癸酉，甲辰，甲申，甲寅。其忌：己丑，睡甲 84 正贰 己未，己巳，己卯，戊寅，戊戌，戊子，己巳。戊午不可杀牛。睡甲 85 正贰

☐卯。忌：壬辰、戌，癸亥，丙午，乙巳、未，戊戌。孔家坡 225

**【注释】**

〔一〕刘乐贤（1994：329）：服之即服用牛、使用牛的意思。

（四）

羊日

羊良日：辛巳、未，庚寅、申、辰，戊辰，癸未。忌日：甲子、辰，乙亥、酉，丙寅，丁酉，己巳。睡乙 72

羊良日：乙丑，乙酉，乙巳，己酉，己丑，己巳，辛酉，辛丑，辛巳，庚辰，庚寅。睡甲 86 正贰 其忌：壬戌，癸亥，癸酉。春三月庚辰，可以筑

羊卷(圈)，即入之，羊必千[一]。睡甲87正贰

【注释】

〔一〕今按:《史记·货殖列传》形容人之富足有“陆地……千足羊，泽中千足彘，水居千石鱼”之说，后文则有“牛千足，羊彘千只”等的说法。简文“羊必千”是形容羊数之多。

## (五)

犬日

犬良日：丁丑，丁未，丙辰，己巳，己亥。忌：壬戌，癸未，辛巳。睡乙74壹

犬良日：癸酉，癸未，甲申，甲辰，甲午，庚辰，庚午，辛酉，壬辰。其忌：己丑，己巳，己未，己卯，乙巳，戊睡甲90正贰子，戊寅，戊戌。有妻子，毋以己巳，壬寅杀犬，有央(殃)。睡甲91正贰

## (六)

猪日

猪良日：壬【辰，壬】戌[一]，癸未。忌：丁丑，丁未，丙辰，丙申。睡乙73A+75壹

猪良日：庚申，庚辰，壬辰，壬申，甲申，甲辰，己丑，己酉，己巳。其忌：乙亥，乙巳，乙未，睡甲88正贰丁巳，丁未。睡甲89正贰A

豕

豕良日：丁丑、未[二]，【己巳、亥，丙】辰。忌，丙午，乙巳，壬辰，

癸未、巳〔三〕。孔家坡 227 壹

五月庚寅畜₌(畜畜)〔四〕，一为十，十为百〔五〕。孔家坡 228 壹

**【注释】**

〔一〕今按：据王家台简和岳山木牍，本条为豖日，缺文据补。

〔二〕"未"字从王强(2015a：158)释。

〔三〕今按：放乙 149 壹："彘忌：丁丑、未、亥，乙亥，丙辰。吉日：庚寅，乙丑，癸未，壬辰、戌，戊辰。"

〔四〕"畜₌"从王强(2014：95~96)释，读为"畜畜"，为畜养牲畜之义。

〔五〕王强(2015a：158~159)以为"一为"后当为"十"字的重文写法之残，句意为：五月庚寅日这一天畜养牲畜，其数目会由一繁衍为十，十繁衍为百。刘国胜等(2018：115)将此句释为：五月庚寅，畜一为十为百，意思大概是说在五月的庚寅日养猪仔，养一头可当十头、百头，即五月庚寅利以入猪畜养，猪产仔多或猪养得肥壮。刘国胜等还指出此篇所记猪的良、忌日与其他日书篇章多相反，因而怀疑孔家坡汉简《日书》此处将良日和忌日抄反了。

## (七)

鸡日

鸡良日：甲辰，乙巳，丙午，丙辰，庚辰。忌：辛巳、卯，庚寅，丁未〔一〕。睡乙 76 壹

鸡良日：甲辰，乙巳，丙午，戊辰，丙辰，可以出入鸡。鸡忌日：辛未，庚寅，辛巳，勿以出入鸡〔二〕。睡甲 92 正贰

☐□，辛未，庚寅〔三〕。孔家坡 226 壹

**【注释】**

〔一〕今按：放乙 147 壹："鸡忌：辛巳，庚辰、未、卯、寅，丙辰，丁亥。吉日：乙己，丙戌、辰，庚午，甲辰。"

〔二〕汪桂海(2013：83~84)：简文虽然没有逐一标明是做什么事的良日和忌日，但从"勿以出入鸡""可以出入牛"之类的语词来看，这里所说的良日、忌日应该主要指买卖这些家养禽畜而言。

〔三〕孔家坡(2006：159)将本条归入"鸡良日"。刘国胜等(2018：113)：简 226 缺失的天头处很可能也写有作为篇题的"鸡"。秦汉日书的篇名用字并不严格，篇名"鸡日"亦可写作"鸡良日""鸡"。

今按：岳山 M36：43 正："人良日：乙丑，己丑、亥，庚辰，壬辰。其忌：丁未，戊戌，壬午。牛良日：甲午，庚午，戊午，甲寅，丙寅。其忌：壬辰，戊戌，癸亥、未，己丑，乙卯。马良日：己亥、巳、酉，庚辰，壬辰，己未，己丑，戊戌，庚申。其忌：戊午，庚午，甲寅，丁未，丙寅。羊良日：辛巳、未，庚寅，癸未，庚辰。其忌：乙巳，丙午，丁未、□。犬良日：丁丑、未，丙辰，己巳、亥。其忌：辛巳、未。豕良日：壬辰、戌，癸未。其忌：丁未、丑，丙辰、申。鸡良日：丙辰，乙巳，丙午。其忌：庚寅。凡七畜，以五卯祠之必有得也，其人神行岁局(?)，祠之，吉。"本篇拟名"七畜日"及简序的排列多据以此牍。放乙 166："入正月一日而风不利鸡，二日风不利犬，三日风不利豕，四日风不利羊，五日风不利牛，六日风不利马，七日风不利人。"亦将人与六畜并列。

## 诸良忌日

### (一)

囷

囷良日〔一〕：甲午，乙未、巳。忌：己丑、癸丑。孔家坡 229

囷良日：甲午，乙未，乙巳，睡甲24正叁为囷大吉。睡甲25正叁

**【注释】**

〔一〕王子今(2003：82)：营造谷仓的好日子。

## (二)

屏圂[一]

屏圂良日：戊寅、辰、申、戌，己丑，癸☐为屏圂。孔家坡232

圂忌日：己丑为圂厕，长〖者〗死之；以癸丑，少者睡乙188贰死之。其吉日：戊寅，戊辰，戊戌，戊申。睡乙189贰凡癸为屏圂，必富[二]。睡乙190贰

**【注释】**

〔一〕孔家坡(2006：160)：屏，《集韵·径韵》："偃厕。"圂，《玉篇》："豕所居也。"屏圂，指厕所和猪圈。

〔二〕今按：金关汉简73EJT30：126："为屏圂良日：五癸及壬申六日。壬辰为屏圂，大富。戊寅、戊辰，大凶。"

## (三)

金钱良日：甲申，乙巳。申不可出货。午不可入货，货必后绝[一]。睡甲93正贰

金钱良日：甲寅，乙卯。龙戊寅、午[二]。孔家坡7贰不可出入财，乃

孔家坡8贰【后绝】。□□，戊午，戊寅，勿以作孔家坡9贰□〔三〕。入月三日，不可出入□□。孔家坡10贰

**【注释】**

〔一〕刘乐贤(1994：124)："后绝"指后来穷困。

〔二〕"龙戊寅、午"据刘国胜等(2016：132~133)释改。

〔三〕"以作"据王强(2013：256)释改。

## (四)

市良日：戊寅，戊辰，戊申、戌，利初市，吉。睡甲89正贰B

## (五)

蚕良〚日〛：庚午，庚子，甲午，五辰，可以入。五丑，五酉，庚午，可以出〔一〕。睡甲94正贰

**【注释】**

〔一〕汪桂海(2013：82)："可以入""可以出"应该是指可以从蚕室取出蚕种和将蚕种送入蚕室。今按：《齐民要术》卷五《种桑柘第四十五》引《杂五行书》曰："二月上壬，取土泥屋四角，宜蚕，吉。"又引《五行书》曰："欲知蚕善恶，常以三月三日天阴如无日，不见雨，蚕大善。"《新刻趋避检》卷上"出蚕吉日"："宜甲子、庚午、癸酉、庚辰、乙酉、甲午、乙巳、甲申、壬午、乙未、癸卯、丙午、丁未、戊申、甲寅、戊午，生、旺、开日。"①

① 刘永明主编：《增补四库未收术数类大全》第十集《阴阳五行(四)》，江苏广陵古籍刻印社1997年影印本，第1569页。

## （六）

井

井良日：辛巳，辛丑。忌：五卯，五亥，丁酉，乙巳〔一〕。孔家坡230

【注释】

〔一〕今按：放乙146壹：“井忌：己巳，庚申，壬戌。吉日：乙丑，乙未，甲辰，辛丑、癸丑，丙申，丁酉，辛巳。”

## （七）

入内

入内良日：丁未，甲午，乙丑，己□，□□□，五酉，辰、丑，收日〔一〕。忌：戊寅，辛、壬、癸。孔家坡233

【注释】

〔一〕今按：孔家坡“建除”篇“收日”条：“可以入人民、马牛、禾粟，入室、取（娶）妻及它物。”则此处“入内”当指入室，彼此可互释。

## （八）

☐【未、酉，】□□，丁□，丙戌，为灶〔一〕。忌：辛、壬。孔家坡231壹

【注释】

〔一〕“灶”字从单育成（2010）释。王强（2015a：159～160）单列为“灶”，是讲为灶的良忌日。

# 出入人

□丁，以入奴婢，必代主。甲寅，癸丑，壬辰，辛酉，辛卯，不可入奴婢，必代主有室〔一〕。孔家坡 191

□□□□□，不可出入人。孔家坡 192

**【注释】**

〔一〕今按："室"指家产、资产，《国语·楚语上》："夔及仪父施二帅而分其室"，韦昭注："室，家资也"。简文"必代主有室"当作一句读，指奴婢取代主人拥有家产。马王堆帛书《阴阳五行》甲篇："丙辰以出入人，伤当室。""□日壬癸以入臣妾，后君。"并可参。

# 伐木日

## （一）

木日

木良日：庚寅，辛卯，壬辰，利为木事〔一〕。其忌：甲戌，乙巳，癸酉，丁未，癸丑〔二〕。睡乙 66

□寅，己卯，可以伐木。木忌：甲、乙榆，丙、丁枣，戊、己桑，庚、辛李，壬、辰〈癸〉髹〔三〕。睡乙 67

□□□□亥不可伐室中树木。睡乙 127

□畜生（牲），伐树木。睡乙 128

## 【注释】

〔一〕饶宗颐(1993a：432)：木事犹《周礼·柞氏》“掌攻草木及林麓。夏日至令刊阳木而火之，冬日至令剥阴木而水之”之类。刘乐贤(1994：329)：木事指伐木、建筑一类事。今按：《周礼·地官·山虞》：“仲冬斩阳木，仲夏斩阴木。凡服耜，斩季材，以时入之。令万民时斩材，有期日。凡邦工入山林而抡材，不禁；春秋之斩木不入禁。”《礼记·月令》孟春之月，“禁止伐木”。《左传》昭公十六年：“郑大旱，使屠击、祝款、竖柎有事于桑山。斩其木，不雨。子产曰：‘有事于山，艺山林也，而斩其木，其罪大矣。’”杨伯峻注：“《汉书·贡禹传》，禹言：斩伐林木，亡有时禁，水旱之灾，未必不由此也。杨树达先生《读左传》云，森林足以防旱，古人盖知之矣。”①

〔二〕今按：放乙305：“丁未，癸亥、酉，甲寅，五月申，不可之山谷新以材木及伐空桑。”

〔三〕饶宗颐(1993a：432)：此处木日当谓于五行属木之日，榆、枣、桑、李、漆，即所谓“五木”。榆、枣、桑三者与周书、邹子相同，惟李及漆异。“壬辰”，饶氏径作壬癸。刘信芳(1993：92)：李木木质疏松，不适宜作燧木。疑“李”为“栎”之音讹。

## (二)

伐木日〔一〕孔家坡1贰

壬□□□□▨〔二〕。孔家坡2贰甲子、乙丑伐榆，父死。孔家坡3贰庚、辛伐桑，妻死。孔家坡4贰丙寅、丁卯、己巳伐枣，长女死〔三〕。孔家坡5贰壬、癸伐□□，少子死〔四〕。孔家坡6贰

① 杨伯峻：《春秋左传注》，中华书局1990年版，第1382页。

## 【注释】

〔一〕孔家坡(2006：131)：本篇讲述伐木日的忌日，内容与古代的五木有关。睡虎地秦简《日书》乙种“木日”可与本篇相参。

〔二〕孔家坡(2006：131)：缺文可能与戊己伐木的事情有关。

〔三〕“长女死”，原释文作“母死”，此从刘国胜(2015：95~96)改释。

〔四〕今按：放乙129贰-131贰：“春三月甲乙不可伐大榆东方，父母死。夏三月【丙丁不】可伐大棘南〖方〗，长男死。戊己不可伐大桑中【央】，长女死之。”《类编历法通书大全》卷四“入山伐木”伐木吉日：“己巳、庚午、辛未、壬申、甲戌、乙亥、戊寅、己卯、壬午、甲申、乙酉、戊子、甲午、乙未、丙申、壬寅、丙午、丁未、戊申、己酉、甲寅、乙卯、己未、庚申、辛酉，定、成、开日。”①与简文不同。关于五木，简文《日书》与传世文献可列表为表18：

**表18**

| | 睡乙 | 孔家坡 | 《礼稽命微》② |
|---|---|---|---|
| 榆 | 甲、乙 | 甲子、乙丑 | 春(榆柳之火) |
| 枣 | 丙、丁 | 丙寅、丁卯、己巳 | 夏(枣杏之火) |
| 桑 | 戊、己 | 庚、辛 | 季夏(桑柘之火) |
| 李 | 庚、辛 | | 秋(柞楢之火) |
| 漆 | 壬、癸 | | 冬(槐檀之火) |

按五行搭配，甲、乙为春，丙、丁为夏，庚、辛为秋，壬、癸为冬，戊、己为季夏。孔家坡简己巳与丙、丁并列，可能是将季夏寄存于夏季之中。换言之，孔家坡简或者只有四木而并无五木。此其一。其二，放乙和孔家坡简某

① 《四库全书存目丛书》子部第六十八册，齐鲁书社1997年版，第146页。

② 安居香山、中村璋八辑：《纬书集成》，河北人民出版社1994年版，第514页。《周礼·夏官·司爟》郑玄注引郑司农引《邺子》同。

日伐某木则导致父、妻、母、子之死，此亦不同于其他简文和古书的记载。

# 诸祠日

## (一)

祠父母良日：乙丑，乙亥，丁丑、亥，辛丑，癸亥，不出三月有大得，三乃五〔一〕。睡甲 78 正贰

祠行良日，庚申是天昌〔二〕，不出三岁必有大得。睡甲 79 正贰

祠史先，龙丙、望〔三〕。睡甲 125 背

**【注释】**

〔一〕王子今(2003：195)：所谓“三乃五”，似乎也可以理解为原先可得“三”者，则现在可得“五”。今按：“三乃五”是“不三乃五”的意思。又，岳山 M36：43 正：“祠大父良日：已亥、癸亥、辛丑。”马王堆帛书《阴阳五行》甲篇“诸神吉凶”：“大父母吉日：己亥、丑……戌，丙戌，壬戌。”并可参。

〔二〕睡虎地(1990：195)：据文例，“是”疑下脱“谓”字。

〔三〕刘乐贤(1994：122～123)：史先，疑为史皇，亦即苍颉。《淮南子·修务》：“史皇产而能书”。《论衡·讥日》：“又学书讳丙日，云仓颉以丙日死也。”王子今(2003：490)：“史先”，见于《左传》昭公十七年：“九月，丁卯，晋荀吴帅师，涉自棘津，使祭史先，用牲于雒。”

## (二)

祠

祠亲〔一〕，乙丑，吉。祠室，己卯，戊辰，戊寅，吉。祠户，丑、午☐

睡乙 148

祠室中日：辛丑，癸亥，乙酉，睡乙 31 贰 己酉，吉。龙壬辰、申。睡乙 32 贰

祠户日：壬申，丁酉，癸丑、睡乙 33 贰 亥，吉。龙丙寅，庚寅。睡乙 34 贰

祠门日：甲申、辰，乙亥、睡乙 35 贰 丑、酉，吉。龙戊寅，辛巳〔二〕。睡乙 36 贰

祠行日：甲申，丙申，戊 睡乙 37 贰 申，壬申，乙亥，吉。龙戊、己。睡乙 38 贰

祠〖灶〗日：己亥，辛丑，乙亥，丁丑，吉。龙辛□〔三〕。睡乙 39 贰

祠五祀日：丙、丁灶，戊、己内中土〔四〕，〖甲〗、乙户〔五〕，壬、癸行，庚、辛〖门〗〔六〕。睡乙 40 贰

祠史先，龙丙、望。睡乙 52 贰

## 【注释】

〔一〕今按："亲"指父母。

〔二〕今按：岳山 M36：43 正："祠门良日：甲申、辰，乙丑、亥、酉，丁酉。忌，丙。"可参。

〔三〕今按：岳山 M36：43 正："祠灶良日：乙丑、酉、未，己丑、酉，癸丑，甲辰、巳(子)，辛、壬。"可参。

〔四〕刘乐贤(1994：332)引胡文辉说，以为"土"为"甲"之误写，"内中"即中霤。曾宪通(1996：266)引居延汉简有"内中"，相当于《淮南子·天文》之"室"，《太平经》则作"内室"或"室中"，因疑"内中"盖其异名。

〔五〕睡虎地(1990：236)："乙"上疑脱"甲"字。《礼记·祭法》："王为群姓立七祀，曰司命，曰中霤，曰国门，曰国行，曰泰厉，曰户，曰灶。……诸侯为国立五祀，曰司命，曰中霤，曰国门，曰国行，曰公厉。"又《礼记·月令》："春……其祀户，祭先脾。夏……其祀灶，祭先肺。中

央……其祀中霤，祭先心。秋……其祀门，祭先肝。冬……其祀行，祭先肾。”知“庚辛”下缺字应为门。《月令》注：“中霤，犹中室也。土主中央而神在室。”简文之“内中土”相当于中霤。

〔六〕今按：本条祠五日与五行有关，丙丁于五行属火，灶亦为火为南；戊己为中，故祠内中；以下类推，则户属东方木，行为北方水，门为西方金。此搭配与《月令》一致。

# 岁

岁〔一〕

天不足西方，天柱乃折。地不足东方，地维乃绝〔二〕。于是名东方而尌(属)之木，胃(谓)之青；名南方而尌(属)之火，孔家坡458 ☐〖胃(谓)之赤；名西方而尌(属)之〗金，胃(谓)之白；名北方而尌(属)之水，胃(谓)之黑；名中央而尌(属)之土，胃(谓)之黄〔三〕。于是纪胃(位)而孔家坡459 定四乡(向)〔四〕，和阴阳，雌雄乃通。于是令日当月，令月当岁，各十二时〔五〕。

东方青，南方赤，西方白，北方黑，中央孔家坡460〖黄，南方□〗，西方苦，北方齐(辛)，中央甘，是〖胃(谓)〗五味〔六〕。东方徵，南方羽，西方商，北方角，孔家坡461 中央【官，是胃(谓)五音〔七〕。□□】孔家坡462A ☐□□□音者，以占悲乐。于是令火胜金，令水胜火，令土胜水，令孔家坡462B 木胜土，令金胜木，是胃(谓)五胜〔八〕。五胜者以占强弱，各居而乡(向)，必和阴阳，结解必当。于是令东方生，孔家坡463 令南方长，令西方杀，令北方臧(藏)，令中央兼收，是胃(谓)五时〔九〕。

春以徼秋，夏以徼冬，秋以徼春，冬孔家坡464 以徼夏，是胃(谓)四时〖徼〗〔一〇〕。春徼戌也，是胃(谓)伍(吾)且生，子毋敢杀，尽春三月解于戌。夏徼于丑也，是孔家坡465 胃(谓)吾且长，子毋敢臧(藏)，尽夏三月乃解于丑。秋徼辰也，是胃(谓)吾且杀，子毋敢生，尽秋三月乃孔家坡466 解于辰。冬徼未也，是胃(谓)吾且臧(藏)，子毋敢长，尽冬三月乃解于未〔一一〕。是胃(谓)四时结[一二]。结解不当，五 孔家坡 467【谷不成，草木不实,】兵革且作，六畜脊(瘠)，民多不丰[一三]，刑正(政)乱。结解旬(苟)当，五谷必成，草木尽 孔家坡 468 实，兵革不作，刑、正(政)尽治[一四]。

正月并居寅[一五]，以谋春事。必温，不温，民多疾，草木、五谷生不齐。孔家坡 469 二月发春气于丑，是胃(谓)五(吾)已生矣，发子气矣。必风，民多腹肠之疾，草木不实。三月止寒于戌，是 孔家坡 470 胃(谓)吾已成矣，子敬毋杀。必温、寒，名曰执，蚤(早)寒蚤(早)执，莫(暮)寒莫(暮)执，终日寒三执[一六]。四月并居 孔家坡 471 卯[一七]，以受夏气。必温，不温，五谷夏夭，草木不实、夏洛(落)，民多战疾。五月治虫于辰{、巳}[一八]，是胃(谓) 孔家坡 472 吾已长矣，子戒毋敢徼[一九]。必星(晴)，小雨小虫，大雨大虫[二〇]。六月止云雾于亥，是胃(谓)吾已长矣，子毋敢 孔家坡 473 徼。大雨大徼，小雨小徼。七月并居申，以行秋气。必寒、温，民多疾病，五谷夭死。八月止阳气 孔家坡 474 于未，是胃(谓)吾已杀矣，止子气。必寒，不寒，民多战疾，禾复。九月为计于卯，蚤(早)风以于草木，温以 孔家坡 475 清，五官受令，其【风，忘(妄)】，有大事，计不成[二一]：其黄也，有土功事；其黑也，有忧；其白〖也〗，有兵；其青 孔家坡 476 也，有木功事；其赤也，民多战疾，鬼火哀[二二]。十月称臧(藏)于子[二三]，必请(清)，风忘(妄)，有大事，受臧(藏)不成。孔家坡 477 十〖一〗月盾(循)事于酉[二四]，必请(清)，风忘(妄)、正(政)乱，下不听。十二月置免于午[二五]，必请(清)，风忘(妄)，执正(政)、置官不治，若有大事[二六]。孔家坡 478

## 【注释】

〔一〕孔家坡(2006：185)："岁"写在458号简首端，是原有的篇题。

〔二〕孔家坡(2006：185)：《淮南子·天文》："天柱折，地维绝。"湖北荆门郭店楚墓出土竹简《太一生水》也有相关的叙述。今按：《淮南子·天文》："昔者共工与颛顼争为帝，怒而触不周之山，天柱折，地维绝。天倾西北，故日月星辰移焉；地不满东南，故水潦尘埃归焉。”似乎是说天柱折是天倾西北之因；地维绝是地不满东南之因。这层意思，在《列子·汤问》中表达得更清楚，其文曰：“昔者，女娲氏炼五色石以补其阙，断鳌之足以立四极。其后共工氏与颛顼争为帝，怒而触不周之山，折天柱，绝地维，故天倾西北，日月星辰就焉，地不满东南，故百川水潦归焉。”但简文的意思似正相反。这一改变，将古史传说中共工触不周山的神话背景消解无形。在古史传说中，多言天不足西北、地不满东南，简文则概述为西方和东方。此其小异。

〔三〕孔家坡(2006：185)：据文例，此处缺文可补作：“胃(谓)之赤；名西方而尌(树)之”。今按：“尌”，原释文通作“树”，简文所述为树五木。但“水”如何能树？“尌”也有可能读作“属”①，尌为侯部禅纽，属为屋部禅纽，侯屋阴阳对转，往往得通，郭店《老子》甲：“三言以为史不足，或命之，或乎豆”，末句王弼本作“故令有所属”。包山楚简“詎”字屡见，很多都可以读为属。② 简文是说：为东南西北中五方命名，分别属之于木火金水土五行。

〔四〕“纪胃”，王贵元(2006)释读作“纠谓”，理解为正名定位。陈炫玮(2007：255~256)辨析字形，以为仍当释作“纪”。今按：“胃”当读为“立”或“位”。③《汉书·王莽传上》：“基成而赏不配，纪立而褒不副。”

〔五〕今按：以上为第一节，从天地开辟始，到成岁而止。《太一生水》讲宇宙生成模式，也是从天地开始，然后“成岁而止”。楚帛书在宇宙生成模式方面，也是“乃止以为岁，是惟四时”④。它们具有共同的宇宙论背景。

〔六〕孔家坡(2006：185)：“是”后脱“胃(谓)”字。

〔七〕孔家坡(2006：185)：五音、五味和方位的搭配与传世文献所记不

---

① 这是何有祖告诉笔者的意见。

② 陈伟：《包山楚简初探》，武汉大学出版社1996年版，第30页；参看王辉：《古文字通假字典》，中华书局2008年版，第314~315页。

③ 读“胃”为“位”是陈剑在“简帛国际论坛2006”(武汉)会议上提出来的意见，所举为中山王方壶“述(遂)定君臣之ᒡ”。“胃”字从立(位)，即胃之注音形声字。胃、位双声叠韵，理得相通。

④ 参看陈斯鹏：《简帛文献与文学考论》，中山大学出版社2007年版，第12页。

同。今按：《鹖冠子·泰鸿》："东方者，万物立止焉，故调以徵。南方者，万物华羽焉，故调以羽。西方者，万物成章焉，故调以商。北方者，万物录臧焉，故调以角。中央者，太一之位，百神仰制焉，故调以宫。"所记五音搭配与简文相同。

〔八〕今按：五胜下似有重文符号。

〔九〕今按：《黄帝内经素问》卷三《六节藏象论篇第九》："春胜长夏，长夏胜冬，冬胜夏，夏胜秋，秋胜春，所谓得五行时之胜，各以气命其藏。"王冰注："春应木，木胜土；长夏应土，土胜水；冬应水，水胜火；夏应火，火胜金；秋应金，金胜木，常如是矣。四时之中，加之长夏，故谓得五行时之胜也。所谓长夏者，六月也，土生于火，火在夏中，既长而王，故云长夏也。"《灵枢经·顺气一日分为四时第四十四》："春生夏长，秋收冬藏，是气之常也，人亦应之，以一日分为四时，朝则为春，日中为夏，日入为秋，夜半为冬。""人有五藏，五藏有五变，五变有五输，故五五二十五输，以应五时。"以上第二节，大概是讲五行配物。

〔一〇〕今按：据文意，简文当缺"徼"字，今补。

〔一一〕刘乐贤（2007：412）：春徼戌、夏徼丑、秋徼辰、冬徼未，即《日书》之四徼日。又称四敫日、四激日或四击日。今按：此处简文采用"吾""子"对话体的形式，"吾"似指"四时"之"时"，即自然规律；"子"似指行为者主体，即人或人类活动。银雀山汉简《三十时》1749："……寒，刚气也。以战客胜。用入人之地，胜。攻城，城取。此冬首杀也，此吾审用重之时也。"1756："……□气也。此吾审用重之时也。是以用重兵先轻后，壹得而三其功。可攻回(围)军，军取；不取，邑疫可。"1788："天不阴雨，主人不吉。""吾"似与"客"相对，相当于"主客"之"主"。①

〔一二〕刘乐贤(2007：412)以为下文"解"字有重文符，此处当为"四时结解"。今按："结"可能与"徼"相当，是"解"的反义词。"解"指解结。

① 参看李零：《读银雀山汉简〈三十时〉》，收入《中国方术续考》，东方出版社2000年版，第395~415页。

〔一三〕孔家坡(2006：185)：丰，《诗·郑风·丰》传“丰满也”，郑笺：“面貌丰丰然丰满。”王贵元(2006)改释为“羊”，训为“祥”。

〔一四〕今按：以上为第三节，是讲顺四时行事。与《月令》有类似处。

〔一五〕今按：“并居”可能是指“太岁(大时)”“小岁(小时)”并居东方(寅位)，下文四月、七月“并居”同。此外，周家台301号简“木并主岁”，简文“并居”之“并”也可能指某种神煞。

〔一六〕今按：《风俗通义》卷八《祀典·雄鸡》引太史丞邓平说：“戌者，温气也，用其气日杀鸡以谢刑德。雄着门，雌居户，以和阴阳，调寒配水，节风雨也。”孙诒让《札迻》：“‘调寒配水’，疑当作‘调寒暑，配水旱’。”

〔一七〕今按：下文“九月为计于卯”，疑此处“卯”为“巳”之误。《灵枢经》卷十二《岁露论第七十九》：“二月丑不风，民多心腹病。三月戌不温，民多寒热。四月巳不暑，民多瘅病。十月申不寒，民多暴死。”亦以四月配巳。王强(2014：164)说同。

〔一八〕今按：放乙157号简有“五月辰，辰日大雨，大虫；小雨，小虫”，此处“巳”或为衍文。

〔一九〕孔家坡(2006：185)：戒，《广韵·怪韵》：“慎也”。

〔二〇〕今按：放乙157：“五月辰，辰日大雨，大虫；小雨，小虫。”

〔二一〕句读从陈斯鹏(2007a：74)，忘可读为妄，乱也，风妄即风乱。今按：九月之“计”可能指上计，云梦睡虎地秦简《秦律十八种·司空》140号简：“官相斪(近)者，尽九月而告其计官，计之其作年。”古代上计在九月，九月或为年之终。简文下以五行五色配五事，可能都是“为计”的内容。

〔二二〕火，原释文作“水”，据Harkness(2011：176)、王强(2014：164)、张显成、杨艳辉(2014：27)改释。

〔二三〕今按：放乙“十二支占盗”篇讲盗者藏身之处，“再”“臧(藏)”并用，“再”即是藏。① 颇疑本简“称”亦有“藏”意，称、藏同义连称。或者抄

① 参看陈伟主编，孙占宇撰著：《秦简牍合集：释文注释修订本(肆)》，武汉大学出版社2016年版，第23页。

手所据原本为“称”字，抄录时又加注“臧(藏)”字。

〔二四〕孔家坡(2006：185)：“十”后脱“一”字。“盾(循)事”原释文作“稟事”，此从王强(2015b：181～182)释读。

〔二五〕孔家坡(2006：185)：置免，置官免官，犹今言任免。今按：周家台298壹-302壹：“卅六年，置居金，上公、兵死、阳(殇)主岁，岁在中。置居火，筑囚、行、炊主岁，岁为下。……主岁。置居土，田社、木并主岁。置居木，里社、冢主岁，岁为上。”简文中的“置”或与此有关。

〔二六〕今按：“若”训为乃，《小尔雅·广言》：“若，乃也。”《国语·周语中》：“必有忍也，若能有济也。”韦昭注：“若，犹乃也。”“大事”或指不好的事，当即九月条下之“土功事”“木功事”等。以上为第四节，是以十二月配十二支，讲顺时之政令，即十二时“月令”，是对四时政令的进一步展开。其中正月至八月多讲违背自然时令的危害，可能即简文“刑政乱”之“刑”；九至十二月多为政之事，当即“政”。以上第四节，似月令。

## 主 岁

甲、乙朔，青啻(帝)主岁，人炊行没〔一〕。青禾为上，白中孔家坡427贰{中}〔二〕，黄下，麦不收。吏人炊〔三〕。孔家坡428贰

丙、丁朔，赤啻(帝)产〔四〕，高者行没。赤禾为上，黄中，白孔家坡429贰下，少(小)旱。吏高者。孔家坡430贰

戊、己朔，黄啻(帝)主岁，邑主行没。黄禾为上，赤孔家坡431贰中，白下。有风雨，兵起。孔家坡432贰

庚、辛朔，白啻(帝)主岁，风柏(伯)行没〔五〕。白禾为上，赤孔家坡433贰中，黄下。兵不起，民多疾。孔家坡434贰

壬、癸朔，剡(炎)啻(帝)主岁，群巫〚行〛没〔六〕。赤黑禾为上，孔家坡435贰白中，黄下。禾不孰(熟)，水不大出，民少疾。事群巫。孔家坡436贰

**【注释】**

〔一〕陈伟武(2006：431)释作“行汲”，当指出行而汲水。“行汲”一语亦见于《史记·平原君列传》：“平原君家楼临民家，民家有躄者，盘散行汲。”今按：原释“行没”似无问题。王强(2014：156)以为行没应是作祟的隐语。

〔二〕孔家坡(2006：182)：白中，“白禾为中”的省略，后文例同。第二个“中”当为衍字。

〔三〕孔家坡(2006：182)：吏，疑读为“事”，《玉篇》：“奉也。”下文“吏高者”之“吏”同。

〔四〕孔家坡(2006：182)：产，此外可能脱一“岁”字，“主”讹为“生”，又转为“产”。

〔五〕孔家坡(2006：182)：风伯，风神。

〔六〕孔家坡(2006：182)：“巫”后脱“行”字。

## 司　岁

正月子朔，闻〈聂(摄)〉民〈氏(提)〉挌(格)司岁〔一〕，四海有兵，有年。孔家坡 427 壹

丑朔〔二〕，单阏司岁〔三〕，兴(?)实日秋食。孔家坡 428 壹

寅朔，执郤(徐)司岁，日食毋(无)寒。孔家坡 429 壹

卯朔，大亢(荒)为(落)司岁〔四〕，百资不食〔五〕；兵起，民盈街谷。孔家坡 430 壹

辰朔，隤(敦)臧(牂)司岁，有兵。孔家坡 431 壹

巳朔，盖(协)给(洽)司岁，民有疾，年□春□食，有兵。孔家坡 432 壹

〖午朔,〗□□司岁，百资不成，三种。孔家坡 433 壹

未朔，作骆司岁，有兵起。孔家坡 434 壹

申【朔，奄(阉)戊(茂)司岁，有年。中央,】黄帝。孔家坡 435 壹

〖酉朔〗☐东方昊，南方炎啻(帝)〔六〕。孔家坡 436 壹

〖戌朔〗☐兵。西方端(颛)王(项)，白〔七〕。孔家坡 437

亥朔，【赤奋若司岁，大风】，报，兵革起，火行〔八〕。孔家坡 438

**【注释】**

〔一〕“聂(摄)氏(是-提)”二字从刘乐贤(2011：251)释读。何有祖(2012b：81~82)认为原简将“氏”误写作“民”，“氏”可以直接读作“提”。

〔二〕孔家坡(2006：181)：“丑”前省略了“正月”二字，后文例同。

〔三〕“阏司岁”三字从刘乐贤(2011：251~253)释读。

〔四〕“巟”字从刘乐贤(2011：253~254)释。

〔五〕孔家坡(2006：182)：资，《左传》僖公三十三年注：“粮也。”

〔六〕炎帝，邬可晶(2017：156~158)释作“壑”，简文读作“赫帝”。

〔七〕“颛项”“白”均从刘乐贤(2011：254)释读。刘乐贤且以为五帝应单列为一篇。今按：本篇与“主岁”篇所载之五帝可列如表 19：

**表 19**

| | 东方 | 南方 | 中央 | 西方 | 北方 |
|---|---|---|---|---|---|
| 五色帝(主岁) | 青帝 | 赤帝 | 黄帝 | 白帝 | 炎帝 |
| 五人帝(司岁) | 昊 | 炎帝 | 黄帝 | 颛项 | ? |

表 19 中有两点值得注意：第一，五色帝北方炎帝与其他四帝不配，“炎帝”并非五色帝之一。而在“五人帝”简文中，正好缺北方帝，不知道是不是简文有残缺。《史记·封禅书》载高祖“二年，东击项籍而还入关，问：‘故秦时上帝祠何帝也？’对曰：‘四帝，有白、青、黄、赤帝之祠。’高祖曰：‘吾闻天有五帝，而有四，何也？’莫知其说。于是高祖曰：‘吾知之矣，乃待我而具五也。’乃立黑帝祠，命曰北畤”。对于秦何以不祠黑帝，学者曾有种种猜测。从孔家坡简看，秦不祠黑帝当是实情。但由于孔家坡简出于南方楚国故

地，其地炎帝影响大，故以炎帝补黑帝之缺以配北方。第二，五人帝系列中，常见的《月令》系统是东方配太昊，西方配少昊，北方配颛顼。孔家坡简则把颛顼与西方搭配，颛项后面有一“白”字，五行中“白”亦属西方，所以“西方颛顼”抄错的可能性是比较小的。杨宽《中国上古史导论》讨论五帝问题，曾设专节论证颛顼为西方民族之上帝①，其说颇有理致。所以，简文中“西方颛顼”可能是一种比较古老的民间传说。

〔八〕今按：本篇所记岁阴十二岁名的写法，古书所载颇有异同，详表20②：

**表20**

| | | | | | | | | | | | | |
|---|---|---|---|---|---|---|---|---|---|---|---|---|
| 《淮南子》 | 摄提格 | 单阏 | 执除 | 大荒落 | 敦牂 | 协洽 | 涒滩 | 作鄂 | 阉茂 | 大渊献 | 困敦 | 赤奋若 |
| 《史记》 | 摄提格 | 单阏 | 执徐 | 大荒骆 | 敦牂 | 叶洽 | 涒滩 | 作鄂 | 阉茂 | 大渊献 | 困敦 | 赤奋若 |
| 《尔雅》 | 摄提格 | 单阏 | 执徐 | 大荒落 | 敦牂 | 协洽 | 涒滩 | 作噩 | 阉茂 | 大渊献 | 困敦 | 赤奋若 |
| 《汉书》 | 摄提格 | 单阏 | 执徐 | 大荒落 | 敦牂 | 协洽 | 涒滩 | 作詻 | 掩茂 | 大渊献 | 困敦 | 赤奋若 |
| 《甘氏》 | 摄提格 | 单阏 | 执徐 | 大荒落 | 敦牂 | 协洽 | 涒滩 | 作愕 | 阉茂 | 大渊献 | 困敦 | 赤奋若 |
| 《小学绀珠》 | | 亶安 | | 芒落 | | 汁洽 | | | 淹茂 | | | |
| 《通雅》 | | 婵嫣 | | | | | 芮汉 | | 晻茂 | | | |
| 《五星占》 | 聂提〔格〕 | 单阏 | 执徐 | 大㐬〔落〕 | | 汁给 | 芮彡 | | | 大渊献 | 困敦 | |

大荒落，《史记·历书》索隐作“大芒骆”，《唐邑令费凤碑》作“大㐬”。涒滩，汉《孔庙礼器碑》作“涒叹”。困敦，《说文解字叙》作“困顿”。简文是说：当某年正月的朔日为子日，其司岁之神叫“摄提格”，这一年“四海有兵”，收成好。以下可类推。这一说法与太阴纪年不同。

① 杨宽：《中国上古史导论》，吕思勉、童书业编著：《古史辨》第七册上编，上海古籍出版社1982年版，第220~223页。

② 此表主要参考聂鸿音、黄振华：《岁阴岁阳名义考》，《燕京学报》新六期，1999年，第189~200页。

## 禾稼占

〖禾〗稼占〔一〕

正月甲、乙雨，雨青〔二〕；丙、丁雨，田嚣〔三〕；戊、己雨，禾饶；庚、辛雨，田多蒿；壬、癸雨，禾消。孔家坡 398

入正月三日雨，三月尌(澍)〔四〕；四日雨，四月尌(澍)；五日雨，五月尌(澍)。七日稙禾为，九日中禾为，廿日穉禾为〔五〕。孔家坡 417

正月上旬丁、己雨，上岁；中旬丁、〖己〗雨，中岁；下旬丁、己雨，下岁；三丁、己雨〔六〕，毋岁。朔日雨，岁几(饥)，有兵。孔家坡 410

正月乙巳、乙亥雨，不风，有岁；雨而风，有旱；不雨而风，大旱。孔家坡 415

☐□日不雨，大旱，至百日。孔家坡 403

☐小童(种)；死五日，中年；死九日，是胃(谓)归老郑(定)，有雨，平年入〔七〕。孔家坡 424

入正月四日，旦温，稙禾为；昼温，中禾为；夕温，穉禾为；终日温，三□〔八〕。孔家坡 412

入正月八日，见赤云禾为，黑云叔(菽)为，青云麦为，黄帝禾为〔九〕，白云稻为，五色大饥〔一〇〕。孔家坡 413

子：白云疾行庚、辛，黑云壬、癸，赤云丙、丁，青云甲、乙，黄云行而云一，天下旱〔一一〕。孔家坡 416

☐〖黑〗云为水，白云为凶，青云为兵。凡以凶吉，云高终岁。孔家坡 423

☐至三日有阴，君子死，民多疾。三日晏暑〔一二〕，国安，五谷皆孰(熟)。孔家坡 405

## 【注释】

〔一〕今按：“□稼”写在 398 号简首端，“占”写在 417 号简首端。今以二者都是以风雨占庄稼收成，内容相近，合为一篇。

〔二〕孔家坡(2006：179)：膏，《礼记·礼运》注："犹甘也。"《山海经·海内经》："西南、黑水之间有广都之野，后稷葬焉，爰有膏菽、膏稻、膏黍、膏稷。"

〔三〕孔家坡(2006：179)：嚣，疑读作"槁"，干枯的意思。陈炫玮(2007：232)：田嚣或可解为田地生产不足。今按：放乙154、158："正月甲乙雨，禾不享，〖邦〗有木功。丙丁雨，大旱，鬼神北行，多疾。戊己雨，大有年，邦有土攻(功)。庚辛雨，有年，大作邦中。壬癸雨，大水，禾粟□起，民多疾。"

〔四〕今按：尌，原释文读作"树"。但也可能读作"澍"，《说文》："澍，时雨，所以澍生万物"。澍有丰、满之义，《论衡·自然》："汲井决陂，灌溉园田，物亦生长，霈然而雨，物之茎叶根垓莫不洽濡程量澍泽。"

〔五〕孔家坡(2006：180、181)："七日""九日""廿日"之后可能省略了"雨"字。稙禾、稺禾，《诗·鲁颂·閟宫》毛传："先种曰稙，后种曰稺。"《齐民要术·种谷》："谷田必须岁易，二月三月种者为稙禾，四月五月种者为稺禾。"为，《史记·天官书》"戎菽为"，《集解》引孟康曰："为，成也。"今按：放乙158-160："入正月一日而有雨正月旱，二日雨二月旱，三日雨三月旱，四日雨四月旱，五日雨五月旱，六日雨六月旱，七日雨七月旱。七月雨为澍，正月澍。八月雨，二月澍。九月雨，三月澍。十月雨，四月澍。十一月雨，五月澍。十二月雨，六月澍。"

〔六〕孔家坡(2006：180)：三，指上、中、下三旬。

〔七〕今按：原释文读作"……小童死五日，中年死九日，是胃(谓)归老郑(定)，有雨，平年入"。今改读。"中年"与"平年"相对成文①，当指中等收成的年份。"小童"或读"小种"，亦是与"中年""平年"相似的占语。整条简文大概是以"某死"若干日占所成，由于简文残缺，主语已不可见。

〔八〕缺字，陈炫玮(2007：234)补作"并"，"三并"即前文提到的三种

① 简文也可能从"平年"读断，"入"字属另简，是"入月某日"的意思。

作物。

〔九〕孔家坡(2006：180)："帝"可能系"云"字之讹。

〔一〇〕今按：本条以五色云配五谷，简文有两"禾"字，颇疑第一个"禾"字乃"黍"之讹误。

〔一一〕今按：原释文读作"子白云疾行，庚辛黑云，壬癸赤云，丙丁青云，甲乙黄云，行而云一，天下旱"。今改读。所谓"黑云壬癸"，是"黑云疾行壬癸"的省称。改读后五色云配十天干为：白云配庚辛，黑云配壬癸，赤云配丙丁，青云配甲乙，符合五行学说。

〔一二〕孔家坡(2006：180)：晏，《汉书·杨雄传上》注："无云也。"

## 风　占

### (一)

正月朔日，风从南方来，五日不更，炊(吹)地瓦石见，是胃(谓)燕风，饥。从东方，五日不更，是胃(谓) 孔家坡418 襄〖风〗〔一〕，国有大岁。从西方，五日不更，是胃(谓)藺廉风〔二〕，大旱，百姓皆流。从北方，五日不更，孔家坡419【是胃(谓)山木入】庸〔三〕。一日四周是兵起，必战，得数万。孔家坡420

☒【有岁而为。】从东方来，禾大孰(熟)。从东南来，民多疾。从南方来，孔家坡421 ☒□兵。从西方来，大战，灭军。从北方来，大水。孔家坡422

正月戊己有北风，发屋折木〔四〕，命曰饥。小人卖子，君子卖衣；君子忧，小人流〔五〕。孔家坡414

正月旦西风，三日不报[六]，兵起在春三月中。入月二日而风，三日不报，兵起在夏三月中。入月 孔家坡425 三日而风，三日不报，兵起在秋三月中。入月五日而风，三日不报，兵起在冬三月中。 孔家坡426

**【注释】**

〔一〕孔家坡(2006：181)："襄"字后脱"风"字。

〔二〕"藾"字原释文脱漏，据王贵元(2006)释补。

〔三〕庸，原释文作"康"，Harkness(2011：193)以为"风"字之误。王强(2015b：181)改释为"庸"，入庸即入用。

〔四〕今按："发屋折木"为古占风常语。《春秋潜潭巴》："风折木发屋，飞石走沙，三日不雨，则占。"①《易纬稽览图》："降阳为风，降阴为雨。升气上，降气微，是故阳还，其风必暴。阴还，其雨必暴。降阳之风，动不鸣条。降阴之雨，润不破块。还风者，善令还也。阴还雨，阴威色。"郑玄注："其降也，有鸣风之口，发屋折木之风。"②《乙巳占》卷十《五音风占》："占风之家，多云'发屋折木'、'飞沙转石'等语。"③

〔五〕今按：简文"君子"与"小人"相对成文，古占书多类似之语，如：《史记·天官书》："四星合，兵丧并起，君子忧，小人流。"《图书编》卷十九引《天文别录》曰："四星若合，是谓太荡，其国兵丧并起，君子忧惶，小人流亡。"《星经》卷下"星宿"："君子货衣，小人卖妻子。"

〔六〕孔家坡(2006：181)：报，《淮南子·天文》注："复也。"

## (二)

凡戊子风，有兴[一]；雨阴，有疾；兴在外，风，军归[二]。 睡乙119

① 安居香山、中村璋八辑：《纬书集成》，河北人民出版社1994年版，第853页。
② 安居香山、中村璋八辑：《纬书集成》，河北人民出版社1994年版，第127页。
③ 李零主编：《中国方术概观·占星卷》，人民中国出版社1993年版，第151页。

【注释】

〔一〕睡虎地(1990：242)：征集人服兵役或服劳役，及征集物资，都称为兴。此处据下文专指军兴而言。

〔二〕今按："雨阴""兴在外"前均省略"戊子"。简文大约是说：凡戊子风，有兴；戊子雨阴，有疾；戊子兴在外，风，军归。

## 粲

□□〔一〕

五月雾来，春粲贵，壹【雾】利贾，再雾再倍，三雾三倍，四雾四倍，五雾五倍，六雾六倍。孔家坡451

入正月一日，日出而风，粲贵；阴而雨，粲贱。入月二日为二月，三日为三月，四日为四月，五日为五月，六日为六月〔二〕。孔家坡447

入七月一日，日出而风，粲贵；阴而雨，粲贱。入月二日为八月，三日为九月，四日为十月，五日为十一月，六日为十二月。孔家坡448

☑戊寅日出而风，粲贵孔家坡449A

☑阴而雨，粲贱。不雨，日出不风，占如故。风从南方来，粲孔家坡449B

☑尤甚阴而雨〔三〕，风。风从☑孔家坡450A

☑□尤贱，毋予也。孔家坡450B

【注释】

〔一〕今按：此简首端似有字，当为篇题，整理者未释。

〔二〕陈炫玮(2007：249)：简文"为"字可理解为"将发生"之意。

〔三〕尤，陈炫玮(2007：249)疑为"丑"字误写。刘乐贤(2010a：110～111)以为原简文是"尤"字异体。

# 朔 占

丙丁朔，少(小)旱，莫(暮)【澍】。孔家坡439壹

子朔，有岁。孔家坡440壹

丑朔，败种，寡旱。孔家坡441壹

卯朔，户几(饥)。孔家坡442

辰、巳朔，五种。孔家坡443

午、未朔，多雨。孔家坡439贰

申朔，蚤(早)杀〔一〕。孔家坡440贰

酉朔，莫(暮)杀，有岁。孔家坡441贰

三以甲朔〔二〕，大孰(熟)。孔家坡444壹

三以乙朔，中、稺为〔三〕。孔家坡444贰

三以丙朔，禾、麻为。孔家坡444叁

三以丁朔，岁户〔四〕。孔家坡444肆

三以戊朔，大稙〔五〕、大中、叔(菽)、盖(荅)为。孔家坡445壹

三以己朔，岁大为，女子有疾。孔家坡445贰

三以庚朔，岁不孰(熟)。孔家坡445叁

三以辛朔，下田收。孔家坡445肆

☐大孰(熟)〔六〕。孔家坡446

## 【注释】

〔一〕孔家坡(2006：183)：杀，收割。《资治通鉴·陈长城公至德元年》："百姓歌之曰：'老禾不早杀，余种秽良田。'""早杀"与下文"暮杀"相对。

〔二〕陈炫玮(2007：248)：简文“三以”当是“三月以”之省。今按：《乐稽耀嘉》：“夏以十三月为正，息卦受泰。法物之始，其色尚黑，以平旦为朔。殷以十二月为正，息卦受临。法物之牙，其色尚白，以平鸡鸣为朔。周以十一月为正，息卦受复。法物之萌，其色尚赤，以夜半为朔。”①简文“三以某朔”或指此。

〔三〕孔家坡(2006：183)：中，中禾。稗，稗禾。

〔四〕孔家坡(2006：183)：户，疑读作“恶”。《汉书·薛广德传》注：“岁恶，所谷不熟也。”

〔五〕孔家坡(2006：183)：稙，稙禾。

〔六〕孔家坡(2006：183)：缺文当是“壬朔”或“癸朔”的占辞。

## 四方占年

☐□□南方有年〔一〕，小旱。孔家坡 399

☐□□南方大旱。孔家坡 400

☐□中；西方有年；南方毋(无)年，有旱。孔家坡 401

☐□□善。孔家坡 402

### 【注释】

〔一〕孔家坡(2006：180)：年，《说文》：“谷孰也。”有年，《史记·天官书》正义：“谓丰熟也。”今按：本篇占年涉及四方，似与其他简文有别，单列于此。

① 安居香山、中村璋八辑：《纬书集成》，河北人民出版社 1994 年版，第 547 页。

# 卷　五

## 作　事

### （一）

作事〔一〕

二月利兴土西方，八月东方，三月南方，九月北方。睡甲110正壹

援夕、刑尸、〖夏尸〗作事南方〔二〕，纺月、夏夕、八月作事西方，九月、十月、爨月作事北方，献马、中夕、屈夕作事东方，皆吉。睡甲112正壹

正月、五月、九月之丑，二月、六月、十月之戌，三月、七月、十一月之未，四月、八月、十二月之辰〔三〕，勿以作事、大祠〔四〕，以大生(牲)，大凶；以小生(牲)，小凶；以腊古，吉〔五〕。睡甲113正壹

**【注释】**

〔一〕吴小强(2000：87)："作事"不是指一般的作事情，在这里是特指"兴作土事"。王子今(2003：226~227)：作事，可以理解为经营大事。这里题言"作事"，具体内容只说兴土，涉及范围似乎是有限的。刘乐贤(1994：141)：本篇认为二月利兴土西方，三月利兴土南方，八月利兴土东方，九月利兴土北方。由于文句过于简略，其来历待考。

〔二〕刘乐贤(1994：143)补"夏尸"。

〔三〕刘乐贤(1994：161)：此即后世选择通书的月杀，又叫月煞。《论衡·讥日篇》："假令血忌、月杀之日固凶，以杀牲设祭，必有祸患。"

〔四〕今按：大祠当指兴土时的祭祀活动。《尚书·召诰》："若翼日乙卯，周公朝至于洛，则达观于新邑营。越三日丁巳，用牲于郊，牛二。越翼日戊午，乃社于新邑，牛一，羊一，豕一。"

〔五〕睡虎地（1990：197）：腊，《说文》："干肉也。"古，读为腒，《说文》："北方谓鸟腊曰腒。"今按：作事时大祠，凡杀牲以祭则凶。符合月杀日不可杀牲之规定。

## （二）

正月、五月、九月之丑，二月、六月、十月之戌，三月、七月、〖十一月〗之未〔一〕，四月、八月、十二月之辰，勿以作事、大祠，以大生（牲），凶；小生（牲），凶；以昔肉〔二〕，睡乙 120吉。睡乙 121 上

**【注释】**

〔一〕刘乐贤（1994：359）补"十一月"。

〔二〕睡虎地（1990：242）：昔，《说文》："干肉也"。字亦作腊。

# 毁　弃

毁弃〔一〕

八月、九月、十月，毁弃南方。爨月、献马、中夕，毁弃西方。屈夕、援〖夕〗、刑杘，毁弃北〖方〗。夏尸、纺月〖、七月〗〔二〕，毁弃东方。皆吉。睡甲 111 正壹

**【注释】**

〔一〕今按："毁弃"与"作事"相对，指毁弃房舍建筑物等。

〔二〕刘乐贤（1994：143）补"七月"。

# 土 忌

## （一）

土忌

土徼[一]：正月壬，二月癸，三月甲，四月乙，五月戊，六月己，七月丙，八月丁，九月戊，十月庚，十一月辛，十二月乙〈己〉[二]，不可为土攻(功)。睡甲104正壹

正月丑，二月戌，三月未，四月辰，五月丑，六月戌，七月未，八月辰，九月丑，十月戌，十一月未，十二月辰[三]，毋(无)可有为，筑室，坏；树木[四]，死。睡甲105正壹

春三月寅，夏〚三月〛巳[五]，秋三月申，冬三月亥，不可兴土攻(功)，必死[六]。五月、六月不可兴土攻(功)，十一月、十二月不可兴土攻(功)，必或死。申不可兴土攻(功)。睡甲106正

凡入月七日及夏丑、秋辰、冬未、春戌[七]，不可坏垣，起之[八]，必有死者。以杀豕，其肉未索必死[九]。睡甲107正壹

正月、〚二月〛丁、庚、癸[一〇]，三月、四月丙、己、壬，五月、六月乙、戊、辛，七月、八月甲、丁、庚，九月、十月癸、己、丙，十一月、十二月戊、辛、甲[一一]，不可以垣，必死。睡甲108正壹

正月乙[一二]，二月癸，三月戊，四月甲，五月壬[一三]，六月己，七月丙，八月丁，九月戊，十月庚，十一月辛，十二月己[一四]，不可垣，必死。睡甲109正壹

## 【注释】

〔一〕刘增贵(2007：681)："徼"字原图版不清楚，不能确定此字是否正

确。如果“徼”字不误，也许其义与“四敫”之“敫”相似，释为“交”，意谓两季节之交。

〔二〕刘增贵(2007：681)：“乙”当为“己”之误。

〔三〕郑刚(1993：102)、刘乐贤(1994：161)、刘道超(2007：20)并以为此神煞即月杀(煞)，亦见“作事”“到室”等篇。张春梅(2005：29)：简文月份与地支搭配符合五行三合局，如正、五、九月对应的地支是丑、午、戌，合火局，而丑的五行属性为水，水火相克，故为凶。以下可类推。

〔四〕王子今(2003：223：树木，即植树。

〔五〕吴小强(2000：82)：按上下文例，疑为“夏三月巳”。

〔六〕尚民杰(1997a：35)：寅为火，巳为金，申为水，亥为木。按五行相生原理，水生木，木生火，火生土，土生金，金生水。以之配四季，则为春生夏，夏生土，土生秋，秋生冬。简文以“土忌”为题，自然含有以土王四时之义。春为木，寅为火，木生火即春转夏。春转夏乃自然规律，顺之则昌。于春季的火日不可兴土功，取土王四时，主四时之义。余可类推。刘道超(2004：139、2007：20～21)以五行寄生十二宫来解释此条，即春属木，木临官寅；夏属火，火临官巳；秋属金，金临官申；冬属水，水临官亥。后世以其日为王日或官日，秦简于其日忌兴土功，乃尊天顺时也。今按：《三术撮要》“坛经四季休旺日城日”之“旺日”与此同。①

〔七〕刘乐贤(1994：139～140)：夏丑、秋辰、冬未、春戌就是四敫日。本段内容除论及起垣外，还提到杀豕，或许可以自成一篇。

〔八〕刘乐贤(1994：139)：坏垣、起之即坏垣、起垣，指拆毁、修筑垣墙。

〔九〕睡虎地(1990：196)：索，尽。刘钊(2005：306)：此“索”字即用绳索把肉挂起来风干的意思。

〔一〇〕刘乐贤(1994：139)：正月后似缺“二月”。

① 刘永明主编：《增补四库未收术数类大全》第十集《阴阳五行(一)》，江苏广陵古籍刻印社1997年影印本，第226页。

〔一一〕刘乐贤(1994：141)：这必定是战国秦汉时代比较游行的一个与动土有关的凶煞，今不可考。今按：孔家坡简207叁-209叁："土忌：正月、二月丁、庚，三月、四月丙、己，五月、六月乙、戊、辛，七月、八月丁、庚，九月、十月丙、己、癸，十一月、十二月甲、戊、辛。此胃(谓)九忌，不可立垣。"其日辰安排与此近似。

〔一二〕张春梅(2005：28)、刘增贵(2007：680)："乙"当为"壬"之误。

〔一三〕张春梅(2005：28)、刘增贵(2007：680)："壬"当为"乙"之误。

〔一四〕刘增贵(2007：680)：此即"臽日"。

## (二)

土忌〔一〕

土良日：癸巳，乙巳，甲戌，凡有土事必果。睡甲129背

土忌日：戊、己及癸酉，癸未，庚申，丁未，凡有土事，弗果居〔二〕。睡甲130背

正月寅，二月巳，三月申〔三〕，四月亥，五月卯，六月午，七月酉，八月子，九月辰，十月未，十一月戌，十二月丑〔四〕，当其地不可起土攻(功)〔五〕。睡甲131背

正月亥，二月酉，三月未，四月寅，五月子，六月戌，七月巳，八月卯，九月丑，十月申，十一月午，十二月辰，是胃(谓)土睡甲132背神〔六〕，毋起土攻(功)，凶。睡甲133背

春三月戊辰、己巳，夏三月戊申、己未，秋三月戊戌、己亥，冬三月戊寅、己丑，是胃(谓)地冲〔七〕，不可睡甲134背为土攻(功)。睡甲135背

春之乙亥，〖夏之丁亥，〗〔八〕秋之辛亥，冬之癸亥，是胃(谓)牝日，百事不吉。以起土攻(功)，有女丧〔九〕。睡甲136背

正月乙卯，四月丙午，七月辛酉，十月壬子，是胃(谓)召(招)摇合日〔一〇〕，不可垣，凶。睡甲137背

正月申，四月寅，六月巳〔一一〕，十月亥，是胃(谓)地杓，神以毁宫〔一二〕，毋起土攻(功)，凶。

月中旬，毋起北南陈垣及 睡甲 138 背 增(增)之〔一三〕，大凶。

四月丙午，是胃(谓)召(招)榣(摇)合日，不可垣，凶。

四月酉，以坏垣，凶。

入月十七日以毁垣，其家日减〔一四〕。睡甲 139 背

冬三月之日，勿以筑室及波(破)地，是胃(谓)发蛰〔一五〕。睡甲 142 背

正月不可垣，神以治室。睡甲 148 背

## 【注释】

〔一〕睡虎地(1990：226)："土忌"系标题，"忌"字原在 130 简背首。

〔二〕刘乐贤(1994：293)："凡有土事弗果居"是指凡有动土建筑一类的事必定不能完工，不能居人。

〔三〕申，原释文作"未"，刘乐贤(1994：293)改释为"申"。

〔四〕此神煞，刘乐贤(1994：294)引郑刚说，以为应是《星历考原》中的"往亡"，刘乐贤则认为即"土忌"，见《永乐大典》卷 20121《诸家选日七》所载《阴阳宝鉴尅择通书·逐月凶日》。刘增贵(2007：686)进一步指出即孔家坡汉简《日书》的"大徼"。梁超(2016：194~195)指出即放乙中的"土星"。

〔五〕刘增贵(2007：686)："当其地"之语显示地支不只代表日子，也代表方位。如正月寅为东方，则不可动土于东方。以下可类推。

〔六〕刘乐贤(1994：294)引《论衡·解除篇》："世间缮治宅舍，凿地掘土，功成作毕，解谢土神，名曰'解土'。"尚民杰(2000b：201)：此"土神"即"填星"神。刘增贵(2007：688)：孔家坡《日书》中称此神煞为"司空"。

〔七〕刘乐贤(2006d：386)：此即张家山汉简《盖庐》中的"地橦八日"，亦即《五行大义》的"支冲破"，因地支相冲而得名。

〔八〕刘乐贤(1994：293)："春之乙亥"与"秋之辛亥"之间，疑脱"夏之丁亥"一句。

〔九〕刘增贵(2007：689~690)：此简应即后世的“四穷日”。《御定星历考原》卷四《月事凶神·四穷》项下引曹震圭：“亥者，地支末辰，阴极之位，以四时阴干配之，故曰四穷。”《日书》中之“女日”“牝日”，由简文看为属阴之日，本简以阴地支之末的亥与各季之“阴干”结为干支，土功亦为阴事，阴又为女之象征，动土而有女丧，可由此理解。今按：印台：“四牝：乙亥、丁亥、辛亥、癸亥，不可祠、家(嫁)女取(娶)妇，女子壹乳而死。”刘乐贤(2009：94、96)：“四牝”应该是按春夏秋冬四季运行。“壹乳而死”，妇人产子一次就会死。

〔一〇〕刘增贵(2007：690~693)：“招摇合日”与“招摇系”相关，招摇正月系辰、四月系丑、七月系戌、十月系未，辰、丑、戌、未刚好正是四方土。简文正月乙卯、四月丙午、七月辛酉、十月壬子的地支与招摇系日为相害的关系。

〔一一〕尚民杰(2000b：201)：“六月”当是“七月”之误。

〔一二〕李晓东、黄晓芬(1987：57)：“杓”与“扚”通。《淮南子·兵略》：“为人扚者死。”注曰：“扚，所击也。”看来地杓神是专事破坏的凶煞土神，犯了他的忌，就会宫倾殿塌。尚民杰(2000b：201~202)：所谓“地杓神”当是北斗神的一个变种，实际上也是土神的一个名称。这里的“宫”当指“中宫”即五行中的“土”。土居中宫的基本作用就是主四季的顺利交替，“毁宫”就是说破坏了中宫应起的作用。刘增贵(2007：693~695)：“杓”为北斗星之柄，“地杓”是与月建相对的神煞。“神”非指地杓，而是指上帝。今按：放乙136-137：“寅、巳、申、亥、卯、午、酉、子、辰、未、戌、丑，凡是谓地杓，不可垣，穿地井，到膝，少子死；到腰，中子死；到腋，长子死；到颈，妻死；没人，母父死。”

〔一三〕睡虎地(1990：226)：北南陈垣，顺南北向的墙。增，加筑。

〔一四〕刘乐贤(1994：293)：其家日减，指其家庭人员或财产日益减少。

〔一五〕刘乐贤(1994：294)：发蛰，指发动蛰伏的百虫。《大戴礼记·

诰志》：“虞夏之历，正建于孟春，于时冰泮，发蛰，百草权舆，瑞雉无释。”《论衡·变动篇》：“雷动而雉惊，发蛰而蛇出，起阳气也。”发蛰与启蛰同义，《大戴礼记·夏小正》：“启蛰，言始发蛰也。”刘增贵（2007：696）：《礼记·月令》载孟冬“天气上腾，地气下降，天地不通，闭塞而成冬……命百官谨盖藏”；仲冬“命有司曰：‘土事毋作，慎毋发盖，毋起室屋及起大众，以固而闭。地气沮泄，是谓发天地之房，诸蛰则死，民必疾疫。又随以丧，命之曰畅月。’”所言与本项“发蛰”完全相合。

## （三）

入月旬，不可操土功事，命胃（谓）黄帝。十一月先望日，望日，后望一日毋操土功，此土大忌也。孔家坡240

正月、二月壬、癸，三月、四月甲、乙，五月、六月丙、丁、戊、己，七月、八月丙、丁，九月、十月庚、辛〔一〕，及星自虚至东辟（壁），甲申，乙酉，不可操土功〔二〕。孔家坡241

☐井、窦、沟，毁垣，以之，有罪，不居之，死。穿地大、深各三尺，方男员（圆）女各坐之〔三〕。孔家坡221

戊、己，丁□、申〔四〕，癸未、酉、亥，壬申以兴土功，是胃（谓）夭（妖）〔五〕，居之，死。孔家坡270

正月寅，二月巳，三月申，四月亥，五月【卯】☐【子】，九月辰，十月未，十一月戌，十二月丑〔六〕，及诸月戊申、未、孔家坡273☐□丑、亥，及五月、六月、十一月先望一日、后〔七〕，不可操土功，凶。孔家坡274

☐【戊、】己朔，甲、乙土忌；庚、辛朔，丙、丁土忌；壬、癸朔，戊、己土忌〔八〕。孔家坡224

☐亥，此牝日，起土功，有女丧〔九〕。孔家坡262

## 【注释】

〔一〕陈炫玮（2007：157）：本段的时日安排与睡虎地秦简《日书》中的

“土徼”凶煞有关。

〔二〕今按：放甲 24 贰：“凡甲申、乙酉绝天气，不可起土攻(功)，不死必亡。”《五行大义》卷二《论合》引《河图》“五离日”，甲申、乙酉为天地离。简文规定甲申、乙酉不可起土功，可能与此有关。

〔三〕今按：简 221 与简 270 之“(不)居之，死”可能有关联。“坐”可能是指坐罪、坐死。《开元占经》卷四十七《太白犯角宿一》引《黄帝占》曰：“太白乘左角，群臣有谋不成，其以家坐罪。”《史记・平准书》：“淮南、衡山、江都王谋反迹见，而公卿寻端治之，竟其党与，而坐死者数万人。”此简的意思与“土功”篇之“凿地方丈，丈夫死之；员(圆)，女子死之”意思相近。

〔四〕“申”字据王强(2014：107)释。

〔五〕“夭(妖)”字据王强(2014：107)释读。刘国胜等(2016：136)坚持原释文，认为“居”字下有重文符号，读作“是胃(谓)不居，居之，死”。

〔六〕今按：此神煞即“大徼”，亦即睡虎地中的“土忌”，可据以补齐。

〔七〕今按：此与 240 号简相似，“后”指后望一日。

〔八〕今按：按简文规律，缺文似可补为：甲、乙朔，庚、辛土忌；丙、丁朔，壬、癸土忌。

〔九〕今按：此即睡甲 136 背所见之“牝日”，亦见放乙 131 壹：“春乙亥，夏丁亥，秋辛亥，冬癸亥，是₌牝日，不可起土攻(功)，必死亡。”印台称之为“四牝”。

# 土　功

## (一)

土功〔一〕

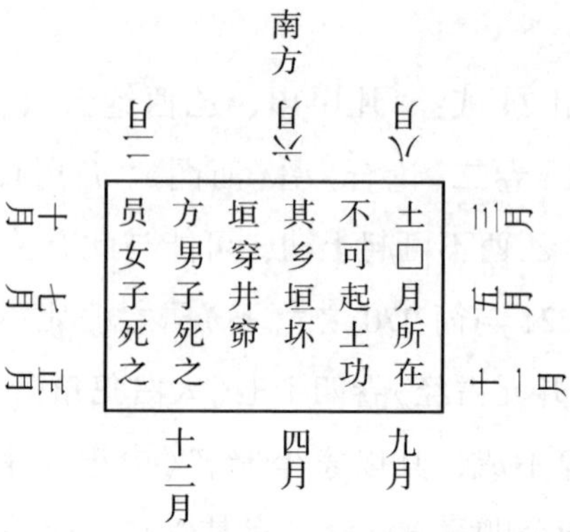


图一　孔家坡207壹-214壹〔二〕

正月、七月、十月在东方，二月、六月、八月在南方，三月、五月、十一月在西方，四月、九月、十二月在北方。土□月所在〔三〕，不可起土功。其乡(向)垣〔四〕、坏垣，穿井窌〔五〕，方〔六〕，男子死之；员(圆)，女子死之。

## 【注释】

〔一〕孔家坡(2006：156)："土功"写在209号简首端，是原有的篇题。篇题"土功"之下自上往下画有三幅图。三图的内容都属土功，可将三图一并归入"土功"篇。今按：三幅图的形式实际上只是在文字外加一方框，边框写十二月等。这些方框大概象征着"垣"，简文主要是讲垣忌。原释文将图上文字另外写出以便注释，今采其法。

〔二〕孔家坡(2006：156)：图框外所列十二月，依东、南、西、北四向各分配有三月，这是说明框内文字中所说的"土□"在一年十二个月的每月所处的辰位，即正月寅，七月卯，十月辰，二月巳，六月午，八月未，三月申，五月酉，十一月戌，九月亥，四月子，十二月丑。据简文，诸如起垣、坏垣、掘地之的土功事，不可与"土□"当月所处辰位同。今按：从图的上方有"南方"二字及各月并未注明十二支的情况看，边框文字应读为"正月、七月、十月在东方，二月、六月、八月在南方，三月、五月、十一月在西方，四月、九月、十二月在北方"。此即框内"土□"每月所在的方位，边框和框内文字是互相说明的。本篇释文即按此读法释写，此神煞的运行可列表为表21：

**表21**

| 月份 | 一 | 二 | 三 | 四 | 五 | 六 | 七 | 八 | 九 | 十 | 十一 | 十二 |
|---|---|---|---|---|---|---|---|---|---|---|---|---|
| 地支 | 寅 | 巳 | 申 | 子 | 酉 | 午 | 卯 | 未 | 亥 | 辰 | 戌 | 丑 |
| 方位 | 东方 | 南方 | 西方 | 北方 | 西方 | 南方 | 东方 | 南方 | 北方 | 东方 | 西方 | 北方 |

〔三〕孔家坡(2006：156)："土"下一字疑作"神"。睡虎地秦简《日书》甲种133号简背云："正月亥，二月酉……十二辰，是谓土神，毋起土功，凶。"今按：睡虎地的"土神"正月为亥在北方，二月酉在西方，与简文并不相同，二者并非同一神煞。

〔四〕孔家坡(2006：156)：垣，起垣。

〔五〕孔家坡(2006：156)：窌，《说文》"窖也"，段注："《吕览》'穿窦窌'，《月令》、《淮南》皆作'窖'。"穿井、窌，即指掘地挖洞之事。

〔六〕孔家坡(2006：156)："方"及下文"圆"是说明"穿井、窌"开洞的形状。

## (二)

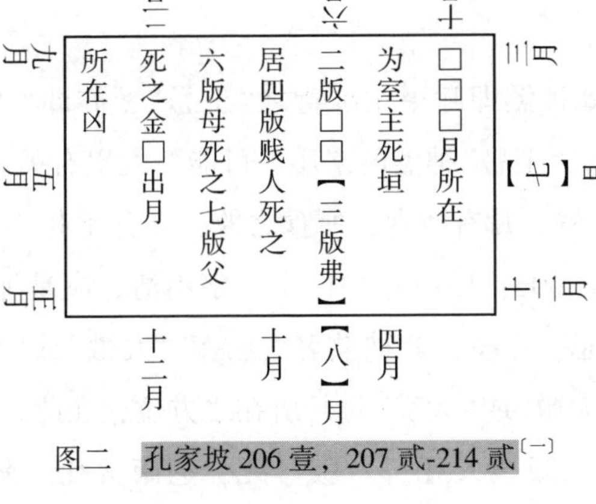


图二　孔家坡206壹，207贰-214贰〔一〕

正月、五月、九月在东方，二月、六月、十月在南方，三月、【七】月、十二〈一〉月在西方，四月、【八】月、{十月、}十二月在北方。□□□月所在〔二〕，为室，主死〔三〕。垣，二版〔四〕，□□；【三版，弗】居；四版，贱人死之；六版，母死之；七版，父死之。金□出月所在〔五〕，凶。

## 【注释】

〔一〕孔家坡（2006：157）：图二框外原文写有十三个月，据图文内容，北方的“十月”疑为衍文。西方的“十二月”当是“十一月”之误。图上的“七月”之“七”、“八月”之“八”原文残泐，据图例拟补。本图在框外排列十二月份，其用意同图一，亦是说明图框内所记神煞各月所处辰位。今按：边框文字可释写为：“正月、五月、九月在东方，二月、六月、十月在南方，三月、【七】月、十二〈一〉月在西方，四月、【八】月、{十月、}十二月在北方。”配上十二支列表为表22：

**表22**

| 月份 | 一 | 二 | 三 | 四 | 五 | 六 | 七 | 八 | 九 | 十 | 十一 | 十二 |
|---|---|---|---|---|---|---|---|---|---|---|---|---|
| 地支 | 寅 | 巳 | 申 | 亥 | 卯 | 午 | 酉 | 子 | 辰 | 未 | 戌 | 丑 |
| 方位 | 东方 | 南方 | 西方 | 北方 | 东方 | 南方 | 西方 | 北方 | 东方 | 南方 | 西方 | 北方 |

从地支安排看，此神煞即睡甲131背之“土忌”，亦即“大徼”；从运行方位看，此即“太岁”。“土忌”神煞的来历，可能与太岁有关。《论衡·讕时篇》：“世俗起土兴功，岁、月有所食，所食之地，必有死者。”

〔二〕孔家坡（2006：157）：“月”上三字不清，应是神煞名，其各月所处方位为“为室”所忌。今按：此神煞名“土忌”“大徼”或“太岁”。简文“□□□月所在”是说“大徼”或“太岁”每月所在之方位，在此方位，若“为室”，则“主死”；“垣”，四版贱人死，六版母死，七版父死。所占有“为室”“垣”

二项。

〔三〕孔家坡(2006：157)：主，指室主。王强(2014：90)改释作“屋”，“为室屋”三字连读。

〔四〕孔家坡(2006：157)：版，《诗·小雅·鸿雁》“之子于垣，百堵皆作”，毛传：“一丈为版，五版为堵。”

〔五〕孔家坡(2006：157)：“金”下一字疑为“乌”。

## （三）

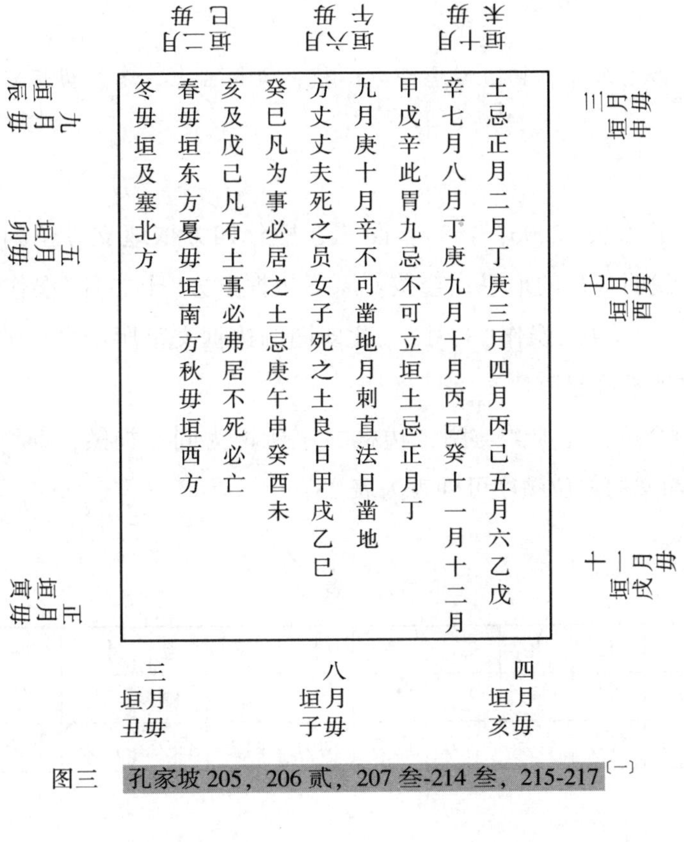


图三　孔家坡205，206贰，207叁-214叁，215-217〔一〕

正月毋垣寅，五月毋垣卯，九月毋垣辰，二月毋垣巳，六月毋垣午，十月毋垣未，三月毋垣申，七月毋垣酉，十一月毋垣戌，四月毋垣亥，八月毋垣子，三〈十二〉月毋垣丑〔二〕。

土忌：正月、二月丁、庚，三月、四月丙、己，五月、六月乙、戊、辛，七月、八月丁、庚，九月、十月丙、己、癸，十一月、十二月甲、戊、辛，此胃(谓)九忌，不可立垣〔三〕。

土忌：正月丁，九月庚，十月辛，不可凿地，月刺直(值)法日〔四〕。凿地方丈〔五〕，丈夫死之；员(圆)，女子死之。

土良日：甲戌，乙巳，癸巳。凡为事〔六〕，必居之。

土忌：庚午、申〔七〕，癸酉、未、亥及戊、己，凡有土事，必弗居，不死必亡。

春，毋垣东方。夏，毋垣南方。秋，毋垣西方。冬，毋垣及塞北方〔八〕。

## 【注释】

〔一〕孔家坡(2006：158)：图三在框外四方依地支方位列有十二组文字，都是说明各月的垣忌。今按：原图边框下方“十二月”误作“三月”，释写边框文字“十月”误作“七月”。此即图二边框文字所记之神煞，此神煞每月所在之地不可起垣。

〔二〕今按：此神煞与图二边框文字所记为同一神煞，即“大徹”或“土忌”，按简文的方位顺序可列表为表23：

**表 23**

| 月份 | 一 | 五 | 九 | 二 | 六 | 十 | 三 | 七 | 十一 | 四 | 八 | 十二 |
|---|---|---|---|---|---|---|---|---|---|---|---|---|
| 地支 | 寅 | 卯 | 辰 | 巳 | 午 | 未 | 申 | 酉 | 戌 | 亥 | 子 | 丑 |
| 方位 | 东方 | 东方 | 东方 | 南方 | 南方 | 南方 | 西方 | 西方 | 西方 | 北方 | 北方 | 北方 |

〔三〕今按：此“土忌”神煞与睡甲108正壹所载相似，二者对比如表24：

表 24

| 月份 | 正、二 | 三、四 | 五、六 | 七、八 | 九、十 | 十一、十二 |
|---|---|---|---|---|---|---|
| 睡虎地 | 丁庚癸 | 丙己壬 | 乙戊辛 | 甲丁庚 | 癸己丙 | 戊辛甲 |
| 孔家坡 | 丁庚 | 丙己 | 乙戊辛 | 丁庚 | 丙己癸 | 甲戊辛 |

孔家坡或有缺文，正月二月缺“癸”，三月四月缺“壬”，七月八月缺“甲”。从孔家坡简看，此神煞名“九忌”，忌立垣。“九忌”之名最早见放乙 141：“正月、二月丁、庚、癸，三月、四月丙、己、壬，五月、六月乙、戊、辛，七月、八月甲、丁、庚，九月、十月丙、己、癸，十一月、十二月甲、戊、辛，凡是谓九忌，不可垣，一堵必有死□。”王强(2018：118)：每月忌三个天干，以每月三十天计算，则每一天干一月内最多出现三次，三三得九，故有“九忌”之名。

〔四〕孔家坡(2006：158)：月刺，神煞名，命名似与月相有联系。值，持也。今按：《春秋运斗枢》：“月八日刺，是谓害地，有分民。九日刺，其饥民以食，弱兵以行。十日刺，女子执政。十一日刺，其下有阴死者。十二日刺，其下昏乱。十三日刺，是谓始强，得地。十四日刺，是谓不和，其下女伤。十五日刺，是谓强盛大，其下多兵。十六日刺，是谓内弱，臣叛其主。十七日刺，是谓灭法，有兵。十八日刺，是谓温犯。十九日刺，是谓阳衰阴治，女执事。二十日刺，其地有土功。二十一日刺，是谓千里外有聚兵。二十二日刺，是谓始衰，贵人多死。二十三日刺，是谓阴盛，女子有主。二十四日刺，中有大谋。二十五日刺，是谓阴隐，国有殃。二十六日刺，是谓多忧。二十七日刺，是谓大饥。二十八日刺，是谓自伐，有内乱。”①

〔五〕孔家坡(2006：158)：简文“丈”重文。今按：此处所谓重文符恐误。

① 安居香山、中村璋八辑：《纬书集成》，河北人民出版社 1994 年版，第 724 页。

〔六〕今按："为事"即作事，亦即兴土起垣作房屋。放乙306："土良日：癸巳、乙己、甲戌。"

〔七〕孔家坡(2006：158)：申，当指庚申之日，承上文"庚午"省。

〔八〕孔家坡(2006：158)：塞，实也。《诗·豳风·七月》："塞向墐户。"

## 司　空

〖正月司空在亥，大徵在寅。〗二月司空在酉，大徵在巳。三月司空在未，大徵在申。四月司空在寅，大徵在亥。孔家坡218〖五月司空在子，大徵在卯。〗六月司空在戌，大徵在午。七月司空在巳，大徵在酉。八月司空在卯，大徵在子。九月司空在孔家坡219丑，大徵在辰。十月司〖空在申，大徵在未。十一月司空〗在午，大徵在戌。十二月司空在辰，大徵在丑〔一〕。孔家坡220

**【注释】**

〔一〕孔家坡(2006：158)：司空本是管理土建之事的职官，此借为掌管土功事的神煞名。本文讲述的是司空、大徵在一年之内的运行情况：司空每三月一个单位，正月亥始、四月寅始、七月巳始、十月申始，逆时针右行，十五日行徙一辰，三个月行徙一方；大徵每四月一个单位，正月寅始、五月卯始、九月辰始，顺时针左行，十日行徙一辰，四个月行徙一周。刘增贵(2007：688)指出此"司空"与睡甲132背-133背之"土神"相当。陈炫玮(2007：114)引刘乐贤说，指出"大徵"即见于《四时纂要》之"土公"、日本阴阳道文献中的"地徵"或"地激"。今按：放乙133壹："寅、巳、申、亥、卯、午、酉、子、辰、未、戌、丑，凡是谓土禁，不可垣。垣一【版，赀】；三版，耐；成垣，父母死。"136-137号简："寅、巳、申、亥、卯、午、酉、子、辰、未、戌、丑，凡是谓地杓，不可垣、穿地井，到膝，少子死；到腰，中子死；到腋，长子死；到颈，妻死；没人，母父死。”马王堆帛书《阴阳五行》甲篇“五行禁日等”称：“土司攻(空)：寅、巳、申、亥、卯、午、酉、子、辰、未、戌、丑，三板(版)，六畜死之；六板(版)，人民死之；九板(版)以上，室生〈主〉死之。”神煞为一，其名则异。

## 垣　日

### (一)

垣墙日〔一〕：凡申、酉▨睡乙 114

凡坏垣，卯在【房】，午在七星，子在虚，酉在卯(昴)，凶〔二〕。睡乙 41 贰

入月旬七日毁垣，其室日【减】；□□睡乙 195 贰及入月旬八日皆大凶，有毁。睡乙 196 贰

**【注释】**

〔一〕林清源(2002：804~805)以为“垣墙日”为章题。

〔二〕成家彻郎(1991：67)：关于补修城壁的吉凶，凡是卯日在房的方位，午日在七星的方位，子日在虚的方位，酉日在昴的方位，各自都是凶。刘乐贤(1994：335)：卯、午、子、酉代表时间，房、七星、虚、昴则代表方位。在式盘上，卯正对着房，午正对着七星，子正对着虚，酉正对着昴。如此整齐对称，说明此条简文与古代的式图和五行学说有关。地支卯于五行中代表东方木，而星宿房在式图上正是正东，此际木气太盛，故《日书》认为卯日房方不宜坏垣。其余可类推。今按：马王堆帛书《出行占》：“己卯在

房，戊午在七星，己酉在茅(昴)，【戊】子在虚……疾，远〖行〗不返。”

## (二)

卯在房，午在七星，酉在卯(昴)，子【在虚】，不可坏垣。孔家坡266

入月旬七，不可坏垣；丙子不可坏垣[一]，垣，妻死；子、卯，辛酉不可坏垣，凶；丁巳，戊、己不可垣；冬三月癸、亥不可为孔家坡271【室】、垣、彻屋[二]。冬三月毋垣北方；春三月毋垣东方；夏三月毋垣南方；秋三月毋垣西方。毋以卯垣东聚。孔家坡272

垣日

垣日，帝毁丘之日：正月辰，二月卯，三月寅，四月酉，五月子，六月亥，七月戌，八月丑，十月未，十一月午，十二月巳[三]，不坏垣，不可除内中[四]。孔家坡269

春三月辰，夏巳，秋申，冬未，不可垣。孔家坡242

春甲申及上旬甲、乙，不可垣东方；夏丙申及上旬丙、丁{酉}[五]，不可垣南方；秋庚申，上旬庚、辛，不可垣西方；冬孔家坡244壬申，上旬壬、癸，不可垣北方。孔家坡245

## 【注释】

〔一〕“丙子”据王强(2014：107)释。

〔二〕孔家坡(2006：163)：彻，同“彻”，拆除、毁坏。《诗·小雅·十月之交》“彻我墙屋”，郑笺：“彻毁我墙屋。”

〔三〕陈炫玮(2007：166)补“九月申”，以为四月与八月地支当互调，引《协纪辨方书》“厌对者，正月起辰，逆行十二辰”，以为即“厌对”，又名“六绝日”。今按：此亦“招摇系”日，简文则称“帝毁丘之日”。

〔四〕今按："内中"即室中，或单称"室"。

〔五〕今按："酉"或为衍文。

# 筑室盖屋

## （一）

室忌

春三月庚、辛，夏三月壬、癸，秋三月甲、乙，冬三月丙、丁，勿以筑室〔一〕。以之，大主死〔二〕；不死，癃，弗居。睡甲 102 正壹

凡入月五日，月不尽五日，以筑室，不居；为羊牢、马厩，亦弗居；以用垣宇〔三〕，闭货贝〔四〕。睡甲 103 正壹

**【注释】**

〔一〕尚民杰（1997a：35）：春为木，庚辛为金，金克木，所以在春三月筑室应该避开金日。其他三季的原理与春季相同。

〔二〕刘乐贤（1994：137）："大主"即"帝篇"中的"大人"，指房屋的成年主人。吴小强（2000：83）：大主，应指大家庭的家长。

〔三〕王子今（2003：219）：《说文·用部》："用，可施行也。"

〔四〕刘乐贤（1994：137）："闭货贝"是财路不通之意。

## （二）

室忌

室忌：春三月庚、辛，夏三月壬、癸，秋三月甲、乙，冬三月丙、丁，【勿筑】室，大主死、癃，弗居。睡乙 110

【盖屋：】□□春庚、辛，夏壬、癸〔一〕，季秋甲、乙，季冬丙、丁，勿以作事、复(覆)内、㬥屋〔二〕。以此日㬥屋，屋以此日为盖 睡乙111 屋〔三〕，屋不坏折，主人必大伤。睡乙112

盖忌：五酉，甲辰，丙寅，不可以盖，必有火起，若或死焉〔四〕。睡乙113

除室〔五〕：庚申，丁酉，丁亥，辛卯，以除室，百虫弗居。睡乙115、116

## 【注释】

〔一〕今按：据文例，“春”“夏”之前均当有“季”字，季春即春季最后一个月，即三月。季夏指六月，季秋指九月，季冬指十二月。

〔二〕睡虎地(1990：241)：㬥，《广雅·释诂一》：“举也。”㬥屋，树立屋架。饶宗颐(1993b：67)：疑“㬥”字乃“臬”字异构。㬥屋言者，持臬测地以建屋也。朱德熙(1999：134)：云梦秦简日书中有“㬥屋”之语，似应读为“构屋”。方勇(2012a：477~478)引《说苑》：“今夫辟地殖谷，以养生送生，锐金石，杂草药，以攻疾。各知构室屋以避暑雨”，其中的“构室屋”可与简文“㬥屋”相比照。

〔三〕刘乐贤(1994：356)：此处疑有衍文。

〔四〕刘乐贤(1994：357)：“若或死焉”意为：或者有死人之事。今按：《易·乾·九三》：“夕惕若厉无咎”，孔疏：“据其上下文势，若字宜为语辞。”

〔五〕睡虎地(1990：241)：除，扫除。

## (三)

盖屋

盖屋良日，卯、未、丑，皆吉。筑室良日，乙丑，己亥，壬寅，丁酉，

丁丑，辛，癸未。孔家坡246

筑室

正月、二月午，三月、四月申，五【月、六月戌，七月、八月子，九月、十月】寅，十一月、十二月辰〔一〕，不可筑室。筑室，大人死〔二〕，右序，长子死；左序，中子死。孔家坡247

春丁丑，己丑，辛丑，癸巳；夏乙巳、亥、酉，己巳、亥、酉；秋乙丑、巳、未，己未，丁丑、未；冬丁巳、亥、酉{、巳}〔三〕，己丑，利筑室。孔家坡248

春三月甲、乙，夏丙、丁，秋庚、辛，冬壬、癸，筑室，必或死之。孔家坡243

☐□申，壬辰，秋三月丁□、□□，冬三月壬戌，甲寅，此八棃（魁）〔四〕，不可盖屋，不出三月〔五〕孔家坡251

☐□月辛亥，十月癸，筑室死。孔家坡263

☐除止（址），丙子筑止（址）、盖之皆吉，毋（无）鸟、鼠。孔家坡264

壬，癸巳、亥，乙酉，庚午、申，戊、己，己酉，丙戌筑室，弗居。孔家坡265

☐□□，壬、癸，庶人筑室，弗居。己酉筑室，不死必亡。孔家坡267

更内、徙止（址）毋西北，不居。胃、七星〖不〗可以徙室〔六〕，凶。戊、己，五戌，春日未、酉，秋亥、丑入室、内，弗居。戊戌〔七〕孔家坡268

## 【注释】

〔一〕陈炫玮（2007：163）：此即"从辰"八值中的"彻日"。然而在出土的"从辰"文献当中，我们看不到"彻日"禁忌与筑室相关，本简禁忌或许跟"彻"字本身有关。

〔二〕孔家坡（2006：163）：大人，指家中长辈。

〔三〕孔家坡（2006：163）：巳，疑为衍文。

〔四〕陈炫玮（2007：163）引《后汉书·苏竟杨厚列传》李贤注："历法，

春三月己巳、丁丑，夏三月甲申、壬辰，秋三月己亥、丁未，冬三月甲寅、壬戌，为八魁。”以为简文“八桼”即八魁。今按：印台：“魁：春三月丁丑、己巳，夏三月甲申、壬辰，秋三月丁未、己亥，冬三月甲寅〖、壬戌〗，大魁也，不可以……”“大魁”当即八魁。《流沙坠简》所载“永元六年历谱”历注有“八魁”：十二月大，“二日甲寅除八魁”，正月小，“十七日己巳平□八魁”。① 与文献记载略合。

〔五〕孔家坡（2006：163）：此简文字尚未写完。

〔六〕孔家坡（2006：163）：据文意，“可”字前脱“不”字。

〔七〕今按：本简文意未完，下接何简不明。

## 四向室

### （一）

春三月毋起东乡（向）室，睡甲96正贰 夏三月毋起南乡（向）室，睡甲97正贰 秋三月毋起西乡（向）室，睡甲98正贰 冬三月毋起北乡（向）室。有以者，大凶，必有死者〔一〕。睡甲99正贰

春三月毋起东乡（向）室，夏三月毋起南乡（向）室，秋三月毋起西乡（向）室，冬三月毋起北乡（向）室。以 睡甲140背 此起室，大凶，必有死者。睡甲141背

**【注释】**

〔一〕刘乐贤（1994：133）：春三月为木，东方亦为木；夏三月为火，南方亦为火；秋三月为金，西方亦为金；冬三月为水，北方亦为水。每个季节

① 罗振玉、王国维编著：《流沙坠简》，中华书局1993年版，第88页。

的所属五行与不可起室方向的五行总是相同的。春三月为木，东方还是木，此际木气太盛。故不宜起室。刘道超(2004：142)：春三月木旺于东方，夏三月火旺于南方，秋三月金旺于西方，冬三月水旺于北方，各忌于其方修造，是尊崇之，故不敢犯，反映了古代敬天顺时的思想。其言“大凶”或“必有死者”，乃恐吓性的手法，并非肯定如此。陈炫玮(2007：163)引刘增贵说，以为此禁忌与月建(又称“小时”“小岁”)有关。

### (二)

〖春毋筑东乡(向)室，〗夏毋筑南乡(向)室，秋毋筑西乡(向)室，冬毋筑北乡(向)室，为之，或死之〔一〕。孔家坡 249

**【注释】**

〔一〕今按：或，有也。

## 门

### (一)

北乡(向)门：七月、八月、九月，其日丙午、丁酉、丙申垣之，其生(牲)赤〔一〕。睡甲 95 正贰

南乡(向)门：正月、二月、三月，其日癸酉、壬辰、壬午垣之，其生(牲)黑。睡甲 96 正叁

东乡(向)门：十月、十一月、十二月，其日辛酉、庚午、庚辰垣之，其生(牲)白。睡甲 97 正叁

西乡(向)门：四月、五月、十〈六〉月，其日乙未、甲午、甲辰垣之，

其生(牲)清(青)[二]。睡甲98正叁

**【注释】**

〔一〕王子今(2003：214)：这里所说的“生(牲)”色，很可能是指祭门杀牲所限定的毛色。今按：牲色正好与门的方位相对，如北向门用赤牲，北为黑、南为赤，形成对冲。以下可类推。

〔二〕今按：王家台351、352、370：“春三月可以南启门，壬戌、壬子、癸丑、癸未，以黑祠。夏三月可以西启门……午，以青祠。秋三月可以北启门，丁酉、丙辰、丁巳、丙申、丙戌，以赤祠。【冬三月可】以东启东〈门〉，□申、辛亥、庚戌、辛巳，以帛(白)祠。”

## (二)

门

入月七日及冬未、春戌、夏丑、秋辰，是胃(谓)四敫，不可初穿门[一]、为户牖、伐木、坏垣、起睡甲143背垣、彻屋及杀[二]，大凶；利为啬夫。

丁亥不可为户。睡甲144背

**【注释】**

〔一〕刘乐贤(1994：297)：穿门，指挖门洞。

〔二〕王子今(2003：503)：彻，即“撤”，就是拆除。

## (三)

正月，五月，九月，可以为北门。戊寅，甲寅、辰，筑吉。孔家坡286贰

二月，六月，十月，可以为东门。以戊寅，壬寅、辰，筑吉。孔家坡287贰

三月，七月，十一月，可为南门。以壬申、午，甲午，筑吉。孔家坡 288 贰

四月，八月，十二月，可以为西门。七星，斗，牵牛，吉。以甲申、辰，庚辰，祠吉。孔家坡 289 贰午，筑吉。孔家坡 290 贰 A

春为南门，夏为西门，秋为北门，冬为东门时。孔家坡 290 贰 B

正月，五月，四月，十月，可以为门。孔家坡 291 贰

筑东门：戊寅，壬寅，戊辰，甲辰；南门：壬申，壬戌、午、辰，孔家坡 292 贰甲申，甲午；北门：戊寅，丙寅，甲辰，甲寅；西门：戊、丙〔一〕，戊孔家坡 293 贰辰，壬申，壬午，甲申，甲辰。为门毋以其乡(向)时之日。孔家坡 294 贰

北门毋东徙，东门毋北徙，南门毋西徙，西门毋南徙。孔家坡 296 贰大徙之大敫，小徙之小敫〔二〕。

凡五丑不可耳门〔三〕。孔家坡 297 贰

门良日：甲戌、申、辰〔四〕；门龙戊、辛、乙、庚，丁丑。孔家坡 298 贰

**【注释】**

〔一〕刘增贵(2011：48)：简文不能通读，可能在“丙”后漏写了一个“午”字，为“戊、丙午、戊辰”，“戊、丙午”即戊午、丙午的省称。今按：看照片，“丙”也可能是“寅”之误。

〔二〕王强(2015b：178~179)认为二“敫”均当释为“毁”，大毁、小毁为程度不同的伤害，与“直室门”篇简 294“外毁孙，内毁子”语义相当。

〔三〕刘增贵(2011：51)：“耳”字也有可能是“瓦”字，指五丑不可以瓦盖屋。今按：“耳”也可能是“穿”字之讹误。“穿门”日书多见，睡乙 196 壹：“毋以丑穿门户，不见其光。”

〔四〕今按：王家台 264：“……甲申、甲辰，门之良日也。甲申、庚申、乙酉，户之良日也。”

# 直室门

## （一）

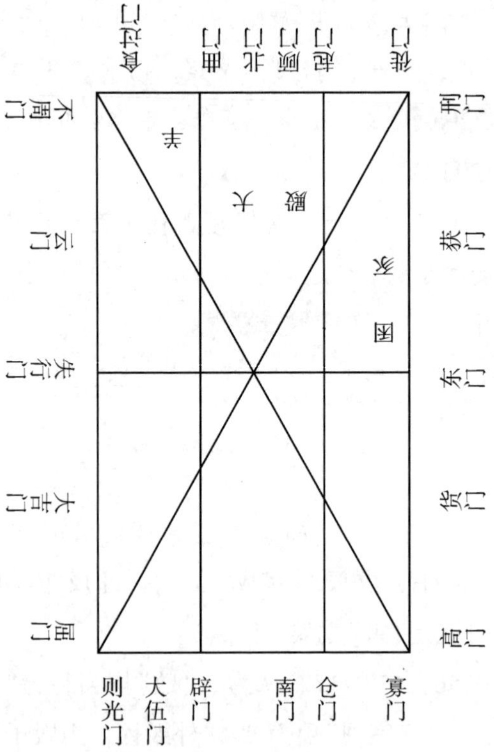


睡甲 114 正壹-126 正壹

直室门[一]：

寡门，兴，兴毋(无)定处，凶。睡甲 114 正贰

仓门，富，井居西南，囷居北乡(向)廥[二]，廥毋绝县(悬)肉[三]。睡甲 115 正贰

南门，将军门，贱人弗敢居。睡甲 116 正贰

辟门，成之即之盖〔四〕，廿岁必富，大吉，廿岁更〔五〕。睡甲 117 正贰

大伍门，命曰吉恙(祥)门，十二岁更。睡甲 118 正贰

则光门，其主昌，柁衣常(裳)〔六〕，十六岁弗更，乃狂。睡甲 119 正贰

屈门，其主昌富，女子为巫，四岁更。睡甲 120 正贰

失行门，大凶。睡甲 121 正贰

云门，其主必富三渫(世)，八岁更，利毋(无)爵者。睡甲 122 正贰

不周门〔七〕，其主富，八岁更。睡甲 123 正贰

食过门，大凶，五岁弗更，其主瘩。睡甲 124 正贰

曲门，前富后贫，五岁更，凶。睡甲 125 正贰

北门，利为邦门，贱人弗敢居。睡甲 126 正贰

顾门，成之，三岁中日入一布；三岁中弗更，日出一布。睡甲 114 正叁

起门，八岁昌，十六岁弗更，乃去〔八〕。睡甲 115 正叁

徙门，数富数虚，必并人家〔九〕。五岁更。睡甲 116 正叁

刑门，其主必富，十二岁更，弗而耐乃刑〔一〇〕。睡甲 117 正叁

获门，其主必富，八岁更，左井右囷，囷北乡(向)廥。睡甲 118 正叁

东门，是胃(谓)邦君门，贱人弗敢居，居之凶。睡甲 119 正叁

货门，所利贾市，入货吉，十一岁更。睡甲 120 正叁

高门，宜豕，五岁弗更，其主且为巫。睡甲 121 正叁

大吉门，宜钱金而入，易虚，其主为 睡甲 122 正叁 巫，十二岁更。睡甲 123 正叁

## 【注释】

〔一〕"直室""门"分别书写于 114、115 号简的简端。饶宗颐(1993a：449)：把后代遁甲的八门与秦简对比，只有不周门居西北隅完全相合。这一名称与《淮南子》的不周风相同，其余都有异名。遁甲的八门，和秦简的门占实有蛛丝马迹的关系。门占在先秦已萌芽，可以说开后来奇门遁甲的先河。刘乐贤(1994：150~151)："直(置)室门"是本篇的篇题。室者住宅也，图中

又标有“囷”“豕”“大殿”“羊”等，都说明本篇所叙乃是住宅之门。王子今(2003：243)：对于本篇的内容，似乎有不同的理解，一说置门，一说选择居址时所考虑居址与门的位置关系。仔细推敲，似乎前一种说法更接近事实。“门”的定位、施工和维修、改建，要遵照本篇的规定。赵瑞民(2006：144)：此类门的名称，与今本《宅经》所载宅图将西北角称为“天门”、西南角称为“人门”、东南角称为“地户”、东北角称为“鬼门”，似有相同的用意。方位有了特定的意义，还有专门的名称。黄儒宣(2013：184)：从二十二个门的名称来看，《置室门》与奇门循甲没有相同之处。《宅经》所列“天门”“人门”“地户”“鬼门”，其实是承自式盘。陈伟(2017：320)：“直”训当，即命中；并以各门下的占语看作求占者的命运(与实际的门并无直接关系)，似乎更好理解。

〔二〕睡虎地(1990：200)：《说文·广部》：“廥，刍稿之藏也。”刘乐贤(1994：150)：囷是圆仓，此句是说仓库位于北面对着廥。今按：放乙“直室门”无图，简2写作：“囷居西北，廥必南乡(向)。”孔家坡“直室门”图作上南下北，与睡虎地图方位相反。图中并无“囷”“廥”等建筑物的文字标识。简267贰文字作：“囷居西南而北乡(向)廥。”而本篇“囷”在图中位居东北。

〔三〕廥毋绝县(悬)肉，吴小强(2000：90)译作“草料库不能不悬挂肉。”陈斯鹏(2007a：73)：“绝”当训为断绝。今按：放乙写作：“廥必南乡(向)，毋绝县(悬)肉，绝之，必有经焉。”

〔四〕睡虎地(1990：200)：成之即之盖，门建成后立即加盖。

〔五〕睡虎地(1990：200)：更，改建。

〔六〕睡虎地(1990：200)：柁，疑读为袉，《仪礼·士昏礼》：“纁裳缁袉。”注：“袉谓缘，袉之言施，以缁缘裳。”袉衣裳，衣裳镶边，这是一种比较考究的衣服。今按：王家台293：“……昌，好歌舞，必佩衣裳。”

〔七〕刘乐贤(1994：150)：《史记·律书》：“不周风居西北，主生杀。”《淮南子·天文》：“昔者共工与颛顼争为帝，怒而触不周之山。”注：“不周山在西北。”不周风、不周山均在西北，则本条不周门亦当在西北。今据本篇所绘图，不周门正好位于西北角。

〔八〕今按：放乙作：“起门，八岁始富，男子若木攻(功)，十六岁更。”王家台 292：“起门，八岁始富，其……”

〔九〕今按：放乙作“并黔首家”。

〔一〇〕睡虎地(1990：200)：而，则。乃，且。此句意谓如不改建，则被处耐刑以及肉刑。今按：放乙写作“不耐乃刑”。

## (二)

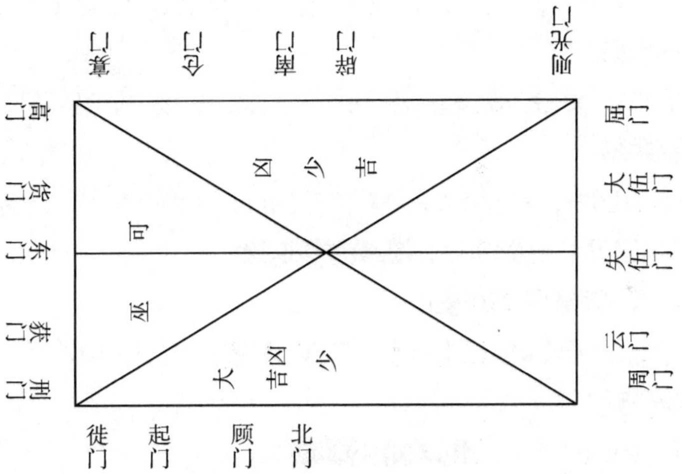


图孔家坡 275 壹-287 壹

寡门，不寡，日泥兴〔一〕，兴毋(无)所定处。弗更，必再寡〔二〕。凶。孔家坡 275 贰

仓门，富门。囷居西南而北乡(向)廥，毋绝县(悬)肉，绝县(悬)肉必有经死焉〔三〕。孔家坡 276 贰

南门，将军门，吉。冣(聚)众，使国，八岁如虚〔四〕。孔家坡 277 贰

辟门，掩之盖〔五〕。廿岁其主必□仆属〔六〕，吉。孔家坡 278 贰

大伍门，宜车马，宗族、弟兄、妇女吉。八岁而更〔七〕。孔家坡 279 贰

则光门，必昌。好歌舞，必施衣常（裳）〔八〕，十六岁弗更，不为巫乃狂〔九〕。孔家坡 280 贰

屈门，必昌以富。妇女媢族人妇女〔一〇〕，是胃（谓）鬼责门〔一一〕。三岁弗更，必为巫。孔家坡 281 贰

大吉门，宜车马，必为啬夫。货数虚〔一二〕，必为巫。十三年而更。孔家坡 282 贰

失伍门，唯（虽）为啬夫，法（废）。有爵者，耐〔一三〕。使人，必赊〔一四〕，唯（虽）人〈入〉尽出，三日言必大至〔一五〕。孔家坡 283 贰

云门，其主必富，三世贫〔一六〕。宜六畜，利毋（无）爵者〔一七〕。孔家坡 284 贰

不周门，其主必富。临端〔一八〕，八十岁弗更〔一九〕，必休〔二〇〕。孔家坡 285 贰

〖食过门〗☑丧，家门乃多恙〔二一〕。反（返），是主必𠪚〔二二〕。孔家坡 288 壹

〖曲门〗☑更，前富后贫。孔家坡 289 壹

〖北门〗☑孔家坡 290 壹

顾门 孔家坡残 46 ☑【布】。三岁弗更，日出一布〔二三〕，为阙〔二四〕。孔家坡 291 壹

〖起门〗☑□必盖之。孔家坡 292 壹

〖徙门〗☑□□□。孔家坡 293 壹

〖刑门〗☑【耐】乃刑。外毁孙，内毁子〔二五〕。孔家坡 294 壹

获门，其□□□□□□☑孔家坡 295 壹

〖东门〗☑孔家坡 296 壹

货门，所利唯贾市。反（返）入货不吉。十一年而更〔二六〕。孔家坡 297 壹

〖高门〗☑【宜豕。】五岁弗更，其主为巫，有夭（妖）〔二七〕。孔家坡 298 壹

## 【注释】

〔一〕孔家坡（2006：165）："日"下一字疑为"泥"。兴，《诗·大雅·

绵》“百堵皆兴”，郑笺：“兴，起也。”今按：放乙作：“寡门，不寡，濡泥兴。”

〔二〕今按：放乙作：“妻不吉，必参(三)寡。”

〔三〕孔家坡(2006：165)：绝悬，吊挂之义。经，《荀子·仲尼》“救经而引其足也”，注：“经，缢也。”经死，指人上吊而死。今按：放乙作：“井居西南，囷居西北，廥必南乡(向)，毋绝县(悬)肉，绝之，必有经焉。”

〔四〕孔家坡(2006：166)：如，犹则也。虚，空也。《史记·平准书》：“于是天子遣使者虚郡国仓廥以赈贫民。”放乙作：“南门，是谓将军门，可聚邦、使客，八岁更。”

〔五〕刘乐贤(2009a：288)将整理者释作“掩”的字改释为从竃从欠的字，其读音与“就”字音近通假，“就之盖”是说“辟门”建成之后要加盖，与睡虎地秦简《日书》“辟门”“成之即之盖”语义相当。

〔六〕孔家坡(2006：166)：仆属，指家室之臣属。“仆属”上一字疑是“写”，作安置的意思讲。一说“富”字之误，读为“其主必富，仆属吉”。王贵元(2006)将“仆属”上一字释为“寯”，义为远；胡平生(2007)以为应是“骞”字讹体，读为“蹇”，训为“难”。今按：放乙写作：“辟门，廿岁更。主必富，使□□。”整理者所引“一说”当是。

〔七〕今按：放乙作“十二月更”。

〔八〕孔家坡(2006：166)：施，《礼记·祭统》“勤大命，施于烝彝鼎”，注：“施，犹着也。”施衣裳，谓衣有佩着。

〔九〕孔家坡(2006：166)：狂，疯癫。今按：放乙作“十六岁更，不毁，必为巫”。

〔一〇〕孔家坡(2006：166)：娼，嫉妒。《广韵·遇韵》：“娼，娼妒也。女子妒男子。”今按：放乙作“妇人必宜疾”。邬可晶(2017：161～162)以为当读为“宜嫉”，“宜”指怨恨，“疾”者妒也。

〔一一〕孔家坡(2006：166)：责，索取。今按：“鬼责门”犹如将军门，是专门名词。责，或读为债。

〔一二〕孔家坡(2006：166)：数，《汉书·贾山传》“赋敛重数，百姓任罢”，注：“数，屡也。”刘乐贤(2009a：290)：简文的“数”字可读为“速”，“速虚”与“易虚”意思更为接近。

〔一三〕陈斯鹏(2007a：73)读“唯”为“虽”。今按：法(废)指免职，耐为耐刑。为啬夫被免职，有爵者被耐刑，此即“失伍门”之义。睡甲、放乙皆作“失行门”。

〔一四〕孔家坡(2006：166)：赊，抵押。刘乐贤(2009a：290~291)改释作“贱”。

〔一五〕孔家坡(2006：166)：言，议论。

〔一六〕孔家坡(2006：166)：贫，乏也。富三世贫，就是备足三代所需财物。陈伟武(2006：431)：全句意谓其主必富，(历经)三世则贫。

〔一七〕今按：放乙写作：“云门，其主富三世，之后乃宜畜生(牲)，利爵禄。”

〔一八〕孔家坡(2006：166)：临，《左传》昭公六年：“临之以敬，莅之以强”，疏：“临、莅一也。临谓位居其上，俯临其下。莅谓有所施为，临抚其事。”端，《礼记·曲礼上》“君子问更端，则起而对”，疏：“更端，别事也。”临端，意为任官治事。一说，“端”系原抄本涉秦始皇“正”之讳而改，“临正”即“临政”，意为治理政务。陈炫玮(2007：168~175)认为孔家坡汉简不当避秦始皇讳，而且孔家坡汉简《日书》并没有避秦始皇讳的现象。因而赞同整理者前一种说法。刘乐贤(2009a：291)赞成整理者提出的“一说”，认为孔家坡简很可能是抄自秦写本，其中残留个别秦写本的避讳，似乎也有可能。今按：放乙作“临邦政”。蒋文(2018：57~61)以为“临邦政”“临邦”“临国”“临端”所指为一，意为处理政务，“临邦政”是最完整的形式。

〔一九〕今按：放乙作“八岁更”。

〔二〇〕孔家坡(2006：166)：休，辞官。

〔二一〕孔家坡(2006：166)：恙，祸患。

〔二二〕孔家坡(2006：166)：疑为“厕”之异体。《集韵·琰韵》：“厕，伤也。”刘玉环(2014：119)读为“倓”，安也。今按：放乙作：“食过门，所利……数出祸丧，必癃。”

〔二三〕孔家坡(2006：166)：布，《汉书·食货志》“是为布货十品”，注：“布亦钱耳。”睡虎地秦律《秦律十八种》67号简云：“钱十一当一布。”日出一布，意为每天支出一布。

〔二四〕孔家坡(2006：166)：阙，减少。《汉书·谷永传》：“阙更减赋，尽休力役”，注：“阙，亦谓减削也。”将残简46号与简291缀合是周波(2010：399~400)的意见。

〔二五〕孔家坡(2006：166)：外毁孙，内毁子，意思就是说家内家外皆对子孙后代有伤害。

〔二六〕今按：放乙作：“财门，所利唯利贾市，入财大吉，十二月更。”

〔二七〕今按：放乙作：“高门，宜豕，五岁更，弗更，必为巫，有央(殃)。”刘增贵(2011：46)：放马滩简与孔家坡简的大部分条文都比较接近，睡虎地秦简的版本更像是节录本。

## 穿户忌

穿户忌

毋以丑穿门户，不见其光〔一〕。睡乙196壹

### 【注释】

〔一〕今按：放乙134贰：“户忌：丁及五丑，凶。”

## 鼠襄户

鼠襄户〔一〕，见之，入月一日二日吉，三日不吉，四日五日吉，六日不吉，七日八日吉，九日恐〔二〕。睡甲28正贰廿二日廿三日吉〔三〕，廿四日恐，

廿五日廿六日吉，廿七日恐，廿八廿九日吉。睡甲 29 正贰

**【注释】**

〔一〕睡虎地（1990：187）：襄，《书·尧典》：传：“上也”。王子今（2003：126）：“鼠襄户”，或可释为“鼠攘户”。

〔二〕王子今（2003：130）：恐，应理解为发生令人恐惧的灾变。

〔三〕睡虎地（1990：187）：无“十日至廿一日”，恐有脱文。王子今（2003：130）：未必有脱文。

## 相 宅

### （一）

【凡相坦、攷（树）】邦〔一〕、作邑之道〔二〕：盍（盖）西南之遇（宇）〔三〕，君子凥（处）之〔四〕，幽俟不出〔五〕。北方高，三方下〔六〕，凥（处）之安寿，宜人民〔七〕，土田聚（骤）得〔八〕。盍（盖）东〖北〗之【遇（宇）】〔九〕，九店 45 君子凥（处）之，□夫□□□〔一〇〕九店 116□婁〔一一〕。西方高，三方下，其中不寿，宜人民、六脜（扰）。盍（盖）西北之遇（宇），芒（亡）倀（长）子〔一二〕。北、南高，二方下，不可凥（处），是胃（谓）【离】土〔一三〕，聚□，得 九店 46 上 土少〔一四〕。盍（盖）东南之遇（宇），□□凥（处），必又（有）□□出□〔一五〕。九店 55 东、南高，二方下，是胃（谓）虚井〔一六〕，攻通，安〔一七〕。中坦〔一八〕，中□，又（有）汙（穿）安（涹）〔一九〕，凥（处）之不盈志。西方【又（有）城安（焉）】〔二〇〕，贫。东、北高，二方下，黄帝□□庶民凥（处）【之】〔二一〕☒ 九店 47☒□不筑〔二二〕。东北之遇（宇），西南之 九店 56 遇（宇），不可以□。

☒□【西北贫。夏三月，】启于北，得，大吉；宫正方〔二三〕，非正中，不吉。秋三月，作高凥（处）于西得☒〔二四〕九店 54

凡宫垑(侈)于西南之南[二五]，凥(处)之贵。凡室不可以盍(盖)左向之墙[二六]，是胃(谓)□▨九店 48

▨凥(处)祭室之后[二七]。垑(侈)于东北之北，安。窨凥(处)南、北[二八]，不利人民；凥(处)西、北，{利，}[二九]不利豕[三〇]；凥(处)西、南，□▨九店 49

▨垑(侈)于东北之东，□□▨九店 51

▨□【是】谓之□。垑(侈)于▨九店 52

▨垑(侈)于西北，不利于子；三增三殜(沮)不相志(持)[三一]，无藏货[三二]，西□君□。垑(侈)于东南，不利于□▨九店 50

▨水凥(处)之□[三三]，妇人正。凡坦南□▨九店 57

▨□□粥。堂吉[三四]。□□[三五]于室东，日出庶(炙)之[三六]，必肉食以食。廪凥(处)西北[三七]，不吉；凥(处)是室▨九店 53

吉。东北又(有)□□▨九店 46 下

▨□；凥(处)东南，多亚(恶)[三八]。▨九店 58

▨□之□□□之西，凥(处)之福，□▨[三九]九店 59

## 【注释】

〔一〕陈伟(1998：157)：第三字“右部与包山简 55 号、131 号、134 号中从‘亘’之字所从类似”，故改释为“垣”。刘信芳(1997：529)亦释垣，读作“凡植垣树邦”。九店(2000：110~111)：首四字图版照片只残存左半，竹简出土清理时右半尚存，释文是根据当时的记录释写的。读作“凡置埠为邦”。李守奎(2004：351)读作：“凡相：坦、树邦”。李家浩、白于蓝(2009：318)：四字右半已在红外影像拍摄时找到、拼合，作“相坦豉邦”。“邦”疑应读为“封”，“树封”是树立封域的意思。

〔二〕“道”字从刘国胜(2005：110)释。

〔三〕九店(1995：508，2000：111)：遇，读作“寓”，指人居住的屋舍。陈伟(1998：157)读作“宇”，指建筑群的基址。

〔四〕徐在国(1997：82)：君子为合文。"君子"后一字，九店(1995：508，2000：112)以为即"居"字。刘乐贤(1996b：66)、刘信芳(1997：529)、李零(1999：146)并以为"处"字古文。

〔五〕幽俟，九店(2000：112~113)读作"幽思"。李零(1999：146)、刘国胜(2000：217)读作"幽疑"。陈伟(2008：301)读为"怮懝"，忧恐的意思。

〔六〕今按：简文中的此类描述，可有两种理解，一是理解为房屋及其围周的地形地势，二是理解为房屋本身的轮廓形状。似以后一种理解为是。

〔七〕晏昌贵、钟炜(2002：418)：此处"人民"指奴婢。

〔八〕九店(2000：113)：骤得，多次得到。

〔九〕缺字，九店(1995：508，2000：113)作"南"。但后文有"盍(盖)东南之遇(寓)"，晏昌贵、钟炜(2002：418)补"北"字。

〔一〇〕刘国胜(2005：110)将45号与116号简相接，作"居子尻之，□大□□□"。周波(2006：86)将"大"改释为"夫"。

〔一一〕褜，刘信芳(1997：530)释作"要"，读如"标"，指祭木。

〔一二〕李零(1999：146)："芒"作"丧"。

〔一三〕李零(1999：146)补作"起"。晏昌贵、钟炜(2002：418)补"离"字。

〔一四〕得，九店(2000：51)原作"见"，陈松长(1997：548)释为"得"。原释文将本简与"吉东北□□……"残简编连在一起，同为46号简。晏昌贵、钟炜(2002：418~419)以为46号简原为两段，前半末字"见"实为"目"字残形，与55号简顶端残存"寸"字，正好合为一"得"字，与55号残简当为一简所析。

〔一五〕刘国胜(2005：111)将本接在47号简后，释作"盖东南之寓，以为尻，必有男贼出室"。

〔一六〕陈伟(1998：157)："虚、井皆有聚落之意。"刘信芳(1997：531)："井"作"石"，"攻"读为"杠"，"石杠"即石桥。

〔一七〕安，刘信芳(1997：531)、陈伟(1998：157)、李零(1999：

146)并读作“焉”。陈伟(2008：301)：“攻通”是挖通的意思，“安”当读如本字。

〔一八〕坦，陈伟(1998：157)、刘信芳(1997：531)、李零(1999：146)释作“垣”。

〔一九〕汙安，九店(2000：114)读作“窏洝”，低下潮湿貌。李零(1999：146)读作“污焉”。

〔二〇〕“又(有)城安(焉)”据何有祖(2012a：124)释读补。

〔二一〕陈伟(1998：157)读“黄”为“潢”，指积水之地。以为“黄帝”是否连读，尚难断定。黄帝下之缺文，九店(2000：114)疑是夏禹之“禹”的残文。今按：此段简文似讲“中”部建筑，按五行学说，“中”正配黄帝。

〔二二〕今按：“不筑”下有句读符号。

〔二三〕宫，据周波(1999：87)释。

〔二四〕刘信芳(1997：534)认为本简应与“毁弃”有关。陈伟(1998：160)亦认为与“相宅”篇无关，另题为“四时方位宜忌”。

〔二五〕垑，陈伟(1998：157)、李零(1999：146)皆读为“侈”，指广、大、超常。刘信芳(1997：531)读为“簃”。九店(2000：115)引《玉篇》土部：“治土地名”。

〔二六〕李零(1999：146)补“郭”字。李守奎(2004：350)、刘国胜(2005：111)补“墙”字。

〔二七〕九店(2000：116)：据文意，此句似可补为“凡室不可盍(盖)祭室之后”。周波(2006：87)“祭”前一字补作“凥(处)”。

〔二八〕窞，刘信芳(1997：532)读为“坎”，指祭室之坎。李零(1999：146)读作“陷”。晏昌贵、钟炜(2002：419)引《说文》：“阎，里中门也。”认为简文所指为门的方位吉凶。周波(2006：87)释作“穷”，其义待考。李家浩、白于蓝(2009：319)引冯胜君说作“穷”，读为“圈”，指畜养牲畜的建筑。

〔二九〕凥西北利，晏昌贵、钟炜(2002：420)疑“利”为衍文。陈伟

(2008：302)以为简文或漏写“人民”二字。

〔三〇〕“豖”字据刘国胜(2005：111)释读。

〔三一〕殜，陈伟(1998：157)、九店(2000：116)释为“沮”，李零(1999：146)以为“世”字异体。

相志，李零(1999：146)读为“爽志”。九店(2000：116)读作“不相持”。刘信芳(2003：95)读作“不将志”，以为“犹不大志，不得志”。

〔三二〕九店(2000：117)补“灾祸”。刘国胜(2005：111)补“藏货”。

〔三三〕缺字，李零(1999：146)补“聚”字。刘国胜(2005：111)补“富”字。

〔三四〕“弼”前缺文，九店(2000：117)补作“阴”。李零(1999：146)补“利于”。李守奎(2004：249)读作“□阴宿，堂(当)吉”。陈伟(2008：300)断作“□□弼，堂吉”。

〔三五〕陈伟(1998：158)补“唇”字，读为“宸”，指屋宇。李零(1999：146)释作“圈”。此二字，刘信芳(1997：532～533)补作“庑宸”。九店(2000：118)疑为“幽辰”。

〔三六〕庶，刘信芳(1997：533)读作“炙”。九店(2000：118)：这里是照晒的意思。

〔三七〕“日出庶之必肉食以食廪”，李守奎(2004：249)读作“日出炙之，必肉食以食筴”。

〔三八〕“亚(恶)”原作“基”，据李守奎(1997：69)释改。

〔三九〕末句，李零(1999：146)读作“……□之□□，处之西，处之福；处……”

## (二)

凡宇最邦之高〔一〕，贵、贫。睡甲15背壹 宇最邦之下，富而瘩。睡甲16背壹 宇四旁高，中央下，富。睡甲17背壹 宇四旁下，中央高，贫。睡甲18背壹宇北方高，南方下，毋(无)宠〔二〕。睡甲19背壹宇南方高，北方下，利贾市。睡甲20背壹宇东方高，西方下，女子为正〔三〕。睡甲21背壹宇有要(腰)〔四〕，不穷必刑。睡甲22背壹宇中有谷，不吉。睡甲23背壹宇右长左短，吉。睡甲14背贰宇左长，女子为正。睡甲15背贰宇多(侈)于西南之西〔五〕，富。睡甲16背贰宇多(侈)于西北之北，绝后。睡甲17背贰宇多(侈)于东北之北，安。睡甲18背贰宇多(侈)于东北，出逐。睡甲19背贰宇多(侈)于东南，富，女子为正。睡甲20背贰道周环宇，不吉。睡甲21背贰祠木临宇〔六〕，不吉。睡甲22背贰垣东方高西方之垣，君子不得志。睡甲23背贰

为池西南，富。睡甲14背叁为池正北，不利其母。睡甲15背叁水窦西出〔七〕，贫，有女子言。睡甲16背叁水窦北出，毋(无)臧(藏)货。睡甲17背叁水窦南出，利家。睡甲18背叁

圈居宇西南，贵、吉。睡甲19背叁圈居宇正北，富。睡甲20背叁圈居宇正东方，败。睡甲21背叁圈居宇东南，有宠，不终迣(世)。睡甲22背叁圈居宇西北，宜子与〈兴〉〔八〕。睡甲23背叁囷居宇西北匽〔九〕，不利。睡甲14背肆囷居宇东南匽，不盈，不利室。睡甲15背肆囷居宇西南匽，吉。睡甲16背肆囷居宇东北匽，吉。睡甲17背肆

井当户牖间，富。睡甲18背肆井居西南匽，其君不瘗必穷。睡甲19背肆井居西北匽，必绝后。睡甲20背肆庑居东方，乡(向)井，日出炙其睡甲21背肆韓〔一〇〕，其后必肉食。睡甲22背肆

娶妇为小内〔一一〕。睡甲23背肆内居西南，妇不媚于君。睡甲14背伍内居西北，毋(无)子。睡甲15背伍内居东北，吉。睡甲16背伍内居正东，吉。睡甲17背伍内居南，不畜〔一二〕，当祠室。睡甲18背伍依道为小内，不宜子。睡甲19背伍

圂居西北匽，利猪不利人。睡甲20背伍圂居正北，吉。睡甲21背伍圂居东北，妻善病〔一三〕。睡甲22背伍圂居南，宜犬，多恶言。睡甲23背伍屏居宇后〔一四〕，吉。睡甲14背陆屏居宇前，不吉。睡甲15背陆

门欲当宇隋[一五]，吉。睡甲 16 背陆 门出衡[一六]，不吉。睡甲 17 背陆 小宫大门，贫。睡甲 18 背陆 大宫小门，女子喜宫斲（斗）[一七]。睡甲 19 背陆 入里门之右，不吉。睡甲 20 背陆

## 【注释】

〔一〕睡虎地（1990：211）：宇，居。最邦之高，在城中最高。这一段是相宅之书。《汉书·艺文志》有《宫宅地形》二十卷，《隋书·经籍志》有《宅吉凶论》《相宅图》等，均属此类书籍。刘乐贤（1994：219）：本篇“宇”字多见，当训为“宅”。王子今（2003：328）题作“宅居”。

〔二〕睡虎地（1990：211）：宠，《周易·师》：“承天宠也”，郑注：“宠，光耀也。”

〔三〕睡虎地（1990：211）：正，《吕氏春秋·君守》注：“主也。”古书中或作政，《左传》宣公二年：“畴昔之事子为政，今日之事我为政。”赵兰香（2012：20）：“正”通“政”，指妇女在家庭当家作主，说明秦代夫妻关系也可由妻子主导。今按：“正”也许是指品行，与“邪”“奇”相对。《论语·子路》：“其身正，不令而行；其身不正，虽令不行。”“女子为正”，似指妇人恪守妇道。《孟子·滕文公下》：“以顺为正者，妾妇之道也。”赵岐注：“女子则当婉顺从人耳。”《太玄·常·次二》：“内常微女，不正也。”王涯注：“处常之时，当正君臣夫妇之道。二失位当夜，是常以微贱之女处内，不正之象，且近于危。”“正”又通“贞”，《左传》昭公二十六年：“妻柔而正”，《晏子春秋·外篇七》“正”作“贞”。① 《战国策·秦策三》“蔡泽见逐于赵”章：“父慈子孝，夫信妇贞，家之福也。”《淮南子·氾论》：“古者人醇工庞，商朴女重。”高注：“女重贞正无邪也。”

〔四〕要，黄文杰（2008：165～167）改释为“娄”，“宇有娄，不穷必刑”整句话的意思是：如果房屋地面不平，有隆起之处，则房主人不是生活穷困，就必定受到刑罚。

---

① 参看高亨、董治安：《古字通假会典》，齐鲁书社 1989 年版，第 60 页。

〔五〕睡虎地(1990：211)：西南之西，西南偏西。

〔六〕睡虎地(1990：211)：祠木，疑即社木。《说文》："《周礼》二十五家为社，各树其土所宜木。"由于社木要立祠祭祀，所以称祠木。

〔七〕贺润坤(1992：53)："水窦(渎)"究系何物，在《日书》中以文意可推知是房屋建筑物之下的排水设施。

〔八〕睡虎地(1990：211)：此句疑有脱文。一说"与"字为"兴"字之讹。

〔九〕睡虎地(1990：211)：匮，疑读为陋，义为边塞狭隘，在此当指宅院的角隅。

〔一〇〕韓，睡虎地(1990：211)：《说文》："井垣也。"字亦作榦，《庄子·秋水》司马注："井栏也。"

〔一一〕刘乐贤(1994：220)：本篇"内"字皆指内室、卧室。

〔一二〕睡虎地(1990：211)：畜，《左传》哀公二十六年注："犹容也。"王子今(2003：336)：畜，有养育、积蓄之义。

〔一三〕王子今(2003：337)：善病，即多病。

〔一四〕睡虎地(1990：211)：屏，厕，见《战国策·燕策二》。

〔一五〕睡虎地(1990：211)：《史记·天官书》索隐："宋均曰：南北曰隋。"

〔一六〕睡虎地(1990：211)：衡，门上横木。

〔一七〕睡虎地(1990：211)："宫"字疑涉上文而衍。刘乐贤(1994：221)："宫斗"也可以理解为窝里斗。

## 失　火

失火〔一〕

甲失火，去不恙(祥)。子失火，有子死。乙失火，大富。丙失火，有(又)公〈火〉起。寅失火，去不恙(祥)。丁失火，为人隋也〔二〕。卯失火，不复 睡乙249 失火，必有鬼。戊失火，亡货。辰失火，去不恙(祥)也。己失火，有癃子。巳失火，有死子。庚失火，君子兵死。睡乙 250 午失火，田宇多〔三〕。辛失火，有子死。未失火，臣妾亡。壬失火，去不善。申失火，富。癸失火，有䰡(鬼)。酉失火，邦有 睡乙 251 年〔四〕。亥失火，利春〔五〕。睡乙 252

## 【注释】

〔一〕睡虎地(1990：254)：失火，标题，位于 250 号简首，因 249 简首有横线。刘乐贤(1994：401)：本篇专门讲述哪天失火的吉与凶，缺丑、戌两条。

〔二〕睡虎地(1990：254)：隋，《广雅·释诂》："好也。"今按：或当读为"惰"，轻慢、懈怠。

〔三〕李学勤(2001：143)：田宇，即古书常见的田宅。

〔四〕刘乐贤(1994：401)："邦有年"即国家农业丰收之意。

〔五〕睡虎地(1990：254)：春，疑读为偆，《说文》："富也。"

# 卷　六

## 岁　徙

### （一）

岁[一]：十月、屈栾、享月在西；夐月、远栾、夏栾在北；献马、荆尿、〖八月在东；冬〗栾[二]、夏尿〖、九月在南〗。九店 77

**【注释】**

〔一〕九店（2000：126）：根据本墓竹简出土后在室内清理时的记录，“岁”上一字残存右下侧一斜画，当是“大”。此是简首，其上似无文字。“大（太）岁”即孙星衍在《月太岁旬中太岁考》（《问字堂集》卷一）所说的“月太岁”，亦即《淮南子·天文》所说“月从右行四仲，终而复始”的太岁。与秦简《日书》甲种《岁》篇所题“岁”的性质不同。李守奎（2001：41）：“岁”位于简首，上无文字，前后文也不相属，是篇题。与云梦睡虎地秦简《岁》篇用法相同。

〔二〕周波（2006：87）：在整理藏品时，发现一段残简，正是“八月在东冬”。缺文据补。

### （二）

岁[一]

刑夷、八月、献马，岁在东方，以北大羊（祥），东旦亡[二]，南遇英

(殃)，西数反其乡[三]。睡甲 64 正壹

夏夷、九月、中夕，岁在南方，以东大羊(祥)，南旦亡，西禺(遇)英(殃)，北数反其乡。睡甲 65 正壹

纺月、十月、屈夕，岁在西方，以南大羊(祥)，西旦亡，北禺(遇)英(殃)，东数反其乡。睡甲 66 正壹

七月、爨月、援夕，岁在北方，以西大羊(祥)，北旦亡，东禺(遇)英(殃)，南数反其乡。睡甲 67 正壹

## 【注释】

〔一〕睡虎地(1990：191)：岁，《开元占经·岁星占》引《石氏星经》曰："岁星，木之精也。岁行一次，十二年一周天，与太岁相应，故曰岁星。"岁星即木星，约十二年运行一周。曾宪通(1993：482)："岁"当指岁星。刘乐贤(1994：103~104)认为本篇中的"岁"可能是选择家们常说的太岁。又引李学勤说，认为太岁的运行显然与每四个月运行一周的"岁"有别。严格说来，"岁"也许既非岁星也非太岁，而是另外一个我们不太熟悉的神名。胡文辉(2000：98)："岁"就是《淮南子·天文》的太岁，亦即大时、咸池。刘乐贤(2010b：123~127)：日书的"岁"是"左行"，《淮南子·天文》的"太(大)岁"是"右行"，并不完全一致。并且他还认为"左行"的咸池(岁或太岁)是楚地的说法，"右行"的咸池是秦地的说法。

〔二〕睡虎地(1990：191)：旦，疑读为殚。《荀子·儒效》："武王之诛纣也，行之日，以兵忌东面而迎太岁。"注："《尸子》云：武王伐纣，鱼辛谏曰：岁在北方不北征。"《汉书·天文志》："岁星所在，国不可伐，可以伐人。"均与本简相似。

〔三〕胡文辉(2000：126)：此处的"乡"可能当用作本字，"反(返)其乡"或即返回家乡之义，是吉兆。吕亚虎(2010：53)：在古代，已嫁女"返"实际上是指被休弃而返回娘家，在一般情况下是不返家的。今按：数返其乡，当是仅次于死亡而略胜于寡殃的凶兆，义与"困"同。

## （三）

正月、五月、九月，北徙大吉，东北少（小）吉，若以是月殹（也）东徙，毄〔一〕，东南刺离〔二〕，南精，西南室毁，西困，西北辱。睡甲 59 正壹

二月、六月、十月，东徙大吉，东南少（小）吉，若以〖是〗月殹（也）南徙，毄，西南刺离，西精，西北毄〔三〕，北困辱。睡甲 60 正壹

三月、七月、十一月，南徙大吉，西南少（小）吉，若以是月殹（也）西徙，毄，西北刺离，北精，东毁，东北困，东南辱。睡甲 61 正

【四】月、八月、十二月，西徙大吉，西北少（小）吉，若以是月殹（也）北徙，毄，东北刺离，南精，东南毁，南困辱。睡甲 62 正

□□□。毄者，死殹（也）。刺者，室人妻子父母分离。精者，□□□□□□□□□□□□□。困者，□□□□□。辱者，不执而为□人矢□〔四〕。睡甲 63 正

## 【注释】

〔一〕睡虎地（1990：189）：本条"毄"疑读为"罄"，《尔雅·释诂》："尽也。"李零（2000：211）读为"击"，是"死"义。王子今（2003：143）：以"难"释"毄"或许更接近简文原意。下文曰"毄者，死也"，若释文成立，则情形更为严重。李天虹（2005：206）："毄"在秦简《日书》中常常通为"击"，指因攻击而死亡。今按："毄"，疑读为"殛尽"之"殛"，《左传》僖公二十八年"明神殛之"，杜注："殛，诛也。"又假借为"极"，极有"尽"义。

〔二〕睡虎地（1990：189）：刺，疑读为"谪"。李零（2000：211）："刺离"指家人分离。今按：下文称"刺者，室人妻子父母分离"。简文"刺"当作此解。

〔三〕今按：据文例，当作"毁"或"室毁"。"毄"字当系"毁"字误书。

〔四〕执，原释作“孰”。李天虹(2005：207)据孔家坡简中的“执辱”，以为执、孰字形相近，释文“孰”也许本是“执”。

睡虎地(1990：189)：简末疑为“用人矢哭”。今按：“用人矢哭”殊不可解，颇疑末字上部从二口，下部从文，读为“吝”，为《周易》常用之吉凶占语。

## (四)

家(嫁)子□〔一〕

正月、五月〚、九月〛，正东尽〔二〕，东南夬丽〔三〕，西南执辱〔四〕，正西郗逐〔五〕，西北续光〔六〕，正北吉富，东北〚反乡〛〔七〕。睡乙197

二月、六月、十月，正南尽，西南斗，正西夬丽，西北执辱，正北郗〚逐，东〛北续光，正东吉富，东南反乡。睡乙198

三月、七月、十一月，正西尽，〚西〛北斗，正北夬丽，东北执辱，正东郗逐，东南续光，正南吉富，西南反乡〔八〕。睡乙199

四月、八月、十二月，正北〚尽，东北〛斗，正东夬丽，〚东〛南执辱，正南〚郗逐，西南〛续光，正西吉富，西北反乡。睡乙200

### 【注释】

〔一〕睡虎地(1990：249)：第三字不清，疑为“刑”字。

〔二〕李天虹(2005：206)：尽，死也。

〔三〕睡虎地(1990：249)：《说文》：“夬，分决也。”《广雅·释言》：“丽，离也。”夬丽即分离。

〔四〕睡虎地(1990：249)：执辱，被拘捕而受辱。

〔五〕睡虎地(1990：249)：郗，读为隙。隙逐，因有怨隙而被驱逐。王焕林(2007：39)认为“郗”是“郤”的讹形，“郗逐”即郤逐。今按：据孔家坡简，当读却逐。

〔六〕睡虎地(1990：249)：续疑读为睦。光，《广雅·释言》："宠也。"续光，此言和睦而受宠。赵裕沛(2005：115)："续光"则夫妻和睦恩爱，妻子很受宠。

〔七〕今按：居延新简 EPT5·57A："五月不肥命天候在中五月移徙吉凶西北殷光。""……□功□□□……吏卒失亡 正北吉昌。"居延新简 EPT5·57B："□始建 始建国天凤 始建。"结合起来看，前引简文涉及王莽始建国天凤某年五月的移徙吉凶，其中的"西北殷光，正北吉昌"，与本简基本一致，有助于理解睡虎地中"续光"的含义。

〔八〕今按：香港 33："北决离，东北执辱，端东郄逐，东南启光，端南吉【富】。"与本条相当，可参。

## (五)

徙时〔一〕

正月、五月、九月，西北启光〔二〕，正北吉昌，〖东北反乡，〗东死亡，【东】南斗，正南别离，西南执辱，正西却逐〔三〕。孔家坡 97

二月、六月、十月，东北启光，正东吉昌，东南反乡，正南死亡，西南斗，正西别离，西北执辱，正北却逐。孔家坡 98

〖三月、〗七月、十一月，东南启光，正南吉昌，西南反乡，正西死亡，西北斗，正北别离，东北执辰〈辱〉，正东却逐。孔家坡 99

四月、八月、十二月，西南启光，正西吉昌，西北反乡，正北死亡，东北斗，正东别离，东南执辱，正南却逐〔四〕。孔家坡 100

## 【注释】

〔一〕孔家坡(2006：139)："徙时"写在 97 号简首端，是原有的篇题。全篇将一年十二个月分为四组，按顺时针方向讲述行徙四维及四仲的吉凶。睡甲"岁""迁徙"，睡乙"嫁子刑"，长沙马王堆汉墓帛书的"徙"篇等性质均与之相同，都是以“岁”为据占断吉凶。这类文献中的“岁”可能与《淮南子·天文》中被称为“大时”或“咸池”的“太岁”有关。

〔二〕今按：“启光”“殷光”“续光”“辟道”，其义盖一。《诗·公刘》：“思辑用光”，毛传：“用光，言民相与和睦以显于时也。”郑笺：“用光大其道，为今子孙之基。”此诗正写公刘迁移事。《千金翼方》卷三十《禁经下·咒水治百病法》：“太一之水祖且良，举水向口续神光。”“启光”犹言“开光”，《说文》：“启，开也。”《太平御览》卷一八八引李尤《牖铭》：“天设窗牖，开光照阴，施于明堂，以象八风。”《盐铁论·刺复》：“骋意极论，宜若开光发蒙，信往而乖于今，道古而不合于世。”

〔三〕孔家坡（2006：139）：却，意与“逐”相当。《汉书·爰盎传》注：“却谓退而卑之也。”陈炫玮（2007：57）：却逐，即遭受退斥且被驱逐。

〔四〕马王堆帛书《阴阳五行》甲篇“徙”有一段占文与此类似，今移录如此以备参考：“端【月、五月、九月，岁才（在）】东，东徙死，西徙反，南徙寡央（殃），北徙吉，东南谁〈离〉，西南斗，西北辟道，东北少（小）吉。其吉日卯未亥、子辰申。二月、【六月、十】月，岁才（在）南，南徙死，北徙反，西徙寡央（殃），东徙吉，西南谁〈离〉，西北斗，东北辟道，东南少（小）吉。其吉日子辰申、丑巳酉。【三月、七月、十一】月，岁才（在）西，西徙死，东徙反，北徙寡央（殃），南徙吉，西北谁〈离〉，【东】北斗，东南辟道，西南少（小）吉。其吉日寅午戌、卯未亥。【四月、八月、十】二月，岁才（在）北，北徙死，南徙反，【东徙】寡央（殃），西徙吉，东北谁〈离〉，【东】南斗，西【南辟道】，西北少（小）吉。其吉日寅午戌、卯未亥。”

## 时　徙

时〔一〕

正月，小时居寅，大时【居卯】，不可东徙。孔家坡 111 壹

二月，小时居卯，大时居子，不可北徙〔二〕。孔家坡 112 壹

三月，小时居辰，大时居酉，不可东〈西〉徙。孔家坡 113 壹

四月，小时、大时并居南方，不可南徙。孔家坡 114 壹

五月，小时居午，大时居卯，不可东、南徙。孔家坡 115 壹

〖六月，小时居未，大时居子，不可……徙。〗〔三〕孔家坡 116 壹

〖七月，小时、大时并居西方，不可西徙。〗孔家坡 117 壹

〖八月，小时居酉，大时居午，不可西南〗徙。孔家坡 118 壹

〖九月，小时居戌，大时居卯，不可……〗徙〔四〕。孔家坡 119 壹

〖十月，小时、大时并居北方，不〗可北徙。孔家坡 120 壹

〖十一月，小时居子，大时居酉，〗不可西、北徙。孔家坡 121 壹

〖十二月，小时居丑，大时居午，不可……徙。〗〔五〕孔家坡 122 壹

徙〔六〕

夏六月，咸池以辛酉徙西方，居四旬五日以丙午徙孔家坡 111 贰【南方】，居九日以乙卯徙东方，居五旬七日以壬子徙北方，孔家坡 112 贰居九日，有(又)【以辛】〖酉徙西方〗〔七〕。孔家坡 113 贰

大时右行间二，小时左行毋数。正月建寅左行〔八〕，建孔家坡 114 贰所当为衝(冲)日〔九〕，卒，衝(冲)前为飘，后为败〔一〇〕，是日毋可有为也〔一一〕。孔家坡 115 贰

## 【注释】

〔一〕孔家坡(2006：141)："时"写在 111 号简首端，是原有的篇题。本篇所记小时、大时，见于《淮南子·天文》，其云："斗杓为小岁，正月建寅，月从左行十二辰。咸池为太岁，二〈正〉月建卯，月从右行四仲，终而复始。大时者，咸池也；小时者，月建也。"小时正月建寅，斗柄从寅开始左旋，经卯、辰、巳、午、未、申、酉、戌、亥、子、丑，复至于寅，月徙一辰。大时正月建卯，太岁(咸池)从卯开始右行，经子、酉、午，复至于卯，月徙一仲。二者均积月成岁，终而复始。被称为大时或咸池的太岁是凶神，

所在方位不可徙往。据文例，六月至十二月的文字可能分别作："〖六月，小时居未，大时居子，不可……徙〗"，"〖七月，小时、大时并居西方，不可西徙〗"，"〖八月，小时居酉，大时居午，不可西南〗徙"，"〖九月，小时居戌，大时居卯，不可……〗徙"，"〖十月，小时、大时并居北方，不〗可北徙"，"〖十一月，小时居子，大时居酉，〗不可西、北徙"，"〖十二月，小时居丑，大时居午，不可……徙〗"。今按：水泉子汉简有标题为"时日"的简牍①，内容讲述大时与小时每月所在方位，与本篇近似，可知本篇"时"作为标题亦指大、小时运行所在，颇疑与下篇"徙"可以合观。

〔二〕陈炫玮(2007：73)补作"不可东、北徒"。

〔三〕陈炫玮(2007：74)补作"不可北徒"。

〔四〕陈炫玮(2007：74)补作"不可东徒"。

〔五〕陈炫玮(2007：74)补作"不可南徒"。

〔六〕孔家坡(2006：142)："徙"写在111号简上，是原有的标题。本篇与"时"篇密切相关，所记为咸池行徙四仲的规律。咸池自六月辛酉徙西方始，至丙午徙南方，乙卯徙东方，壬子徙北方，复至辛酉徙西方，共享时一百二十天，正合"时"篇所记大时行徙四仲一周，用时四月。在式图上，酉、午、卯、子正位于西、南、东、北四方。简文所记咸池在每仲的居留时间有长有短，并不完全一致。今按：不仅如此，六月大时在北方不在西方。此咸池恐非"二〈正〉月建卯，月从右行四仲，终而复始"之大时。值得注意的是，咸池所徙之方与日干支所代表的方位相合，如辛酉，辛和酉均为西方，故咸池以辛酉徒西方。下可类推。

〔七〕孔家坡(2006：142)：据文例，此处缺失"酉徙西方"。今按：简文"夏六月"若指第六个月，则据墓中所出景帝后元二年(前142年)"历日"，六月小，壬申朔，六月并无辛酉。由此年上推十年，符合六月辛酉的有四个年份，即：前143年(六月小戊申朔)、前144年(六月大癸丑朔)、前146年

---

① 张存良、王永安、马洪连：《甘肃永昌县水泉子汉简"五凤二年历日"整理与研究》，《考古》2018年第3期。

(六月大乙未朔)和前147年(六月小辛丑朔)，未知简文所述为何年咸池徙程。

〔八〕孔家坡(2006：142)：这句话的意思是说大时正月建卯右行，间隔两次，月徙一仲。小时正月建寅左行，依次行徙，月徙一辰。今按：简文当从“左行毋数”读断，前句是据式图(即“日廷”图)所作说明，图中卯、子、酉、午分别相隔二辰，从卯至子是右行，所以说“右行间二”。从寅至卯是左行，中间不间隔，所以说“左行毋数”。下句可能是专指“建”即小时而言。

〔九〕今按：“建”可能指月建，亦即小时。“冲日”又见睡甲1背号简，从睡虎地看，“建所当为冲日”可能说建日所对的地支为冲日。

〔一〇〕今按：前后也能据式图说的，“冲前”指冲日所在的前一辰，如冲日在寅，则卯为飘，丑为败。

〔一一〕今按：“是日”可能指败日。睡虎地将“日冲”称为“大败日”，正是“毋可有为”也。

## 四时徙

荆层、夏层〔一〕〖、享月，春不可以东徙〗。九店88

〖夏柰、八月、九月，夏〗不可以南徙。九店89

〖十月、〗𡨦月、献马，秋不可西徙。九店90

〖冬〗柰、屈柰、远柰，冬不可北徙。〔二〕九店91

### 【注释】

〔一〕陈伟(1988：154)将本简作为“结阳”的首简。九店(2000：134)虽将本简作为一组，但同时也认为此残简“也有可能属于另一篇的第一简之首，而不是本组得的第一简之首”。在此情形下，87号简末尾的“荆层”可能是本组简的第一支简。

〔二〕今按：简文以荆层、夏层、享月为春，夏柰、八月、九月为夏，十月、奂月、献马为秋，冬栾、屈栾、远栾为冬，这是战国楚国历法四季划分的新证据，值得重视。《四时纂要》："出行日：凡春三月不东行，犯王方；夏三月不南行，犯王方；秋三月不西行，犯王方；冬三月不北行，犯王方。"

## 徙 死

以甲子、寅、辰，东徙，死。丙子、寅、辰，南徙，死。庚子、寅、辰，西徙，死。壬子、寅、辰，北徙，死〔一〕。睡甲 126 背

☐徙，死。庚子……□寅、辰，北徙，死〔二〕。睡乙 88 壹下

**【注释】**

〔一〕刘乐贤(1994：291)：本篇所说的是关于迁徙的忌日。这些表示时间的干支是指年或月或时或别的，目前尚难断定。天干甲配东方，丙配南方，庚配西方，壬配北方，则是典型的五行排列，或许它是按五行学说制定的。王子今(2003：491)：干支指"日"的可能性是相当大的。

〔二〕今按：本残简原接在"官"篇"参，百事吉"下。今移此。"庚子"以下的缺文或可据睡甲补足。

## 赤帝临日

### (一)

行〔一〕

凡且有大行〔二〕、远行若饮食、歌乐、聚〖众〗、畜生(牲)及夫妻同衣〔三〕，毋以正月上旬午，二月上旬亥，三月上旬申，四月上旬丑，五月上

旬戌，六月上旬卯，七月上旬子，八月 睡甲 127 正 上旬巳，九月上旬寅，十月上旬未，十一月上旬辰，十二月上旬酉〔四〕。凡是日赤啻(帝)恒以开临下民而降其英(殃)，不可具为百事，皆毋(无)所利。节(即)有为也 睡甲 128 正，其央(殃)不出岁中，小大必至〔五〕。有为而禺(遇)雨，命曰央(殃)蚤(早)至，不出三月，必有死亡之志至〔六〕。

凡是有为也，必先计月中闲日〔七〕，句(苟)毋(无)直赤啻(帝)临日，它日虽 睡甲 129 正 有不吉之名，毋(无)所大害。

凡民将行，出其门，毋敢顾，毋止。直述(术)〔八〕，吉，从道右，吉，从左，吝〔九〕。少(小)顾是胃(谓)少(小)楮〔一〇〕，吝；大顾是胃(谓)大楮，凶〔一一〕。睡甲 130 正

## 【注释】

〔一〕王子今(2003：248)：这里所说的“行”，包括作为交通行为的“行旅”，也指涵盖相当广泛的行事，即简文所谓“有为”。

〔二〕刘增贵(2001：510)：“大行”与“远行”并列，可知二者有别。“大行”或许与丧事有关，或许指的是较“远行”更久远的出行。王子今(2003：248)：“大行”可能指意义比较重要的出行行为。吕亚虎(2010：131)：“大行”应指重大的出行活动。今按：《山海经·海内北经》：“有人曰大行伯，把戈。”曾侯乙墓漆棺多绘持戈之神人像，当即“大行伯”，为墓主灵魂升天之先导。则简文“大行”确与一般的“远行”有别。

〔三〕睡虎地(1990：201)：衣，寝衣，即被子。《论语·乡党》：“必有寝衣，长一身有半。”集解引孔安国曰：“今之被也。”刘乐贤(1994：154)：“夫妻同衣”可理解为夫妻二人穿同一件衣服，即妻穿夫之衣或夫穿妻之衣。吴小强(2000：93)：夫妻同衣，夫妻交合作爱。刘增贵(2001：510)：“夫妻同衣”指夫妇的性行为。王子今(2003：248)：“夫妻同衣”也可能理解为穿用同样的衣服。对于下层贫苦民众来说，夫妻不得穿同样衣服的禁忌也是可能的。今按：古代夫妻同房亦有禁忌，《医心方》卷廿八《禁忌第四》引《洞

玄子》云："《素女论》曰：五月十六日，天地牝牡日，不可行房。犯之，不出三年必死。何以知之？但取新布一尺，此夕悬东墙上，至明日视之，必有血，切忌之。"

〔四〕郑刚(1993：102)以为此即《星历考原》卷四和《协纪辨方书》卷六中的临日。简文中称"赤帝临日"。今按：《三术撮要》"万通历吉凶日图诀"有"杀星"，其运程为正月午，二月亥，三月申，四月丑，五月戌，六月卯，七月子，八月巳，九月寅，十月未，十一月辰，十二月酉。① 与此同。

〔五〕刘乐贤(1994：154)：此句意为：假如为百事，则不出一年必有大小不等的灾害降临。王子今(2003：251)："小大必至"作"小大必治(殆)"。

〔六〕睡虎地(1990：201)："之志"二字合文。志，记。死亡之志，当指讣闻。

〔七〕刘乐贤(1994：154)：闲日即闲暇之日。今按：香港 58、59："央(殃)，不可以晕为火，百事皆毋(无)所利。节(即)以有为也，其央(殃)不出岁中，小大必至，有为……死亡志至。凡有为也，□□□□□□□。"与本篇大同小异，可以参考。

〔八〕睡虎地(1990：201)：直术，走道路中央。王子今(2003：251)：术，即道路。

〔九〕王子今(2003：252)：《礼记·王制》："道路，男子由右，女子由左，车从中央。"这是儒家经典中理想的分行制度。《吕氏春秋·乐成》说孔子治鲁，"用三年，男子行乎途右，女子行乎途左"。说与秦简《日书》"从道右，吉"相合，或许可以看作民间礼俗体现男性中心社会的征象之一。今按：简文没有提及男女行道的区别，但仍可看出以"右"为尊的民间习尚。

〔一〇〕睡虎地(1990：201)："楮"读为"伫"，站立。

〔一一〕今按：这一段讲出行的巫术，不见于睡乙及孔家坡简，当是抄手

① 刘永明主编：《增补四库未收术数类大全》第十集《阴阳五行(一)》，江苏广陵古籍刻印社 1997 年影印本，第 226 页。

连类及之。

## （二）

〖凡且有〗大行、远行若饮食歌乐、聚具〈众〉、畜生（牲）及夫妻同衣，毋以正月上旬午，二月上旬亥，三月上旬〖申〗，睡乙132四月上旬丑，五月上旬戌，六月上旬卯，七月上旬子，八月上旬巳，九月上旬寅，十月上旬未，十一月上旬辰，十二月上睡乙133旬丑〈酉〉。凡是日赤啻（帝）恒以开临下民而降央（殃），不可具为百〖事〗，皆毋（无）所利。节（即）以有为也，其央（殃）不出岁〖中〗，小大睡乙134必致（至）。有为也而遇雨，命之央（殃）蚤（早）至，不出三月，有死亡之志致（至）。凡且有为也，必先计月中闲日，□□〔一〕睡乙135直赤啻（帝）临睡乙136

见〔二〕　日，它日唯（虽）有不吉之名，〖毋（无）所〗大害。睡乙137

### 【注释】

〔一〕睡虎地（1990：242）以为缺三字。刘乐贤（1994：364）以为只有两个空格，可补为“句（苟）毋”。

〔二〕睡虎地（1990：243）：此简首有一“见”字，或疑应排于80号简前，与81号简首的“官”字联读，但80号简以下亦非专论见官之事。林清源（2002：807）认为有可能是今人编次错误所造成的。今按：从文意上看，136号简应与137号简连读，这个“见”字究属何意，待考。

## （三）

【临】日：正月上旬午〔一〕，二月亥，三月申，四月丑，五月戌，六月卯，七月子，八月巳，九月寅，十月未，十一月辰，十二月酉。帝以此日开孔家坡108临下降央（殃），不可远行、酓（饮）食、歌乐、取（聚）众〔二〕、畜生(牲)，凡百事皆凶。以有为，不出岁，其央(殃)小大必至。以有为而 孔家坡 109 遇雨，命曰央(殃)蚤(早)至，不出三月，必有死亡之志[三]。凡举事，苟毋直(值)临日，它虽不吉，毋大害。以生子，不〈夭〉[四]。孔家坡 110

【注释】

〔一〕孔家坡(2006：140)：本篇只在正月注明"上旬"，其余月份将二字省略。

〔二〕孔家坡(2006：140)：众，睡甲脱，乙种讹作"具"。

〔三〕孔家坡(2006：140)：志，《礼记·檀弓上》"孔子之丧，公西赤为志焉"注："志谓章识。"《集解》："葬之有饰，所以表识人之爵行，故谓之志。"

〔四〕孔家坡(2006：140)：本篇睡乙至"害"结束，此四字与何简相连不明。王强(2014：45)：据孔家坡简的书写体例，篇章之间区别明显，互相之间鲜有杂错，此处"以生子不"理应属于本篇。怀疑"不"字为"夭"之讹写，当读作"以生子，夭"。临日既然百事皆凶，生子而夭折自然与之相符。

## 归 行

### (一)

归行

凡春三月己丑不可东，夏三月戊辰不可南，秋三月己未不可西，冬三月戊戌不可北[一]。百〖里〗中大凶[二]，二百里外必死。岁忌[三]。睡甲 131 正

毋以辛、壬东南行，日之门也。毋以癸、甲西南行，月之门也。毋以乙、丙西北行，星之门也。毋以丁、庚东北行，辰之门也。凡四门之日，行之敫也，以行不吉[四]。睡甲 132 正

## 【注释】

〔一〕王光华、李秀茹(2006：205)：按春于五行属木，方位属东，而丑于五行生旺乃乙木衰地，与木相配的东方既处衰地，自然不可归行。以下可类推。

〔二〕王子今(2003：255)："百中"或即"陌中"。今按：放乙 126 贰号简作"百里大凶，二百里外必死"。香港藏简 11 号作"百里中有咎，二百里外大咎"。可知此处漏写"里"字。

〔三〕刘乐贤(1994：159)：简文显然与五行学说有关。其月份与方向的五行不能一致。其日为己丑、戊辰、己未、戊戌，它们在式盘上正好居于四维。天干戊己属中央土，其五行可以不计，剩下的地支丑、辰、未、戌配四季，此即后世选择通书中的刑狱日。"岁忌"二字，是当时人称春三月己丑、夏三月戊辰之类为"岁忌"日，还是说本条与"岁"之忌有关，一时难以断定。胡文辉(2000：133)：如果忽略上文中的各个干支日，则春三月不可东，夏三月不可南，秋三月不可西，冬三月不可北，其禁忌与方向的关系正与《淮南子》中的"小岁"("小时")完全吻合。据此，有理由认为这段关于《归行》的文字也与"小岁"有关。刘增贵(2001：518)则以为与太岁所忌方位不吉相类。今按：香港藏简 11 号作"黄神□之"，马王堆帛书《出行占》又称"帝禁"，放乙则直称"行忌"。"岁"与"黄神""帝"的关系尚有待进一步考察。

〔四〕饶宗颐(1993a：446～447)：辛、壬是日门，癸、甲是月门，乙、丙是星门，丁、庚是辰门。如果用后天八卦合十干论之，辛、壬在西北方位，属乾；癸、甲在东北方位，属艮；乙、丙在东南方位，属巽；丁、庚在西南方位，属坤，是居四维，即秦简之四门。东南为辛、壬(西北)之冲，西南为癸、甲(东北)之冲，西北为乙、丙之冲，东北为丁、庚之冲，故"以行，不吉"。刘乐贤(1994：158、160)：敫字在《日书》中多次出现，其确切含义一时难确定。从本篇文句推测，此处的敫当有不吉一类的含义。"毋以辛、壬东南行，日之门也"，应理解为东南维(与辛、壬相对)为日之门，还是要理解为辛、壬之间(西北角)为日之门呢，显然还是一个有待继续探讨的问题。《管子·四时》云："东方曰星，其时曰春，其气曰风，风生木与骨。南方曰日……西方曰辰……北方曰月……"或许《日书》的四门与此有关。今按：类似的规定亦见马王堆帛书《出行占》。

## (二)

春三月乙丑，夏三月丙辰，秋三月辛未，冬三月壬戌，孔家坡 144 壹 不可远行〔一〕。孔家坡 145 壹

**【注释】**

〔一〕今按：本简与睡虎地日干支的天干不同，如表 25：

**表 25**

| | 春三月 | | 夏三月 | | 秋三月 | | 冬三月 | |
|---|---|---|---|---|---|---|---|---|
| 睡虎地 | 己 | 中央土 | 戊 | 中央土 | 己 | 中央土 | 戊 | 中央土 |
| 孔家坡 | 乙 | 东方木春 | 丙 | 南方火夏 | 辛 | 西方金秋 | 壬 | 北方水冬 |

孔家坡简天干与季节搭配一致，睡虎地简则为中央土，但它们都配以丑、辰、未、戌。

# 往　亡

## (一)

〖荆尿内(入)月七日，夏尜内(入)月旬四日，享月内(入)月二旬〗一日，

夏柰内(入)月八日，八月〚内(入)月旬〛六日，九月内(入)月〚二旬四日，十月〛内(入)月旬〈九日〉，㚇月内(入)月旬〚八日，献马内(入)月二旬七日〛，冬柰内(入)月旬，屈柰内(入)月二旬，远柰内(入)〚月三〛旬，凡往，亡；归，死〔一〕。九店 81+82+83+84+85+86+87

## 【注释】

〔一〕九店(2000：133)：这是一组讲“往亡”的简文，残缺较多，可据睡虎地秦简《日书》补齐。简末另有“荆层”残文，当是另一内容，或与“归忌”有关。

### (二)

入正月七日，入二月〚旬〛四日，入三月廿一日，入四月八日，入五月十六日，入六月廿四日，入七月九日，入八月九【旬八】日，入九月廿七日，入十月十日，入十一月廿日，入十二月卅日，凡此日以归，死；行，亡。睡甲 133 正

正月七日，二月十四日，三月廿一日，四月八日，五月十六日，六月廿四日，七月九日，八月十八日，九月廿七日，十月十日，十一月廿日，十二月卅日，凡〔一〕睡甲 107 背是日在行不可以归，在室不可以行，是₌大凶〔二〕。睡甲 108 背

## 【注释】

〔一〕“凡”字原释文脱漏，此据刘乐贤(2016：458)补出。

〔二〕刘乐贤(1994：234)：前一个“是”训此；后一个“是”是系词。这是古汉语使用系词“是”最早的材料。“是₌”又见《天文气象杂占》。石峰(2000：42)：由秦简《日书》可见，系词“是”的产生不会晚于战国末期。梁冬青

(2002：135)："是$_{=}$"句的第二个"是"还是应该理解为"寔"，副词，用在谓语前，充当状语，对事实的真实性，对动作行为或事态进行强调。魏宜辉(2008：56~57)认为"是$_{=}$"的"="是一种比较特殊的重文符号，"是$_{=}$"即"是谓"。杨锡全(2011：4~14)在回顾了"是$_{=}$"句的研究后，亦认为应读为"是谓"。梁冬青(2014：67~73)："是$_{=}$"释为"是谓"，其理据缺乏相应资料做观点支撑，不符合重文号的使用条件，且违背语言的社会性原则。出土文献中的"是$_{=}$"应释为"是是"。

## (三)

亡日

正月七日，二月旬〖四日〗，三月〖二〗旬一日，四月八日，五月旬六日，六月二旬〖四日〗，七月九日，八月旬八日，九月二旬七日，十月旬，十一月〖二〗旬，十二月二〈三〉旬，睡乙 149 凡以此往亡必得，不得必死。睡乙 150

亡者

正月七日，二月旬四日，三月二日〈旬〉一日，四月八日，五月旬六日，六月二旬四日，七月九日，八月旬八日，九月二旬七日☐睡乙 151 二〈三〉旬，凡是往【亡】〖必得〗，不得必死。睡乙 152

## (四)

亡日

正月七日，二月旬四〖日〗，三月二旬一〖日〗，四月八日，五月〖旬〗六日，六月二旬四日，七月九日，凡此日亡，不得。孔家坡 152 壹 八月旬八〖日〗，九月二旬七日，〖十月旬，〗十一月二旬，〖十二月三旬，〗以此日亡，必得，不得，必死〔一〕。孔家坡 153

## 【注释】

〔一〕今按：上述诸简，或名“亡日”，或名“亡者”，其日期安排即为后世选择通书中之“往亡”。饶宗颐(1993a：453~454)引熊宗立《鳌头通书》卷七《往亡歌》云：“立春后七日，惊蛰十四真。清明一十二，白露十八明。寒露二十七，立春十四灵。大雪二十位，大寒二十沈。”复引《通鉴》有关记载及胡三省注，并将简文“往亡”日列如表26：

表 26

| 月份 | 正 | 二 | 三 | 四 | 五 | 六 | 七 | 八 | 九 | 十 | 十一 | 十二 |
|---|---|---|---|---|---|---|---|---|---|---|---|---|
| 日期 | 7 | 14 | 21 | 8 | 16 | 24 | 9 | 18 | 27 | 10 | 20 | 30 |

然后说：秦简是以每月的第几日来定，而不管节气。可见后代《通书·往亡歌》的数字，是远有所承的。刘乐贤(1994：286)进一步指出，“往亡”的日期数字是按五行学说排列的。刘乐贤(1996a：121)引《虎钤经》卷十一“出军日第一百十五”：“一说天门日亦谓之往亡，不可出军。正月初七，二月十四日，三月二十一日，四月八日，五月十六日，六月二十四日，七月九日，八月十八日，九月二十七日，十月十四，十一月二十一日，十二月三十日。”除十月(“四”当是“日”之误)、十一月(衍“一”字)外，余全同于《日书》。刘乐贤(2003a：307)又比较《日书》“往亡”与后世《通书》“气往亡”之区别，以为后世“气往亡”是东汉以后根据神煞运行的月份定历法的“星命月”出现的结果，二者的原理其实是一致的。

# 归　死

正月乙丑，二月丙寅，三月甲子，四月乙丑，五月丙寅，六月甲子，七月乙丑，八月丙寅，九月甲子，十月乙丑，十一月丙寅，十二月甲子，以

睡甲 109 背 {以}行〔一〕，从远行归，是谓出亡归死之日也〔二〕。睡甲 110 背

【注释】

〔一〕睡虎地(1990：223)：下一“以”字衍。王子今(1994：49)：分析简文内容，则上一“以”字似为“毋”字误写，即当作“毋以行，从远行归”。

〔二〕刘乐贤(1994：287~288，又见 1996a：117~118)：将各月的天干去掉，就成为：正、四、十、七月丑，二、五、八、十一月寅，三、六、九、十二月子，换言之，本篇忌日为：四孟在丑，四仲在寅，四季在子。《后汉书·郭陈传》注引《阴阳书历法》：“归忌日，四孟在丑，四仲在寅，四季在子，其日不可远行、归家及徙也。”由此可见，本段的“出亡归死之日”就是《阴阳书》所说的归忌日。今按：马王堆帛书《出行占》将此神煞命名为“屈日”，其时日规定与本简完全相同，且“屈日以行，出亡归死”。程少轩(2014：151)疑“屈日”读为“出日”，为“出亡归死”的简称。居延新简 EPT65·22：“归死：丑{癸}寅子、丑寅子、丑寅子、丑寅子。”衍“癸”字，正是归忌或归死之日。

## 到 室

### (一)

到室

正月丑，二月戌，三月未，四月辰，五月丑，六月戌，七月未，八月辰，九月辰〈丑〉，十月戌{丑}，十一月未，十二月辰〔一〕。凡此日不可以行，不吉。睡甲 134 正壹

【注释】

〔一〕刘乐贤(1994：161)：原简将九月丑之丑，误书在十月戌之后，更

正后为“九月丑，十月戌”。此即月杀(煞)行程。今按：金关汉简 73EJT23：908：“月杀：丑、戌、未、辰、丑、戌、未、辰、丑、戌、未、辰。”

### (二)

千里外毋以丙、丁到室[一]，五百里外毋以壬戌、癸亥到室，孔家坡 146 壹 十里外□□□□丁亥，壬戌，癸亥行及归。孔家坡 147 壹

丙申，丁亥，戊申，戊戌六日，旬之龙日也[二]，以到室，有客〈咎〉[三]。孔家坡 148 壹

### 【注释】

〔一〕今按：印台汉简《日书》：“行：千里之行，以丙辰、丁酉到室，死。”

〔二〕“之”字，据刘国胜等(2016：135)改正。今按：放乙 125 壹：“入宧、远役不可到室之日：庚午、丙申、丁亥、戊申、戊戌、壬戌，此六旬龙日殹。”据此，孔家坡简或可缺“庚午”和“壬戌”。

〔三〕孔家坡(2006：146)：客，读法待考，或疑其后有脱文。王强(2014：59)以为“咎”字的讹写。

## 不 返

西大母以丁酉西不反(返)[一]，緰以壬戌北不反(返)[二]，禹以丙戌南不孔家坡 149 壹反(返)[三]，女过(娲)与天子以庚东不反(返)[四]。孔家坡 150 壹 A

### 【注释】

〔一〕孔家坡(2006：146)：西大母，疑指传说中的西王母。今按：《类

编历法通书大全》卷五“建师人宅舍”：“凶日，甲子日东王公忌，乙亥日忌不东行，丁酉西王母忌不西行，丙辰日南斗忌不南行，丙寅日北斗忌不北行，丁酉日太岁死不祀神，戊子日赵侯死不行兵，壬戌日天师父死，丁亥日地师父死，丙戌日地师母死，甲寅日本师忌，辛亥日师父忌，庚子日师母忌。已上不宜修建师人舍宇、受师教、行兵治病。”①其中“丁酉西王母忌不西行”与简文同。

〔二〕孔家坡（2006：146）：緰，人名，待考。陆平（2007b）：这里的“緰”就是传说中的鲧。陈炫玮（2007：99）：简文緰可能就是文献中的“禺强”。刘乐贤（2010a：107～109）：认同陆平的说法，并指出“緰”是“綸”的讹写，通作“鲧”。

〔三〕孔家坡（2006：146）：传说禹南巡至会稽而亡。《史记·太史公自序》“二十而南游江淮，上会稽，探禹穴”，《集解》引张晏曰：“禹巡狩至会稽而崩，因葬焉。”今按：《吕氏春秋·知分》：“禹南省方，济乎江，黄龙负舟，舟中之人五色无主。禹仰视天而叹曰：吾受命于天，竭力以养人。生，性也；死，命也。余何忧于龙焉。龙俛耳低尾而逝。则禹达乎死生之分，利害之经也。”《淮南子·精神》所记略同。

〔四〕孔家坡（2006：146）：天子，疑指伏羲。“庚”字后脱漏了地支。陆平（2007b）：此“女过”即禹之妻女趫，“天子”指禹。今按：《山海经·北次三经》：“发鸠之山……有鸟焉，其状如乌，文首，白喙，赤足，名曰精卫，其名自叫。是炎帝之少女，名曰女娃。女娃游于东海，溺而不返，故为精卫。常衔西山之木石以堙于东海。”郭注：“娃，恶佳反，语误或作阶。”丁山《中国古代宗教与神话考》：“女娃，当即女娲。”②所谓女过“东不返”者，可能即指“女娃游于东海，溺而不返”。则天子或即《山海经》中的炎帝。

① 《四库全书存目丛书》子部第六十八册，齐鲁书社 1997 年版，第 168 页。

② 丁山：《中国古代宗教与神话考》，龙门联合书局 1961 年版，第 242 页。

# 行 来

甲、乙行，戊、己来，不来，复到甲、乙，孔家坡146叁 不来廿一日〔一〕。丙、丁行，庚、辛来，不来，孔家坡147叁 复到丙、丁，〖不来〗廿一日〔二〕。戊、己行，壬、癸来，孔家坡148叁 不来，复到戊、己，不来廿一日。庚、孔家坡149叁 辛行，甲、乙来，不来，复到庚、辛，孔家坡150贰 不来廿一日。壬、癸行，丙、丁来，不来，孔家坡151贰 复到壬、癸，不来廿一日〔三〕。孔家坡152贰

**【注释】**

〔一〕此句可能是说到与出行之甲乙日相隔二十一天的甲乙日来归。

〔二〕孔家坡(2006：149)："丙丁"后脱漏"不来"二字。

〔三〕孔家坡(2006：149)：《玉篇》："来，归也。"本篇主要是运用五行相胜的原理来规定出行来归的适宜之日。如甲、乙属东方木，戊、己属中央土，五行相胜木胜土，那么甲、乙之日离家出行，戊、己之日当宜来归。本篇内容可能与"离日"有关。今按：《说郛》卷一百九上引《太乙经》："天一所在，甲戊、庚，旦，大吉；夕，小吉。乙巳，昼，神后；夜，传送。丙丁，旦，登明；暮，从魁。六辛，昼，胜光；夜，功曹。壬癸，昼，太一；夜，太冲。占与人期会：天罡临日辰者，会在日辰前为已过，在日辰后为未至。又神在门，会行人未至，主人近行在外，已至；主人远行在内，未至。天罡大吉，加午、未者，唤人必来，非此者凶时。上见王相必来，相克无气不来。求物：天罡加孟不得，临仲得半，加季尽得。占行人：行人至时，甲乙行，丙丁至，不至，还以甲乙日至。他例此。"

# 久行与船行

## （一）

久行毋以庚午入室。睡甲95背贰【长行】行毋以戌、亥入〔一〕。睡甲96背贰

丁卯不可以船行。睡甲97背贰六壬不可以船行。睡甲98背贰六庚不可以行〔二〕。睡甲99背贰

久行毋以庚午入室。长行毋以戌、亥远去室。睡甲127背贰

丁卯不可以船行。六壬不可以船行，六庚不可以行。睡甲128背

**【注释】**

〔一〕今按："入"指入室。下文本条作"远去室"，说正相反，未详孰是。印台："入室：久行毋以庚午、戊、丙到室，戌、亥、丁酉、丙辰入室，死。室长毋以戌、亥远去室。"刘乐贤（2009：94）："室长毋以戌、亥远去室"疑抄写有误，不如睡虎地作"长行毋以戌、亥远去室"准确。

〔二〕王子今（2003：251）：《诗·小雅·四月》说周宣王出行田猎事，有所谓"吉日维戊""吉日庚午"语，对照简文所见"六庚不可以行"以及所谓"久行毋以庚午入室"等内容，可以推知秦简行归宜忌所体现的数术系统，与周人礼俗的数术背景可能有所不同。

## （二）

久行毋以庚午入室，长行毋以戌、亥远去室。睡乙43贰

丁卯不可以船行，六壬不可以船行，六庚不可以行。睡乙 44 贰

# 行　忌

## （一）

【行忌】

凡行者毋犯其大忌，西【毋以亥、未，东毋以】丑、巳，北【毋以】戌〈戌〉、寅，南毋以辰、申。行龙戊、己。行忌〔一〕。睡乙 142

## 【注释】

〔一〕刘信芳（1993：91）、刘增贵（2001：519）、刘乐贤（2003a：118）并补释为：“凡行者毋犯其大忌，西毋以未、亥，东毋以丑、巳，北毋以戌、寅，南毋以辰、申。”《日书》“戊寅”是“戌寅”之误。今按：放乙 315：“凡为行者，毋犯其乡（向）之忌日，西毋犯亥、未，东毋犯丑、巳，北毋犯戌、寅，南毋犯辰、申。”马王堆帛书《出行占》有类似的内容，并可参看。

## （二）

行日

庚☐睡乙 138 节（即）有急行，以此行，吉。睡乙 139

行日

行良日，乙丑、亥、未、酉，□之日〔一〕孔家坡残 1

**【注释】**

〔一〕今按：《增补万全玉匣记》卷上载“出行通用吉日”：“甲子、乙丑、丙寅、丁卯、庚午、辛未，甲戌、乙亥、丁丑、己卯，甲申、丙戌、庚寅、辛卯，甲午、庚子、辛丑、壬寅、癸卯，丙午、丁未、己酉、癸丑，甲寅、乙卯、庚申。”可参看。

## （三）

行者

远行者毋(无)以壬戌、癸亥到室。以出〔一〕，凶。睡乙 140

☐戊戌〔二〕，丙申，在行不可归，在室不可行，是胃(谓)归【死】、孔家坡 142 壹 行亡〔三〕。孔家坡 143 壹

☐亥不可从远行归〔四〕，必死。孔家坡 141 壹

子日忌不可行及归，归到〔五〕、行亡。孔家坡 150 壹 B

**【注释】**

〔一〕今按：“出”也可能是“之”字。

〔二〕戊戌，原释文作“亥午”，刘国胜等(2016：135)据红外影像改释订正。

〔三〕今按：简文虽称“归死行亡”，但与往亡归死不类。

〔四〕“亥”字据陈炫玮(2007：95)释补。

〔五〕今按：“到”字或是“死”字之误。

## 十二支占行

子，旦，北吉。日中，南得。睡甲 136 正壹

丑，旦，北吉。东必得。睡甲137正壹

【寅，西】得〔一〕，东凶，北毋行。睡甲138正壹

【卯，南】吉，西得，北凶，东见疾不死，吉。睡甲139正壹

辰，北吉，南得，东、西凶，毋行。睡甲136正贰

巳，南吉，西得，北凶，东见疾死。睡甲137正贰

午，北吉，东得，南凶，西不反(返)。睡甲138正贰

未，东吉，北得，西凶，南毋行。睡甲139正贰

申，西、南吉，北凶。睡甲136正叁

酉，西、南吉，东凶。睡甲137正叁

戌，东、南、西吉，南凶〔二〕。睡甲138正叁

毋以亥行〔三〕。睡甲139正叁

**【注释】**

〔一〕刘乐贤(1994：172)：整理小组补“西”字根据尚嫌不足。

〔二〕王子今(2003：264)：从上下文例看，只判断四方吉凶，不判断八方吉凶，推想简文二“南”字有一处可能是“北”的误写。

〔三〕今按：“亥”日条的写法与其他简文不同。不一定属于本篇。

# 禹须臾

## (一)

禹须臾〔一〕：辛亥，辛巳，甲子，乙丑，乙未，壬申，壬寅，癸卯，庚戌，庚辰，莫(暮)市以行〔二〕，有九喜。睡甲97背壹

癸亥，癸巳，丙子，丙午，丁丑，丁未，乙酉，乙卯，甲寅，甲申，壬

戌，壬辰，日中以行，有五喜。睡甲 98 背壹

己亥，己巳，癸丑，癸未，庚申，庚寅，辛酉，辛卯，戊戌，戊辰，壬午，市日以行〔三〕，有七喜。睡甲 99 背壹

丙寅，丙申，丁酉，丁卯，甲戌，甲辰，乙亥，乙巳，戊午，己丑，己未，莫(暮)食以行〔四〕，有三喜。睡甲 100 背壹

戊申，戊寅，己酉，己卯，丙戌，丙辰，丁亥，丁巳，庚子，庚午，辛丑，辛未，旦以行，有二喜〔五〕。睡甲 101 背壹

## 【注释】

〔一〕睡虎地(1990：202)：《后汉书·方术传》："其流又有风角、遁甲、七政、元气、六日七分、逢占、日者、挺专、须臾、孤虚之术。"注："须臾，阴阳吉凶立成之法。今书《七志》有《武王须臾》一卷。"称为"禹须臾"或"武王须臾"，是把这一类迷信假托于禹或武王。刘乐贤(1994：165)：所谓须臾、立成就是快速、方便的意思。须臾、立成采用的方式多半是列表，以便于阅读。姜守诚(2016：211～212)认为"禹须臾"应该为一种大的总目冠名(或作限定修饰语使用)，其下还应包括"行日""所以见人日""行意""行不得择日"等子目分类篇题。

〔二〕睡虎地(1990：222)：暮市，当即暮食，市、食均古之部字。暮食为古代时称之一，见《史记·天官书》。刘乐贤(1994：163)："暮市"即本篇第一段(睡甲 135 正)的"夕"，似与暮食有别。尚民杰(1997b：68～75)：简文中的"莫市"即《周礼》中的"夕市"。今按：放乙 78 壹号简写作"夕"。李天虹(2012：294)："夕"与后世十二时"日入""人定"之间的"黄昏"有关。

〔三〕睡虎地(1990：222)：市日，当即食日，疑与《汉书·淮南王安传》日食时同义。亦即食时。刘乐贤(1994：163)："市日"当即"餔时"。尚民杰(1997b：68～75)："市日"当就古代的"日中而市"所言，亦相当于人们的午饭时间。今按：放乙 79 号简壹作"日失(昳)"。

〔四〕刘乐贤(2003b：114～121)："暮食"和马王堆帛书《出行占》中的

“晏食”相当，是指食时之后的时段。

〔五〕饶宗颐(1993a：464～466)认为本篇与五行纳音有关，据推算，五行纳音的干支分布是(见表 27)：

**表 27**

| 五行 | 纳音 | 干　支 |
|---|---|---|
| 金 | 商 | 甲子、乙丑、壬申、癸酉、庚辰、辛巳，甲午、乙未、壬寅、癸卯、庚戌、辛亥 |
| 水 | 羽 | 丙子、丁丑、甲申、乙酉、壬辰、癸巳，丙午、丁未、甲寅、乙卯、壬戌、癸亥 |
| 木 | 角 | 壬子、癸丑、庚申、辛酉、戊辰、己巳，壬午、癸未、庚寅、辛卯、戊戌、己亥 |
| 火 | 徵 | 戊子、己丑、丙申、丁酉、甲辰、乙巳，戊午、己未、丙寅、丁卯、甲戌、乙亥 |
| 土 | 宫 | 庚子、辛丑、戊申、己酉、丙辰、丁巳，庚午、辛未、戊寅、己卯、丙戌、丁亥 |

此表中的干支与简文基本一致，简文“九喜”之金脱甲午、癸酉，“七喜”之木脱壬子，“三喜”之火脱戊子。所谓“喜数”，亦与五行配数有关。刘乐贤(1994：165～171)在饶文的基础上有进一步证明，但他不同意“喜数”与五行的关联，认为“禹须臾”篇所列的喜数似乎还不可能有圆满的解释。今按：居延汉简 73EJT3：70：“戊〈丙〉寅、丁卯，蚤食时行有三憙，失时行……”放乙 195 壹-200 壹号简讲五音的简文，其中提道：宫一，时□□；徵三，时平旦；羽五，时日中；商七，时日入；角九，时夜半。放乙 176 叁号简亦云：“宫一，徵三，羽五，商七，角九。”《抱朴子・仙药》：“按《玉策记》及《开明经》，皆以五音六属，知人年命之所在。子、午属庚，卯、酉属己，寅、申属戊，丑、未属辛，辰、戌属丙，巳、亥属丁。一言得之者，宫与土也。三言得之者，徵与火也。五言得之者，羽与水也。七言得之者，商与金也。九

言得之者，角与木也。”又：“一言宫：庚子、庚午，辛未、辛丑，丙辰、丙戌，丁亥、丁巳，戊寅、戊申，己卯、己酉。三言徵：甲辰、甲戌，乙亥、乙巳，丙寅、丙申，丁酉、丁卯，戊午、戊子，己未、己丑。五言羽：甲寅、甲申，乙卯、乙酉，丙子、丙午，丁未、丁丑，壬辰、壬戌，癸巳、癸亥。七言商：甲子、甲午，乙丑、乙未，庚辰、庚戌，辛巳、辛亥，壬申、壬寅，癸卯、癸酉。九言角：戊辰、戊戌，己巳、己亥，庚寅、庚申，辛卯、辛酉，壬午、壬子，癸丑、癸未。”喜数或与此有关。

## （二）

〖庚〗申、壬申、〖甲申、〗丙申、戊申 睡乙224壹

辛酉、癸酉、乙酉、丁酉、己酉 睡乙225壹

〖辛酉、〗癸卯、乙卯、丁卯、己〖卯〗 睡乙226壹

庚寅、壬寅、〖甲寅、丙寅、〗戊寅 睡乙227壹

戊戌、庚戌、壬戌、甲戌、丙戌 睡乙236壹

戊辰、庚辰、壬辰、〖甲辰、〗丙辰 睡乙237壹

己丑、辛丑、癸丑、乙丑、丁丑 睡乙228壹

己巳、辛巳、癸巳、乙巳、丁巳 睡乙234壹

壬子、甲子、丙子、戊子、庚子 睡乙229壹

壬午、甲午、丙午、戊午、庚〖午〗 睡乙230壹

癸亥、乙亥、〖丁亥、己亥、〗辛亥 睡乙231壹

癸未、〖乙未、〗丁未、己未、辛未 睡乙235壹

清且〈旦〉、食时、日则（昃）、莫（暮）、夕〔一〕 睡乙233壹

**【注释】**

〔一〕凡国栋（2010：66~68）发现本篇干支按照“五支”排列，除少数几支简缺项外，每支简上都书写六十甲子中地支相同的五个干支，而简233壹

所列时辰正好是五个，这不能不说是某种巧合，故而推测本篇实际上是一个讲五支时辰对应以便查找的图表。据此对该篇简序重排，结果为：227、224、225、226、236、237、228、234、229、230、231、235、233(按：简号即整理者的排序)。他同时还认为本篇与“占死失”有关。王强(2018：294~310)在凡国栋的基础上重为编联，其次序为：224-227、236、237、228-231、234、235、233、232，并将本篇与睡甲对照，认为是同一种方术，命名为“禹须臾行喜”。今按：本书的编联略有不同，但不影响干支与五音的对应关系。类似的篇章亦见放乙和马王堆帛书《出行占》，都是将纳音六十甲子分配为五组，每组以某时行有几喜。其中以马王堆《出行占》的表述与本简最为近似，写作：“戊寅、申，己卯、酉，丙辰、戌，丁巳、亥，庚子、午，辛丑、未，宫也，平旦行，二喜。”其余角、徵、羽、商可类推。兹将缺失的干支补足(所补干支用阴影显示)，并结合睡甲(正面为睡甲一，背面称睡甲二)、放乙列表为表28：

**表28**

| 角 | 商 | 羽 | 徵 | 宫 | |
|---|---|---|---|---|---|
| 庚寅 | 壬寅 | 甲寅 | 丙寅 | 戊寅 | 睡乙227 |
| 庚申 | 壬申 | 甲申 | 丙申 | 戊申 | 睡乙224 |
| 辛卯 | 癸卯 | 乙卯 | 丁卯 | 己卯 | 睡乙226 |
| 辛酉 | 癸酉 | 乙酉 | 丁酉 | 己酉 | 睡乙225 |
| 戊辰 | 庚辰 | 壬辰 | 甲辰 | 丙辰 | 睡乙237 |
| 戊戌 | 庚戌 | 壬戌 | 甲戌 | 丙戌 | 睡乙236 |
| 己巳 | 辛巳 | 癸巳 | 乙巳 | 丁巳 | 睡乙234 |
| 己丑 | 辛丑 | 癸丑 | 乙丑 | 丁丑 | 睡乙228 |
| 壬子 | 甲子 | 丙子 | 戊子 | 庚子 | 睡乙229 |
| 壬午 | 甲午 | 丙午 | 戊午 | 庚午 | 睡乙230 |
| 癸亥 | 乙亥 | 丁亥 | 己亥 | 辛亥 | 睡乙231 |
| 癸未 | 乙未 | 丁未 | 己未 | 辛未 | 睡乙235 |

续表

| 角 | 商 | 羽 | 徵 | 宫 | |
|---|---|---|---|---|---|
| 清旦 | 食时 | 日则 | 莫(暮) | 夕 | 睡乙 233 |
| 餔时 | 夕 | 日中 | | 旦 | 睡甲一 |
| 市日 | 莫(暮)市 | 日中 | 莫(暮)食 | 旦 | 睡甲二 |
| 日失(昳) | 夕 | 日中 | 日莫(暮)食 | 平旦 | 放乙 |
| 食时 | 暮市 | 日中 | 晏食 | 平旦 | 马王堆 |
| 七喜 | 九喜 | 五喜 | 三喜 | 二喜 | 睡甲、放乙、马王堆 |

观表 28，有几点不同：第一，睡乙 228 号简一栏干支与六十甲子纳音不合，除非将“丑”改为“亥”，或是将癸丑移前，依次为癸丑、乙丑、丁丑、己丑、辛丑，方合于六十甲子纳音术。睡乙 231 号简干支与六十甲子纳音不同，有两种可能，一是地支“亥”为“丑”的讹写，如睡甲 1 正贰号简“夏三月亥”，“亥”为“丑”字的误写；二是将“己亥”提前至第一栏，然后依次是辛亥、癸亥、乙亥、丁亥，与上栏的天干一致。第二，五时的名称和搭配关系与睡甲、放乙不同。五时制除表 28 所列外，“禹须臾所以见人日”“吏”等篇所见为：旦、晏食、日中、日昳(日庣)、夕。睡乙所见五时制的一头一尾略同于其他篇章，作清旦(旦)、夕(暮市)。日则或相当于日中，然放乙“生男女”篇有“日则”，位处日中之后，其序为：平旦、日出、夙食、莫(暮)食、日中、日过中、日则、日下则、日未入、日入、昏、夜暮、夜未中、夜中、夜过中、鸡鸣，是为十六时制。如此，日则位在日中之后，其他出土材料中亦作日昃或日侧。介于清旦和日则之间食时亦见马王堆帛书《出行占》，或即餔时。介于日则与夕之间的“暮”，或即暮食或晏食。第三，睡乙缺失喜数。此外，见于放乙，五音次序为宫、徵、羽、商、角(107-111、195、201-205、353-370)，与睡乙次序刚好相反。虎溪山汉简《阎氏五胜》：“所谓顺四时者，用春甲乙，夏丙丁，秋庚辛，冬壬癸。常以困、罚日举事，其国日秏(耗)。所谓罚日者，干不胜其支者也。所谓困日者，春戊己，夏庚辛壬癸，秋甲乙，冬丙丁。是故举事，日加其喜数而福大矣，日加其忧数而祸大矣。”其中

亦有“喜数”。总之，所谓“喜”数可能与纳音干支有关，而与时辰关系不大。

## （三）

禹须臾：戊己丙丁庚辛，旦行，有二喜。甲乙壬癸丙丁，日中行，有五喜。庚辛戊己壬癸，餔时行，有七喜。壬癸庚辛甲乙，夕行，有九喜〔一〕。睡甲 135 正

己酉从远行入，有三喜〔二〕。睡甲 134 正贰

## 【注释】

〔一〕王子今（2003：262）将简文列表为表 29：

**表 29**

| 甲乙 | 丙丁 | 戊己 | 庚辛 | 壬癸 | 时辰 | 喜数 |
|---|---|---|---|---|---|---|
| | ◎ | ◎ | ◎ | | 旦 | 二 |
| ◎ | ◎ | | | ◎ | 日中 | 五 |
| | | ◎ | ◎ | ◎ | 餔时 | 七 |
| ◎ | | | ◎ | ◎ | 夕 | 九 |

可以看出，以庚辛壬癸日“行有喜”的几率较高，而丙丁日“行有喜”的几率最低。刘乐贤（2010b：95）指出本篇与“禹须臾”内容基本一致，然未作讨论。今按：香港 32：“【金】胜木，可东。壬癸。夕行，九憙。”其表述方式与此篇略同。所谓“戊己丙丁庚辛”者，实际上是六十甲子纳音之“宫”日的另一种表述，盖因宫日十二干支全为庚、辛、戊、己、丙、丁，而无甲、乙、壬、癸，所以用“戊己丙丁庚辛”表示宫日的十二个干支，宫日旦行有二喜，与睡甲 101 背壹的说法相符。以下可类推。

〔二〕今按：此条与上文不同。大概由于本篇简文缺“三喜”，抄手便又

补以“己酉从远行入，有三喜”一条，但己酉属宫日，不在三喜的“徵”日范围内，且本条无时辰，可见与“禹须臾”篇的来源不同，“三喜”亦未能详。

## 禹须臾行日

☐中夜，南吉〔一〕。孔家坡159壹

☐【吉。】〔二〕孔家坡160壹

☐【吉，】昏，北吉。中夜，东吉〔三〕。孔家坡161壹

入月十一日、十二日、十三日、十四日、十五日、十六日、十七日、十八日，旦，东吉。日孔家坡162壹中，南吉。孔家坡163壹昏，西吉。中夜，北〖吉〗〔四〕。孔家坡162叁

入月十九日、〖廿日、〗〔五〕廿一日、廿二日、廿三日、廿四日、廿五日，旦，北吉。日中，东吉。孔家坡164壹昏，南吉。中夜，西吉。孔家坡165壹

入月廿六日、廿七日、廿八日、廿九日、卅日，旦，西吉。日中，北吉。昏，东吉。孔家坡166壹中夜，南吉。孔家坡167壹

**【注释】**

〔一〕孔家坡（2006：149）：补作：“入月一日、二日、三日，旦西吉，日中北吉，昏东吉，中夜南吉。”今按：放甲、放乙均有所谓“禹须臾行日”，其中入月一日、入月二日、入月三日的规定与上述整理者的补文全同，只是表述方式有别。

〔二〕孔家坡（2006：149）补作：“入月四日，旦西吉，日中南吉，昏北吉，中夜东吉。”今按：亦见放甲、放乙。

〔三〕孔家坡（2006：149）补作：“入月五日、六日、七日、八日、九日、十日，旦南吉，日中西吉，昏北吉，中夜东吉。”

〔四〕孔家坡（2006：149）：“北”后脱“吉”字。

〔五〕今按：简文脱“廿日”。

# 穷　日

穷日〔一〕

禹穷日，入月二日、七日、九日，旬三〖日〗，旬八〖日〗，二旬二日，二旬五日，不可【行】。孔家坡 151 壹

**【注释】**

〔一〕孔家坡(2006：147)："穷日"，写在151号简的首端，是原有的篇题。传世文献里的穷日指癸亥日。以甲子日推而周行，至癸亥为终一甲，故称癸亥为穷日。《后汉书·邓禹传》："明日癸亥，匡等以六甲穷日不出。"本篇的穷日似乎与之无关，但二者命名原理相通，穷日均不宜出行。简文又称穷日为"禹穷日"，是将穷日之说假托于禹。今按：周家台有所谓"戎历日"，以数图画中的方框和横线的方式选取穷日和大、小彻日，其中的穷日为"入月三日、四日、五日、九日、十日、十一日、十五日、十六日、十七日、廿一日、廿二日、廿三、廿七日、廿八日、廿九日"，穷日"不利有为也。亡人，得。是谓三闭"。马王堆帛书《出行占》有："穷日：一月六日、二月廿四日、三月廿一日、四月八日、五月十六日、六月□□、七月九日、八月□日、九月廿七日、十月十日、十一月□□、十二月卅日。"另有"大穷日""小穷日"，其规定均与本篇不同。

# 行　祠

凡行祠常行，道右、【左】▨〔一〕睡乙 143

行祠

祠常行，甲辰，甲申，庚申，壬辰，壬申，吉。毋以丙、丁、戊、壬□▨睡乙 144

□祠〔二〕

正☐癸不可祠人伏〔三〕，伏者以死。戊辰不可祠道□，道□以死。丁不可祠道旁。睡乙 147

**【注释】**

〔一〕睡虎地(1990：243)：常行，疑即道路之神行。陈伟武(1998：211)：常行之“常”当读为当，当行犹言直术，都指道路中央，与之相关的词有“当涂(途)”“当术”等。“常(当)行”与“道右”“(道)左”一样，在日书中分别指道路的不同方位，非指道路之神，道路之神称为“大常(当)神”。

〔二〕吴小强(2000：224)：标题疑为“伏祠”。伏祠，秦德公始作，见《史记·封禅书》。

〔三〕刘乐贤(1994：333)：“人伏”一词不易解，疑是“入伏”之讹。入伏即初伏。吴小强(2000：224)：人伏即庚日。

## 行行祠

行行祠〔一〕

行祠，东行南〈南行〉〔二〕，祠道左；西北行，祠道右〔三〕。其謞(号)曰：大常行，合三土皇，耐为四席〔四〕。席叕(餟)其后，亦席三叕(餟)〔五〕。其祝睡乙 145 曰：“毋(无)王事〔六〕，唯福是司，勉饮食，多投福。”睡乙 146

**【注释】**

〔一〕行行祠，吴小强(2000：223)译作“举行祭祀行神的仪式”。今按：此为标题，第一个“行”当为动词，第二“行”为名词，可能指出行的行为，也可能指行神。

〔二〕东行南，蒲慕州(1993：675)：应为“东南行”。

〔三〕今按：在式图上，东、南在左，西、北在右。简文中的“道左”“道右”可能据此而言。《汉书·武帝纪》：天汉二年“秋，止禁巫祠道中者”。注引文颖曰：“始汉家于道中祠，排祸咎移之于行人百姓。以其不经，今止之也。”师古曰：“文说非也。秘祝移过，文帝已除之。今此总禁百姓巫觋于道中祠祭者耳。”补注引沈钦韩曰：“周官男巫掌祀望衍，杜子春云：‘望衍谓衍祭也。’《封禅书》索隐引李奇云：‘三辅谓山陵间为衍’，是衍祭谓山陵间之祭，即此祠道中者也。”简文祠道左、道右或是与此有关的方术。

〔四〕睡虎地（1990：243）：“耐”读为“乃”。今按：“三土皇”当为三个神祇，合“大常行”一共是四个，所以“耐为四席”。“三土皇”，孔家坡简353壹称为“三土君”，当为土地社神。

〔五〕睡虎地（1990：243）：此言常行与三土皇共为四席，每席均餟祭于席后，每席餟祭三次。一说，断读为以“席缀，其后亦席，三缀”。

〔六〕吴小强（2000：226）：战国时期的“王事”就是国事，国家大事当然主要指开疆拓土、扩张进取即军事斗争，再加上为君主修筑宫殿陵墓。今按：《易·坤·六三》：“含章可贞，或从王事，无成有终。”《讼·六三》：“食旧德，贞厉，终吉，或从王事，无成。”是卜筮书中常见“王事”。

# 出邦门

## （一）

行到邦门困（阃）〔一〕，禹步三〔二〕，勉壹步〔三〕，呼：“皋〔四〕！敢告曰：某行毋（无）咎，先为禹除道〔五〕。”即五画地〔六〕，掓其画中央土 睡甲111背 而怀之〔七〕。睡甲112背

**【注释】**

〔一〕睡虎地（1990：224）：阃，直竖于门的门限。“行到邦门困”，工藤

元男(1996：8)译作“道路难行”，显然是将“困”读如本字。刘昭瑞(2007：224)读作“行到邦门，困”。困字如字读，困难。与后文的行禹步以求无咎亦相应。工藤元男(2010：204)改从整理者说，认为阃是指放在中间挡住两扇门扉的门档子。今按：放甲、放乙均作：“禹须臾行，不得择日，出邑门，禹步三。”印台：“即行之邦门之困(阃)，禹步三，言曰：门左、门右、中央君子，某有行，择道。”可知整理者的意见正确。

〔二〕睡虎地(1990：224)：禹步，一种巫术的步法。《尸子·君治》：“禹于是疏河决江，十年未阚其家，手不爪，胫不毛，生偏枯之疾，步不相过，人曰禹步。”饶宗颐(1993a：418)：禹步之术，详《抱朴子·仙乐篇》，云：禹步法：前举左，右过左，右就右。次举右，右过右，右过左。次举右，右就左，左就右。如此三步当满二丈一，后有九迹小。道书禹步习见，今观《日书》所记，渊源已肇于秦代。刘昭瑞(2007：225)复引《抱朴子·登涉篇》引《遁甲中经》：“往山林中，当以左手取青龙上草，折半置蓬星下，历明堂入太阴中，禹步而行三，咒曰：‘诺皋！(后略)’”①“禹步”所反映的似乎是在隐身术中的运用。今按：《抱朴子·登涉篇》记禹步法曰：“正立，右足在前，左足在后，次复前右足，以左足从右足并，是一步也。次复前右足，次前左足，以右足从左足并，是二步也。次复前右足，以左足从右足并，是三步也。”②则禹步三是在原地循环走三步，故下文说“勉壹步”，方才前行。姜守诚(2016：220)：道门中人又将“禹步”称作“宇步”“羽步”，并将其步法繁杂化，除了常见有“三步九迹”外，又新增“十二迹”“十五迹”“二十八迹”“三十五迹”等说法。

〔三〕睡虎地(1990：224)：勉壹步，进一步。刘昭瑞(2007：224)：“勉”当读为“迈”，勉、迈双声，韵亦相近。孙占宇(2011：29)：“勉一步”，即急行一步。

〔四〕刘乐贤(1994：289)：“皋”是一个拟音词，是古代举行巫术仪式时

---

① 原文引作“禹步而行，三咒曰”，恐不确。

② 王明：《抱朴子内篇校释》，中华书局1983年版，第302~303页。

经常呼叫的一种声音。吕亚虎(2010：269)："皋"作为施术者在巫术仪式中念咒辞前的发声辞，虽然没有实际意义，但在整个巫术活动中，特别是利用咒语驱除邪魅的过程中，却有着其他咒语不可替代的作用。

〔五〕胡文辉(2000：152)："为"似可解作"作"，"为禹除道"的意思是指出行时先让"禹"开路保平安。刘增贵(2001：523)：所"告"的对象并不是禹，而是其他鬼神，即借禹之名，命鬼神为其除道。换言之，从"禹步"到祝辞，行者将自身模拟为禹，以便役使鬼神，为其清除出行途中的险害。刘昭瑞(2007：224)："某行"之某指行禹步者。"为"即行使义，"禹除道"大概指一种特定的动作，亦以禹名之。吕亚虎(2007：97)："为"应解为充当、担任等义。意思是说：施术者在此除道仪式中充当的是为禹出行的开路先锋。姜守诚(2016：235)：经过禹步及画地等神秘仪式后，出行者暂时实现了从世俗到神圣的转变，俨然化身为大禹，进而以大禹的神圣权威饬令沿途的神祇及邪鬼精灵，清整道路，使之畅通无阻，消除一切安全隐患，为即将展开的旅行提供庇护和保佑。

〔六〕胡新生(1996：72)："五"通交午之午，有午绩交叉之义。"五画地"是在地上画个交叉的图形。刘昭瑞(2007：224)："五画地"可能是指在地上画东西南北中五方。吕亚虎(2010：147、235)："五画地"即"午画地"，也就是在地上画纵横交错的"十"字形符号。今按：马王堆帛书《五十二病方·诸伤》："伤者血出，祝曰：'男子竭，女子灭。'五画地□之。"秦汉文字"五"写作""形，所谓"五画地，掓其画中央土而怀之"，即在地上画出此形，然后在中央部分(即两道斜线的交叉点)拾取土块揣入怀中。

〔七〕睡虎地(1990：224)：掓，《广韵》："拾也。"饶宗颐(1993a：418～419)：题李靖修之《天老神光经》内有禹步法(《道藏》薄字号上)，《太上六壬明鉴符阴经》卷四有"三奇苦门禹步""真人向步斗罡"。称"用白垩画作九星，斗间相去三尺，从天罡起，禹步随作一次第之，居魁前逆步之"(《道藏》履字号下)。《日书》五画地，想亦用白垩画于地上作北斗状，拾其中央之土而怀之。刘乐贤(1994：289)：禹步的动作有三次，同时要对着北斗在地上画北斗之状，并辅以祝告。这些想必都是出门时不可不做的。胡文辉(2000：150~151)：引《增补玉匣记》："出行紧急不暇择日当作纵横法，正身齐足立于门内，叩齿三十六通。以右手大拇指，先画四纵，后画五横。画毕，咒曰：'四纵五横，吾今出行。禹王卫道，蚩尤避兵。盗贼不得起，虎狼不得侵。远归故乡，当吾者死，背吾者亡。急急如九天玄女律令。'咒毕便行，慎勿反顾。每出行，将咒念七遍，画地，却以土块压之，自然吉矣。"《出邦门》与《增补玉匣记》所载"四纵五横法"的性质是完全相同的，其巫术方法也是很接近的。《出邦门》是一种出行巫术，方法是在出行之际，通过人为的巫术和咒语，以期达到出行无灾无害、最后能顺利归来的目的。

## (二)

【出】邦门，可☒ 睡乙102叁 行□☒ 睡乙103叁 禹符[一]，左【行，置，右】环(还)，曰□□ 睡乙104叁 □□右环(还)，曰：行【邦】☒ 睡乙105叁 令行。投符地，禹步三，曰：皋！ 睡乙106叁 敢告□……上下□……□符。上车毋(无)顾[二]。 睡乙107贰

## 【注释】

〔一〕饶宗颐(1993a：419)：日书言及禹符，对于符之产生年代，又须提前。刘昭瑞(2007：225)："禹符"大约和《抱朴子·杂应篇》所记的"太隐符"相当，葛洪记其师郑隐云："服大隐符十日，欲隐则左转，欲见则右回也。"

〔二〕刘乐贤(1994：355)："上车毋顾"尤其与医书、道书中的"行及乘马，不用回顾"之语相近，古人认为回顾则有神灵离体的危险。吕亚虎(2010：245)：在早期先民的观念中，于出行时的仪式中，"顾"会给当事人带来灾殃。

# 卷　七

## 入　官

### （一）

入官良日：睡甲 157 正陆

丁〈子〉、丑入官[一]，吉，必七徙。睡甲 158 正陆

寅入官，吉。睡甲 159 正陆

戌入官，吉。睡甲 160 正陆

亥入官，吉。睡甲 161 正陆

申入官，不计去[二]。睡甲 162 正陆

酉入官，有辠（罪）。睡甲 163 正陆

卯入官，凶。睡甲 164 正陆

未、午、辰入官，必辱去[三]。睡甲 165 正陆

**【注释】**

〔一〕今按："丁丑"当是"子、丑"之讹误。北大汉简《六博》（简 24）："入官吉日：子善，丑七迁，寅吉……"

〔二〕睡虎地（1990：208）：计，指上计。不计去，未到上计之时而去职。王子今（2003：309）：上计是每年例行公务，"不计去"，即任职不足一年。

〔三〕今按：简文缺"巳"日，从睡乙和孔家坡看，"巳"日或在"寅"日后，原简漏写。又，简文称"入官良日"，而实际上包括了"有罪""凶"等非"良

日”。睡乙和孔家坡只称“入官”，名实相符。

## （二）

入官 睡乙 224 贰

春三月，丙寅，丙子，利入官。睡乙 224 叁

夏三月，甲申，甲辰，乙巳，乙未，利入官。睡乙 225 贰

秋三月，壬子，壬辰，壬申，庚子，壬寅，癸丑，利入官。睡乙 226 贰

冬三月，庚申，庚子，庚寅，辛丑，利入官。睡乙 227 贰

子、丑入官，久，七徙。睡乙 228 贰

实〈寅〉、巳入官，吉。睡乙 234 贰

戌入官，行。睡乙 229 贰

亥入官，傷(傷)去〔一〕。睡乙 230 贰

申入官，不计而徙。睡乙 231 贰

未、辰、午入官，辱而去。睡乙 235 贰

卯入官，凶。睡乙 233 贰

酉入官，有罪〔二〕。睡乙 232 贰

入官

久宦者毋以甲寅到室〔三〕。睡乙 141

## 【注释】

〔一〕睡虎地(1990：251)：读为“逷”，逷去，远去。

〔二〕今按：上述简文根据竹简的上栏以及孔家坡简重编，改编后的简文按从吉到凶的顺序排列，更加合理。

〔三〕今按：岳山 M36：44 正：“【久】宦毋以庚午到室。壬戌、癸亥不可以之远【行】及来归入室，必见大咎。”或可参考。

## （三）

入官

入官，寅、巳、子、丑，吉。申，不计，徙。亥，易去〔一〕。戌，行。卯，凶。午、辰、未，辱。酉，有罪。

入官毋以十月戊午、十一月亥、孔家坡 196 巳，十二月子……二月甲、乙、辛、戌、亥、癸，庚寅、申，三月戊、甲，乙卯，戌、未，四月辰、巳，孔家坡 197 五月丙，丁亥，乙未、巳，六月申、戌、壬、癸、午，七月甲、乙、丙、未、酉，八月甲、乙，甲戌、申、寅，九月酉、丑。

入月四日、七 孔家坡 198 日、十六日、十八日、廿六日，不可入官，不死，必癃〔二〕。孔家坡 199

戊子，庚子，不可入官。辰，不可为啬夫，必以狱事，免。孔家坡 200

入官以朔日数，直□者，直□者〔三〕。孔家坡 201 壹

孔家坡 201 贰

## 【注释】

〔一〕孔家坡（2006：154）：易，疑读为“伤”。今按：此即睡乙“傷”，

远去。

〔二〕今按：《类编历法通书大全》卷二《袭爵上官》“回避日期”有：“上官初四不为祥，初七、十六最堪伤，十九更兼二十八，遇人不信定遭殃。运好任中人马死，改任终须有一场，若是为官知此日，官升职显禄高强。”①《三术撮要》“四不祥日忌上官”为初四、初七、十六、十九。② 其中初四、初七、十六日与简文同，十九日、二十八日与简文异。

〔三〕孔家坡(2006：154)：这列图画在201号简的下部，可能与简上段的文字有关，是为方便数入官之朔日而设。今按：此图画由横线和竖线组成，数之有10道横线和16道竖线，共计26道线，不足一月之数。从日书中的此类图画看，简文所谓“直□者”之“□”，当指图中的横线或竖线中的一种。简文有遗漏，未见占断结果。

## 吏

吏〔一〕

子，朝见，有告，听〔二〕。睡甲157正壹晏见〔三〕，有告，不听。睡甲157正贰昼见，有美言。睡甲157正叁日虒见〔四〕，令复见之〔五〕。睡甲157正肆夕见，有美言。睡甲157正伍

丑，朝见，有奴(怒)。睡甲158正壹晏见，有美言。睡甲158正贰昼见，禺(遇)奴(怒)。睡甲158正叁日虒见，有告，听。睡甲158正肆夕见，有恶言。睡甲158正伍

寅，朝见，有奴(怒)。睡甲159正壹晏见，说(悦)。睡甲159正贰昼见，不得复。睡甲159正叁日虒见，不言，得。睡甲159正肆夕见，有告，听。睡甲159正伍

① 《四库全书存目丛书》子部第六十八册，齐鲁书社1997年版，第132页。

② 刘永明主编：《增补四库未收术数类大全》第十集《阴阳五行(一)》，江苏广陵古籍刻印社1997年影印本，第231页。

卯，朝见，喜；请命，许。睡甲160正壹晏见，说(悦)。睡甲160正贰昼见，有告，听。睡甲160正叁日虒见，请命，许。睡甲160正肆夕见，有奴(怒)。睡甲160正伍

辰，朝见，有告，听。睡甲161正壹晏见，请命，许。睡甲161正贰昼见，请命，许。睡甲161正叁日虒见，有告，不听。睡甲161正肆夕见，请命，许。睡甲161正伍

巳，朝见，不说(悦)。睡甲162正壹晏见，有告，听。睡甲162正贰昼见，有告，不听。睡甲162正叁日虒见，有告，禺(遇)奴(怒)。睡甲162正肆夕见，有后言〔六〕。睡甲162正伍

午，朝见，不诒(怡)〔七〕。睡甲163正壹晏见，百事不成。睡甲163正贰昼见，有告，听。睡甲163正叁日虒见，造〔八〕，许。睡甲163正肆夕见，说(悦)。睡甲163正伍

申，朝见，禺(遇)奴(怒)。睡甲164正壹晏见，得语。睡甲164正贰昼见，不说(悦)。睡甲164正叁日虒见，有后言。睡甲164正肆夕见，请命，许。睡甲164正伍

戌，朝见，有告，听。睡甲165正壹晏见，造，许。睡甲165正贰昼见，得语。睡甲165正叁日虒见，请命，许。睡甲165正肆夕见，有恶言。睡甲165正伍

亥，朝见，有后言。睡甲166正壹晏见，不诒(怡)。睡甲166正贰昼见，令复见之。睡甲166正叁日虒见，有恶言。睡甲166正肆夕见，令复见之。睡甲166正伍

## 【注释】

〔一〕王子今(2003：301~302)：此篇内容，涉及作为下属的吏员“见”上司时的种种可能遭遇的情形，其中没有未日和酉日，其原因尚不清楚。《日书》列有此类内容，反映了下属面对上司诚惶诚恐、战战兢兢的精神状态。这是考察中国古代官场政治生活情态以及臣民心理的有意思的资料。今按：

放甲和周家台的类似篇章有未日和酉日，睡甲或为漏抄。

〔二〕王子今(2003：302~303)：告，上报。“听”与“不听”是上司的态度，简文“不听”有不听从、不认可、不采纳的意思。

〔三〕刘乐贤(1994：200)：“晏”是“晏食”的省略。

〔四〕睡虎地(1990：208)：虒，斜。王子今(2003：303)：“虒”通于“施”，而“施”与“移”通。“日虒”或说日西移时。“施”又写作“暆”，指日西斜。

〔五〕王子今(2003：303)：复见，一同于“反见”，即再次约见。

〔六〕睡虎地(1990：208)：后言，背后的议论。《书·益稷》：“汝无面从，退而后言。”王子今(2003：306)：简文“有后言”，说吏见上官时相互有所密议。就吏的角度而言，“有后言”所体现的上司的恩遇，超过所谓“得见”“说(悦)”“有告，听”“请命，许”等，甚至也超过了所谓“有美言”。

〔七〕王子今(2003：306)：简文“不诒”，或可读作“不怿”，心意不悦怿也。刘国胜(2015：93~94)：将“不诒”读为“不治”应比读为“不怡”更合适，放马滩、周家台均作“不听”，“不听”亦即不治。《荀子·王霸》：“相者，论列百官之长，要百事之听。”杨倞注：“听，治也。要取百事之治考其得失也。”周家台254号简《吏》篇“未”日条正写作“不治”，放马滩作“不听”，睡甲虽未见“未”日条，但亦可证将“不诒”读“不治”不误。

〔八〕刘乐贤(1994：200)：“造”通“告”。《尔雅·释言》：“告，请也。”郭注：“求请也。”王子今(2003：306~307)：“造”之为“告”，与上文“有告，听”或“有告，不听”的“告”有所不同，上司的积极的反应是“许”而不是“听”。可知“造”有建议的含义，而并非一般简单的汇报。今按：简文中与“许”连称的除了“造”之外，还有“请命”，“造”的意思或许与“请命”相当，义为请示批准。

## 禹须臾所以见人日

禹须臾所以见人日〔一〕孔家坡159贰

子，旦，吉。晏食，凶。日中，吉。日失（昳），吉。夕日，吉〔二〕。孔家坡 160 贰

丑，旦，凶。晏食，吉。日中，凶。日失（昳），凶。夕日，吉。孔家坡 161 贰

寅，旦，凶。晏食，吉。日中，凶。日失（昳），吉。夕日，吉。孔家坡 162 贰

卯，旦，凶。晏食，吉。日中，吉。日失（昳），吉。夕日，凶。孔家坡 163 贰

辰，旦，凶。晏食，吉。日中，凶。日失（昳），凶。夕日，吉〔三〕。孔家坡 164 贰

巳，旦，凶。晏食，吉。日中，凶。日失（昳）〖，凶〗。夕日，可〔四〕。孔家坡 165 贰

午，旦，凶。晏食，凶。日中，吉。日失（昳），凶。夕日，凶。孔家坡 166 贰

未，旦，吉。晏食，可。日中，凶。日失（昳），吉。夕日，凶。孔家坡 167 贰

申，旦，吉。晏食，凶。日中，吉。日失（昳），吉。夕日，凶。孔家坡 168 贰

酉，旦，吉。晏食，凶。日中，吉。日失（昳），吉。夕日，凶。孔家坡 169 贰

戌，旦，凶。晏食，凶。日中，吉。日失（昳），吉。夕日，凶。孔家坡 170 贰

亥，旦，可。晏食，凶。日中，吉。日失（昳），凶。夕日，可。孔家坡 171 贰

**【注释】**

〔一〕孔家坡（2006：150~151）：“禹须臾所以见人日”写在 159 号简上，

是原有的篇题。本篇讲述十二支日见人的吉凶，将各日的白昼划分为旦、晏食、日中、日昳、夕日等五个时段进行占断，内容与放甲“禹须臾所以见人日”大体相符。

〔二〕今按：放甲 43 贰：“子，旦，吉。安(晏)食，吉。日中，凶。日失(昳)，吉。夕日，凶。”其吉凶规定多有不同。以下各条多如此，不备列。

〔三〕今按：香港 84 贰：“辰，旦，凶。晏食，吉。日中、日失(昳)，凶。夕，吉。”说与孔家坡简同。

〔四〕今按：“可”也许是介于吉、凶之间的占语，表示不吉也无凶，是“无咎”的意思。香港 85 贰：“巳，旦，吉。晏食、日中，吉。日失(昳)、夕，凶。”其说有不同。

## 天　牢

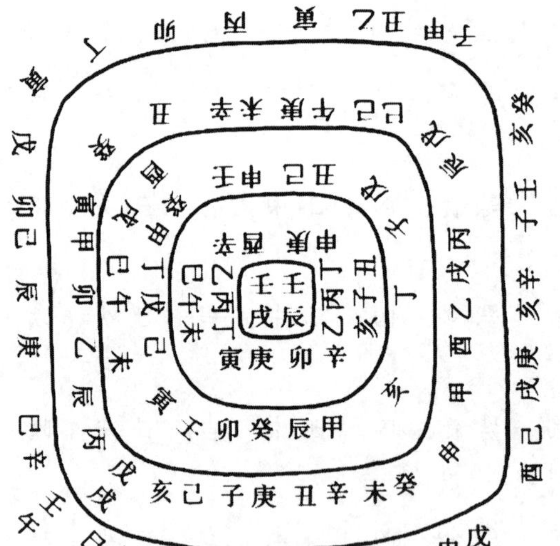

孔家坡 352 贰-359 贰

此天牢〔一〕。

擊(系)者〔二〕：一曰除〔三〕；二曰 孔家坡 352 叁 贵〔四〕；三曰耐〔五〕；四曰

孔家坡 353 叁 刑〔六〕；五曰死〔七〕。孔家坡 354 叁

居官宦御〔八〕：一曰进孔家坡 355 叁大取；二曰多前毋孔家坡 356 叁……孔家坡 357 叁 句〔九〕；四曰深入多取；孔家坡 358 叁 五曰臣代其主〔一〇〕。孔家坡 359 叁

## 【注释】

〔一〕孔家坡(2006：174)：天牢，《史记·天官书》“赤帝行德，天牢为之空”，正义：“天牢六星，在北斗魁下，不对中台，主秉禁暴，亦贵人之牢也。”李零(2011：70~72)说北大藏汉简也有这种图，由五个同心方层层相套，四隅有连线。孔家坡简文分两段，第一段讲“天牢系”，第二段讲“居官、宦御”，对照北大藏汉简《居官图》，与其称为“天牢图”，不如称为“居官图”。今按：《开元占经》卷六十七《天牢星占五十六》：“黄帝占曰：天牢中星众，贵人多下狱。星希，天下安，无罪人。……焦延寿曰：天牢星明大动摇，辟拘系。一星明，主侯有系者。”《天原发微》卷三上：“天牢六星在斗魁下，贵人之牢也。贯索九星在招摇前，庶人之牢也。”此天牢星即现代天文学大熊座 47、58 星(Uma47、58)。《开元占经》卷六十七《贯索占十》：“石氏曰：贯索九星在七公前。黄帝占曰：天牢者，贼人之牢也，天下狱律也。一名连索，一名天受，一名天围。”《晋书·天文志上》：“贯索九星在其前，贱人之牢也。一曰连索，一曰连营，一曰天牢，主法律，禁暴强也。”贯索九星亦名天牢，相当于现代天文学上的天冕座(CrBθ、β、α、γ、δ、ε、ι、ρ、κ)。简文占辞有二：一为“系者”，此即“主法律”；二为“居官进御”，或即“禁暴强”。

关于此图文的读法，孔家坡(2006：174)：本篇“天牢”图画有四圈，将六十记日干支按一定规律分属五栏。本篇文字内容中所谓的“五”曰，与图的五栏可能存在一定关系。图可能是供查找“曰”所在的日子，亦即为“天牢”所系之日。图上六十干支记日在排列上按一定规律换栏。今按：本图读法应从外往里数，“一曰”为最外圈之干支，“五曰”为最里面的壬辰、壬戌。《遁

甲演义》卷三："壬为天牢。"《六壬大全》卷二："辰天牢，戌地狱，专主狱讼、官府。"不知是否与简文有关。

〔二〕孔家坡(2006：174)：系，囚系。今按：卜问系者乃日书常见事项，或简称"系"。又，原释文将"天牢系者"连读，恐未当。"此天牢"或是"此所谓天牢""此之谓天牢""此谓天牢"一类说法的简称，是说上图即为"天牢"。

〔三〕孔家坡(2006：174)：除，免除。陈炫玮(2007：208)：除即免职。

〔四〕孔家坡(2006：175)：赀，罚财物。陈炫玮(2007：208)：赀刑包括了赀财物和赀作两个部分。

〔五〕孔家坡(2006：175)：耐，削鬓之轻刑。

〔六〕孔家坡(2006：175)：刑，指肉刑。

〔七〕今按："死"指死刑。简文中的除、赀、耐、刑、死或为秦刑罚体系中的五个主要刑种。

〔八〕孔家坡(2006：175)：居官、宦御，任官。

〔九〕孔家坡(2006：175)：句，疑读为"詢"，辱也。此处疑有脱文。陈炫玮(2007：210)：指多次获觐见，没有受辱。

〔一〇〕今按："臣代其主"指大臣取代皇帝，如《开元占经》卷二十七《岁星犯翼六》引甘氏曰："岁星守翼，圣臣代主。"

## 天 李

天李〔一〕：正月居子，二月居子〈卯〉〔二〕，三月居午，四月居酉，五月居子，六月居卯，七月居午，八月居酉，睡甲145背 九月居子，十月居卯，十一月居午，十二月居辰〈酉〉〔三〕。凡此日不可入官及入室，入室必灭，入官必有罪。睡甲146背

**【注释】**

〔一〕睡虎地(1990：226)：天李，即天理。《史记·天官书》集解引孟康

云："传曰：天理四星在斗魁中，贵人牢名曰天理。"索隐："《乐汁图》云：'天理，理贵人牢。'"刘乐贤(1994：299)引郑刚说：《星历考原》的天狱就是《日书》的天李。刘乐贤按：《星历考原》卷四引李鼎祚曰："天狱正月在子，顺行四仲。"天狱的运行顺序与天李完全一致。今按：居延新简 EPT65·196 记有"天李"，其运行规律与此同。另，居延新简 EPT48·144 亦有"天李：酉"的残文。

〔二〕张培瑜(1989：142)、郑刚(1993：102)、刘乐贤(1994：298)："子"应是"卯"之误。

〔三〕张培瑜(1989：142)、郑刚(1993：102)、刘乐贤(1994：298)："辰"应是"酉"之误。今按：水泉子："天李：子、卯、午、酉、子、卯、午、酉、子、卯、午、酉，禁毋可以为，入官有罪，入室亡后世，尽行，军吏不吉。"

# 见　人

## (一)

己丑以见王公〔一〕，必有拜也。睡甲 166 正陆

**【注释】**

〔一〕今按：放乙 47 贰："甲午、庚午日王，见贵人〖，吉〗。"香港 94："壬辰，不可见贵人；□午，可见长者。凡见小子，倍时，吉。凡巳，不可□□。"贵人或即王公之类。

## (二)

见人

正月甲午，庚午，甲戌〔一〕，三月己酉，四月丙子，五月甲午，庚午，

六月丁丑，七月甲子，八月庚辰，九月辛卯，十月壬午，十二月 睡乙153 癸未，见人，吉。睡乙154

甲寅，乙丑，乙巳，皆可见人。甲子到乙亥是右〈君〉也，利 睡乙236贰 以临官立政〔二〕，是胃（谓）贵胜贱。睡乙237贰

【注释】

〔一〕刘乐贤（1994：340）：简文缺二月，疑“甲戌”之前应有“二月”二字。

〔二〕刘乐贤（1994：393）：临官立政即临官莅政。

（三）

〖正月〗甲午，三月乙酉，四月丙子，六月丁丑，七月甲子，十月壬午，十二月癸 孔家坡157贰 未，以见人，必得志〔一〕。孔家坡158贰

【注释】

〔一〕今按：印台：“三月甲戌、四月乙酉、六月丙子、八月丁丑、九月庚辰、十月辛卯、十一月壬午、十二月癸巳，以见人，必□……”

## 责 人

庚申，辛酉以与人言，有喜；以责人〔一〕，得。壬子，癸丑南，与人言，有【喜】；以责，得〔二〕。睡乙122

【注释】

〔一〕睡虎地（1990：242）：责，《说文》：“求也。”《说文解字义证》：

"求也者，谓求负家偿物也。"蒋文(2018：57~61)：日书中数见的"责人"之"责"是责求、求取之意，"责"的对象就是"人"本身。

〔二〕刘乐贤(1994：360)举敦煌遗书伯 2661 有关还债的吉凶日："癸丑日偿债，使人终身不负人债，吉。常如壬戌日还债，终身大吉，不负他人债，利。癸亥日还债，令人终身负他人债，凶。"今按：《增补万全玉匣记》卷上有"出财放债吉日"：丁丑、乙酉、庚辰、辛亥、乙卯、辛酉、庚午、己巳。又有"纳财收债吉日"：乙丑、丙寅、壬午、庚寅、庚子、乙巳、丙午、甲寅、辛酉。① 可参看。

## 去父母

戊午去父母同生〔一〕，异 睡甲 54 正叁 者焦窭〔二〕，居瘽〔三〕。睡甲 55 正叁 丙申以就同居，必窭〔四〕。睡甲 56 正叁

**【注释】**

〔一〕王子今(2003：151~152)："父母"与"同生"并列，指"去父母"与"去""同生"，"去父母"较"去""同生"情节更为严重。《日书》专列去家择日，反映当时社会家族分异现象的普遍。

〔二〕睡虎地(1990：190)：异，离。焦，通"憔"。异者焦窭，离去者憔悴而又贫穷。

〔三〕睡虎地(1990：190)：居瘽，居留者有残废病。

〔四〕就，睡虎地(1990：190)释文读作"僦"。刘乐贤(1994：98)：此处僦当指租赁房舍。睡虎地秦简《法律答问》："何谓同居？户为同居。""何谓同居？同居，独父母者之谓也。"王子今(2003：153)认为"就"可以理解为亲近、靠近，全句读为："丙申以就同居，必窭。"

① 《增补万全玉匣记》，中国文联出版社 2005 年版，第 98 页。

# 寄人室

## （一）

入客：戊辰，己巳，辛酉，辛卯，己未，庚午，虚四徹[一]，不可入 睡甲59正叁 客、寓人及臣妾，必代居室。睡甲60正叁

毋以辛酉入寄者，入寄者必代居其室。己巳入寄者，睡甲57正叁 不出岁亦寄焉。睡甲58正叁

子、卯、午、酉不可入寄者及臣妾，必代居室。睡甲127背壹

**【注释】**

〔一〕睡虎地（1990：190）：徹，通道。《穆天子传》卷二："阿平无险，四徹中绳。"今按：从下条（睡甲127背壹）看，"虚四徹"也许是指子、卯、午、酉。

## （二）

寄人室

毋以戊辰，己巳入寄人，寄人反寄之。辛酉、卯，癸卯，入寄之，必代当家。睡乙131

毋以戊辰、己巳入寄者，入之所〈反〉寄之[一]。睡乙121下

凡五巳不可入寄者，不出三岁必代寄焉。睡乙42贰

丁、癸不☐巳、未、卯、亥，壬 睡乙123 戌，庚申，己亥，壬寅，不可以入臣妾及寄者，有咎主[二]。睡乙124

**【注释】**

〔一〕今按："所"或为"反"之误。

〔二〕睡虎地(1990：242)：123 号两残片不一定属于同一支简。今按：123 号简与 124 号简是否连读尚有疑问，"有咎主"三字未必接在"寄者"下。印台："以癸丑、壬辰、甲寅、辛酉入臣妾，大殄。"或可参。

# 十天干占盗

## (一)

盗[一]：

甲亡，盗在西方，一宇閒之食五口[二]，其疵其上，得[三]⍁其女若母为巫，其门西北出，盗三人。睡乙 253

乙亡，盗⍁方，内盗[四]，有□□人在其室⍁[五]睡乙 254

丙亡，为閒者不寡夫乃寡妇[六]，其室在西方，疵而在耳，乃折齿[七]。睡乙 255

丁亡，盗女子也，室在东方，疵在【足】⍁其食者五口⍁[八]。睡乙 256

戊亡，盗在南方，故盗[九]，其上作折其⍁【齿】之其⍁[一〇]。睡乙 257

己亡，盗三人，其子已死矣，其閒在室。睡乙 258

庚亡，盗丈夫，其室在西方，其北壁臣[一一]，其人檟黑[一二]。睡乙 259

**【注释】**

〔一〕睡虎地(1990：255)：盗，标题，位于 254 号简首，因 253 号简首有横线。刘乐贤(1994：404)：本篇缺少辛、壬、癸三个天干的占文。

〔二〕"甲亡……五□"，吴小强(2000：254)译作："甲日丢失东西，偷东西的盗贼在西方位置，一座房屋的空隙地方，有五口人吃饭。”今按：放甲22号简作“一于(宇)中食者五口”，可知“閒”为“中”。

〔三〕今按：放甲22号简作：“疵在上，得，男子也。”“其疵其上”是其疵在上的意思，“上”大概指额头。

〔四〕今按：“内盗”大概是监守自盗的意思。

〔五〕今按：放甲23号简作：“乙亡，盗□□三人，其一人在室中，从东方入，行有遗也，不得，女子也。”

〔六〕睡虎地(1990：255、14)：“閒”读为“奸”。刘乐贤(1994：403)：古代“寡”亦可指男人，故本简有“寡夫”一词。“为閒者不寡夫乃寡妇”，吴小强(2000：255)译作：“为贼作奸的人不是鳏夫，就是寡妇。”

〔七〕刘乐贤(1994：403)：折齿，因故而折断了牙齿。

〔八〕今按：放甲作：“丁亡，盗女子殹，在东方，其疵在足，已南矣，不得。”

〔九〕刘乐贤(1994：393)：“故盗”是旧盗，即以前盗过东西的人，也就是所谓的惯偷。

〔一〇〕今按：放甲作：“戊亡，盗在南方，食者五口一于(宇)间，男子殹。亡蚤(早)不得，亡莫(暮)而得。”

〔一一〕刘钊(2004：154)：“臣”应读为“坚”。

〔一二〕擅黑，刘钊(2004：155)：“椟黑”之“椟”应读作“黩”，形容行盗者面色污黑。今按：本篇亡佚辛、壬、癸三日，放甲作：“庚亡，其盗丈夫殹，其室在北方，其序扁匾，其室有黑犖椟男子，不得。辛亡，盗不得，外盗殹，女子殹。壬亡，其盗可得殹。若得，必有死者，男子殹，青色。癸亡，其盗女子殹，必得，为人操(躁)不靖。”放乙略同。

## (二)

甲盗名曰耤郑壬饘强当良。乙名曰舍徐可不耆亡忧。丙名曰輽可癸上。

丁名曰浮妾荣辨仆上。戊名曰匽为胜殆睡甲81背。己名曰宜食成怪目。庚名曰甲郢相卫鱼。辛名曰秦桃乙忌慧。壬名曰黑疾齐睡。癸名曰阳生先智丙〔一〕。睡甲82背

**【注释】**

〔一〕施谢捷(1998：170)："先智"可能是"无智"之讹。今按：睡甲无睡乙中利用十天干占盗者特征和所藏之地的简文，但有十天干盗者名，此种方术，亦见于睡甲"十二支占盗"篇中。

# 十二支占盗

## (一)

盗者〔一〕

子，鼠也。盗者兑(锐)口，希(稀)须，善弄手〔二〕，黑色，面有黑子焉，疵在耳〔三〕。臧(藏)于垣内中、粪蔡下〔四〕。多〈名〉鼠鼷孔午郢〔五〕。睡甲69背

丑，牛也。盗者大鼻，长颈，大辟(臂)臑而偻〔六〕，疵在目。臧(藏)牛厩中、草木下。多〈名〉徐善趣以未。睡甲70背

寅，虎也。盗者壮，希(稀)须，面有黑焉，不全于身〔七〕，从以上辟(臂)臑梗大〔八〕，疵在辟(臂)。臧(藏)于瓦器间。旦闭夕启西方〔九〕。多〈名〉虎犴貙豹申。睡甲71背

卯，兔也。盗者大面，头颡〔一〇〕，疵在鼻。臧(藏)于草中。旦闭夕启北方。多〈名〉兔灶陉突垣义酉。睡甲72背

辰〔一一〕，盗者男子，青赤色，为人不毂(彀)〔一二〕，要(腰)有疵。臧(藏)东南反(坂)下〔一三〕。车人〔一四〕，亲也，勿言已。多〈名〉瞿不图射亥戌。

睡甲 73 背

巳，蟲也〔一五〕。盗者长而黑，蛇目，黄色，疵在足。臧(藏)于瓦器下。名西茝亥旦。睡甲 74 背

午，鹿也〔一六〕。盗者长颈，小胻〔一七〕，其身不全，长耳而操蔡，疵在肩。臧(藏)于草木下，必依阪险〔一八〕。旦启夕闭东方。名徹达禄得获错。睡甲 75 背

未，马也〔一九〕。盗者长须耳，为人我我然〔二〇〕，好歌无(舞)，疵在肩。臧(藏)于刍稿中，阪险。必得。名建章丑吉。睡甲 76 背

申，环也〔二一〕。盗者园(圆)面，其为人也鞞鞞然〔二二〕。夙得莫(暮)不得。名责环貉豺干都寅。睡甲 77 背

酉，水也〔二三〕。盗者斎而黄色〔二四〕，疵在面。臧(藏)于园中草下。旦启夕闭〔二五〕，夙得莫(暮)不得。名多酉起婴〔二六〕。睡甲 78 背

戌，老羊也〔二七〕。盗者赤色，其为人也刚履〔二八〕，疵在颊。臧(藏)于粪蔡中、土中。夙得莫(暮)不得。名马童龚思辰戌。睡甲 79 背

亥，豕也。盗者大鼻而票(剽)行〔二九〕，长脊〔三〇〕，其面不全。疵在要(腰)。臧(藏)于圂中垣下。夙得莫(暮)不得。名豚孤夏穀□亥〔三一〕。睡甲 80 背

## 【注释】

〔一〕睡虎地(1990：220)：盗者，标题。“盗”字位在 69 号简背首，“者”字位在 70 号简背首。王子今(2003：449~450)：这是一种较特殊的标题形式。其他两字标题，多写在同一枚简端，甚至有三字标题写在一支简端的。与“盗者”形式完全相同者只有“土忌”“直室门”以及“马■”。

〔二〕睡虎地(1990：220)：弄，《尔雅·释言》：“玩也。”“手”字属下读。李学勤(2001：152)属上读，今从之。

〔三〕刘乐贤(1994：271)：本篇“疵在某”习见，《说文》：“疵，病也。”王子今(2003：451)：这里所谓的“疵在某”，不是一般的病，应是比较显著

的外貌特征，如黑斑、痣、胎记、赘疣等。

〔四〕睡虎地(1990：220)：蔡，《说文》："草也。"王子今(2003：452)："臧"似以释为"赃"为妥。今按：放甲30号简作："盗者中人取之，臧穴中、粪土中。""臧"用作动词"藏"，于义为长。

〔五〕李零(2000：220)：这类简文后往往缀以"名某某"等辞，也是推"亡盗"的一种依据，即该日亡盗的私名。简文所列之名有多种，应是该日生子可供选择的一些名字，亡盗之名应在这一范围之内。也就是说，生肖不但和生日有关，还与由生日而定的私名有关。这是值得注意的现象。今按：放甲、放乙种均作："名曰輙、曰耳、曰萈、曰声。"

〔六〕睡虎地(1990：220)：臑，《说文》："臂羊矢也。"段注以为人臂无称臑者，简文可证其误。刘乐贤(1994：271)引郑刚：即《礼记·少仪》之"臂臑"。《礼记·少仪》："其礼，大牢则以牛左肩，臂臑，折九个。"

〔七〕王子今(2003：453)：不全于身，身有残疾。

〔八〕刘乐贤(1994：271)："大"字从上读，疑本句有脱字。

〔九〕李学勤(2001：157)：疑寅条"旦闭夕启西方"原应在子条下。本篇凡有"启闭"者，在子午卯酉四条下。

〔一〇〕頯，睡虎地(1990：220)以为"頯"字讹误，《说文系传》："头恶也。"陈伟武(1998：211)读如本字，以为頯、頯是声符相替代的异体字。"头頯"即秃顶，与"头恶"相当。施谢捷(1998：169)读为"脰短"，为短颈之意。方勇(2012a：508~509)："頭頯"应是"短喙"，为短嘴巴之义，非常符合盗者"兔"形的外部特征。今按：放甲、放乙均作"为人短面、出〖目〗"。

〔一一〕睡虎地(1990：221)：辰下未记生肖，当系漏抄。刘信芳(2013：47)：古人以龙为天子的象征，大约秦汉数术家不敢妄加比附，以避杀身之祸，故漏不书。今按：放甲作"虫(蟲)殹"。

〔一二〕睡虎地(1990：220)：穀，《尔雅·释诂》："善也"。

〔一三〕睡虎地(1990：220)：《说文》："坡者曰阪……一曰泽障也，一曰山肋也。"

〔一四〕刘乐贤(1994：271)："车人"系古代造车及农具的木工。王子今(2003：453)："车人"亦指驾车人。今按：放甲作"外人"。

〔一五〕睡虎地(1990：221)：《说文》段注云："古虫、蟲不分。"而《说文》云："虫，一名蝮。"因此，巳为蟲就是蛇。李学勤(2001：155)：后人也常称蛇为长虫，所以虫便是蛇。今按：放甲作"雞殹"，孙占宇以为"雞"是"维"字误写，维、蛇古音相近，可通假。①

〔一六〕饶宗颐(1993a：428)引《五行大义》论三十六禽云："午，朝为鹿，昼为马，暮为獐。"《本生经》言"旦为马，昼为鹿，暮为獐"(《五行大义》卷五)。是以鹿为午非无来历。《韩非子》："夫马似鹿者而题千金。"(《御览》九〇六)赵高欺胡亥指鹿为马者，是无异以午为未也。今按：孔家坡亦作"鹿"，放甲、放乙均作"马殹"。鹿、马之别，也可能是楚、秦之异。

〔一七〕睡虎地(1990：220)：胻，小腿上部接近膝盖部分。《说文》："胻，胫端也。"王子今(2003：454)：胻，可以直接解释为"胫"，《广雅·释亲》："胻，胫也。"

〔一八〕睡虎地(1990：220)：阪险，险峻之处，《吕氏春秋·孟春纪》注："倾危也。"

〔一九〕饶宗颐(1993a：428)：以未为马者，萧吉论禽答午何以为马之问云："坤为牝马之贞。坤既在未，未与午合，故马居午。"又答另问云："未若为马，诚如来难，马既在午，正取其合。"如是未与午合，故未亦可为马。或先秦已有此说。今按：放甲、放乙均作"羊"。

〔二〇〕睡虎地(1990：220)：我我，容貌美好貌，亦作娥娥、仪仪、峨峨。范常喜(2008：57)读作"弗弗然"，意为"违戾，拂逆"。

〔二一〕睡虎地(1990：220)：环，读为猨，即猿字。饶宗颐(1993a：428)：萧吉云："申，朝为猫，昼为猨，暮为猴。"则猨后来以属于三时之昼，与猴之为暮则有别。今按：放甲、放乙均作"石殹"，且称："(盗者)名曰

① 陈伟主编，孙占宇撰著：《秦简牍合集：释文注释修订本(肆)》，武汉大学出版社2016年版，第21页。

‘环’。”

〔二二〕睡虎地(1990：220)：鞞鞞，矮小的样子。今按：放甲、放乙均作：“为人美，不牷(全)。”

〔二三〕睡虎地(1990：221)：水，以音近读为雉。雉，野鸡。饶宗颐(1993a：428)：《说文》：“水，准也。”《释名》同。水于声训为准，以是例之，“酉水也”之水，可能即隼，厥后禽变之书遂有酉之暮为鸢之说。李零(2000：228)：从读音和字义判断，也有可能读为“隼”，即今所谓鹁鸪。李学勤(2001：155)：“环”“水”实系在辗转抄录修改中酿成的错误，并不是假借字。黄儒宣(2013：88)：过去将睡虎地秦简“申，环也”“酉，水也”等不符合后世十二生肖之处，以音近通假的方法加以解释。但是现在依据孔家坡“申，玉石也”“酉，水日”“戌，老火也”等记载来看，应非假借关系。今按：放甲、放乙均作“鸡”。

〔二四〕窗，李学勤(2001：157)疑读为“弁”，像鸡的有冠。

〔二五〕李学勤(2001：157)：简文误脱“南方”二字。

〔二六〕施谢捷(1998：170)：“多酉”读为“多酒”，为二字人名。下文“马童”“亡(无)忧”亦二字人名。

〔二七〕饶宗颐(1993a：428)引《古今注》：“狗一名黄羊”，是狗得称为羊之例。刘乐贤(1994：275)引《本草纲目》，狗又名地羊，也说明古人可以羊名狗。李学勤(2001：156)：简文原作“戌者，犬也”，传抄中误“者”为“老”，又错“犬”为“羊”，以致如此。王贵元(2008：141)：“老羊”并不狗的别名，而是另有所指。《国语·鲁语下》：“季桓子穿井，获土缶，其中有羊焉。……(仲尼)对曰：‘……土之怪曰羵羊。’”“老羊”即土之怪。今按：放甲、放乙均作“犬”。

〔二八〕刘乐贤(1994：272)：“刚履”读为“刚复”，即刚愎。李学勤(2001：155)：履，疑为“愎”字之误。邬可晶(2017：155~156)认为“刚履”当读为“刚戾”。《史记·秦始皇本纪》：“始皇为人，天性刚戾自用。”《史记·伍子胥列传》：“(伍)员为人刚戾忍訽。”

〔二九〕睡虎地(1990：221)：剽，《史记·礼书》注："亦疾也。"

〔三〇〕"长"字原释文作"马"，据方勇(2012a：513)改释。

〔三一〕缺字王子今(2003：455)补作"巳"。李零(2000：223~224)归纳睡虎地秦简盗者命名的法则为：用生肖本身为名、用与生肖有关的动物为名、用生日(支日)本身为名、用生日(支日)的冲日为名和其他相关含义之字为名等五种方式。

## (二)

盗日〔一〕

子，鼠也。盗者兑(锐)口，希(稀)须，善□，□有黑子焉。臧(藏)安内中〔二〕、粪蔡下。女子也，其盗在内中。孔家坡367

丑，牛也。盗者大鼻☐【臧(藏)】牛牢中。孔家坡368

寅，虎也。盗者虎状，【希(稀)】☐【不】全于中〔三〕，以上大辟(臂)臧(藏)〔四〕，其盗决疵，善彖(喙)口，东。臧(藏)之史耳若所(?)。孔家坡369

卯，鬼也〔五〕。盗者大面，短豙。【臧(藏)草】☐【盗】者小短，大目，勉口，女子也。孔家坡370

辰，【蟲】也〔六〕。☐□中，【伏】于器(?)间〔七〕。其盗女子也，为巫。门西出。孔家坡371

巳，虫也。盗者长而黑，虫目而黄色。臧(藏)瓦器下。其盗深目而鸟口、轻足。孔家坡372

午，鹿也。盗者长颈，细胻，其身不全，长躁躁然。臧(藏)之草木下，贩(阪)险。盗长面，高耳有疵，男子也。孔家坡373

未，马也。盗者长颈而长耳，其为人我我然，好歌舞。臧(藏)之刍稿厩中。其盗秃而多口〔八〕，善数步〔九〕。孔家坡374

申，玉石也〔一〇〕。盗者曲身而頚(邪)行，有病足胻。依贩(阪)险，稷之。其盗女子也，秃，从。臧(藏)西方，壓以石〔一一〕。孔家坡375

酉，水日。盗者言乱〔一二〕，黄色。臧(藏)之园中草木下。其盗男子也，禾白面〔一三〕，閒，在内中〔一四〕。孔家坡 376

戌，老火也〔一五〕。盗者赤色，短颈，其为人也刚履。臧(藏)之粪蔡之中、襄(壤)下。其盗出目，大面，短头，男子也。孔家坡 377

亥，豖也。盗者大鼻而细胻，长脊，其面有黑子。臧(藏)圂中坏垣下。其盗女子也，出首，臧(藏)室西北。孔家坡 378

## 【注释】

〔一〕孔家坡(2006：176)："盗日"写在 367 号简首端，是原有的篇题。本篇以十二支配以十二生肖占卜盗者，内容包括盗者的相貌、性别、藏身之处及性格、特长、身份，等等，内容与睡甲、放甲"盗者"篇大体相同。

〔二〕孔家坡(2006：176)：安，《经传释词》卷二："犹于也。"王贵元(2006)："安"乃"垣"之借字。王强(2014：136)改释作"宅"，"宅内中"即宅之内中，内中即内室。今按：放甲、放乙均作"穴中"。

〔三〕孔家坡(2006：176)：中，《礼记·檀弓下》注："身也。"

〔四〕孔家坡(2006：176)：此处疑有脱文或讹文。

〔五〕孔家坡(2006：176)："鬼"系"兔"字之讹。今按：《五行大义》引王简说，以及六朝铜式中，三十六禽之卯均为猥。①《春秋元命包》："兔居月，坎之气，坎在子位、子刑在卯故也。属卯，老兔为猬，貉亦兔类，故并居卯。"②疑简文"鬼"读为猥。

〔六〕刘信芳(2013：47~48)：释文应作"辰，虫，水也"，或"辰，虫水也"。虫，"虺"之初文，乃是蛇的别名，俗称小龙。龙出于神话，常居于水，因此简文"辰，虫，水也"可以理解为"辰，龙也"。

① 参看刘国忠：《试论十二生肖与三十六禽》，《清华大学学报》(哲学社会科学版)1999 年第 1 期。

② 安居香山、中村璋八辑：《纬书集成》，河北人民出版社 1994 年版，第 606 页。

〔七〕孔家坡(2006：176)：此处疑有脱文或讹文。

〔八〕孔家坡(2006：176)：多，疑读作“哆”。口张开的样子。

〔九〕孔家坡(2006：176)：数步，指计算和测量之事。范常喜(2008：57)：“数”当读作“速”，“善数(速)步”的意思是“善于快速行走”。这样理解也恰好与“马”之善奔跑的特点相一致。

〔一〇〕陈炫玮(2007：216)引《五行大义·论卅六禽》：午中有沐浴金，杀气未壮，至申，金王，杀气始强。《本生经》言：申“旦为玉”者，玉有温润铿锵之音，“暮为死石”者，石是玉类，亦有声音，言其气衰，故在暮曰死。玉石皆金之本，故皆配金位。王贵元(2008：140、141)：放乙“盗篇”作：“申，石毆(也)”，睡甲“十二支死咎”：“申，石也。”是“玉石”绝非误写。《国语·鲁语下》：“木石之怪曰夔、蝄蜽。”韦昭注：“夔，一足，越人谓之山缫，音骚，富阳有之，人面猴身，能言。”“玉石”疑指木石之怪夔。十二禽的来源，不是十二种动物，而可能是十二种物怪。

〔一一〕今按：“壓以石”可能与申为金石有关。

〔一二〕孔家坡(2006：176)：言乱，疑读作“颜脔”，指形容消瘦。脔，义同“臞”，《说文》：“臞，少肉也。”范常喜(2008：57)：言乱，即言语错乱，或者是指说胡话。

〔一三〕孔家坡(2006：176)：禾白面，指盗者面白似禾。范常喜(2008：58)：此处的“禾”似当为“秃”之省讹。

〔一四〕孔家坡(2006：176)：閒，文雅。《史记·司马相如列传》：“相如之临邛，从车骑，雍容閒雅甚都。”王贵元(2006)将“閒”连下读，义为间或、有时。范常喜(2008：58)：閒，疑读作“奸”。

〔一五〕陈炫玮(2007：216)引《五行大义·论卅六禽》：戌，一云“墓死金”者，金至戌衰败故也。《禽变》云：“暮为死火”者，戌为火墓也。陈氏复疑“老火”为老羊之误。

# 亡　者

☐☐酉亡者，自夜半到日中，丁者不得〔一〕，老弱得；自日中到夜半，丁者得，老弱不得。孔家坡 154

☐【者】得，老弱不得；自日中到夜半，丁者不得，老弱得。孔家坡 155

☐【到】日中，丁者、老弱皆得；自日中到夜半，丁者、老弱皆不得〔二〕。孔家坡 156 壹

癸亥亡，死〔三〕。孔家坡 156 贰

**【注释】**

〔一〕孔家坡(2006：147)：丁者，《史记·律书》："丁者，言万物之丁壮也。"本篇丁者与老弱相对而言，指能够担任赋役的成年人。

〔二〕孔家坡(2006：147)：本篇将一日分为"夜半到日中""日中到夜半"两个时段，亡者分为"丁者"和"老弱"两类，以判断不同的亡者，在不同的时段内逃亡的结果。今按：自夜半到日中为阳，自日中到夜半为阴。丁者为阳，老弱为阴。得与不得当配合干支的阴阳为占。

〔三〕今按：此段恐不属于本篇。①

# 马牛亡者

马牛亡者〔一〕

子，旦南，夕北〔二〕。孔家坡 345 贰

丑、寅，旦西南，夕东北。孔家坡 346 贰

① 居延汉简 458·1A："……属夜半者男子取之其人兑喙爪须☐目善☐乳人事数人也姓孤氏字子……孙☐臧之内中婴间立中……"恐亦占盗文，录此备考。

卯，旦西，夕北。孔家坡 347 贰

辰、巳，旦西北，夕东。孔家坡 348 贰

未、申，旦东北。孔家坡 350 贰

酉，旦东，夕北〔三〕。孔家坡 351 贰

甲子求西方。孔家坡 345 叁

旦〈甲〉戌求西方。孔家坡 346 叁

甲申求东南方。孔家坡 347 叁

甲午求东南方。孔家坡 348 叁

甲寅求南方〔四〕。孔家坡 350 叁

## 【注释】

〔一〕孔家坡(2006：174)：“马牛亡者”是我们拟定的篇题。据湖北荆州周家台秦墓竹简 362 号，本篇当为追寻丢失的马牛而设。首先列出丢失马牛的支日及方位，然后以六甲旬日为据说明追寻的方位。今按：“马牛亡者”写在 345 号贰栏，是原有的标题。简文前半(写在第二栏)以十二支配合旦、夕两个时段占亡马牛之方位，缺午、戌、亥三支日；简文后半(写在第三栏)才是六甲旬日占方位。

〔二〕孔家坡(2006：174)：本篇将一天分作两个时段，“旦”表示旦至夕，指白天；“夕”表示夕至旦，指夜晚。

〔三〕孔家坡(2006：174)：以上“旦”时的方位有一定规律，按顺时针方向自南至东；“夕”时则似乎局限于北、东之间。

〔四〕孔家坡(2006：174)：后文脱甲辰旬占文。陈炫玮(2007：205)将简文的后半段与周家台“孤虚求盗”联系起来，认为二者一致。今按：周家台 355-362 号简“孤虚求盗”篇有“以孤虚循求盗所道入者及臧(藏)处”：“甲子旬，戌亥为孤，辰巳为虚，道东南入。甲戌旬，申酉为孤，寅卯为虚，从西南入。甲申旬，午未为孤，子丑为虚，从南方入。甲午旬，辰巳为孤，戌亥

为虚，从西北入。甲辰旬，寅卯为孤，申酉为虚，从南方【入】。甲寅旬，子丑为孤，午未为虚，从北方入。甲子亡马牛，求西北方。甲戌旬，求西方。甲申旬，求南方。甲午旬，求东南方。甲辰旬，求东方。甲寅旬，求北方。”①

① 刘乐贤以为原文抄写有讹误，经校正后为：“甲子旬，戌亥为孤，辰巳为虚，道东南入。甲戌旬，申酉为孤，寅卯为虚，从[东]入。甲申旬，午未为孤，子丑为虚，从[北]方入。甲午旬，辰巳为孤，戌亥为虚，从西北入。甲辰旬，寅卯为孤，申酉为虚，从[西]方【入】。甲寅旬，子丑为孤，午未为虚，从[南]方入——”参氏著《从周家台秦简看古代的“孤虚”术》，《出土文献研究》第7辑，上海古籍出版社2005年版，第55页。

# 卷　八

## 六十甲子生子占

### （一）

生子
甲戌生子，饮食急〔一〕。睡甲140正壹
乙亥生子，毂(榖)而富〔二〕。睡甲141正壹
丙子生子，不吉。睡甲142正壹
丁丑生子，好言语〔三〕，或生(眚)于目〔四〕。睡甲143正壹
戊寅生子，去父母南。睡甲144正壹
己卯生子，去其邦。睡甲145正壹
庚辰生子，好女子。睡甲146正壹
辛巳生子，吉而富。睡甲147正壹
壬午生子，毂(榖)而武。睡甲148正壹
癸未生子，长大，善得。睡甲149正壹
甲申生子，巧，有身事〔五〕。睡甲140正贰
乙酉生子，毂(榖)，好乐。睡甲141正贰
丙戌生子，有事。睡甲142正贰
丁亥生子，攻(工)巧，孝。睡甲143正贰
戊子生子，去其邦北。睡甲144正贰
己丑生子，贫而疾。睡甲145正贰
庚寅生子，女为贾，男好衣佩而贵〔六〕。睡甲146正贰

辛卯生子，吉及㱿(榖)。睡甲 147 正贰

壬辰生子，武而好衣剑。睡甲 148 正贰

癸巳生子，㱿(榖)。睡甲 149 正贰

甲午生子，武有力，少孤。睡甲 140 正叁

乙未生子，有疾，少孤，后富。睡甲 141 正叁

丙申生子，好家室。睡甲 142 正叁

丁酉生子，耆(嗜)酒。睡甲 143 正叁

戊戌生子，好田野、邑屋。睡甲 144 正叁

己亥生子，㱿(榖)。睡甲 145 正叁

庚子生子，少孤，汙。睡甲 146 正叁

辛丑生子，有{心}冬(终)〔七〕。睡甲 147 正叁

壬寅生子，不女为医，女子为也〔八〕。睡甲 148 正叁

癸卯生子，不吉。睡甲 149 正叁

甲辰生子，㱿(榖)且武而利弟。睡甲 140 正肆

乙巳生子，吉。睡甲 141 正肆

丙午生子，耆(嗜)酉(酒)而疾，后富。睡甲 142 正肆

丁未生子，不吉，毋(无)母，必赏(尝)系囚〔九〕。睡甲 143 正肆

戊申生子，宠，事君。睡甲 144 正肆

己酉生子，㱿(榖)，有商〔一〇〕。睡甲 145 正肆

庚戌生子，武而贫。睡甲 146 正肆

辛亥生子，不吉。睡甲 147 正肆

壬子生子，恿(勇)。睡甲 148 正肆

癸丑生子，好水，少疾，必为吏。睡甲 149 正肆

甲寅生子，必为吏。睡甲 140 正伍

乙卯生子，恿(勇)，不【寿】〔一一〕。睡甲 141 正伍

丙辰生子，有疵于体而恿(勇)〔一二〕。睡甲 142 正伍

丁巳生子，㱿(榖)而美，有敃〔一三〕。睡甲 143 正伍

戊午生子，耆(嗜)酉(酒)及田猎。睡甲 144 正伍

己未生子，吉。睡甲 145 正伍

庚申生子，良。睡甲 146 正伍

辛酉生子，不吉。睡甲 147 正伍

壬戌生子，好家室。睡甲 148 正伍

癸亥生子，毋(无)冬(终)。睡甲 149 正伍

甲子生子，少孤，衣汙〔一四〕。睡甲 140 正陆

乙丑生子，武以攻(工)巧〔一五〕。睡甲 141 正陆

丙寅生子，武以圣〔一六〕。睡甲 142 正陆

丁卯生子，不正〔一七〕，乃有疵前〔一八〕。睡甲 143 正陆

戊辰生子，有宠〔一九〕。睡甲 144 正陆

己巳生子，鬼〔二〇〕，必为人臣妾〔二一〕。睡甲 145 正陆

庚午生子，贫，有力，先〈无〉冬(终)〔二二〕。睡甲 146 正陆

辛未生子，肉食〔二三〕。睡甲 147 正陆

壬申生子，闻〔二四〕。睡甲 148 正陆

癸酉生子，先〈无〉冬(终)。睡甲 149 正陆

## 【注释】

〔一〕刘乐贤(1994：182)：“急”是困难、窘迫的意思。饮食急，即生活困难。

〔二〕睡虎地(1990：205)：彀，《诗·黄鸟》传：“善也。”今按：《尔雅·释言》：“彀，禄也。”郭注：“书曰既富方彀。”《论语·泰伯》：“三年不学，不至于彀，不易得也。”《释文》引郑玄注：“彀，禄也。”《论语·宪问》：“邦有道，彀。”孔曰：“彀，禄也。”《孟子·滕文公上》：“彀禄不平”，赵岐注：“彀所以为禄也。”焦循《正义》：“禄奉以彀，故彀即禄矣。”《潜夫论·相列》：“或王公孙子，仕宦终老，不至于彀。”

〔三〕李学勤(2001：143)：“好”指癖好、爱好。王子今(2003：273)：

“好语言”即通常所谓多嘴、饶舌。

〔四〕睡虎地(1990：205)：或，有。《说文》：“眚，目病生翳也。”

〔五〕睡虎地(1990：205)：身，《诗·大明》：“重也。”事，《国语·鲁语上》注：“职事也。”有身事，即有兼职。王子今(2003：273)：“有身事”文义其实与下文“有事”相近，不宜解为“有兼职”。

〔六〕刘信芳(1990：62)认为屈原字灵均，本条“贾”当从乙种《日种》作“巫”。屈原好衣佩，亦见之于《离骚》。由《日书》可知，屈原之名与字，主要决定于宗教方面的因素，并因对生辰吉日的崇拜，影响到屈原一生性格的形成。张富春(2005：91)引《史记·货殖列传》巴寡妇清之故事，以证明秦人对于女子“为贾”之态度。赵逵夫(2012：83)认为本条与屈原有关。屈原为楚人，日书中依据有关传说而将其生平特征作为他生日的依据，是完全有可能的。

〔七〕睡虎地(1990：205)：“心”字系衍文。有终，有成。

〔八〕睡虎地(1990：205)：“不”下脱“吉”字，重“女为医”三字，又误“医”字为“也”字。

〔九〕王子今(2003：281~282)：当读作“必常系囚”或“必当系囚”。

〔一〇〕睡虎地(1990：205)：商，读为章，功业显著。或读为赏，亦通。

〔一一〕今按：本条据刘乐贤(2016：394)改释。

〔一二〕陈伟武(1998：210)：疵，当指斑痣。

〔一三〕睡虎地(1990：205)：敃，疑读为秩。有秩，有俸禄。一说，为畋字之讹，有畋即有闻。

〔一四〕衣汙，张国艳(2017：105)：“衣污”之“衣”当作“卒”字解，“衣污”即“卒污”，即终生地位低贱的意思。今按：王家台：“甲子生，好。”

〔一五〕今按：王家台：“乙丑生，不武，巧。”

〔一六〕睡虎地(1990：170)：圣，疑读为听，听从命令。陈伟武(2007：428)：圣，聪明。简文“武以圣”不必破读，即勇武而聪明之意。今按：王家台：“丙寅生，武、圣。”《大戴礼·盛德》：“司马之官以成圣。”卢注云：

“圣，通也。”《周礼·夏官·司马》郑目录云：“马者，武也，言为武者也。”《墨子·尚贤下》：“于先王之书、竖年之言然，曰：晞夫圣武知人，以屏辅而身。”孙诒让《间诂》：“圣武，谓圣人与武人也。”是古文献中“武”与“圣”连称之例。

〔一七〕吴小强(1989：74)：“生子不正”应指手足先出的逆生，先秦称之为“寤生”。张国艳(2017：108)：“不正”是指品行不端。

〔一八〕刘乐贤(1994：182)：“前”可以表示前阴与寸部两个部位。“有疵前”是有病于前部的意思。吴小强(2000：103~104)根据秦简《封诊式·出子》和马王堆汉墓帛书《杂疗方》，前指妇女阴户，并将本句译作“丁卯日生孩子，出生体位不正，产妇阴道口受损伤”。今按：《太玄·玄数》：“九窍：一六为前、耳，二七为目，三八为鼻，四九为口，五五为后。”

〔一九〕今按：王家台：“戊辰生，好。”

〔二〇〕睡虎地(1990：205)：鬼，疑读为猥，鄙浅。本句吴小强(2000：106)译作“己巳日出生的孩子，长得丑陋猥亵，注定要做奴隶”。张国艳(2017：107)：简文的意思是：己巳生子，孩子蠢笨，必为奴婢。今按：《方言》卷一：“虔、儇，慧也。……自东而东赵魏之间谓之黠，或谓之鬼。”华学诚《校释汇证》曰：“鬼：常璩《华阳国志》卷三：‘星应舆鬼，故君子精敏，小人鬼黠。’王念孙《方言疏证补》云：‘今高邮人犹谓黠为鬼，是古之遗言也。’卢文弨《重校方言》云：‘谓黠为鬼，今吴越语尚然。’按：今北方话、吴方言、客家方言、粤方言、闽方言中都有谓黠为鬼的说法。”①笔者的家乡湖北京山一带至今仍有聪慧狡黠为鬼的说法，且当说某人“鬼”时，通常具有贬义。简文“鬼”当是此意。

〔二一〕今按：王家台：“己巳生，好田。”

〔二二〕今按：王家台：“庚午生，女毋□。”

〔二三〕刘乐贤(1994：183)：“肉食”指享有厚禄的官员。今按：“肉食”按字面意思讲亦通。

---

① 华学诚：《扬雄方言校释汇证》，中华书局2006年版，第13页。

〔二四〕今按：王家台："壬申生，必闻邦。"

## (二)

生〔一〕

甲子生，少孤。乙丑生，不武乃工考(巧)。丙寅生，武、圣。丁卯〖生〗，不正，不然必有疵于前。戊辰生，有宠。己巳生，凶，为臣 睡乙238 妾。庚午生，贫，武有力，毋(无)终。辛未生，肉食。壬申生，有问(闻)于邦〔二〕。癸酉生，有终。

甲戌生，好甲〔三〕。乙亥生，利酉(酒) 睡乙239 醴。丙子生，吉。丁丑生，好言五(语)，有生(眚)目。戊寅生，远【去，女】子于南〔四〕。己卯生，去其邦。庚辰，好〖女〗子。辛巳生，当〈富〉睡乙240 吉。壬午生，穀(觳)于武，好货。癸未生，长。

甲申生，必有事。乙酉生，穀(觳)，利乐。丙戌生，有终。丁亥生，考(巧)。戊子生，去其 睡乙241 邦北亟。己丑生，疾。庚寅生，女子为巫。辛卯生，不吉。壬辰生，必善医，衣常(裳)〔五〕。癸巳生，穀(觳)。

甲午生，武有力，寡弟〔六〕。乙 睡乙242 未生，少(小)疾，后富。丙申生，好室。丁酉生，吉，旨(嗜)酉(酒)〔七〕。戊戌生，姓楚〔八〕。己亥生，小(少)孤。辛丑生，有终。壬寅生，不吉，睡乙243 女子为医。癸卯生，不吉。

甲辰生，穀(觳)。丙午生，疾。丁未生，不吉，贫，为人臣。戊申生，有宠，必事君。己〖酉〗生，穀(觳)。睡乙244 庚戌生，武，贫。辛亥生，不吉。壬子生，恿(勇)。癸丑生，好▨【吏】。

乙卯生，□□寿。丙辰生，必【有】睡乙245 疵于体。丁巳生，穀(觳)，媚人〔九〕。戊午生，好田猎。己未生，穀(觳)。庚申生，恿(勇)。辛酉生，不吉。壬戌生，好室家。癸亥生，贫，毋(无)终〔一〇〕。睡乙246

### 【注释】

〔一〕睡虎地(1990：254)：生，标题，位于239号简首，因238号简首有横线。今按：本篇缺庚子、乙巳、甲寅三条。

〔二〕今按：《左传》昭公三十二年："昔成季友，桓之季也，文姜之爱子也，始震而卜，卜人谒之，曰生有嘉闻，其名曰友，为公室辅。"杜注："嘉名闻于世。"释文："闻音问。"《大戴礼·曾子疾病》："言有主，行有本，谓之有闻矣。"

〔三〕刘乐贤(1994：396)："好甲"即喜欢兵戎之事，《吕氏春秋·慎行》："令尹好甲兵。"

〔四〕王子今(2003：273)：将睡甲、睡乙合观，女子"去父母""远去"，是关于私奔的较早文字记载，也可能是抢婚古俗的片断遗存。

〔五〕睡虎地(1990：254)：此句有脱文。刘乐贤(1994：396)：二字的释读尚有可疑之处。

〔六〕刘乐贤(1994：397)："寡弟"是缺少兄弟之意。

〔七〕刘乐贤(1994：397)引郑刚说，释"旨"为臽，读为陷。《荀子·天论》注："陷，溺也。"

〔八〕睡虎地(1990：254)：此处疑有脱误。王强(2018：302)以为"楚"为"埜(野)"之误。"姓"通"性"，"性野"可理解为生性质朴、不尚荣华，与甲种的"好田野邑屋"正可呼应。

〔九〕今按：《左传》宣公三年："初，郑文公有贱妾曰燕姞，梦天使与己兰，曰：'余为伯儵。余，而祖也，以是为而子。以兰有国香，人服媚之如是。'"襄公四年："浞行媚于内而施赂于外"，杜注："内，宫人。"《论衡·逢遇篇》："籍孺幸于孝惠，邓通爱于孝文，无细简之才，微薄之能，偶以形佳骨娴，皮媚色称。夫好容，人所好也，其遇固宜。或以丑面恶色，称媚于上，嫫母、无盐是也。"是男子亦媚人。

〔一〇〕今按：《医心方》卷廿四《相子生六甲日法第七》引《产经》云："甲子生子，勇而贵。乙丑生子，勇而苦。丙寅、丁卯生，无咎。戊辰、己巳、庚午生，贱。辛未、壬申、癸酉生，贱。甲戌、乙亥生，贱。丙子、丁丑生，贱。戊寅、己卯生，苦。庚辰、辛巳生，贱。壬午、癸亥〈未〉生，贱。甲申、乙酉生，宜为后。丙戊〈戌〉、丁亥生，贱。戊子、己丑生，多忧。庚寅、辛卯生，勇。壬辰、癸巳生，贵。甲午、乙未生，多忧。丙申、丁酉生，多病。戊戌、己亥生，少兄弟。庚子、辛丑生，无勇，仁而不利。壬寅、癸卯生，贵。甲辰、乙巳生，仁善。丙午、丁未生，仁善。戊申、己酉生，头不久。庚戌、辛亥生，贱。壬子、癸丑生，贱。甲寅、乙卯生，仁勇。丙辰、丁巳生，暴贵。戊午、己未生，思之。庚申、辛酉生，勇，愁。壬戌、癸亥生，困、贱。”

### （三）

凡己巳生，勿举，不利父母〔一〕；男子为人臣，女子为人妾。庚子生，不出三日必死。睡乙 247

**【注释】**

〔一〕王桂钧(1988：68)：秦汉时代“勿举”即杀死之意。今按：《论衡·福虚篇》：“齐孟尝君田文以五月五日生，其父田婴让其母曰：何故举之？曰：君所以不举五月子，何也？婴曰：五月子，长与户同，杀其父母。”《论衡·四讳篇》：“四曰讳举正月、五月子。以为正月、五月子杀父母，不得举也。”

## 十二支生子占

子，生子，三日、二月五日不死，必为上君〔一〕。五十八年以〔二〕孔家坡 379 贰

☒〖丑，生子……〗【不】死，史〔三〕。六十八年以丙寅死。女，二日〔四〕、一月不〖死〗〔五〕，必为巫。五十六年以丙寅死〔六〕。孔家坡 380 贰

【寅，生子，五日、】四月不死，卅五年以丁卯死。女，四日、七月、十

月不死，三夫。六十七年以庚午死。孔家坡381贰

卯，生子，三日、六月不死，贫，三妻。八十年以己巳死。女，三日、三月不死，贫。卌一年以甲辰死。一曰八十年庚寅死〔七〕。孔家坡382贰

辰，生子，七日、三月不死，多病。一〈七〉十三年以辛卯死。女，三日、五月不死，为巫，七十二年以壬午死。女复寡〔八〕。孔家坡383贰

【巳，生子，】三日、三月不死，富。六十一年以己巳死。女，一日、八月不死，毋(无)子。八十七年以辛卯死〔九〕。孔家坡384贰

午，生子，八日、二月二日不死，为大夫。六十九年以辛未死。女，二日、五月六日不死，善盗。五十年以辛未死。一曰善田。孔家坡385贰

未，生子，三日、二月一日不死，必临国〔一〇〕。六十五年以壬申死。女，五日、三年不死，必为上君妻。七十六年以庚申死〔一一〕。孔家坡386贰

申，生子，七日、三月不死，史。五十一年以甲戌死。女，七日、六月不死，大富。卌九年以己巳死〔一二〕。孔家坡387贰

【酉，生子，】九月〈日〉、二月不死，狂。卌三年以丙子死。女，一日、四月不死，为大巫，卅九年以丁丑死〔一三〕。孔家坡388贰

〖戌，生子〗□日、三月二日不死，大富。七十四年以寅死。女，三日、五月不死，必奸〔一四〕。卅五年以壬子死。一曰廿年死〔一五〕。孔家坡389贰

〖亥，生子，〗三日、三月不死，善田。六十七年以庚午死。女，五日、九月不死，十年以丁亥死〔一六〕。孔家坡390贰

## 【注释】

〔一〕孔家坡(2006：178)：上君，地位处尊。

〔二〕孔家坡(2006：178)："以"字下疑有脱文。今按：周家寨作："子，产子，三日、二月五日不死，必为上君。五十八年以甲子死。女子，三日、二月不死，三夫。卅九年甲子死。"

〔三〕孔家坡(2006：178)：史，疑借作"吏"。

〔四〕孔家坡(2006：178)：女，在此指寅日生女。今按："女""二日"应

读断。此处是说，丑日生男(子)如何如何，生女，若二日、一月不死，命运如何。以下可类推。

〔五〕孔家坡(2006：178)："不"下脱"死"字。

〔六〕今按：周家寨作："丑，产子，四月、五月不死，史。六十八年以丙寅死。女子，二日、一月、五月不死，必为巫。五十六年以丙寅死。"

〔七〕今按：周家寨作："卯，产子，三日、六月不死，贫，三妻。八十年以己巳死。女，三日不死，贫。卌一年以甲辰死。一曰八十年庚寅死。"香港79："产一日、三月不死，贫，八十岁甲寅死。"

〔八〕今按：周家寨作："辰，产子，七日、三月不死，多病。七十三年以辛卯死。女，三日、五月不死，为巫，七十二年以壬午死。女……"香港82："□卯死。产三日、五月不死，为人巫，七十二岁壬午死。"孔家坡"一十三"当是"七十三"之误。

〔九〕今按：周家寨作："巳，产子，三日、旬、三月不死，富。六十一年以己巳死。女，一日、八月不死，毋(无)子。八十七年以辛卯死。"香港78："产一日、八十日不死，毋(无)子。八十九岁辛亥死。"

〔一〇〕孔家坡(2006：178)：临，莅也。临国，立国。

〔一一〕今按：周家寨作："未，产子，三日、二月一日不死，必临邦。六十五年以壬申死。女，五日、三年不死，必为上君妻。七十六年以庚申死。"

〔一二〕今按：周家寨类同。香港80："产七日、四月不死，大富，廿九岁己巳死。""廿九"或"卌九"之误释。

〔一三〕今按：周家寨作："酉，产子，九日不死，狂。卌三年以丙子死。女，一日、四月不死，为大巫，卅九年以丁丑死。"

〔一四〕孔家坡(2006：178)：奸，《说文》："犯淫也。"

〔一五〕今按：周家寨作："戌，产子，十七日、三月二日不死，大富。七十四年以寅死。女，三日、五月不死，必奸。卅五年以壬子死。一曰廿年死。"

〔一六〕今按：周家寨作："亥，产子，三日、四月不死，善田。六十七年以庚午死。女，五日、九月不死，十年以丁亥死。"香港 83："产五日、九月不死，恐□，十岁丁酉死。"

## 十天干生子占

……〼□、壬，男；乙、丁、己、【辛、】癸，女。生子不中此日〔一〕，不死，癃，不行〔二〕。孔家坡 391 贰

**【注释】**

〔一〕孔家坡(2006：178)：中，《汉书·成帝纪》"举措不中"，注："中，当也。"

〔二〕今按：周家寨作："甲、丙、戊、庚、壬，男；乙、丁、己、辛、癸，女。产子不中此日，不死，【癃，】不行。"所谓"男"即男日，亦即刚日；"女"为女日，亦即柔日。"生子"之"子"当包括男孩和女孩。"不死癃"是不死必癃的意思。

## 人　字

人字〔一〕睡甲 150 正壹

人字：其日在首，富难胜也。睡甲 150 正贰

夹颈者贵。睡甲 151 正贰

在奎者富〔二〕。睡甲 152 正贰

在掖(腋)者爱。睡甲 153 正贰

在手者巧盗〔三〕。睡甲 154 正贰

在足下者贱。睡甲 151 正叁

在外者奔亡〔四〕。睡甲 152 正叁

图 睡甲 150 正壹-154 正壹

## 【注释】

〔一〕睡虎地(1990：206)：字，生子。

〔二〕睡虎地(1990：206)：奎，《说文》：“两髀之间也。”刘乐贤(1994：187)：奎是指两条大腿之间。在《日书》人字图中，代表奎的地支是左图冬、秋季的“亥”和右图春、夏季的“酉”。

〔三〕吴小强(2000：108)：这个孩子将来机灵手巧，偷东西。宋艳萍(2008：116)：巧盗便是擅长偷盗的意思。

〔四〕刘乐贤(1994：187)：“外”读为间，此处指肩膀部位。李建民(1995：2~5)：从“人字”图看，“在外”似指人身之外，即图中的春巳、夏丑、秋未、冬卯。又，“人字”图提到的人身体各部位如头部的“富”，足下“贱”等，饶富当时人对身体所赋予的文化意涵；腋表示“爱”，手表示“巧”，也不是完全没有意义的。换言之，“人字”图通过当时人对身体的隐喻与婴儿吉凶取得类比的关联。今按：观察“人字”图和占文，可以发现，凡是吉利美好的占语，多位于身体内侧；不吉的占语，则多在身体外部。

## 求　人

女子以巳字，不复字〔一〕。睡甲 150 正叁

戊子以有求也，必得之。虽(唯)求頯啻(帝)〔二〕，必得。睡甲 153 正叁

丙寅以求人，得之〔三〕。睡甲 154 正叁

**【注释】**

〔一〕刘乐贤(1994：193)：本句是说女人在巳日生孩子的话，她以后永远不会再生孩子了。王子今(2003：290)：简文原意，可能是说女子若于巳日生子，则此后终生不孕。

〔二〕睡虎地(1990：206)：頯，疑以音近读为告。刘乐贤(1994：197)：疑此处頯亦当作求。今按：前一个“求”为求子，后一个“求”为求帝产子。

〔三〕今按：以上三简抄写在“人字”占的后面，实际上并非“人字”占文，只不过因其内容性质与生子相关，连类及之。今另析为一篇。

## 生子方位占

生东乡(向)者贵，南乡(向)者富，西睡乙 74 贰乡(向)〚者〛寿，北乡(向)者贱，西北乡(向)睡乙 73A+75 贰者被刑〔一〕。睡乙 76 贰

凡生子北首西乡(向)〔二〕，必为上卿，女子为邦君妻。睡乙 248

**【注释】**

〔一〕刘乐贤(1994：338)：被刑即遭受刑法处罚。今按：刑指肉刑。周

家台 151 号简贰写作："北首者北。"流沙坠简(1993：94)则作："生子东首者，富；南首者，贵；西首者，贫；北首者，不寿。"

〔二〕刘乐贤(1994：299)："首"可能是指产妇头所指的方向；"向"则可能是产妇身子所朝的方向，或者是婴儿出生时身体所朝的方向。

# 娶妻嫁女

## (一)

取(娶)妻

取(娶)妻龙日〔一〕：丁巳，癸丑，辛酉，辛亥，乙酉，及春之未、戌，秋丑、辰，冬戌、亥。丁丑，己丑，取(娶)妻不吉。戊申，己酉，牵牛以取(娶)织女，不果，三弃〔二〕。睡甲 155 正

毋以戌、亥家(嫁)子、取(娶)妇，是谓相〔三〕。睡甲 156 正贰

**【注释】**

〔一〕刘乐贤(1994：207)："龙日"即忌日。

〔二〕刘乐贤(1994：453)：日书的出土，以无可辨驳的事实证明先秦时代牵牛、织女的神话已普遍流行。王子今(2003：292~293)："牵牛以取织女"的说法，说明在睡甲成书的时代，牛郎织女的爱情传说已经形成了比较确定的主题，形成了比较完整的结构。王晖、王建科(2005：104)："三弃"极言牵牛抛弃织女次数之多。王朝阳(2011：53)把这句翻译为：戊申日、己酉日，是牵牛娶织女不成功的日子，如果在这一天娶亲，婚姻不会美满，妻子就会被多次抛弃。李立(2008：9)："不果"一般可以有两种解释：一种解释是没成功，没有实现；一种解释是不果断，不果决。简文"丁丑、己丑"或"戊申、己酉"而娶妻所带来的"不吉"后果有二，一是"牵牛以取织女而不

果”，一是“三弃”“不出三岁，弃若亡”。简文“三弃”“不出三岁，弃若亡”是针对求卜者而言，与牛郎织女神话没有关系。吕亚虎(2010：43)：睡虎地秦简《日书》以戊申、己酉为牵牛娶织女之日，因其婚事无果，多次离弃，故日者将其定为民间嫁娶须加避忌的日子。蔡先金、李佩瑶(2011：54)：《日书》所载牵牛织女神话文本是目前所见最早的关于牵牛织女神话的记载，在一定程度上反映了该神话的原初状态：牵牛织女的婚姻是一个悲剧，其原因就在于织女被牵牛多次抛弃。赵逵夫(2012：82)：“不果”，是言其婚姻没有到头，而不是说娶亲没有成功，也不是说“牵牛娶织女不果断”。因为日书此条言“娶妻”而非言“嫁女”，是从男方之利害言之，故应解作女子弃丈夫而去，方合文意。

〔三〕睡虎地(1990：207)：“相”读为霜。《说文》：“霜，丧也。”《白虎通·变灾》：“霜之言亡也，阳以散也。”刘乐贤(1994：207)：简10背称戌与亥为分离日，则此处“相”字亦当有分离之义。王子今(2003：298)读为禳，为辟除灾异的一种方式。陆平(2008)疑“相”后脱“去”字，“相去”即相离。今按：《搜神记》卷十九：“父母无相，惟生六女，无有一男，虽有如无。”则简文“相”可能是指婚后无男子，即绝后之意。原简号误为一五五正。

## (二)

癸丑，戊午，己未，禹以取(娶)梌山之女日也，不弃，必以子死〔一〕。睡甲2背壹

戊申，己酉，牵牛以取织女，而不果，不出三岁，弃若亡〔二〕。睡甲3背壹

壬辰，癸巳，橐妇以出，夫先死，不出二岁〔三〕。睡甲4背壹

庚辰，辛巳，敝毛之士以取(娶)妻〔四〕，不死，弃。睡甲5背壹

凡取(娶)妻、出女之日，冬三月奎、娄，吉。以奎，夫爱妻；以娄，妻爱夫。睡甲6背壹

壬申，癸酉，天以震高山〔五〕，以取（娶）妻，不居〔六〕，不吉。睡甲7背壹

甲子、午，庚辰，丁巳，不可取(娶)妻、家(嫁)子。睡甲8背壹

甲寅之旬，不可取(娶)妻，毋(无)子；虽有，毋(无)男。睡甲9背壹

戌兴〈与〉亥，是胃(谓)分离日，不可取(娶)妻。取(娶)妻，不终，死若弃。睡甲10背

直参以出女，室必尽〔七〕。睡甲2背贰

直营室以出女，父母必从居。睡甲3背贰

直牵牛、须女出女，父母有咎。睡甲4背贰

中春轸、角，中夏参、东井，中秋奎、东辟（壁），中冬竹（箕）、斗，以取(娶)妻，弃〔八〕。睡甲5背贰

凡参、翼、轸以出女，丁巳以出女，皆弃之。睡甲6背贰

以己丑、酉、巳，不可家（嫁）女、取（娶）妻，交徙人也可也〔九〕。睡甲7背贰

月生五日曰杵〔一〇〕，九日曰举，十二日曰见莫取，十四日曰奊（謑）訽〔一一〕，睡甲8背贰十五日曰臣代主〔一二〕。代主及奊(謑)訽，不可取(娶)妻。睡甲9背贰

十二月、正月、七月、八月为牡月。三月、四月、九月、十月为牝月。牝月牡日取(娶)妻，吉。睡甲12背

壬申会癸酉〔一三〕，天以坏高山〔一四〕，不可取(娶)妇。睡甲147背

## 【注释】

〔一〕睡虎地(1990：209)：棎山，古书多作涂，《说文》作嵞。《书·益稷》："娶于涂山，辛、壬、癸、甲。"此言癸丑、戊午、己未，与《书》不合。王晖、王建科(2005：106)：简文是说：癸丑、戊午、己未三日是大禹娶涂山氏之女的日期，尽管涂山氏之女没有被禹抛弃，但必定因为生子而死去。这条简文的记述，使启母化为石的神话真相大白：这就是说大禹之妻、夏启

之母、涂山氏之女是在生夏启时因难产而死去的——这应该是夏启生而其母化为石神话的原型。赵逵夫(2012：83)：简文言在癸丑、戊午、己未三个时日娶的妻，必定要中途离弃，如其不然，儿子会死去。今按：香港25："□□□以戊午、己未，是禹之取梌【山之女为】妻之日也，必一子死。"《水经注·淮水》："淮水自黄邪山东北，迳马头城北，魏马头郡治也，故当涂县之故城也。《吕氏春秋》曰：禹娶涂山氏女，不以私害公，自辛、壬至癸、甲四日，复往治水。故江淮之俗以辛、壬、癸、甲为嫁娶日也。"简文之意似与此俗正相反。

〔二〕王晖、王建科(2005：104)：谓牵牛、织女的婚期是戊申、己酉，但二人并未白头到老，不到三年，牵牛便抛弃了织女，如织女死去一般。这两条简文的内容对后世传说那种以牛郎织女为忠贞不贰爱情之神的神话真是一个莫大的讽刺。赵逵夫(2012：82)：所谓"弃若亡"是说弃之而去，如同没有一样("亡"通"无")。这是从娶妻的男方角度言之，所以"弃若亡"是指女方弃丈夫而去，不含丈夫弃妻的意思在内。刘乐贤(2016：406)：若，当训"或"。

〔三〕橐，睡虎地(1990：209)释作"囊"，疑读为攘，盗取。本句吴小强(2000：117)译作："壬辰、癸巳日，有偷盗行为的女子假如在这个日子出嫁，婚后不出二年之内丈夫要先死。"刘乐贤(1994：206)：或许此字是"橐"字之讹，"橐妇"读为妒妇。王子今(2003：316)："出"是指丈夫休弃妻子。黄文杰(2008：169~170)径释作"橐"，读为"妬(妒)"。今按：简文在"出"后有勾识符，当在此读断，"夫先死"连读。

〔四〕睡虎地(1990：209)：敝毛，指年长发衰。今按：《周易·大过·九二》："枯杨生稊，老夫得其女妻，无不利。"《太玄·内·次七》："枯桓生莠，罐头内其稚妇，有。"范望注："白而不纯谓之罐。"

〔五〕睡虎地(1990：209)：震，《左传》僖公十五年注："震者，雷电击之。"

〔六〕睡虎地(1990：209)：居，留处。王子今(2003：317)："居"谓停

息安定。

〔七〕成家彻郎(1991：69)：尽，读为赆，义为裕福。刘乐贤(1994：206)以为指其家庭将要破产耗财。王子今(2003：318)：很可能指家人的死丧。

〔八〕今按：马王堆帛书《阴阳五行》甲篇“堪舆占法”记曰：“【春之轸、角，夏】之参、东井，秋之东辟(壁)、恚(奎)，冬之箕、斗，以【取(娶)妇，不死】必出。”北大藏西汉竹简《揕舆》(简29)：“凡取(娶)妇嫁妇，春三月轸、角，夏三月参、东井，秋三月东辟(壁)、奎，冬三月箕、斗，不死必不成。”并可参。

〔九〕王子今(2003：317)：推测“交徙人”文意，可能是说一家族于同日内既娶妻又嫁女。此日不可“家(嫁)女”，不可“取(娶)妻”，但是同时一出一入，一送一迎，形成“交徙”，则是可以的。

〔一〇〕刘乐贤(2012：283~285)：在古人看来，月亮在一个月中由阙而圆再由圆而阙，乃是从“生”到“毁”或“死”的过程。“月生”即月始生，亦即月朔。“月生某日”正是这种纪日方式。

〔一一〕睡虎地(1990：209)：謑詬，《荀子·非十二子》：“詈辱也。”吴小强(2000：115)：疑“十四日”后脱“曰”字。

〔一二〕吕亚虎(2010：47)：该条简文以每月的五、九、十四、十五日分别称为杵、举、见莫取、奊(謑)詬、臣代主。程少轩(2011：439~441)：五日、九日、十二日、十四日、十五日，可能是指时间段(时间之间隔)，换算成比例为：5∶4∶3∶2∶1，恰好符合“六十甲子衰分术”。

〔一三〕刘乐贤(1994：298)：“壬申会癸酉”，即壬申与癸酉。吕亚虎(2010：45)：“会”有会合、相遇之义，作连词用时，又有“与”“同”“和”等义。

〔一四〕吕亚虎(2010：45)：“天以震高山”或“天以坏高山”可能与古代的某一个神话故事有关，而婚嫁之事避忌此日亦当与此传说有关。惜简文简约，难以做进一步分析。今按：《左传》定公元年：“天之所坏，不可支也。”《国语·周语下》：“周诗有之曰，天之所支，不可坏也；其所坏，亦不可支也。昔武王克殷而作此诗也，以为饫歌，名之曰支，以遗后人，使永监焉。”

## （三）

嫁女

春三月戌，夏三月丑，秋三月辰，冬三月未〔一〕，求妻〔二〕，妻入必计之〔三〕。丙午、寅，利求人〔四〕。己未之人室，必得女为妻。孔家坡 172

入月二旬三日，命胃(谓)危，不可合男女〔五〕。入月旬〖一、七〗日及庚辰、辛巳，不可取(娶)妇、嫁女〔六〕。孔家坡残 7+残 8+173 下

子取(娶)妻，有〖忧〗。酉嫁，三更夫。亥不可取(娶)妻、嫁女，妒夫之建，妒妇之日也〔七〕。以之，不字，夫恐死〔八〕。孔家坡 176 壹+残 48+174 下

壬申，癸酉，百事不吉，不可取(娶)妻。孔家坡 175 壹

戊申，己酉以取(娶)妻，妻不出三岁，弃、亡。孔家坡 175 贰

庚寅取(娶)妻，妻不居。孔家坡 174 上+残 16

壬辰、癸〖巳出〗妇，其夫不出三岁，死。孔家坡残 32+177 壹

甲午旬，嫁女，毋(无)辰(娠)。孔家坡 178 壹

癸丑，戊午，己未以取(娶)妻，妻死，不，必弃〔九〕。孔家坡 176 贰

甲寅旬，此【胃(谓)星】辰季也，不可嫁，毋(无)子〔一〇〕。孔家坡 177 贰

戊戌，己亥，不可〖以〗嫁人，始生日，夫妻相恶，乃涂奥〔一一〕，乃止。孔家坡 178 贰

丙申、丁酉，天、地相去也；庚申、辛酉，汉、河相去也〔一二〕；壬申、癸酉，参、辰相去也〔一三〕。凡是日，不〖可〗取(娶)妻、孔家坡 179 嫁女及言事，不成。孔家坡 180

戊己毋取(娶)妻，取(娶)妻㦢(厌)姑，一入妾〔一四〕，有家。孔家坡 181

## 【注释】

〔一〕今按：春戌、夏丑、秋辰、冬未，即所谓“四敫日”。

〔二〕“求”字，原释文作“来”，据李天虹、蔡丹(2015：172~173)改释。

〔三〕孔家坡(2006：151)：计，算计。

〔四〕“求”字据李天虹等(2017：105)释改。

〔五〕王强(2015b：182~183)：简文“合男女”当取男女交合之意，亦即古医书中的“合阴阳”。

〔六〕本条据王强(2014：168)、李天虹等(2017：105)改编。

〔七〕陈炫玮(2007：119)：“妒”疑读为“窄”，迫也。王强(2014：75)不同意陈说，认为妒可读作妒，又写作妬。妒夫、妒妇指爱嫉妒的男子及妇人。简文“妒夫之建，妒妇之日”当是互文用法，意同“妒夫、妒妇之建日”，笼统来讲亥日是妒夫妒妇的日期，在这一天娶妻嫁女，会有两种结果，一是妇人不生育，二是男子死亡。黄一农(2004：173)：据此条可知，“亥不嫁娶”之俗忌早在汉初既已形成。

〔八〕本条据李天虹等(2017：105)改编。

〔九〕张林(2016：59)：“不必弃”中“不”后或脱“死”字，为“不死必弃”更合适。今按：“不必弃”是不死必弃的意思。

〔一〇〕本条据李天虹等(2017：105)改编。

〔一一〕孔家坡(2006：152)：涂，《说文》杇字段注：“涂者，饰墙也。”奥，《说文》：“宛也，室之西南隅。”今按：奥或指灶，《礼记·礼器》：“燔柴于奥”，孔疏：“奥者，正是灶之神，常祀在夏，以老妇配之。”奥亦为猪圈，《庄子·徐无鬼》：“吾未尝为牧，而牂生于奥。”《经典释文》：奥，“一曰豕牢也”。“乃”为假设连词，义为“若”。① 简文大概是说，夫妻相恶，如果刚开始的那一天以泥涂“奥”，就不会再相恶。此乃巫术。《医心方》卷廿六《相爱方》引《枕中方》：“夫妇相憎之时，以头发埋着灶前，相爱如鸳鸯。”又引《灵奇方》：“取黄土，酒和，涂账内户下，方圆一寸，至老相爱。”又方：“取灶中黄土，以胶汗和，着屋上五日，取涂所欲人衣，即相爱。”敦煌遗书《攘女子妇人述秘法》亦云：“凡欲令夫爱，取户下泥涂户上，方圆五

① 参看杨树达：《词诠》，中华书局2004年版，第68~72页。

寸，即得夫畏敬。”①所述与简文类似。

〔一二〕“汉”字原释文作“沟”，此从陆平(2008)释，陆氏并云：“汉”指天汉银河，“河”指地上黄河。“相去”犹言相离。刘玉环(2014：120)亦改为“汉”，认为“河”指黄河，“汉”指汉水，两条大河不曾相交相汇，故以之比喻夫妻分隔两地不得相见或感情不和睦。

〔一三〕孔家坡(2006：152)：参、辰二星，分处东、西方，出没各不相见。今按：《医心方》卷二《针灸服药吉凶日第七》“针灸忌日”条引《虾蟆经》云：“凡五离日：戊申、己酉，天地离；壬申、癸酉，鬼神离；甲申、乙酉，人民离；丙申、丁酉，江河离；庚申、辛酉，禽兽离。”《五行大义》卷二《论合》引《河图》：“五离者，甲申，乙酉，天地离；丙申，丁酉，日月离；戊申，己酉，人民离；庚申，辛酉，金石离；壬申，癸酉，江河离。”《类编历法通书大全》卷十五“丛辰吉凶”：“五离日：甲申、乙酉天地离，忌开店肆及仓。丙申、丁酉日月离，忌炉冶、会客。戊申、己酉人民离，忌出行、嫁娶。庚申、辛酉金石离，忌斲石、熔铸。壬申、癸酉江河离，忌乘船、装载。”②《新刻趋避检》卷上“五离日”与此略同。③

〔一四〕孔家坡(2006：152)：厌，《史记·高祖本纪》索隐引《广雅》：“镇也。”张林(2016：60)：“一入妾”与睡甲87正贰“即入之，羊必千”语境相类，表假设。李天虹等(2017：106)将“一”改释“公”，“姑公”连读，将下文读作“入妾，有家”。今按：武威汉简《日书》有“亥毋内(纳)妇，不宜姑公”。或为所本。但孔家坡简此处字迹不清，更似“一”字，似非“公”字。“一”作连词，有“或”义。“一”亦可通“以”，杜陵：“利一(以)播种、出粪。”简文“一(以)入妾，有家”似亦可通。

① 转引自詹鄞鑫：《心智的误区——巫术与中国巫术文化》，上海教育出版社2001年版，第604页。

② 《四库全书存目丛书》子部第六十八册，齐鲁书社1997年版，第316页。

③ 刘永明主编：《增补四库未收术数类大全》第十集《阴阳五行(四)》，江苏广陵古籍刻印社1997年影印本，第1467~1468页。

# 孤虚占嫁娶

甲子旬：辰、巳虚，虚在东南；戌、亥孤，孤在西北。孔家坡 116 贰

甲戌旬：寅、卯虚，虚在东方；申、酉孤，孤在西方。孔家坡 117 贰

甲申旬：子、丑虚，虚在北方；午、未孤，孤在南方。孔家坡 118 贰

甲午旬：戌、亥虚，虚在西北；辰、巳孤，孤在东南。孔家坡 119 贰

甲辰旬：申、酉虚，虚在西方；寅、卯孤，孤在东方。孔家坡 120 贰

甲寅旬：午、未虚，虚在南方；孔家坡 121 贰 子、丑孤，孤在北方〔一〕。孔家坡 122 贰

凡取(娶)妇〔二〕、嫁女，孔家坡 116 叁 毋从孤之虚，孔家坡 117 贰 出不吉。从虚 孔家坡 118 叁 之孤，杀夫。孔家坡 119 叁

**【注释】**

〔一〕孔家坡(2006：142)：在式图上，戌亥正位于西北，辰巳位于东南。戌亥为孤，辰巳则为虚，孤虚的方位恰好相反。其余各简类同。今按：《史记·龟策列传》："日辰不全，故有孤虚。"集解："《六甲孤虚法》：甲子旬无戌亥，戌亥即为孤，辰巳即为虚；甲戌旬无申酉，申酉为孤，寅卯为虚。"《后汉书·方术传》："孤虚之术"，李贤注："孤为六甲之孤辰。若甲子旬中，戌亥无干，是为孤也。对孤为虚。"《景祐遁甲符应经》卷中《孤虚法立成》："甲子旬，孤在戌亥，虚在辰巳。甲戌旬，孤在申酉，虚在寅卯。甲申旬，孤在午未，虚在子丑。甲午旬，孤在辰巳，虚在戌亥。甲寅旬，孤在子丑，虚在午未。甲辰旬，孤在寅卯，虚在申酉。"《意林》卷四引《抱朴子》佚文："太公曰：从孤击虚，万人无余。一女子当百丈夫。"所述与简文相同。

〔二〕"妇"原释作"妻"，据王强(2014：50)，张显成、杨艳辉(2014：25)释改。

# 作女子

作女子

月生一日、十一日、廿一日，女果以死〔一〕，以作女子事〔二〕，必死。睡甲 156 正壹

**【注释】**

〔一〕睡虎地(1990：207)：果，疑读为娲。刘乐贤(1994：198)：女娲以每月第一日、第十一日、第二十一日死的说法不见于典籍，故女果即女娲之说不能视为定论。王子今(2003：297)：疑"果"当读为"祼"。

〔二〕吴小强(2000：111)："作女子事"即指生育孩子。王子今(2003：298)疑指性事。

# 十天干占疾病

## (一)

病

甲、乙有疾，父母为祟，得之于肉，从东方来，裹以漆器。戊、己病，庚有〖閒〗〔一〕，辛酢〔二〕。若不〖酢〗，睡甲 68 正贰 烦居东方〔三〕，岁在东方〔四〕，青色死。睡甲 69 正贰

丙、丁有疾，王父为祟〔五〕，得之赤肉、雄鸡、酉(酒)。庚、辛病，壬有閒，癸酢〔六〕。若不酢，烦居南方，岁 睡甲 70 正贰 在南方，赤色死。睡甲 71 正贰

戊、己有疾，巫堪〔七〕、行、王母为祟〔八〕，得之于黄色索鱼〔九〕、堇酉

(酒)。壬、癸病，甲有閒 睡甲 72 正贰，乙酢。若不酢，烦居邦中，岁在西方，黄色死。睡甲 73 正贰

庚、辛有疾，外鬼、伤(殇)死为祟[一〇]，得之犬肉、鲜卵，白色。甲、乙病，丙有閒，丁酢 睡甲 74 正贰。若不酢，烦居西方，岁在西方，白色死。睡甲 75 正贰

壬、癸有疾，母逢人，外鬼为祟，得之于酉(酒)、脯修节肉[一一]。丙、丁病，戊有閒，己 睡甲 76 正贰 酢。若不酢，烦居北方，岁在北方，黑色死。睡甲 77 正贰

## 【注释】

〔一〕睡虎地(1990：194)："閒"字原脱，据下文例补。《论语・子罕》注："孔曰：少差曰閒"。

〔二〕睡虎地(1990：194)：酢，报祭。刘乐贤(1994：117)：当读为"作"，表示病愈。李零(2000：207)：酢，病情痊愈。朱玲、杨峰(2007：388)："酢"与"瘳"语义相应，可以互释。

〔三〕刘信芳(1993：88)：若不报祭，会有麻烦在东方。刘乐贤(1994：117)：烦，《说文》："熟头痛也。"疑指因生病而引起的不安，或鬼神给人带来的烦扰。李零(2000：207)：烦，情况不好，相当于楚卜筮简中的"忧"。王子今(2003：185)引《韩诗外传》卷三，以为"烦"即"人主之疾，十有二发"中的十二发之一，可以理解为一种精神病症。今按：此处"烦"与"岁"相似，当为神煞名。《淮南子・俶真》："是故伤死者，其鬼娆"，高诱注："娆，烦娆，善行病祟人。"又，《六壬大全》卷七有《二烦课》："日宿临仲，斗系丑、未，曰天烦。月宿临仲，斗系丑、未，曰地烦。日月宿俱临仲，斗系丑、未，曰天、地二烦。"

〔四〕胡文辉(2000：98)：此"岁"即《淮南子・天文》的小岁，又称小时、月建。

〔五〕刘乐贤(1994：117)：王父，《尔雅・释亲》："父之考为王父。"

〔六〕今按：王家台401："丙丁有疾，赤色，当日出死。不赤色，壬有瘳，癸汗(閒)。"其说略不同。

〔七〕刘乐贤(1994：117)：据文意推测似是某巫作祟的意思，巫名不可考。王强(2017：99~100)："巫堪"可能是巫咸的一种异写。今按：巫堪、行、王母应断开并列，指三种为病祟的鬼怪。

〔八〕刘乐贤(1994：117)：王母，《尔雅·释亲》："父之妣为王母。"

〔九〕睡虎地(1990：194)：索，疑读为腊。刘乐贤(1994：117)：索鱼即干鱼。

〔一〇〕刘乐贤(1994：119)："外鬼"是外死之鬼，"殇死"指殇死鬼。今按：葛陵楚简甲二40有"上下内外鬼神"①，"外鬼"或指没有宗庙牌位以供奉的鬼神。

〔一一〕睡虎地(1990：194)：脯，切成薄片的干肉。修，捶薄后加上姜桂等香料的干肉。节，意为蔬菜和肉细切做成的肉酱。

## (二)

有疾

甲、乙有疾，禺(遇)御于豕肉〔一〕，王父欲杀生人为姓(眚)。有疾者必五病而 睡乙181 □有閒，不閒，死，烦【在】☒ 睡乙182

丙、丁有疾，王父为姓(眚)，得赤肉、雄鸡、酉(酒)。庚、辛病，壬閒，癸酢，烦及岁皆在南方，其人赤色死，火日。睡乙183

戊、己有疾，巫堪、王父为姓(眚)，☒【索鱼、堇】☒閒，乙【酢，不酢】，☒【邦】中，{中}岁在西〔二〕，人黄色死，土日。睡乙184

庚、辛有疾，外鬼、伤(殇)死为姓(眚)，得于肥肉、鲜鱼、卵，【甲、

① 河南省文物考古研究所编著：《新蔡葛陵楚墓》，图版七六，大象出版社2003年版；释文参考徐在国：《新蔡葛陵楚简札记》，简帛研究网，2003年12月7日，后刊《中国文字研究》第5辑，广西教育出版社2004年版。

乙病，丙】有閒，丁酢，不□☐睡乙185死☐〔三〕睡乙186

壬、癸☐□人，外鬼为姓(眚)，得于酉(酒)、脯修节肉。丙、丁病，戊有閒，己酢。不酢，烦在北，人黑☐睡乙187

## 【注释】

〔一〕睡虎地(1990：247)：御，疑读为遻，《楚辞·怀沙》注："逢也。"

〔二〕睡虎地(1990：247)："中"字衍，"西"字下脱"方"字。

〔三〕林清源(2002：811)认为简186极有可能不隶属于"庚辛有疾"段。

## (三)

☐癸汗(閒)〔一〕。大父祟〔二〕。孔家坡347壹

☐【汗(閒)。】人炊祟〔三〕。孔家坡348壹

☐【有】瘳〔四〕，乙汗(閒)〔五〕。巫及室祟〔六〕。孔家坡349壹

庚、辛，金也，有疾，白色，日中死。非白色，丙有瘳，丁汗(閒)。街〔七〕、行、人炊、兵祟〔八〕。孔家坡350壹

壬、癸，水也，有疾，黑色，季子死〔九〕。非黑色，戊有瘳，己汗(閒)。蚤神及水奈(祟)〔一〇〕。孔家坡351壹

## 【注释】

〔一〕"癸"字据王强(2014：126)释改。

〔二〕孔家坡(2006：171)作"患"。陈剑(2011b)改释"祟"。

〔三〕孔家坡(2006：171)：炊，疑读为"痌"，病貌。今按：人炊当为神煞名，《史记·封禅书》："晋巫，祠五帝、东君、云中君、司命、巫社、巫祠、族人、先炊之属"，《正义》："先炊，古炊母神也。"《汉书·郊祀志》作"族人炊"，注："主炊母之神也。"

〔四〕孔家坡(2006：171)：瘳，《说文》："疾愈也。"从本篇来看，瘳、

閒的含义有程度上的不同。“有瘳”是说病情已经好转，“閒”则指病者完全康复。

〔五〕今按：王家台 397：“戊己有疾，黄色，中子死。不黄色，甲有瘳，乙汗(閒)。”可参。

〔六〕孔家坡(2006：171)：室，指户、灶、中霤、门、行等五祀里的中霤。《礼记·月令》注：“中霤，犹中室也。”包山二号楚墓所出五祀木主即把“中霤”记为“室”。

〔七〕今按：北大藏秦简《禹九策》：“其祟风柏(伯)及街鬼。”李零注释：街鬼是一种躲在街角里的鬼。①

〔八〕陈炫玮(2007：194)：本篇的“兵”，指死于战争的人鬼。

〔九〕孔家坡(2006：171)：季子，《诗·魏风·陟岵》传：“季，少子也。”

〔一〇〕孔家坡(2006：171)：“蚤”通“灶”，蚤神即五祀之一的“灶”。陈炫玮(2007：195)：水指大水神，为楚地楚人信奉的海神。

## 十二支占疾病

子有疾，四日小汗(閒)，七日大汗(閒)。其祟天土〔一〕。甲子鸡鸣有疾，青色死〔二〕。孔家坡 352 壹

丑有疾，三日小汗(閒)，九日大汗(閒)。其祟三土君〔三〕。乙丑平旦有疾，青色死〔四〕。孔家坡 353 壹

寅有疾，四日小汗(閒)，五日大汗(閒)。祟北君、冣主〔五〕。丙寅日出有疾，赤色死〔六〕。孔家坡 354 壹

卯有疾，三日小汗(閒)，九日大汗(閒)。祟三公主。丁卯蚤食有疾，赤色死。孔家坡 355 壹

辰有疾，四日小汗(閒)，七日大汗(閒)。祟大父。戊辰莫食有疾，黄

① 李零：《北大藏秦简〈禹九策〉》，《北京大学学报》(哲学社会科学版)2017 年第 5 期。

色死。孔家坡 356 壹

巳有疾，三日小汗(閒)，九日大汗(閒)。祟高姑姊□〔七〕。己巳有疾〔八〕，黄色死。孔家坡 357 壹

午有疾，三日小汗(閒)〔九〕，七日〖大〗汗(閒)。祷及道鬼、尚行〔一〇〕。庚午日失(昳)有疾，白色死。孔家坡 358 壹

☐市有疾〔一一〕，白色死。孔家坡 359 壹

☐【祟】旱〈早〉殇。壬申莫(暮)市有疾，黑色死。孔家坡 360

☐祟门臽(阎)之鬼〔一二〕。孔家坡 361

☐祟门、街。戊戌黄昏有疾死。孔家坡 362

☐祟人炊、老人〔一三〕。癸亥人郑(定)有疾死。孔家坡 363

## 【注释】

〔一〕孔家坡(2006：172)：天土，或即后土，是土神。陈炫玮(2007：197)："天土"应与后世道教文献中的"天土神使"有关。今按：天土或即天社，天社见《史记·封禅书》。

〔二〕今按：周家台："子有病，不五日乃七日有瘳。鸡鸣病，死。"又："五子有疾，四日不瘳乃七日。鸡鸣有疾，死。"

〔三〕今按：三土君或即三社主，见《史记·封禅书》。

〔四〕今按：周家台："丑有病，不四日乃九日有瘳。平旦病，死。"

〔五〕陈炫玮(2007：198)：北君冣主，疑是北君当中位居最高的神。今按：《潜夫论·巫列》："土公、飞尸、咎魅、北君、衔聚、当路、直符七神，及民间缮治微蔑小禁，本非天王所当惮也。"简文"北君""冣(聚)主"当为二神名。"冣主"或即丛社之主。北大藏秦简《禹九策》："其祟黄帝及北斗。黄帝者，巫大帝。北斗者，北君。"①

〔六〕今按：周家台："五寅有疾，四日不瘳乃五日。日出有疾，死。"

〔七〕孔家坡(2006：172)：姑姊，《左传》襄公十二年疏："盖父之姊为

① 李零：《北大藏秦简〈禹九策〉》，《北京大学学报》(哲学社会科学版)2017 年第 5 期。

姑姊。”高姑姊，可能是指祖父之姊。

〔八〕孔家坡(2006：172)：“己巳”后脱“日中”二字。

〔九〕孔家坡(2006：172)：“三”系“四”字之讹。

〔一〇〕今按：“道鬼”指道路之鬼，“尚行”为行神，亦名“常行”“大常行”或“大行”。王强(2018：341~343)以为即《潜夫论》《盐铁论》中的“当路”，亦即《抱朴子》中的“当路君”。

〔一一〕今按：据文例，“下市”前可补“辛未”。

〔一二〕孔家坡(2006：173)：臽，《说文》“小阱也。”据文例，“鬼”字后当有脱文，似可补作“癸酉牛羊入有疾，黑色死”。干支纪日，壬申之后为癸酉，癸酉之后二十五日为戊戌，戊戌之后二十五日为癸亥。自甲子至癸亥，正合六十甲子。

〔一三〕陈炫玮(2007：198)：老人亦鬼类的一种。

## 问　病

### (一)

病

凡酉、午、巳、寅，以问病者，必代病。睡乙188壹

凡【酉、午、】巳、寅，辛亥、辛卯问病者，代之〔一〕。睡乙193贰

辛卯，壬午，不可宁人，人反宁之〔二〕。睡乙192贰

**【注释】**

〔一〕今按：岳山M36：44正：“寅、卯不可问病者，问之必病。”《增补万全玉匣记》卷上“探病忌日”：“壬寅壬午连庚午，甲寅乙卯己卯妨。神仙留下此六日，探人疾病替人亡。”①其时日与简文不同。简文“代”指代替病人

① 《增补万全玉匣记》，中国文联出版社2005年版，第80页。

生病或死亡。

〔二〕睡虎地(1990：248)：宁人，对人进行慰问。今按：《医心方》卷二《明堂图第十二》引《耆婆脉决》云："壬午、辛卯、庚戌、辛酉、壬寅、乙卯。右六日，允病人代死。善善忌之。凡不问见病者日：正月巳午，二月午未，三月戌亥，四月戌亥，五月亥子，六月丑寅，七月丑寅，八月卯寅，九月卯辰，十月辰巳，十一月巳午，十二月本未。凡戊日不见病人，巳日不问病人。天狗下食日：子岁丁丑，丑岁庚寅，寅岁丁卯，卯岁壬辰，辰岁丁巳，巳岁丙申，午岁丁未，未岁庚申，申岁辛酉，酉岁丙戌，戌岁辛巳，亥岁庚子。右日不可看病及合药作服也。凡甲乙日平旦，丙丁日食禺中，戊己日日中、日昳，庚辛日晡时，壬癸日黄昏、不〈人〉定。右日时不可诣看病者。"

## (二)

酉、午、卯、巳，不可问疾…… 孔家坡残 22

辛亥，辛卯，壬午，不可以宁人及问疾，人 孔家坡 305 叁 必反代之。利以贺人，人必反贺之〔一〕。此报日也。孔家坡 306 叁

**【注释】**

〔一〕今按：岳山 M36：44 正："【毋】以辛亥、卯，壬午问病【者】，以宁人必宁之，以贺人必贺之。"

# 占 死

甲辰、寅，死〔一〕，必复有死。睡甲 95 背壹

甲子死，室氏〔二〕，男子死，不出卒岁，必有大女子死。睡甲 96 背壹

**【注释】**

〔一〕王子今(2003：464)：“甲辰寅死”，应当是说“甲辰死”与“甲寅死”。

〔二〕王子今(2003：464)：“室氏”之“氏”，或可读为“疷”或“底”，可理解为终止、结束。

## 四季天干占死

春三月，甲、乙【死】者，其后有憙〔一〕，正东有得。睡乙202丙、丁死者，其东有憙，正西恶之〔二〕，死者主也。睡乙203戊、己死，去室西，不去有死。睡乙204庚、辛死者，去室北，不去有咎。睡乙205壬、癸死者，明鬼祟之〔三〕，其东受凶。睡乙206壹

夏三月，甲、乙死者，东南受央(殃)。睡乙207壹丙、丁死者，去室西南受凶，东有憙。睡乙208壹戊、己死者，正西南有憙。睡乙209壹庚、辛死者，其东受凶，其西北有憙。睡乙210壹〖壬、癸〗死者，其南有憙。睡乙211壹

【秋三月，】▨(〖甲、乙死者，其〗)【东】受凶，男子〖也〗。睡乙212壹丙、丁死者，其西受凶，其女子也。□▨睡乙213壹【戊、】己死者，有□。睡乙214壹庚、辛死者，其东北受凶，正北有憙。睡乙215壹壬、癸死者，明鬼祟之，其东受凶。睡乙216壹

冬三月，甲、乙死者，必兵死，其南詈(恶)之。睡乙217壹▨睡乙218壹戊、己死者，有憙。睡乙219庚、辛死者，不去其室有死，正北有火起。睡乙220壬、癸死者，有憙，南室有亡子，且詈(恶)之。睡乙221

□□后有得，东南詈(恶)之〔四〕。睡乙222

冬三月甲乙死者，必兵死，其南詈(恶)之〔五〕。睡乙223壹

睡乙 206 贰-218 贰

视罗[六] 睡乙 223 贰

## 【注释】

〔一〕睡虎地(1990：250)："憙"读为禧，《尔雅·释诂》："福也。"刘乐贤(1994：389)："憙"从喜声，憙、喜、禧三字可通用。工藤元男(2010：158)：就"喜""憙"而言，睡甲、睡乙都使用作为占卜语汇的"喜"，但使用"憙"的只有乙种。

〔二〕睡虎地(1990：250)：恶，后文作詈，当读为厌，《广雅·释言》："镇也。"《史记·高祖本纪》："秦始皇帝常曰东南有天子气，于是因东游以厌之。"

〔三〕刘乐贤(1994：389)："明"指神明。古代尊称神明为明神。明鬼可能是对鬼的尊称。

〔四〕今按：本条是否接在 221 号简后连读，尚有疑问。

〔五〕凡国栋(2010：65)主张将重出的文字排除在本篇之外。今按：也许是为了照顾"视罗"图的需要，有意在 218 号简"视罗"图终止的地方再抄了一遍简文。

〔六〕李零(2000：204~205、212)最早将“视罗”二字与图联系起来考虑，认为“罗”字可能是指网格式的图式。凡国栋(2010：61~64)根据放马滩简，将此类图式统一命名为“死失图”，并认为其与占死咎的文字同属以“死失图”为中心的择日系统。黄儒宣(2013：188、192)根据“视罗”与图式的位置，认为“视罗”二字并非本篇标题，本篇应据孔家坡汉简称为“死失”。她在比较了睡甲、睡乙和孔家坡三种图式后认为，睡虎地秦简甲种可能是较为早期的本子。程少轩(2018b：68~81)则在李零的基础上，进一步将此类图式统称为“罗图”。

# 十二支占死咎

## (一)

子，女也。有死，其后必以子死，其咎在渡衖〔一〕。睡甲83背壹

丑，鼠也。其后必有病者三人。睡甲84背壹

寅，罔也。其咎在四室〔二〕，外有火敬(警)。睡甲85背壹

卯，会众。其后必有子将弟也死〔三〕，有外丧〔四〕。睡甲86背壹

辰，树也。其后必有敬(警)，有言见〔五〕，其咎在五室马车。睡甲87背壹

巳，翼也。其后必有别，不皆(偕)居，咎在恶(垩)室〔六〕。睡甲88背壹

午，室四隣也。其后必有死者三人，其咎在六室，必有死者二人。睡甲89背壹

未，瘵也。其室寡。睡甲90背壹

申，石也。其咎在二室。生子不牷(全)。睡甲91背壹

酉，巫也。其后必有小子死，不出三月有得。睡甲92背壹

戌，就也。其咎在室马、牛、豕也。日中死，凶。睡甲93背壹

亥，死必三人。其咎在三室。睡甲94背壹

| | | |
|---|---|---|
| 八月 酉 | 九月 戌 | 十月 亥 |
| 七月 申 | 三月 辰　二月 卯 | |
| | 四月 巳　正月 寅 | 十一月 子 |
| 六月 未 | 五月 午　十二月 丑 | |

睡甲 83 背贰-90 背贰

值此日月者不出〔七〕。睡甲 91 背贰

**【注释】**

〔一〕睡虎地(1990：221)：咎，灾。衖，即港字。或读为巷。赵平安(2014：261)认为应读为“闾巷”为宜。《战国策·秦策一》：“卖仆妾售乎闾巷者，良仆妾也。”《史记·货殖列传》：“故闾巷少年，攻剽椎埋，劫人作奸，掘冢铸币，任侠并兼。”“闾巷”指里巷，与里中相对。今按：《离骚》：“五子用失乎家巷”，巷一作衖。《易·睽·九二》：“遇主于巷，无咎。”

〔二〕今按：所谓“二室”“三室”“四室”“五室”“六室”，应指睡甲 83 背-90 背号简和睡乙 203-218 号简所绘图中的十二月所代表的十二室，并非实际生活中的住室。此图在睡乙被称为“视罗”，孔家坡汉简《日书》自题为“死失图”。

〔三〕睡虎地(1990：221)：将，或。

〔四〕睡虎地(1990：222)：外丧，《礼记·杂记》疏：“谓兄弟丧在远者也。”魏德胜(2003：115)：外丧，谓大门以外的丧事。

〔五〕睡虎地(1990：221)：言，疑读为愆。王子今(2003：463)：“有言见”或可理解为“有咭见”，咭，噩耗。

〔六〕睡虎地(1990：221)：恶室，恶，读为垩。垩室，白土涂刷的房子，古代孝子居于垩室。今按：其字或即睡乙之“䍜”。

〔七〕凡国栋(2010：72)：“直(值)此日月者”当与孔家坡简“凡日与月同营居者”表达的意思相同。

## (二)

子死，其咎在里中〔一〕，必见血〔二〕。孔家坡300壹

丑死，其咎在室，必有死者三人。孔家坡301壹

寅死，其咎在西四室，必有火起。孔家坡302壹

卯死，其室必有弟蔑若子死〔三〕，有……〔四〕孔家坡303壹

辰死，其室必有□☒〔五〕孔家坡304壹

巳死，其凶在室中〔六〕。孔家坡305壹

午死，其室必三人死〔七〕。孔家坡306壹

未死，其咎在里，寡夫若寡妇〔八〕。孔家坡307

申死，其咎在二室畜产〔九〕。孔家坡308

酉死，不出三月，必有小子死。孔家坡309

戌死，其咎在室六畜。孔家坡310

亥死，其咎在室六畜〔一〇〕。孔家坡311

**【注释】**

〔一〕孔家坡(2006：168)：里中，街坊之谓。

〔二〕孔家坡(2006：168)：见血，看见血。或解作有伤害发生。《易·涣》：“上九，涣其血去逖出，无咎。”孔颖达疏：“血，伤也。”

〔三〕孔家坡(2006：168)：弟蔑，似指同辈中的年幼者。若，或。

〔四〕今按：周家寨作：“卯死，其室必有弟若子死，死外，有外丧。”

〔五〕今按：周家寨作：“辰死，其室必有言语，有，在五室马牛。”

〔六〕今按：周家寨作：“巳死，其兇在室中。”

〔七〕今按：周家寨作：“午死，其室必有三人死。”

〔八〕孔家坡(2006：168)：意思是说鳏夫或者寡妇会有灾祸。今按：周家寨作：“未死，其咎在里，寡夫若寡妇。”

〔九〕孔家坡(2006：168)：畜产，指幼畜。今按：周家寨作：“申死，其咎在三室畜产。”《春秋繁露·服制》：“畜产人徒有数。”《管子》“畜产”作“六畜”。

〔一〇〕今按：周家寨作：“亥死，其咎在室六畜，北二室。”又，周家寨《日书》将本篇亦称为“死失”。

# 死　失

## (一)

死失图〔一〕

| | | | |
|---|---|---|---|
| 六　未<br>月 | | 七　申<br>月 | 八　酉<br>月 |
| 五　午<br>月 | 四　巳<br>月 | 三　辰<br>月 | |
| | 正　寅<br>月 | 二　卯<br>月 | 九　戌<br>月 |
| 十　丑<br>二<br>月 | 十　子<br>一<br>月 | | 十　亥<br>月 |

孔家坡 300 贰-306 贰

▨□之日，为所先室以建日，死失不出〔二〕。孔家坡 299

以死者室为死者月，来子□之〔三〕。孔家坡 300 叁 凡日与月同营居者〔四〕，死失不出〔五〕。孔家坡 301 叁

【正月：寅死，失南一室〔六〕，卯二〔七〕，巳四，未六。申北一室〔八〕，】酉二〔九〕，亥四，丑六。辰、午、戌、子不出〔一〇〕。孔家坡 312

二月：【卯死，失南】一室，辰二，午四，申六。酉〖北一〗室，戌二，子四，寅六。巳、未、亥、丑不出。孔家坡 313

〖三月：〗▨【北】一室，亥二，丑四，卯六。午、申、子、寅不出。孔家坡 314

【四月：巳死，失西一室，午二，申四，】〖戌六。亥东〗一室，子二，寅四，辰六。未、酉、丑、卯不出。孔家坡 315

〖五月：〗▨一室，丑二，卯四，巳六。寅、辰、申、戌不出。孔家坡 316

〖六月：〗▨【丑】东一室，寅二，辰四，午六。卯、巳、酉、亥不出。孔家坡 317

〖七月：〗▨□【六。】辰、午、戌、子不出。孔家坡 318

〖八月：〗▨□辰二，午四，申六。巳、未、亥、丑不出。孔家坡 319

九月：戌【死，失北一室，亥二，丑四，】〖卯六。辰，南一〗室，巳二，未四，酉六。午、申、子、寅不出。孔家坡 320

〖十月：〗▨□西一室，午二，申四，戌六。未、酉、丑、卯不出。孔家坡 321

十一月：子死，失东一室，丑【二，卯四，巳六。午】西一〖室〗，未二，酉四，亥六。申、戌、寅、辰不出。孔家坡 322

〖十二：〗▨西一室，申二，戌四，子六。酉、亥、卯、巳不出。孔家坡 323

## 【注释】

〔一〕孔家坡（2006：170）：本篇内容可分三部分，一，一幅“死失图”及

附图说明文字。二，一张按月排列的表，供查找“死失”在每月出现或不出现的日子。三，一段按六十甲子顺序讲解“死失”处向及吉凶情况的文字。睡甲和睡乙都有与此篇插图情形近似的插图。“死失”似是指一种人死后对生人作祟的“死煞”，简文亦称作“失”。《颜氏家训·风操》：“偏傍之书，死有归杀。子孙逃窜，莫肯在家。”王利器《集解》按：“《吹剑录》外集引唐太常博士吕才《百忌历》载《丧煞损害法》：‘如巳日死者雄煞，四十七日回煞；十三四岁女雌煞，出南方第三家，煞白色，男子或姓郑、潘、孙、陈，至二十日及二十九日两次回家。故世俗相承，至期必避之。’回煞即归煞，此六朝、唐人避煞谏言之可考见者。戴冠《濯缨亭笔记》七：‘今世阴阳家以某日人死，则于某日回煞，以五行相乘，推其殃煞高下尺寸，是日，丧家当出外避之，俗云避煞。然莫知其缘起。’”《协记辨方书》也记有《殃煞出去方》，可参。陈炫玮(2007：185)：“失”可读为“魅”，《说文·鬼部》：“厉鬼也。”刘乐贤(2008：84、85)引居延新简EPT49：3“厌魅书”及东汉刘伯平铅券有“魅鬼尸注”语，证成陈炫玮之说，以为“失(魅)”“指人死后变成的能作祟害人的恶鬼”。

〔二〕凡国栋(2010：73)：“建日”当与“建除”篇之“建日”有关。今按：周家寨文字较全，写作：“失：以死之月为死者室，以死之日为所先室以建日，死失不出。”但我们仍然无法通读其文字。

〔三〕孔家坡(2006：170)：“来子”下一字似为“数”字。王贵元(2006)作“擊”。刘玉环(2014：121)将“来”改释为“求”字。今按：周家寨写作“系”。

“来子”之“来”，王强(2014：117)改释为“求”。

“来子”之“子”可能指地支，刘乐贤(1994：302)在元光元年历谱中找到了以“子”表示反支日的例子，森和(2008：8)则进一步认为“子”与孔家坡《日书·离日》中的“字”相当。所以，这里的“子”也许可以表示地支。

〔四〕孔家坡(2006：170)：意思是说日和月在图中同处在一方格里。陈炫玮(2007：185)：这段话可能是指日和月与方格内的日月相同者。凡国栋

(2010：72)：即日月同处于图中一个方格，亦即地支相合的时候。

〔五〕孔家坡(2006：170)：死失不出，意思是说“死失”不出来作祟。陈炫玮(2007：185)：这段话可能是说日和月与方格内的时日一致者，那么死者就不会出来作祟。黄儒宣(2013：199)：“以死者室为死月”，是指以“死者室”的位置代换为月份。所以“凡日与月同营居者，死失不出”，是指亡日的地支，与“死者室”所代换的月份，两者偕同而居，同在一格，则死失不出。因此实际上是在查找亡日的地支和“死者室”的位置。死失图表示的是“死失不出”，而不是“失”在某一室。

〔六〕孔家坡(2006：170)：意思是说正月里的寅日“死失”在南一室。陈炫玮(2007：186)：这里的“死”当与“失”断读，即正月寅日死，失在南一室。

〔七〕孔家坡(2006：170)：卯二，即卯日“死失”在南二室。

〔八〕孔家坡(2006：170)：意思是说正月里的申日“死失”在北一室。

〔九〕孔家坡(2006：170)：酉二，即酉日“死失”在北二室。

〔一〇〕孔家坡(2006：170)：意思是说辰、午、戌、子的这些日子“死失”不会出现。

## （二）

〖甲子〗☒【方】入之〔一〕。

乙丑死，失在北，去失西，从东方入之。

丙寅日中死，孔家坡 324

☒〖丁卯……〗

戊辰夙食死，失西南，去室而代〈伐〉〔二〕。

己巳，夕死〔三〕，失不出，小子必二人〔四〕孔家坡 325

☒〖庚午……〗□取其父；大人不去，必伤其家，去西北五步〔五〕。

辛未鸡鸣死，失 孔家坡 326 西北卅步。

壬申三【分】☒【出】鸡鸣，西去室而伐。

癸酉死，失出，必伤其家及禾稼。

甲戌夙 孔家坡 327 食至日是死[六]，[illegible]至三人，少莫去之 孔家坡 328 步。

乙亥夜半死，失不出；日出毋失，北去而伐。

丙子夜半死，失不出；日出毋失，北去而伐。

丁丑莫食至日中死，女子 孔家坡 329 取其夫，男子伤其家。

戊寅莫食至日中〖死〗[七]，女子取其夫，男子伤其家。

己卯会庚辰死[八]，失韦(围)厩，不去北，西南 孔家坡 330 入之。

庚辰日中死，失南间三家。

辛巳夜半会壬午死，失不出，莫东。

壬午旦死，失不出，莫东。

癸未死，失出，去家而伐北方。 孔家坡 331

甲申死，其失不出，出乃西南，其日中东北间一家。

甲、乙死，南受之[九]。丙、丁死，西南受。

乙酉死，其失不出，出乃西南，日中 孔家坡 332 东北间一室。

丙戌黄昏死，失南一里，少利于家。

戊、己死，巳葬，去室西。

丁亥黄昏死，失南十里，少利于家。

戊子日中死，失不出， 孔家坡 333 其莫(暮)西北去室五步。

庚、辛死，东北受。壬、癸死，东受之。

己丑日中死，失不出，其莫(暮)西北去家五步。

庚寅日中死，失东去室五 孔家坡 334 步，少利于家。

辛卯日中死，失东去家五步，少利于家。

壬辰市时死，失不出，出乃南东。

癸巳平旦死，失出三里。 孔家坡 335

甲午莫食至黄昏死，必伤家。

乙未莫食至日是死，勿发[一〇]，去之南，北入之。

丙申会丁酉死，失北，去室五步。

丁酉旦死，失北 孔家坡 336 ……

☒〚戊戌……〛失出一里。

己亥夕死，失西。

庚子死，失西北，去室五步。

辛丑夕死，失西北，去家 孔家坡 337 ……

☒〚壬寅……〛【南，】从门入之。

癸卯夕死，失不出。

甲辰鸡鸣至黄昏死，韦(围)厩不出，去之西，而从门入之。 孔家坡 338

☒〚乙巳……〛

〚丙午……〛【日】是死，失西北，去一里。

丁未日出至日是死，失西北，去一里。 孔家坡 339

☒〚戊申……〛【里。】

【己酉】夙食至日是死，失西，去而伐。

庚戌鸡鸣至黄昏死，祝伤家〔一一〕，失南。 孔家坡 340

☒〚辛亥……〛

〚壬子……〛【死，】失去一里。

癸丑旦至日是死，失去一里。

甲寅鸡鸣至昏死，失不出，出东南， 孔家坡 341 去室而伐。

乙卯夙食至日是〚死〛，失东北，去室而伐。

丙辰莫食至昏死，勿发，失北，去室百步。

丁巳旦至晦死，失出 孔家坡 342 ……

☒〚戊午……〛而伐。

己未旦至昏死，失出七里。

辛酉鸡鸣至昏死，失出，忘伐〔一二〕。

庚申夙食至昏 孔家坡 343 死，失不出，出乃西。

壬戌【夙食至夜半死，失】东南，去室五步。

癸亥莫食至昏死，失东，去家而伐。 孔家坡 344

**【注释】**

〔一〕今按：王家台 667：“甲子黄昏以死，失，围厩不出，先西而北□□□【方】入之。”

〔二〕陈炫玮(2007：186)：“伐”疑为害。

〔三〕今按：原释文作“己巳，西死”，今据图版照片改释。

〔四〕今按：王家台 703：“己巳之日以死，其失不出，小子必二人死，大人其家室□□。”

〔五〕今按：王家台 706：“庚午日中以死，失西北五步；小子也，取其父；大人也，不去，必伤其家。”

〔六〕孔家坡(2006：170)：日是，即日昳。

〔七〕孔家坡(2006：170)：“中”下疑脱一“死”字。

〔八〕孔家坡(2006：170)：会，合也。今按：“会”有“至”义，《尚书·禹贡》导渭“东会于泾”，《汉书·地理志》作“东至于泾”。

〔九〕孔家坡(2006：170)：受，遭也。凡国栋(2010：70~71)以为十天干占死失的文字与本篇似乎没有联系，而与睡乙的“视罗”篇近似，因而单列为一篇。

〔一〇〕孔家坡(2006：170)：勿发，不出来。

〔一一〕孔家坡(2006：170)：祝，咒也。

〔一二〕陈炫玮(2007：186)：忘伐，即无害。凡国栋(2010：70)：“庚申”与“辛酉”的顺序被倒置了。

# 葬　日

## (一)

葬日〔一〕：子、卯、巳、酉、戌，是胃(谓)男日；午、未、申、丑、亥、辰，是胃(谓)女日。女日死，女日葬，睡甲 30 正贰必复之〔二〕。男子亦然。

凡丁丑不可以葬，葬必参〔三〕。睡甲 31 正贰

子、寅、卯、巳、酉、戌，为牡日。丑、辰、申、午、未、亥，为牝。牝日以葬，必复之。睡甲 11 背壹

## 【注释】

〔一〕睡虎地(1990：187)：古代选择葬日的迷信极为流行。《论衡·讥日》引《葬历》云“葬避九空地臽，及日之刚柔，月之奇耦”，可证。

〔二〕睡虎地(1990：187)：意谓再次发生死亡。王子今(2003：132)：简文的直接意义当为必然再次葬。刘昭瑞(2007：89)：所谓“必复之”，即重复有死者。今按：《新序·杂事一》虎会对曰：“为人臣而侮其主者，死而又死。”简子曰：“何谓死而又死？”虎会曰：“身死，妻子又死，若是谓死而又死。”

〔三〕睡虎地(1990：187)：意谓三次发生死亡。王子今(2003：133)：其直接意义当为必然三次葬。刘昭瑞(2007：89)：参同叁，即重死者三人。

## (二)

人日〔一〕

凡子、卯、寅、酉，男子日；午、未、申、丑、亥，女子日。以女子日病，病瘳，必复之。以女子日死，死以葬，必复之。男子日如是。睡乙 108

男子日

男子日：寅、卯、子、巳、戌、酉。女子日：辰、午、未、申、亥、丑。睡乙 109

**【注释】**

〔一〕刘乐贤(1994：355)：本简人日是男子日、女子日的合称，与“诸良日”篇的人良日及后代节日之一的人日都有区别。今按：此人日即葬日。放甲1贰-4贰：“男日，卯、寅、巳、酉、戌。女日，午、未、申、丑、亥、辰。以女日病，以女日瘳，必可日复之。以女日死，以女日葬，必复之。男日亦如是。谓罔(刚)楺(柔)之日。”银雀山汉简《曹氏阴阳》1632：“甲、丙、戊、庚、壬，阳也。乙、丁、己、辛、癸，阴也。寅、卯、巳、午、未、戌，阳也。申、酉、亥【、子、丑、辰】，阴也。”

## 牝牡月

牝牡月

十二月，正月，二月，六月，七月，八月为牡月。孔家坡184壹

☐〖十〗一月为牝月〔一〕。孔家坡185壹

☐为牡日〔二〕，牡日以死及葬，必复之。孔家坡186壹

☐牝日〔三〕，牝日以死及葬，必复之。孔家坡187壹

☐□吉〔四〕。孔家坡188壹

☐【可】以葬，不出三岁，必有五丧〔五〕。孔家坡190壹

**【注释】**

〔一〕今按：据文意可补作：三月、四月、五月、九月、十月、十一月为牝月。放乙85壹号简正如此作，但放乙84壹号简记牡月却以“正月”开头，“十二月”在末尾，与此不同。

〔二〕今按：据上述睡甲11背壹号简，可补作“子、寅、卯、巳、酉、戌，为牡日”。李天虹、蔡丹(2015：171～172)接残37号简，写作：“☐□戌、午、申，庚午、辰，壬戌、子为牡日，牡日以死及葬，必复之。”

〔三〕今按：据上述睡甲 11 背壹号简，可补作“丑、辰、申、午、未、亥，为牝牝”。李天虹、蔡丹(2015：171～172)接残 35、38 号简，写作：“乙巳、丑，丁酉、卯，己未，辛巳、丑，癸亥、未【为】牝日，牝日以死及葬，必复之。”

〔四〕今按：放乙 88 号简作：“牡月牝日、牝月牡日，取(妻)皆吉。”类似文字亦见睡甲 12 背，所以，此处断简也许是同样的内容。

〔五〕今按：放乙 89 号简作：“牡日死必以牝日葬，牝日死必以牡日葬。不然，必复之。”这实际上是孔家坡简 186 壹和 187 壹的另一种表述。所以，本简也许并不属于本篇内容。“五丧”的说法亦见悬泉置 Ⅰ 0309③：266 正下：“辰不可穿，穿，不出三月有五丧。毋以死者，以死者，不出三年有五丧。”

# 卷　九

## 告武夷

〖皋!〗〔一〕敢告桑緰之子武㚄(夷)〔二〕:“尔居复山之𨙶(基),不周之野〔三〕,帝胃(谓)尔无事,命尔司兵死者〔四〕。含(今)日某将欲食〔五〕,某敢以其妻【上】妻女(汝)〔六〕,九店43〖聂〗【币】芳粮以譴犊某于武㚄(夷)之所〔七〕:君向(飨)受某之聂币芳粮〔八〕,囟(思)某来归食故□〔九〕。”九店44

### 【注释】

〔一〕九店(2000:104):首字可能是“巫”“祝”之类字。李零(1997:759,1999:145)补“某”,祝者以“某”代称,可以任意替换。夏德安(1998:31):“某”指死者。周凤五(2001:943)补“皋”。今按:当以补“皋”字为是。

〔二〕“敢告”后二字,李零(1997:759,1999:145)补作“桑縢”。刘钊(2004:209)以为应指钱铿。程少轩(2018a:440~443)认为释为“桑”的分化字“丧”更为准确,并引《淮南子·说林》“桑林生臂手,此女娲所以七十化也”为据,认为“丧(桑)緰”就是桑林,这个“桑林”又见于马王堆帛书《太一祝图》题记,与“武弟子”并列。在东汉及其后的道教解注文中又称之为“仓林君”或“苍林君”。

李家浩(1993:284~285,2002:320~321):“武㚄”即武夷,《史记·封禅书》有“武夷君”,马王堆帛书《太一避兵图》有“武弟子”,东汉镇墓瓶到宋朝卖地券所记神祇有“武夷王”,都是同一个神。

〔三〕饶宗颐(1997:37):巴国东境之鱼复,即是复山所在。“不周”即见于《山海经》等书中的不周之山。夏德安(1998:31~32):复山即不周山,亦即楚帛书中出现的复山,是宇宙的轴心。李家浩(2002:321):复山即《山海经·大荒西经》“西北海之外，大荒之隅，有山而不合，名曰不周、负子”之负子。

〔四〕九店(2000：105~106)：兵死者，死于战争的人的鬼魂。

〔五〕陈伟(1998：151)：“某”指墓主，很可能是一位兵死者。李家浩(2002：330)：“某”指病人。“思某来归食故”之“某”是指病人之魂。

〔六〕缺文，陈松长(1997：547)补“二”，妻二是二妻的倒文。九店(2000：106)：第一个妻是名祠，第二个妻是动祠。即许愿为武夷君娶妻。周凤五(2001：948)：第二个妻读“赍”，即致送。并将简文连读，意谓：“某人命其妻送聂币、芳粮给你(武夷)，为某人在武夷处赎罪。”范常喜(2009)补“上”，奉献意，第二个“妻”仍从周凤五读。今按：或即“上”字。

〔七〕夏德安(1998：34)读作“讍育”，译为“储藏食品”。九店(2000：108~109)：“聂币”是成串的丝织的碎块，聂币与芳粮并列，它们在简文中都是祭祀武夷的物品。讍犊应读为“详读”或“扬读”。详(扬)、读同义，训为“攻说”之说，亦即陈说。周凤五(2001：950~951)读“聂”为摄，摄币即“代币”，也就是“代帛”，亦即冥币。芳粮即《离骚》之“椒糈”，以香料调制，用来召请或祭祀鬼神的芬芳米粮。“讍犊”：衡量犯罪情节轻重以赎其罪责。范常喜(2009)从“讍”字读断，“犊”读为“赎”。

〔八〕向，九店(2000：109)释作“昔”，借作“夕”，指今夜。周凤五(2001：954~955)释作“乡(向)”，读为“曩”，引申为“昔日”之意。陈斯鹏(2003：403)：“向”旧释为“昔”，按此字郭店简多见，为“向”字无疑。“向”读为“飨”，义为歆飨、受食。

〔九〕九店(2000：109)：囟，表示希冀。陈斯鹏(2003：403)：“囟”过去多作希望解，实当读为“使”。

末一字，李零(1999：145)补“人”。九店(2000：110)：表示文字完结符号。刘信芳(2018：50)：告武夷之祷辞可分两个部分，“以量犊某于武夷之所”以上是第一部分，属于遇神祸而“攻”“说”。后二句为第二部分，为祈祷之后的赛祷，答谢武夷神灵护佑之故也。

# 马

马■

禖祝曰〔一〕："先牧日丙〔二〕，马禖合神〔三〕。"东乡(向)、南乡(向)各一【席】☒中土〔四〕，以为马禖〔五〕，穿壁直中，中三腏〔六〕，睡甲156背 四廄行〔七〕，大夫先敖次席〔八〕："今日良日，肥豚清酒美白粱〔九〕，到主君所。主君笱(苟)屏詷马〔一〇〕，驱其央(殃)，去 睡甲157背 其不羊(祥)，令其口耆(嗜)□，□₌耆(嗜)饮，律律弗遏自□〔一一〕，弗驱自出，令其鼻能嗅乡(香)〔一二〕，令耳聪目明，令 睡甲158背 颈为身衡〔一三〕，脊为身刚，胠为身【张】〔一四〕，尾善【驱虻】〔一五〕，腹为百草囊，四足善行，主君勉饮勉食，吾 睡甲159背 岁不敢忘。"〔一六〕 睡甲160背

## 【注释】

〔一〕睡虎地(1990：228)："马禖"系标题。《礼记·月令》："仲春之月，玄鸟至。至之日，以太牢祀于高禖。"《续汉书·礼仪志》注引蔡邕《月令章句》云："高，尊也。禖，媒也。吉事先见之象也。盖为人所以祈子孙之祀也。玄鸟感阳而至，其来主为字乳蕃滋，故重其至日，因以用事。"据此高禖为祈子孙之祀，则马禖为祈祷马匹繁殖的祭祀。《周礼·校人》："春祭马祖，执驹。"疏："春时通淫，求马蕃息，故祭马祖。"马禖或即祭祀马祖。刘信芳(1991：66)：篇名"马"字当与下文"禖"字连读，"马禖"即马祭。饶宗颐(1993a：433)题为"马禖祝辞"。刘乐贤(1994：312)则以"马禖祝"为题。林清源(2002：796)以为"马"是章题，"禖祝"连用见《汉书·武五子传·戾太子刘据传》："初，上年二十九乃得太子，甚喜，为立禖，使东方朔、枚皋作禖祝。"王子今(2003：516)：从书写形式看，简156背简端为"马"字，简157背简端有符号"■"，此篇标题应为"马■"。"■"可能有某种特殊涵义。陈斯鹏(2007b：119)：从简文看，虽然以"马禖"标题，但言"先牧日丙，马

禖合神”，则显然是以先牧与马禖合祠，而且先牧居前，而“大夫先牧兕席”以下的长篇祝语更明示祷求的对象是先牧，可见马禖反而成为配角，所以此文似称作“先牧祝辞”更为恰当。郭永秉（2010：355）：此篇篇题可能就是“马”，“禖祝曰”以下则是祝辞的正文。这并不妨碍此篇的性质为“马禖祝”。

〔二〕睡虎地（1990：228）：《周礼·校人》：“夏祭先牧。”注：“先牧，始养马者。”

〔三〕睡虎地（1990：228）：合，《周礼·媒氏》注：“得耦为合。”王子今（2003：517）：此“合”当通于“洽”。

〔四〕“席”字原释作“马”，据刘乐贤（2018）改释。

〔五〕刘信芳（1991：66）将“中土”与“以为马禖”连读，中土指封土为社，以为马禖之神主。《校人》：“秋祭马社。”郑注：“马社，始乘马者，《世本·作》曰相土乘马。”据此可知，马禖、先牧、马社当为三位一体，于养马之祖称先牧，于祭仪称马禖，于神位称马社。

〔六〕睡虎地（1990：228）：腏，即餟，祭饭。玄应《一切经音义》十一引《字林》：“餟，以酒沃地祭也。”《说文通训定声》则云：“以酒曰酹，以饭曰餟。”刘信芳（1991：67）：“中三腏”意为中以三席为叕。席即下文之兕席。叕，《说文》“缀联也”。饶宗颐（1993a：433）：三腏谓酹祭凡三次。

〔七〕睡虎地（1990：228）：廄，马二百一十六匹称为廄。《周礼·校人》：“三乘为皁，皁一趣马，三皁为系，系一驭夫；六系为廄，廄一仆夫。”注：“自乘至廄，其数二百一十六匹。”刘信芳（1991：67）读为“四厩行大夫”，行大夫当为管理四厩的官名，主持祭马仪式，有如周礼之校人。王子今（2003：518）：简文所说“四厩行”之“厩”，当是用《说文·广部》“厩，马舍也”之义。

〔八〕敉，睡虎地（1990：228）疑为“牧”字之误。饶宗颐（1993a：434）训读为布。刘信芳（1991：67）训为跣，谓跣足于兕席之上。郭永秉（2010：362~363）疑读为“选”，作动词用作“选择”义。刘乐贤（2016：476）：此字或从“失”作，读为“秩”。

“次席”，原释文作“兕席”，睡虎地(1990：228)：以兕皮为席。郭永秉(2010：357~361)释为“次席”。

〔九〕睡虎地(1990：228)：白粱，一种好小米。《尔雅·释草》：“芑，白苗。”注：“今之白粱粟。”刘乐贤(1994：310)：白粱是“粱”的一种，见《本草纲目》卷二十三《谷部·粱》。

〔一〇〕笱屏，饶宗颐(1993a：434)读为敏屏。刘乐贤(2016：477)：“苟”是祝辞中的关键词，往往与“令”配合使用，表明如果所祷神祇满足了祈愿，祝祷者就将履行承诺进献祭品。本篇中的“苟”字与后文中的几个“令”字相结合，就是表达这一层意思。“主君”应是马禖。“屏”，保护。

詷马，饶宗颐(1993a：433)读为侗马，并认为当连下读，侗马驱其殃，犹言侦马祛除其殃而去其不祥。刘信芳(1991：67)读如《诗·駉》之駉马，意为良马。刘乐贤(1994：311)读为侗马，意为高大的马。刘钊(2005：307~308)：“屏詷马”似指暴躁不驯之马，所以才需加以拘执训练，以达到能“律律弗御自行”的要求。刘乐贤(2016：477)：詷，疑读为“同”，协同义。

〔一一〕刘信芳(1991：67)：律律，意为服从驾驭。王子今(2003：520)：“律律”形容马行飞快，一如疾风。

遏，原释文作“御”，此从刘乐贤(2016：477)改释。

〔一二〕乡，饶宗颐(1993a：434)读为膷，香也。王子今(2003：520)读为“向”，即依靠嗅觉判断正确的行进方向。

〔一三〕“颈”字从姜慧(2016：103~104)释读。

〔一四〕“胠”原释文作“脚”，此从刘乐贤(2016：478)改释，或即“肋”字，指腋下。“张”字，陈斯鹏(2007b：119)补作“强”。

〔一五〕“虻”字据刘信芳(1991：67)说补。

〔一六〕饶宗颐(1993a：434)：“吾岁不敢忘”，意谓终吾生而不敢忘也。

## 为鸡血社

今日庚午，为鸡血社〔一〕。此(雌)毋(无)央(殃)邪〔二〕，雄毋(无)

孔家坡 226 贰 被堵〔三〕，令鸡毋亡、老〔四〕。献其大者，一席南乡(向)，孔家坡 227 贰 东乡(向)席二〔五〕。

酉为鸡栖，鸡不亡〔六〕。孔家坡 228 贰

**【注释】**

〔一〕孔家坡(2006：159)：鸡血社，意为用鸡血祭社。今按：简文通篇都是讲与"鸡"有关之事，并未出现"社"。疑"为"用作介词，表示对象，《论语·学而》："吾日三省吾身，为人谋而不忠乎？与朋友交而不信乎？传不习乎？"《孟子·离娄上》："为丛驱爵者，鹯也；为汤武驱民者，桀与纣也。""为鸡血社"是替鸡用血祭社的意思。《公羊传》僖公十九年夏六月"己酉，邾娄人执鄫子用之。恶乎用之？用之社也。其用之社奈何？盖叩其鼻以血社也"。

〔二〕"雌"从何有祖(2007，2012b：82～83)释读。"殃邪"即灾害、邪祟。

〔三〕"毋""被"从何有祖(2007，2012b：83)改释，"被(疲)堵(瘏)"疑指公鸡停止打鸣报晓。陈炫玮(2007：149)读作"疲瘏"，意为疲劳生病。

〔四〕"令"字从何有祖(2007，2012b：83～84)释。"亡"可能指鸡走失，"老"即衰老。原释文在"献"字后括注问号，当是表示与"亡、老"相近意思的字。整句意谓：雌鸡无灾殃(影响下蛋)，雄鸡无劳疾(影响打鸣)，让鸡们不要走失、衰老、死亡。这也许是血社之时的祝祷语。刘乐贤(2018)将"老"字从下读，理解为"老是""一直"。

〔五〕席，原释文作度，周群(2007)训"度"为次，句意谓：祭社时向南边洒鸡血一次，向东边洒鸡血二次。何有祖(2012b：84)："度"训作居，简文"一度南向，东向度二"是说所用之鸡一居南向，二居东向。刘国胜等(2018：114)、刘乐贤(2018)并改释为"席"。今从其说。

〔六〕孔家坡(2006：159)：栖，鸡巢。周群(2007)："酉"是十二时辰之酉时，下午五点到七点之间，正是鸡回窝之时。陈炫玮(2007：150)："酉"

为日辰，十二生肖中，酉日配以鸡。酉日修筑鸡舍，可保鸡不亡失。今按：这句可能并不属祝词，抄手连类及之。今暂列此。

# 梦

## （一）

梦

人有恶瞢（梦），觉，乃绎（释）发西北面坐〔一〕，铸（祷）之曰："皋〔二〕！敢告尔豹〔三〕。某有恶瞢（梦），走归豹之所。豹强饮强食〔四〕，赐某大幅（福）〔五〕，非钱乃布，非茧睡甲13背乃絮。"则止矣。睡甲14背壹

**【注释】**

〔一〕睡虎地（1990：228）：释发，散发。

〔二〕睡虎地（1990：228）：《仪礼·士丧礼》："升自前东荣中屋，北面招以衣，曰：皋！来复。"注："皋，长声也。"

〔三〕饶宗颐（1993a：423）：豹䄗当即伯奇，古之食梦者，见《续汉书·礼仪志》。又疑即穷奇，古之食蛊者。刘信芳（1990：64）：穷奇为食梦之鬼。张富春（2005：93）：豹䄗（或宛奇）已完全具备了财神的职能。虽然豹䄗（或宛奇）是食梦之神，但他可以"赐某大富，非钱乃布，非茧乃絮"。这不正是人们幻想中的财神形象吗？

〔四〕刘银昌（2016：105）：这句话是说，希望噩梦统统回到食梦之神那里被吃掉。

〔五〕睡虎地（1990：228）：幅，读为"富"。王子今（2003：327）："幅"读为"福"，亦可通。

## （二）

梦

甲、乙梦被黑裘衣寇〈冠〉，喜；人〈入〉水中及谷，得也。睡乙 189 壹

丙、丁梦□，喜也；木、金，得也。睡乙 190 壹

戊、己梦黑，吉，得喜也。睡乙 191 壹

庚、辛梦青黑，喜也；木、水，得也。睡乙 192 壹

壬、癸梦日〔一〕，喜也；金，得也。睡乙 193 壹

凡人有恶梦，觉而择（释）之〔二〕，西北乡（向）择（释）发而驷（呬）〔三〕，祝曰："緣（皋）！敢告尔宛奇，某有恶梦，老来□睡乙 194 之，宛奇强饮食，赐某大畐（福），不钱则布，不茧则絮。"睡乙 195 壹

### 【注释】

〔一〕饶宗颐（1993a：457）以为"日"字当作白。认为本段与五行相生说有关，黑为水，甲乙木，梦见黑，黑亦为水，水生木，故为得。庚辛为金，梦青黑为喜者，木水相得，因火〈水〉生木故也。壬癸为水，梦白有喜者，白即金，金生水，故有得。刘乐贤（1994：380）：饶文用五行相生说能圆满地解释甲乙、庚辛、壬癸三条。可是戊己条与此不合，戊己为土，黑色为水，水、土相克。丙丁条，据其后文"木金得也"似乎也是相克关系。如此看来，本篇是否利用五行相生说占梦，尚有待进一步研究。

〔二〕睡虎地（1990：247）：释，解除。

〔三〕刘乐贤（1994：380）："呬"是休息之意。

## 诘

诘

诘咎〔一〕，鬼害民罔（妄）行〔二〕，为民不羊（祥），告如诘之〔三〕。

睡甲 24 背壹 道(导)令民毋(无)丽凶央(殃)〔四〕。鬼之所恶，彼窋(屈)卧箕 睡甲 25 背壹 坐〔五〕，连行奇(踦)立〔六〕。睡甲 26 背壹

人毋(无)故鬼攻之不已，是₌刺鬼〔七〕。以桃为弓，睡甲 27 背壹 牡棘为矢〔八〕，羽之鸡羽〔九〕，见而射之，则已矣。睡甲 28 背壹

人毋(无)故鬼昔(藉)其宫〔一〇〕，是₌丘鬼〔一一〕。取故丘之土，睡甲 29 背壹 以为伪人、犬〔一二〕，置墙上，五步一人一犬，环 睡甲 30 背壹 其宫，鬼来，阳(扬)灰，击箕以臬(噪)之，则止。睡甲 31 背壹

人毋(无)故而鬼惑之，是₌□鬼，善戏人。以桑 睡甲 32 背壹 心为丈(杖)，鬼来而击之，畏死矣〔一三〕。睡甲 33 背壹

人毋(无)故而鬼取为胶〔一四〕，是₌哀鬼〔一五〕，毋(无)家，睡甲 34 背壹 与人为徒，令人色柏(白)然毋(无)气，喜契(洁)清，睡甲 35 背壹 不饮食。以棘椎、桃秉(柄)以敲其心〔一六〕，则不来。睡甲 36 背壹

一宅中毋(无)故而室人皆疫〔一七〕，或死或病，睡甲 37 背壹 是₌棘鬼在焉〔一八〕，正立而貍(埋)〔一九〕，其上旱则 睡甲 38 背壹 淳〔二〇〕，水则乾，屈(掘)而去之，则止矣。睡甲 39 背壹

一宅之中毋(无)故室人皆疫，多瞢(梦)米(寐)死〔二一〕，睡甲 40 背壹 是₌𦥑(孕)鬼貍(埋)焉〔二二〕，其上毋(无)草，如席处，睡甲 41 背壹 屈(掘)而去之，则止矣。睡甲 42 背壹

人毋(无)故一室人皆疫，或死或病，丈 睡甲 43 背壹 夫女子隋(坠)须羸发黄目〔二三〕，是宲₌〈是₌宲〉人生为 睡甲 44 背壹 鬼〔二四〕。以沙人一升挃其舂臼〔二五〕，以黍肉食 睡甲 45 背壹 宲人，则止矣。睡甲 46 背壹

犬恒夜入人室，执丈夫，戏女子，不可 睡甲 47 背壹 得也，是神狗伪₌鬼〔二六〕。以桑皮为□□睡甲 48 背壹 之，炥(炮)而食之，则止矣。睡甲 49 背壹

夏大暑，室毋(无)故而寒，幼蠪(龙)处之〔二七〕。取 睡甲 50 背壹 牡棘炥(炮)室中，蠪(龙)去矣。睡甲 51 背壹

野兽若六兽逢人而言，是票(飘)风之 睡甲 52 背壹 气〔二八〕。击以桃丈(杖)〔二九〕，绎(释)屦(屦)而投之，则已矣。睡甲 53 背壹

灶毋(无)故不可以孰(熟)食，阳鬼取其气。燔豕矢(屎) 睡甲 54 背壹 室中，则止矣。睡甲 55 背壹

人之六畜毋(无)故而皆死，欲鬼之气入焉〔三〇〕。乃 睡甲 56 背壹 疾靡(糜)〔三一〕瓦以还□□□□□□已矣。睡甲 57 背壹

票(飘)风入人室〔三二〕，独也〔三三〕，它人莫为。洒以沙，则已矣。睡甲 58 背壹

【死】鸟兽能言，是夭(妖)也，不过三言。言过三，多益 睡甲 59 背壹 其旁人，则止矣。睡甲 60 背壹

毋(无)气之徒而㠉(动)〔三四〕，终日，大事也；不终日，小事也。睡甲 61 背壹

杀虫豸，断而能属者〔三五〕，濆以灰〔三六〕，则不属矣。睡甲 62 背壹

人有思哀也弗忘，取丘下之莠，完掇 睡甲 63 背壹 其叶二七〔三七〕，东北乡(向)，如(茹)之乃卧，则止矣。睡甲 64 背壹

人妻妾若朋友死，其鬼归之者，以莎芾〔三八〕、睡甲 65 背壹 牡棘枋(柄)，热以寺(待)之〔三九〕，则不来矣。睡甲 66 背壹

人毋(无)故而心悲也，以桂长尺有尊(寸)而中折〔四〇〕，睡甲 67 背壹 以望之日日始出而食之，已乃餔〔四一〕，则止矣。睡甲 68 背壹

〔四二〕。故丘鬼恒畏人，畏人所〔四三〕。为刍矢以鸢(弋)之，则不畏人矣。睡甲 24 背贰

鬼恒召人曰〔四四〕：“尔必以某月日死。”是袴鬼伪₌ 睡甲 25 背贰 鼠〔四五〕，入人醯、酱、滫、将(浆)中〔四六〕，求而去之〔四七〕，则已矣。睡甲 26 背贰

大神〔四八〕，其所不可过也，善害人。以犬矢为完(丸)，睡甲 27 背贰 操以过之，见其神以投之，不害人矣。睡甲 28 背贰

鬼恒夜鼓人门〔四九〕，以歌若哭，人见之，是凶 睡甲 29 背贰 鬼。鸢(弋)以刍矢，则不来矣。睡甲 30 背贰

人若鸟兽及六畜恒行人宫，是上神相 睡甲 31 背贰 好下〔五〇〕，乐入男女未入宫者〔五一〕，击鼓奋 睡甲 32 背贰 铎喿(噪)之〔五二〕，则不来矣。

睡甲 33 背贰

鬼恒从男女，见它人而去，是神虫伪₌睡甲 34 背贰人。以良剑刺其颈，则不来矣。睡甲 35 背贰

一室人皆毋(无)气以息〔五三〕，不能童(动)作，是状神在睡甲 36 背贰其室〔五四〕。屈(掘)遝泉，有赤豕，马尾犬首，享(烹)而食睡甲 37 背贰之，美气〔五五〕。睡甲 38 背贰

一室人皆夙(缩)筋〔五六〕，是会虫居其室西臂(壁)〔五七〕。取睡甲 39 背贰西南隅，去地五尺，以铁椎椯(段)之〔五八〕，必中虫睡甲 40 背贰首，屈(掘)而去之。弗去，不出三年，一室皆夙(缩)筋。睡甲 41 背贰

鬼恒责人，不可辞，是暴鬼。以牡棘之剑睡甲 42 背贰之〔五九〕，则不来矣。睡甲 43 背贰

鬼恒为人恶瞢(梦)，觉而弗占〔六〇〕，是图夫〔六一〕，睡甲 44 背贰为桑丈(杖)奇(倚)户内，复(覆)鬴户外〔六二〕，不来矣。睡甲 45 背贰

鬼恒从人游，不可以辞。取女笔以拓之〔六三〕，则不来矣。睡甲 46 背贰

女子不狂痴，歌以生商〔六四〕，是阳鬼乐从之，睡甲 47 背贰以北乡(向)□之辨二七〔六五〕，燔，以灰□食食之，鬼去。睡甲 48 背贰

人毋故而鬼祠(伺)其宫〔六六〕，不可去。是祖□游，以犬矢(屎)投之，不来矣。睡甲 49 背贰

鬼恒羸(裸)入人宫，是幼殇死不葬。以灰濆之，则不来矣。睡甲 50 背贰

鬼恒逆人〔六七〕，入人宫，是游鬼。以广灌为戴以燔之〔六八〕，则不来矣。睡甲 51 背贰

人生子未能行而死，恒然，是不辜鬼处之。以庚日日始出时睡甲 52 背贰濆门以灰，卒，有祭，十日收祭，裹以白茅〔六九〕，貍(埋)野，则毋(无)央(殃)矣。睡甲 53 背贰

人毋(无)故而忧也，为桃更(梗)而敃之〔七〇〕，以癸日日入投之道，睡甲 54 背贰遽曰："某。"免于忧矣〔七一〕。睡甲 55 背贰

人毋(无)故而弩(怒)也，以戊日日中而食黍于道，遽则止矣。

睡甲56背贰

人毋(无)故室皆伤，是粲迓之鬼处之〔七二〕，取白茅及睡甲57背贰黄土而西(洒)之，周其室，则去矣。睡甲58背贰

鬼入人宫室，勿(忽)见而亡，亡(无)已。以修(滫)康(糠)寺(待)其来也，沃之，则止矣。睡甲59背贰

人毋(无)故而发挢若虫及须眉〔七三〕，是=恙气处之〔七四〕。乃煮睡甲60背贰贲屦以纸〔七五〕，即止矣。睡甲61背贰

凡鬼恒执匴以入人室〔七六〕，曰："气(饩)我食"云〔七七〕。是=饿鬼。以睡甲62背贰屦投之，则止矣。睡甲63背贰

凡有大票(飘)风害人，择(释)以投之〔七八〕，则止矣。睡甲64背贰

人恒亡赤子〔七九〕，是水亡伤取之〔八〇〕。乃为灰室而牢之〔八一〕，睡甲65背贰县(悬)以蒀〔八二〕，则得矣；刊之以蒀〔八三〕，则死矣；享(烹)而食之，不害矣。睡甲66背贰

凡邦中之立丛〔八四〕，其鬼恒夜呼焉，是遽鬼执人睡甲67背贰以自伐〈代〉也〔八五〕。乃解衣弗袵，入而傅者之，可得也。乃〔八六〕。睡甲68背贰

〔八七〕。一室中卧者眯也，不可以居，是□鬼居之〔八八〕。取桃枱〈棓〉睡甲24背叁椯四隅〔八九〕、中央，以牡棘刀刊其宫墙，謼(呼)之曰："复！疾睡甲25背叁趣出〔九〇〕。今日不出，以牡刀皮而衣〔九一〕。"则毋(无)央(殃)矣。睡甲26背叁

大袜(魅)恒入人室，不可止。以桃更(梗)【投】之，则止矣。睡甲27背叁

鬼恒召人出宫，是=遽鬼毋(无)所居。罔謼(呼)其召〔九二〕，以白石投之，则止矣。睡甲28背叁

鬼婴儿恒为人号曰："鼠(予)我食。"是哀乳之鬼，睡甲29背叁其骨有在外者，以黄土濆之〔九三〕，则已矣。睡甲30背叁

一室中卧者容席以臽(陷)〔九四〕，是地辥(蠥)居之〔九五〕。注白汤，以黄土室，不害矣。睡甲31背叁

人毋(无)故而鬼有鼠(予),是夭鬼。以水沃之,则已矣。睡甲32背叁

狼恒讙(呼)人门曰:“启。吾非鬼也。”杀而享(烹)食之,有美味。睡甲33背叁

一室中有鼓音,不见其鼓,是鬼鼓,以人鼓应之,则已矣。睡甲34背叁

有众虫袭入人室,是野火伪₌虫。以人火应之,则已矣。睡甲35背叁

鬼恒宋傷人[九六],是不辜鬼。以牡棘之剑刺之,则止矣。睡甲36背叁

鬼恒襄(攘)人之畜[九七],是暴鬼,以刍矢鸢(弋)之,则止矣。睡甲37背叁

鬼恒从人女,与居,曰:“上帝子下游。”欲去,自浴以犬矢(屎)[九八],击以苇,则死矣。睡甲38背叁

鬼恒胃(谓)人:“鼠(予)我而女。不可辞,是上神下取(娶)妻。”[九九]击以苇,睡甲39背叁则死矣。弗御,五来,女子死矣。睡甲40背叁

天火燔人宫,不可御。以白沙救之,则止矣。到[一〇〇]。睡甲41背叁

雷焚人,不可止。以人火乡(向)之,则已矣。睡甲42背叁

雷攻人,以其木击之[一〇一],则已矣。睡甲43背叁

云气袭人之宫,以人火乡(向)之,则止矣。睡甲44背叁

人过于丘虚,女鼠抱子逐人[一〇二]。张伞以乡(向)之,则已矣。睡甲45背叁

人行而鬼当道以立,解发奋以过之,则已矣。睡甲46背叁

鸟兽恒鸣人之室,燔鼄(髼)及六畜毛鬣其止所[一〇三],则止矣。睡甲47背叁

人卧而鬼夜屈其头,以若(箬)便(鞭)击之[一〇四],则已矣。睡甲48背叁

鸟兽虫豸甚众,独入一人室。以若(箬)便(鞭)击之,则止矣。睡甲49背叁

人毋(无)故一室人皆垂延(涎),爰母处其室,大如杵,赤白,其睡甲50背叁居所水则干,旱则淳。屈(掘)其室中三尺,燔豕矢(屎)焉,则止矣。睡甲51背叁

一室人皆养（痒）体，疠鬼居之。燔生桐其室中[一〇五]，则已矣。睡甲 52 背叁

一室井血（洫）而星（腥）臭，地虫斗于下，血（洫）上漏[一〇六]，以沙垫之，更为井，睡甲 53 背叁食之以喷[一〇七]，饮以爽（霜）路（露），三日乃能人矣。若不睡甲 54 背叁三月食之若傅之[一〇八]，而非人也，必枯骨也。旦而睡甲 55 背叁最（撮）之，苞以白茅，果（裹）以贲而远去之[一〇九]，则止矣。睡甲 56 背叁

票（飘）风入人宫而有取焉，乃投以屦，得其所，睡甲 57 背叁取盎之中道[一一〇]；若弗得，乃弃其屦于中睡甲 58 背叁道，则亡恙矣；不出壹岁，家必有恙。睡甲 59 背叁

## 【注释】

〔一〕睡虎地（1990：216）：诘，《周礼·太宰》注："犹禁也。"诘咎，禁灾。饶宗颐（1993a：422）：《周礼》太祝六辞，三曰诰，诰，告于神也。告之即所以诘之，故题曰诘。刘乐贤（1994：232）引郑刚说，将"诘咎鬼"连读，"诘咎鬼"即制服恶鬼，本篇讲如何制鬼。刘乐贤（1994：248~250）则认为当以"诘咎"为题，"诘咎"乃禁灾祈福之意。文献中的"诰咎"亦当作"诘咎"。刘信芳（1996：74）：惟向鬼宣战，先之以檄文，《诘咎》为迄今所见最早之文例。《诘咎》篇所述为驱鬼禁避之术，以"诘"名篇，含有宣告恶鬼之罪行以穷治之的意思。刘钊（2005：322~323）："诘"为诘问、追问。"咎"通皋，用为泽，指驱鬼之神白泽。"诘皋"就是"追问白泽神兽"的意思。秦简"诘"篇与《白泽精怪图》在性质上完全相同，两者应该是相同的著作。

〔二〕夏德安（1985：481）："罔行"与"罔两""罔象""方良"密切相关。刘乐贤（1994：233）：《论衡·乱龙篇》云："上古之人，有神荼、郁垒者，昆弟二人，性能执鬼。居东海度朔山上，立桃树下，简阅百鬼。鬼无道理，妄为人祸，荼与郁垒缚以卢索，执以食虎鬼。"这里所谓"鬼无道理，妄为人祸"与《日书》"鬼害民罔（妄）行，为民不羊（祥）"可以互相参证。刘信芳

(1996：74)："罔行"即无行，无善行。

〔三〕睡虎地(1990：216)：如，此处用法同"而"。

〔四〕睡虎地(1990：216)：丽，读为罹，遭受。《书·洪范》"不罹于咎"，《尚书大传》"罹"字作丽。

〔五〕睡虎地(1990：216)：彼，是，见《经传释词》。箕坐，又名箕踞，坐时两腿向前张开，形如簸箕。《论衡·率性》："椎髻箕坐。"刘信芳(1996：74)："窟卧"，指屈肢而卧，如人睡在穴中。由于鬼害怕"窟卧"之人，所以秦人用屈肢葬。王子今(2003：344)：所谓"窋卧"当即卷屈而卧。盛行卷屈特甚的屈肢葬，是秦文化的突出特征之一。

〔六〕睡虎地(1990：216)：连行，即连步，《礼记·曲礼》注："连步谓相随不相过也。"踦，《说文》："一足也。"踦立即以一足站立。刘乐贤(1994：234)引郑刚读作"倚立"。王子今(2003：344~347)读作"鬼之所恶，彼窋卧、箕坐、连行、奇立"。

〔七〕睡虎地(1990：216)：刺，《说文》："戾也。"刘乐贤(1994：234)引郑刚说，读"刺"为厉，恶鬼也。连劭名(2002：23)：刺鬼，即厉鬼。这是古代最常出现、危害最广的鬼。"是₌"或读为"是谓"。

〔八〕睡虎地(1990：216)：牡棘，疑即牡荆，见《政和本草》卷十二。《左传》昭公四年："桃弧棘矢，以除其灾。"刘乐贤(1994：234)：桃弓即桃弧，牡棘矢即棘矢。《日书》的牡棘应指不开花结果之棘，即雄性之棘。雄性代表阳性，用牡棘做的矢驱鬼之效应当更强。王子今(2003：350)："棘"，又称作"酸枣"。枣在中国古代是一种富有神异性的果品。

〔九〕王子今(2003：352)："羽之鸡羽"，当指以"鸡羽"为箭的尾羽。选择"鸡羽"作为"诘咎"之具，可能与"鸡"具有某种神秘特性有关。

〔一〇〕睡虎地(1990：216)：读"昔"为"藉"，《荀子·王霸》注："践也。"宫，《尔雅·释言》："宫谓之室，室谓之宫。"《释文》："案古者贵贱同称宫，秦汉以来唯王者所居称宫焉。"王子今(2003：354)：昔，通"措"，犹"用"。"鬼措其宫"，"鬼用其宫"，似亦可通。

〔一一〕刘乐贤（1994：235）：《白泽精怪图》有“丘墓之精名曰狼鬼”。此丘鬼或许与狼鬼有关。刘钊（2004：139）：“丘鬼”之“丘”指坟墓，丘鬼就是墓中之鬼。王子今（2003：354）：“丘鬼”之“丘”，意为村聚。“丘鬼”犹言乡土之鬼。

〔一二〕刘乐贤（1994：235）：古人认为用土做的人、犬可以防邪避鬼。刘信芳（1996：75）：所谓“伪人犬”即偶人、偶犬，多以土、木为之。

〔一三〕刘乐贤（1994：236）引郑刚说，以为“畏”是“是”字的误写。龙仕平（2012：115）：据图版，此字应隶释为“是”，表判断。

〔一四〕睡虎地（1990：216）：胶，读为摎，纠结。刘乐贤（1994：236）引郑刚说，“胶”读为缪，“缪”即吊死鬼。

〔一五〕连劭名（2002：27）：哀鬼是早夭之人，亦即殇鬼。

〔一六〕刘乐贤（1994：236）：棘椎、桃柄即棘做的椎，桃做的柄。棘、桃是中国古代使用最广的驱鬼器物，故棘椎、桃柄可以用来驱鬼。刘信芳（1996：74）：“敲其心”，即以棘椎桃柄击打土木偶的心脏部位。

〔一七〕王子今（2003：364）：所谓“皆疫”，当是传染病流行的记录。

〔一八〕刘钊（2004：139）：“棘”疑读为“瘠”，即瘦鬼。

〔一九〕“正立而貍”，王子今（2003：365）读为“正位而埋”。

〔二〇〕睡虎地（1990：216）：淳，湿润。

〔二一〕睡虎地（1990：216）：寐，梦魇，《说文》：“寐而厌也。”字亦作“眯”。刘乐贤（1994：236）引郑刚说，以为“米”为“未”之误，读作“蒙昧”。刘乐贤则读作“梦寐”。刘钊（2004：162）：“眯”字应读为“寐”，指梦魇。《淮南子·精神》“觉而若眯，以生而若死”，高诱注：“眯，魇也。楚人谓魇为眯。”

〔二二〕王子今（2003：367）：“孕鬼”指未出生即死去的胎儿的鬼魂。

〔二三〕睡虎地（1990：216）：羸，脱落。《吕氏春秋·首时》：“众林皆羸”，注：“羸，叶尽也。”吴小强（2000：135）：羸发，头发脱光。

〔二四〕睡虎地（1990：216）：宲，疑即宝字，此处疑读为殍。刘乐贤（1994：236）引郑刚读为褓，意指小儿活着做鬼。刘乐贤以为宲人可能指小童。刘信芳(1996：75)以为指婴儿鬼。王子今(2003：369)："宲人"也可能指保母，即女巫。

〔二五〕睡虎地(1990：216~217)：沙人，即砂仁，亦即缩沙密，以其药用部位为果仁，故亦称缩沙仁，简称沙仁。《释名·释宫室》云："㨉，实也。""以沙人一升㨉其舂臼"，刘信芳(1996：75)读作"以沙人一，升，㨉其舂臼"。"沙人"以沙为人，即土偶。升，指将沙人置于舂臼。魏德胜(2003：232)："㨉"通作"挃"，训为捣。

〔二六〕睡虎地(1990：217)："伪为"二字合文。陈伟(2014b：159)：日书"伪为"恐皆当析读作"化为"。

〔二七〕睡虎地(1990：217)："蠪"读为龙。刘乐贤(1994：237)读如本字。王子今(2003：373~374)：蠪，一说是一种大蚂蚁，一说是蜥蜴，一说是特殊的怪兽。刘钊(2004：139)："幼蠪"疑与蠪蛭、蠪蚳或鲑蠪有关。

〔二八〕睡虎地(1990：217)：《老子》二十三章注："飘风，疾风也。"刘钊(2004：140)："飘风"指疾风，又称"扶摇"，或称羊角风。古人认为飘风乃鬼所为，至今民间仍以为被旋风所围为不祥。陈家宁(2006：151)："飘风"与"狼鬼"关系密切，飘风的根源就是"狼鬼"。

〔二九〕睡虎地(1990：217)：古人认为桃木可以避鬼。《淮南子·诠言》："羿死于桃棓。"许注："棓，大杖，以桃木为之，以击杀羿，犹是以来鬼畏桃也。"

〔三〇〕睡虎地(1990：217)：欲，《广雅·释诂一》："欲也。"刘乐贤(1994：239)以为即阴鬼，与阳鬼相对。刘钊(2004：140)：指雌鬼。"阳鬼"则指雄鬼。

〔三一〕睡虎地(1990：217)：糜，《说文》："碎也"。

〔三二〕"票(飘)"字据刘乐贤(2016：428)改释。

〔三三〕王子今(2003：380)："独"可能理解为作祟的主体。《续通志》卷一八〇："独似猨而大，其性独，一鸣而止。故谚云：'独一鸣而猨散。'食猨。"

〔三四〕睡虎地(1990：217)：无气之徒，不属于动物之类。连劭名(2002：31)：毋气之徒，属于魅中的一类。王子今(2003：381~382)：毋气之徒，即无气之人，其实就是已经亡故之人。毋气之徒而动，就是尸体突然起立动作，即通常所谓的“诈尸”。

〔三五〕睡虎地(1990：217)：属，连接。

〔三六〕睡虎地(1990：217)：瀆，疑为“渍”字之误。刘乐贤(1994：239)引郑刚读为班、布，有施、布、敷之义。吴小强(2000：135)：或为“喷”字。王子今(2003：383)读为“熕”。刘钊(2004：156~158)将秦简中4处“瀆”全读为“坌”，用作“蒙盖”“覆被”之义。

〔三七〕睡虎地(1990：217)：掇，《广雅·释诂一》：“取也。”完掇其叶二七，完整地摘取叶子十四片。

〔三八〕睡虎地(1990：217)：“芾”字当读为茇，草根。莎芾即莎草根。

〔三九〕睡虎地(1990：217)：热，燃烧。刘乐贤(1994：240)引郑刚读为执。

寺，睡虎地(1990：217)读为“待”，引《国语·鲁语下》注：“犹御也。”刘钊(2005：311)读为持，本句意思是说：手持点燃的用莎芾和牡棘柄制成的火把，则鬼就不来了。

〔四〇〕王子今(2003：387)：“长尺有寸”，即一尺一寸。

〔四一〕睡虎地(1990：217)：已乃意即已而，此后。餔，《广雅·释诂一》：“食也。”此处指早饭，与《说文》专指申时食不同。刘信芳(1996：76)作“巳，乃脯之”，“脯”读为“膊”，凡杀牛羊取其五藏而曝曰膊。悲与桂谐音，简文谓剖木偶而曝，人之悲亦随木偶而去。

〔四二〕该符号原释文放在简24背壹末，读作“𠮚”。夏德安(1985：480)：不与上下文连读，疑为一种标记，表示至此即向左阅读。刘乐贤(1994：233)引郑刚释作召，召道连读。今按：北京大学藏秦简《善女子之方》首简上端亦标有此符号。① 所以，本篇“𠮚”符号也许应该理解为下栏文

① 北京大学出土文献研究所：《北京大学藏秦简牍概述》，《文物》2012年第6期。

字之首，而非上一栏文字之末。今移至简 24 背贰之首。该符号亦见于简 24 背叁，参见注释八七。具体含义待考。

〔四三〕睡虎地(1990：217)：畏人，恐吓人。刘乐贤(1994：240)："畏人所"是"于畏人所"的省略。

〔四四〕召，睡虎地(1990：217)读为"诏"，告诉。王子今(2003：393)："召人"也可以直接理解为召人、招人。

〔四五〕刘信芳(1996：77)："祷鬼"当即畤鬼。

〔四六〕睡虎地(1990：217)：醯，醋。潘，米泔水。

〔四七〕王子今(2003：395)："求"可通"救"，与"拘"互借，有钩取之义。

〔四八〕睡虎地(1990：217)：《周礼·肆师》注："大神，社及方岳。"则此处的大神疑指社。张士伟(2018：256)：大神即社神。吕亚虎(2010：153)：这里的"大神"或当指皇天上帝而言。今按：《荀子·王制》："故虎豹为猛矣，然君子剥而用之，故天之所覆，地之所载，莫不尽其美，致其用，上以饰贤良，下以养百姓而安乐之，夫是之谓大神。"杨注："能变通裁制万物，故曰大神。"《韩非子·内储说上》："河伯，大神也。"又，银雀山汉简《曹氏阴阳》1627："及十二月不尽十日，大神出，尝利。"北大藏秦简《禹九策》："大神，河、相(湘)、江、汉也。"①

〔四九〕睡虎地(1990：217)：鼓，敲。

〔五〇〕刘乐贤(1994：241)引《礼记·礼运》及疏，以为"上神"谓天神。刘信芳(1996：78~79)以为相为神名，即方相。此乃傩仪。连劭名(2002：34)读作"是上神相好下乐"，是说上神附着于他们所喜好的生物，来下界游乐。

〔五一〕睡虎地(1990：217)：男女未入宫者，疑指未婚男女。刘乐贤(1994：241)引夏德安说，以为"入宫"指行房事。并读前一"入"字为"纳"。

① 李零：《北大藏秦简〈禹九策〉》，《北京大学学报》(哲学社会科学版)2017 年第 5 期。

〔五二〕睡虎地(1990：217)：铎，大铃。《路史·后纪五》注引《庄子》：“游岛问雄黄曰：‘逐疫出魅，击鼓噪呼，何也?’曰：‘黔首多疾，黄帝立巫咸，使之沐浴斋戒，以通九窍；鸣鼓振铎，以动其心；劳其形，趋步，以发阴阳之气；饮酒茹葱，以通五藏；击鼓噪呼，逐疫出魅，黔首不知，以为魅祟耳。’”可与简文参看。

〔五三〕睡虎地(1990：217)：以，此处用法同“与”。

〔五四〕睡虎地(1990：217)：状，读如戕，《国语·晋语》注：“犹伤也。”刘乐贤(1994：242)：《庄子·达生》：“西北方之下者，则泆阳处之。”《释文》：“司马云：泆阳，豹头马尾，一作狗头。”本简状神“马尾犬首”与泆阳有相同之处。蒲慕州(1995：103)径作“犬神”。

〔五五〕刘信芳(1996：80)：“美气”谓充益其气。吴小强(2000：136)：“美气”意为感觉美好、快乐，今关中地区方言仍使用“美气”一词。魏德胜(2003：82)：“美气”就是美味。

〔五六〕睡虎地(1990：217)：缩筋，抽筋。

〔五七〕臂，睡虎地(1990：217)读为“壁”。王子今(2003：402)读作“僻”，“西僻”即西边侧僻地方。

〔五八〕睡虎地(1990：217)：段，《说文》：“椎物也，从殳，端省声。”

〔五九〕睡虎地(1990：217)：“剑”字下当有脱文。刘乐贤(1994：242)补“刺”字。王子今(2003：403~404)补“击”或“斫”字。

〔六〇〕睡虎地(1990：218)：占，《广雅·释诂一》：“验也。”王子今(2003：404)：“占”即占问。“觉而弗占”，是恶梦之后无法占问。

〔六一〕刘钊(2004：141)：道书载刀鬼名剑子夫，五岳之鬼一名山夫，南台三斗鬼姓溟名温夫，庚戌日鬼名总夫，等等，诸鬼皆以“夫”为名，可资比较。

〔六二〕刘信芳(1996：77)读“鬴”为斧，古代多以斧为镇邪之物。

〔六三〕拈，原释文作拓，睡虎地(1990：218)：女笔，不详。拓，有推、举之义。刘乐贤(1994：242)引郑刚说，笔读篦，女篦，妇女用的梳子，笔、篦阳入对转。连劭名(2002：23)："女笔"是"如笔"。刘钊(2004：159)："拓"应读作"揣"，击也。女笔即女人所用之笔，指插在头上可用来避邪驱鬼之"笔"。刘乐贤(2016：434)据红外影像，将"拓"改释为"拈"。《说文》："拈，掫也。"《广雅·释诂三》："拈，持也。"

〔六四〕睡虎地(1990：218)：《荀子·王制》注："商谓商声，哀思之音。"刘乐贤(1994：242)：生商即清商，意为凄清之商音。

〔六五〕睡虎地(1990：218)："乡"下一字不清，疑为"廥"。辨，疑读为瓣。

〔六六〕睡虎地(1990：218)：伺，窥伺。鬼伺其宫，与扬雄《解嘲》"鬼瞰其室"义近。

〔六七〕睡虎地(1990：218)：逆，迎。王子今(2003：409)："逆人"在这里或许应当理解为违逆人，悖逆人。

〔六八〕睡虎地(1990：218)：戴，为鸢的异体字。广灌，疑为植物名。以广灌为戴，用广灌扎成鸢形。王子今(2003：409)：广灌，很可能是《山海经·西山经》所说竹山之草"黄雚"的异写。

〔六九〕睡虎地(1990：218)：《诗·野有死麕》：云"白茅包之"，"白茅纯束"，《白华》："白茅束之。"连劭名(2002：25)：祭品包以白茅是精洁之意。今按：《周礼·春官·男巫》："掌望祀望衍授号，旁招以茅。"《周礼正义》引惠士奇："古者禳皆用茅。"

〔七〇〕睡虎地(1990：218)：桃梗，桃木刻的人象，用以避鬼。《战国策·齐策》："今者臣来，过于淄上，有土偶人与挑梗相与语。……土偶曰：'……今子东国之桃梗也，刻削子以为人。'"敺(㧅)，抚摩。

〔七一〕刘乐贤(1994：229)引郑刚说，读作："某免于忧矣。"王子今(2003：413)："某"当是人名。

〔七二〕睡虎地(1990：218)：迓，疑读为牙。粲迓，露齿。刘钊(2004：141)："粲迓(牙)"意为"鲜明的牙"或"洁白的牙"。

〔七三〕睡虎地(1990：218)：挢，弯曲。这一句意思是头发须眉都卷曲如虫。王子今(2003：415)："挢"有伸、举之义。"若"可理解为或、和。"虫及须眉"是一种症状。宋代杨士瀛撰《仁斋直指》卷一九："追风散，治偏正头风疼痛，面上游风若虫行。"

〔七四〕睡虎地(1990：218)：恙，《太平御览》卷三七六引《风俗通》："病也。"刘钊(2004：142)："恙气"指病气，又指一种兽。古书又称獇。

〔七五〕睡虎地(1990：218)：蕢屦，麻鞋。纸，读为"抵"，《说文》："侧击也。"一说，读为抵，义为投。刘乐贤(1994：243)从一说，引马王堆帛书《五十二病方》"以履下靡(磨)抵之"为证。钱存训(2002：110)读如本字，认为这是战国后期已经存在纸的证据之一。此处"煮贲屦以纸"，可能意为"煮草鞋以成纸"。以纸覆盖发上，或以纸液蘸涂在发上，可有驱邪的作用。

〔七六〕睡虎地(1990：218)：匽，竹制的淘米用具。《说文》："渌米籔也。"

〔七七〕睡虎地(1990：218)：饩，给食。云，句未助词，无义。

〔七八〕睡虎地(1990：218)："释"字下疑脱"屦"字。

〔七九〕刘乐贤(1994：244)引郑刚说，赤子为婴儿。

〔八〇〕刘乐贤(1994：243)："水亡伤"，即"水罔象"。《庄子·达生》："水有罔象，丘有峷，山有夔，野有彷徨，泽有委蛇。"罔象，《释文》："司马本作无伤，云：状如小儿，赤黑色，赤爪，长臂。一云水神名。"刘钊(2004：142)："无伤"又称"伥"或"常"。

〔八一〕睡虎地(1990：218)：灰室，似指铺灰于室。《艺文类聚·果部》引《庄子》："插桃枝于户，连灰其下，童子入不畏，而鬼畏之。"是古人以为鬼畏灰。牢，圈禁。王子今(2001：86)：室，或许即"窒"。窒碍、窒塞、窒阂，都有堵塞遏制之义，正与下文"牢"相呼应。

〔八二〕睡虎地(1990：218)：莀，即茜草，见帛书《五十二病方》。魏德胜(2003：12)引《说文》："莀，刷也。"是用草编制成的刷子。

〔八三〕睡虎地(1990：218)：刊，斫削。

〔八四〕睡虎地（1990：218）：丛，社木。《急就篇》：“祠祀社稷丛腊奉。”颜注：“丛谓草木岑蔚之所，因立神祠。”刘乐贤（1994：244～245）：丛即神祠的丛树。《战国策·秦策三》：“应侯谓昭王曰：亦闻恒思有神丛与？恒思有悍少年，请与丛博，曰：‘吾胜丛，丛籍我神三日；不胜丛，丛困我。’乃左手为丛投，右手自为投，胜丛。丛借其神三日，丛往求之，遂弗归。五日而丛枯，七日而丛亡。”今按：《墨子·明鬼下》：“昔者虞夏商周三代之圣王，其始建国营都，日必择国之正坛，置以为宗庙；必择木之修茂者，立以为菆位。”“菆位”即丛位，或与简文“立丛”相当。

〔八五〕连劭名（2002：29）：遽、传同义，遽鬼即传鬼。

〔八六〕睡虎地（1990：218）：“者、乃”二字系衍文。连劭名（2002：29）：“傅者”读为“博屠”，博（搏）斗格杀之意。王子今（2003：423～424）：“傅者”或读为“傅着”，即附着，简文原意，应是被执之人解脱其衣，以其衣附着遽鬼之身，则可得之。至少“者”字不是衍文。今按：“可得也乃”或是“乃可得也”之误倒。又，该篇简文在第一支简第一段（24 背壹）的末尾（24 背贰）有符号“召”，然后在第二段末尾亦有符号“召”，此段简正好位于本篇最后一支简的末尾（68 背贰），下接第一支简的第三栏（24 背叁），所以，“乃”字或“召”的下部未填实者，或者起到与“召”类似的作用。

〔八七〕今按：此符号原释文放在 24 号简第贰栏，今移置于此。参看注释四二。

〔八八〕缺字，方勇（2012a：514）补作“笃”，“笃鬼”疑即毒鬼。

〔八九〕刘乐贤（1994：245）引郑刚：桕即臬，古文字偏旁部位常可换。

〔九〇〕“复疾趣出”，睡虎地（1990：214）读作“复疾，趣出”。刘钊（2004：164）读作“复！疾趣出。”《仪礼·士丧礼》：“皋！某复！”郑注：“复，反也。”

〔九一〕皮，睡虎地（1990：218）引《广雅·释言》：“剥也。”

〔九二〕睡虎地（1990：218）：罔呼其召，不要回答它的召唤。王子今（2003：428）：可以理解为不要为遽鬼的召唤而恐惧。

〔九三〕王子今(2003：428)：此处“濆”通“坟”。简文“以黄土濆之”，即以隆起的黄土掩盖。

〔九四〕睡虎地(1990：218)：“容席以陷”，连同席子陷下去。刘乐贤(1994：245)引郑刚：“容”读为从。容席，王子今(2003：430)读为“拥席”，即下陷时围裹卧席。

〔九五〕睡虎地(1990：219)：《说文》：“禽兽虫蝗之怪谓之蠥。”

〔九六〕睡虎地(1990：219)：宋傷，疑读为耸愓，意为恐吓。连劭名(2002：26)：简文中“宋”疑读为“竦”。

〔九七〕睡虎地(1990：219)：攘，抢夺。

〔九八〕睡虎地(1990：219)：《韩非子·内储说下》：“燕人惑易，故浴狗矢。”刘乐贤(1994：246)：本句意思是说如想除去鬼，则须自己以犬屎洗身。

〔九九〕蒲慕州(1995：103)：这里的“鬼”其实就是“上神”。连劭名(2002：27)以为上神、上帝子均为阳鬼之代称。王子今(2003：436)将本句读作：鬼恒胃(谓)人：“鼠(予)我而女。不可辞。是上神下取(娶)妻。”所谓“不可辞。是上神下取(娶)妻”，是“鬼”的言辞。

〔一〇〇〕睡虎地(1990：219)：到，疑读为箌。《尔雅·释诂》：“大也。”并将“到”连下条简文读作“到雷焚人”。王子今(2003：437～438)：“到”字列41号简文之末，与上文“以白沙救之，则止矣”之间空一格，如果与下文连读，则格式与上下数枚简都不合。看来，此“到”字还是应该与上文连读。“到”字或通“罩”，意指覆压火焰。方勇(2012b：591)：此“到”字极有可能为衍文。今按：这个所谓的“到”字，与上下文联读都不合适，或者与前文举述的“▆”“乃”相似，是某种指示符，具体含义待考。

〔一〇一〕刘乐贤(1994：246)：其木当指雷击木、霹雳木，古人认为被雷击过的树木可以避鬼。贺润坤(1994：52)：雷电焚人之际，绝不可贸然伸手接触被害者，否则有性命之忧，而以绝缘的干木质材料去接触救援伤者，确是当时最佳的救援方法。这是秦人长期实践经验的科学总结。

〔一〇二〕刘乐贤(1994：247)引郑刚：女鼠，母鼠。

〔一〇三〕睡虎地(1990：219)：鬠，脱落的头发。

〔一〇四〕睡虎地(1990：219)：《说文》："楚谓竹皮曰箬。"刘乐贤(1994：247)引郑刚：若，你也。便，粪。本句连劭名(2002：32)读作："人卧而鬼夜屈，其头以若便(鞭)击之，则已矣。""屈"古称"卒魇"，见《诸病源候论》。

〔一〇五〕方勇(2012a：480~481)："生"疑读为"青"，"青桐"即梧桐。

〔一〇六〕刘乐贤(1994：247)引郑刚：上漏即上溢。二"血"字读为"洫"，是陈伟(2014b：162)的意见。

〔一〇七〕睡虎地(1990：219)：喷疑读为饙，《诗·泂酌》疏引《说文》："一蒸米也。"

〔一〇八〕刘乐贤(1994：248)：傅疑读为餔，《广雅·释诂四》："餔，饮也。"王子今(2003：444)："傅"在这里指皮肤接触，如同擦、拭、涂、抹。"食之若傅之"，是说饮用此水以及洗涤用此水。

〔一〇九〕刘乐贤(1994：248)引郑刚读贲为蕡，大麻籽。方勇(2012b：589)：这里的"蕡"以释麻义为好。因为麻的韧性好，经常被用于包扎东西。简文"苞以白茅，果(裹)以贲"即先用白茅包裹，再用麻封扎的做法。

〔一一〇〕睡虎地(1990：219)：盎，《说文》："盆也。"

# 主要参考文献


**B**

白军鹏

2014，《秦汉简牍所见日书相关问题的考察》，《简帛研究二〇一三》，广西师范大学出版社，2014 年。

**C**

蔡先金、李佩瑶

2011，《睡虎地秦简〈日书〉与牵牛织女神话》，《东岳论丛》2011 年第 12 期。

陈家宁

2006，《〈睡虎地秦墓竹简〉日书甲种“诘”篇鬼名补证（一）》，《简帛》第 1 辑，上海古籍出版社，2006 年。

陈剑

2011a，《关于“营₌”与早期出土文献中的“省代符”》，复旦大学出土文献与古文字研究中心网站学术讨论区，2011 年 7 月 9 日。

2011b，《孔家坡汉简的“祟”字》，复旦大学出土文献与古文字研究中心网站，2011 年 11 月 8 日。

陈侃理

2012，《北大秦简中的方术书》，《文物》2012 年第 6 期。

2014，《北大汉简所见的古堪舆术》，北京大学出土文献研究所编《北京大学藏西汉竹书(伍)》，上海古籍出版社，2014年。

陈斯鹏

2003，《论周原甲骨和楚系简帛中的“囟”与“思”——兼论卜辞命辞的性质》，《第四届国际中国古文字学研讨会论文集》，香港中文大学中国语言及文学系，2003年。

2007a，《孔家坡汉简补释》，《中国历史文物》2007年第6期。

2007b，《简帛文献与文学考论》，中山大学出版社，2007年。

陈松长

1996，《帛书〈阴阳五行〉与秦简〈日书〉》，《简帛研究》第2辑，法律出版社，1996年。

1997，《九店楚简释读札记》，《第三届国际中国古文字研讨会论文集》，香港中文大学中国文化研究所、中国语言文学系，1997年。

陈伟

1997，《新发表楚简资料所见的纪时制度》，《第三届国际中国古文字研讨会论文集》，香港中文大学中国文化研究所、中国语言文学系，1997年。

1998，《九店楚日书校读及其相关问题》，《人文论丛》1998年卷，武汉大学出版社，1998年。

2002，《睡虎地日书〈艮山〉试读》，(日本)《中国出土资料研究》第6号(2002年3月)。

2003，《读沙市周家台秦简札记》，《楚文化研究论集》第5集，黄山书社，2003年。

2014a，《睡虎地秦简日书〈马禖祝〉校读》，《湖南大学学报》2014年第4期。

2014b，《读岳麓秦简〈占梦书〉札记》，《简帛》第9辑，上海古籍出版社，2014年。

2015，《睡虎地秦简日书乙种〈七畜日〉的复原问题》，《出土文献与古文字研究》第 6 辑《复旦大学出土文献与古文字研究中心成立十周年纪念文集》，上海古籍出版社，2015 年。

2017，《秦简牍校读及所见制度考察》，武汉大学出版社，2017 年。

陈伟武

1997，《战国楚简考释斠议》，《第三届国际中国古文字研讨会论文集》，香港中文大学中国文化研究所、中国语言文学系，1997 年。

1998，《睡虎地秦简核诂》，张永山主编：《胡厚宣先生纪念文集》，科学出版社，1998 年。

2002，《出土战国秦汉文献中的缩略语》，曾宪通主编：《古文字与汉语史论集》，中山大学出版社，2002 年。

2007，《秦汉简牍考释拾遗》，《简帛》第 2 辑，上海古籍出版社，2007 年。

陈炫玮

2007，《孔家坡汉简日书研究》，台湾“清华大学”历史研究所硕士学位论文，2007 年。

成家彻郎

1989，《中国古代的占星术和占星盘》，《文博》1989 年第 6 期。

1991，《睡虎地秦简〈日书·玄戈〉》，《文博》1991 年第 3 期。

程少轩

2011，《六十甲子衰分数术考》，《出土文献与古文字研究》第 4 辑，复旦大学出版社，2011 年。

2014，裘锡圭主编：《长沙马王堆汉墓简帛集成》第 5 册（《阴阳五行》甲、乙篇，《出行占》由程少轩撰稿），中华书局，2014 年。

2018a，《说九店楚简〈告武夷〉的“桑林”》，《古文字研究》第 32 辑，中华书局，2018 年。

2018b，《罗图考》，湖北省博物馆、湖北省文物研究所等：《湖北出土简帛日书国际学术研讨会论文、摘要合编》，武汉，2018 年 11 月。

**D**

丁媛

2018，《出土文献与传世典籍涉医内容中的“建除”术及其应用》，《古籍整理研究学刊》2018年第5期。

**F**

凡国栋

2010，《〈日书〉死失图的综合考察——从汉代日书对楚秦日书的继承和改造的角度》，《简帛研究二〇〇七》，广西师范大学出版社，2010年。

范常喜

2008，《孔家坡汉简〈日书〉札记四则》，《东南文化》2008年第3期。

2009，《九店简〈告武夷〉补议》，简帛网，2009年9月22日。

方勇

2012a，《秦简牍文字编·释字辑要》，福建人民出版社，2012年。

2012b，《读睡虎地秦简札记十则》，张德芳主编：《甘肃省第二届简牍学国际学术研讨会文集》，上海古籍出版社，2012年。

2018，《读睡虎地秦简札记一则》，简帛网，2018年11月2日。

**G**

高一致

2017，《秦汉简帛农事资料分类汇释及相关问题研究》，武汉大学博士学位论文，2017年。

工藤元男

1993，《云梦秦简〈日书〉所见法与习俗》，莫枯译，《考古与文物》1993年第5期。

1996，《禹形象的改观和五祀》，徐世虹、郗仲平译，《简帛研究译丛》

第 1 辑，湖南出版社，1996 年。

2010，《睡虎地秦简所见秦代国家与社会》，广濑熏雄、曹峰译，上海古籍出版社，2010 年。

Guolong Lai(来国龙)

2005, Death and the Otherworldly Journey in Early China as Seen through Tomb Texts, Travel Paraphernalia, and Road Rituals. *Asia Major*, 2005(18), part Ⅰ.

郭永秉

2010，《读睡虎地秦简札记两篇》，《出土文献与古文字研究》第 3 辑，复旦大学出版社，2010 年。

## H

何有祖

2007，《孔家坡日书简所见"鸡血社"浅论》，简帛网，2007 年 7 月 4 日。

2012a，《九店楚简〈日书〉校读三则》，《江汉考古》2012 年第 3 期。

2012b，《孔家坡汉简丛考》，《中国国家博物馆馆刊》2012 年第 12 期。

贺润坤

1988，《从〈日书〉看秦国的谷物种植》，《文博》1988 年第 3 期。

1991，《云梦秦简日书寓人、寄者、寄人身份考》，《文博》1991 年第 3 期。

1992，《从云梦秦简〈日书〉看秦国的农业水利等有关状况》，《江汉考古》1992 年第 4 期。

1994，《从云梦秦简〈日书〉看秦民间的灾变与救灾》，《江汉考古》1994 年第 2 期。

Harkness(郝益森)

2011, Cosmology and the Quotidian: Day Books in the Early China. Doctoral Dissertation, The University of Chicago, December 2011.

胡平生

2007,《“其主必〔謇〕仆属吉”——读孔家坡汉简笔记一则》，简帛网，2007 年 1 月 1 日。

胡文辉

2000,《中国早期数术与文献丛考》，中山大学出版社，2000 年。

胡新生

1996,《禹步探源》,《文史哲》1996 年第 1 期。

黄儒宣

2013,《〈日书〉图像研究》，中西书局，2013 年。

黄文杰

1998,《秦至汉初简帛形近字辨析》,《简帛研究》第 3 辑，广西教育出版社，1998 年。

2008,《秦至汉初简帛文字研究》，商务印书馆，2008 年。

黄一农

2004,《社会天文学史十讲》，复旦大学出版社，2004 年。

## J

姜慧

2016,《秦简校读札记二则》,《中国文字研究》第 24 辑，上海书店出版社，2016 年。

姜守诚

2016,《出土文献与早期道教研究》，中国社会科学出版社，2016 年。

蒋文

2018,《谈出土秦汉日书中与“临邦政”和“责人”有关的一些语词》，湖北省博物馆、湖北省文物研究所等:《湖北出土简帛日书国际学术研讨会论文、摘要合编》，武汉，2018 年 11 月。

金良年

1993，《云梦秦简〈日书〉"啻"篇研究》，《中华文史论丛》第51辑，上海古籍出版社，1993年。

1994，《建除研究——以云梦秦简〈日书〉为中心》，《中国天文学史文集》第6集，科学出版社，1994年。

1999，《"五种忌"研究——以云梦秦简〈日书〉为中心》，《史林》1999年第2期。

九店

2000，湖北省文物考古研究所、北京大学中文系编：《九店楚简》，中华书局，2000年。

## K

孔家坡

2006，湖北省文物考古研究所、随州市考古队编：《随州孔家坡汉墓简牍》，文物出版社，2006年

## L

李家浩

1993，《论〈太一避兵图〉》，《国学研究》第1卷，北京大学出版社，1993年。

1999，《读睡虎地秦简〈日书〉"占盗疾等"札记三则》，《北京大学古文献研究所集刊》第1辑，北京燕山出版社，1999年。

2002，《著名中年语言学家自选集·李家浩卷》，安徽教育出版社，2002年。

李家浩、白于蓝

2009，陈伟主编：《楚地出土战国简册〔十四种〕》（九店简由李家浩、白于蓝撰稿），经济科学出版社，2009年。

李建民

1995，《马王堆汉墓帛画人字图考释》，台湾《大陆杂志》第90卷第5期，1995年5月。

李解民

1996，《秦汉时期的一日十六时制》，《简帛研究》第2辑，法律出版社，1996年。

李立

2008，《云梦秦简“牛郎织女”简文辨正》，《长江大学学报》(哲学社会科学版)2008年第6期。

李零

1997，《古文字杂识(二则)》，《第三届国际中国古文字研讨会论文集》，香港中文大学中国文化研究所、中国语言文学系，1997年。

1999，《读九店楚简》，《考古学报》1999年第2期。

2000，《中国方术考(修订本)》，东方出版社，2000年。

2011，《中国最早的升官图——说孔家坡汉简〈日书〉的〈居官图〉及相关材料》，《文物》2011年第5期。

2017，《北大藏秦简〈禹九策〉》，《北京大学学报》(哲学社会科学版)2017年第5期。

李守奎

1997，《江陵九店56号墓竹简考释四则》，《江汉考古》1997年第4期。

2001，《江陵九店楚墓〈岁〉篇残简考释》，《古籍整理研究学刊》2001年第3期。

2004，《〈九店楚简〉相宅篇残简补释》，谢维扬、朱渊清主编：《新出土文献与古代文明研究》，上海大学出版社，2004年。

李天虹

2005，《孔家坡汉简中的“徙时”篇》，《简帛研究二〇〇二、二〇〇三》，广西师范大学出版社，2005年。

2006，《孔家坡汉简〈日书·星〉篇初探》，江林昌等主编：《中国古代文明研究与学术史——李学勤教授伉俪七十寿庆纪念文集》，河北大学出版社，2006年。

2012，《秦汉时分纪时制综论》，《考古学报》2012年第3期。

李天虹、蔡丹

2015，《读孔家坡汉简〈日书〉杂记》，《简帛》第11辑，上海古籍出版社，2015年。

李天虹、凡国栋、蔡丹(李天虹等)

2017，《随州孔家坡与周家寨汉简〈日书〉"嫁女"篇的编次与缀合》，《考古》2017年第8期。

李天虹、罗运兵

2018，《秦汉简〈日书〉"学"篇的定名：兼谈孔家坡汉简〈日书〉"学"篇的复原》，贾晋华、陈伟、王小林、来国龙编：《新语文学与早期中国研究》，上海人民出版社，2018年。

李晓东、黄晓芬

1987，《从〈日书〉看秦人鬼神观及秦文化特征》，《历史研究》1987年第4期。

1989，《秦人鬼神观与殷周鬼神观之比较》，《人文杂志》1989年第5期。

李学勤

2001，《简帛佚籍与学术史》，江西教育出版社，2001年。

连劭名

2001，《睡虎地秦简〈日书〉及〈诘〉篇补正》，《江汉考古》2001年第1期。

2002，《云梦秦简〈诘〉篇考述》，《考古学报》2002年第1期。

梁超

2016，《放马滩秦简〈日书〉所见"土忌"神煞考释》，《简帛研究二〇一六·

春夏卷》，广西师范大学出版社，2016 年。

梁冬青

2002，《出土文献“是₌”句新解》，《中国语文》2002 年第 2 期。

林清源

2002，《睡虎地秦简标题格式析论》，台湾《“中央研究院”历史语言研究所集刊》第 73 本第 4 分，2002 年 12 月。

刘道超

2004，《秦简〈日书〉择吉民俗研究》，《广西师范大学学报》2004 年第 3 期。

2007，《秦简〈日书〉五行观念研究》，《周易研究》2007 年第 4 期。

刘国胜

2000，《楚简文字杂识》，湖北省文物考古研究所编著：《奋发荆楚，探索文明——湖北省文物考古论文集》，湖北科学技术出版社，2000 年。

2005，《九店〈日书〉“相宅”篇释文校补》，《简帛研究二〇〇二、二〇〇三》，广西师范大学出版社，2005 年。

2006，《港中大馆藏汉简〈日书〉补释》，《简帛》第 1 辑，上海古籍出版社，2006 年。

2014，《孔家坡汉简日书“五胜”篇刍议》，《简帛》第 9 辑，上海古籍出版社，2014 年。

2015，《秦简札记三题》，《简帛》第 10 辑，上海古籍出版社，2015 年。

刘国胜等

2016，刘国胜、凡国栋、杨芬：《孔家坡汉简日书释文补正》，《简帛》第 12 辑，上海古籍出版社，2016 年。

2018，刘国胜、杨芬、凡国栋：《孔家坡汉简日书〈鸡〉、〈豕〉篇补释》，湖北省博物馆、湖北省文物研究所等：《湖北出土简帛日书国际学术研讨会论文、摘要合编》，武汉，2018 年 11 月。

刘国忠

2004，《帛书〈式法〉“徙”篇试论》，艾兰、邢文编：《新出简帛研究——

新出简帛国际学术研讨会文集》，文物出版社，2004年。

刘建民

2014，《长沙马王堆汉墓简帛集成》第4册《五星占》，中华书局，2014年。

刘乐贤

1994，《睡虎地秦简日书研究》，台湾文津出版社，1994年。

1996a，《睡虎地秦简〈日书〉中的"往亡"与归忌》，《简帛研究》第2辑，法律出版社，1996年。

1996b，《九店楚简日书研究》，《华学》第2辑，中山大学出版社，1996年。

1998，《九店楚简日书补释》，《简帛研究》第3辑，广西教育出版社，1998年。

2001，《读〈香港中文大学文物馆藏简牍〉》，《江汉考古》2001年第4期。

2003a，《简帛数术文献探论》，湖北教育出版社，2003年。

2003b，《睡虎地秦简〈日书〉释读札记》，《华学》第6辑，紫禁城出版社，2003年。

2003c，《虎溪山汉简〈阎氏五胜〉及相关问题》，《文物》2003年第7期。

2004，《马王堆天文书考释》，中山大学出版社，2004年。

2005，《从周家台秦简看古代的"孤虚"术》，中国文物研究所编：《出土文献研究研究》第7辑，上海古籍出版社，2005年。

2006a，《额济纳汉简数术资料考》，《历史研究》2006年第2期。

2006b，《简帛札记二则》，《简帛研究二〇〇四》，广西师范大学出版社，2006年。

2006c，《楚秦选择术的异同及影响——以出土文献为中心》，《历史研究》2006年第6期。

2006d，《谈张家山汉简〈盖庐〉的"地橦"、"日橦"和"日臽"》，《简帛》第1辑，上海古籍出版社，2006年。

2007，《孔家坡汉简〈日书〉“岁”篇初探》，《简帛》第 2 辑，上海古籍出版社，2007 年。

2008，《悬泉汉简中的建除占“失”残文》，《文物》2008 年 12 期。

2009a，《孔家坡汉简〈日书〉“直室门”补释》，《简帛》第 4 辑，上海古籍出版社，2009 年。

2009b，《印台汉简〈日书〉初探》，《文物》2009 年第 10 期。

2010a，《释孔家坡汉简〈日书〉中的几个古史传说人物》，《中国史研究》2010 年第 2 期。

2010b，《战国秦汉简帛丛考》，文物出版社，2010 年。

2011，《孔家坡汉简〈日书〉“司岁”篇初探》，台湾大学中国文学系主编：《2007 中国简帛学国际论坛论文集》，台湾大学中国文学系、久忠实业有限公司，2011 年。

2012，《简帛数术文献探论(增订版)》，中国人民大学出版社，2012 年。

2016，陈伟主编《秦简牍合集：释文注释修订本(贰)》(睡虎地秦简《日书》由刘乐贤撰稿)，武汉大学出版社，2016 年。

2017，Daybooks：A Type of Popular Henerological Manual of the Warring States，Qin，and Han，in Donald Harper & Marc Kalinowski (eds.)：*Books of Fate and Popular Culture in Early China*：*The Daybook Manuscrpts of the Warring States*，*Qin*，*and Han*. Brill，2017.

2018，《孔家坡汉简〈日书〉“为鸡血社”校读》，湖北省博物馆、湖北省文物研究所等主办“湖北出土简帛日书国际学术研讨会”论文，单行本，武汉，2018 年 11 月。

刘信芳

1990，《秦简日书与楚辞类征》，《江汉考古》1990 年第 1 期。

1991，《云梦秦简〈日书・马〉篇试释》，《文博》1991 年第 4 期。

1992，《秦简中的楚国〈日书〉试析》，《文博》1992 年第 4 期。

1993，《〈日书〉四方四维与五行浅说》，《考古与文物》1993 年第 2 期。

1996，《〈日书〉驱鬼术发微》，《文博》1996年第4期。

1997，《九店楚简日书与秦简日书比较研究》，《第三届国际中国古文字研讨会论文集》，香港中文大学中国文化研究所、中国语言文学系，1997年。

2003，《上博藏竹书试读》，《学术界》2003年第1期。

2013，《生肖的起源及文化属性》，《中原文化研究》2013年第4期。

2018，《九店楚简日书补说五则》，湖北省博物馆、湖北省文物研究所等：《湖北出土简帛日书国际学术研讨会论文、摘要合编》，武汉，2018年11月。

刘银昌

2016，《睡虎地秦简〈日书〉"梦"篇考释》，《延安大学学报》2016年第4期。

刘玉环

2014，《孔家坡汉简〈日书〉释文补说》，《昆明学院学报》2014年第5期。

刘玉堂、刘金华

2002，《马王堆帛书〈式法〉"徙"、"式图"篇讲疏》，《江汉论坛》2002年第4期。

刘钊

2004，《出土简帛文字丛考》，台湾古籍出版有限公司，2004年。

2005，《古文字考释丛稿》，岳麓书社，2005年。

刘昭瑞

2007，《考古发现与早期道教研究》，文物出版社，2007年。

刘增贵

2001，《秦简〈日书〉中的出行礼俗与信仰》，台湾《"中央研究院"历史语言研究所集刊》第72本第3分，2001年9月。

2007，《睡虎地秦简〈日书〉〈土忌〉篇数术考释》，台湾《"中央研究院"历史语言研究所集刊》第78本第4分，2007年12月。

2008，《“左右”、“雌雄”与“反”——孔家坡〈日书·反支〉考释》，《简帛》第3辑，上海古籍出版社，2008年。

2011，《放马滩秦简〈日书·直室门〉及门户宜忌简试释》，《简帛》第6辑，上海古籍出版社，2011年。

龙坚毅

2004，《从秦简〈日书〉看秦人盗窃问题》，《中国社会经济史研究》2004年第2期。

龙仕平

2012，《睡虎地秦简校诂》，《语言研究》2012年第1期。

陆平

2007a，《也论孔家坡〈日书·反支〉》，简帛网2007年8月4日。

2007b，《试释孔家坡汉简〈日书〉之“緰”、“禹”、“女过”》，简帛网，2007年8月25日。

2008，《汉简“参辰”小议》，简帛网，2008年7月26日。

2009，《港中大馆藏汉简〈日书〉校释》，《简帛》第4辑，上海古籍出版社，2009年。

罗见今

2015，《睡虎地秦简〈日书〉玄戈篇构成解析》，《自然辩证法通讯》2015年第1期。

罗振玉、王国维

1993，罗振玉、王国维编著：《流沙坠简》，中华书局，1993年。

吕亚虎

2007，《出土简帛资料所见出行巫术浅析》，《江汉论坛》2007年第11期。

2010，《战国秦汉简帛文献所见巫术研究》，科学出版社，2010年。

2016，《秦汉社会民生信仰研究——以出土简帛文献为中心》，中国社会科学出版社，2016年。

P

彭锦华、刘国胜

2001,《沙市周家台秦墓出土线图初探》,《简帛研究二〇〇一》,广西师范大学出版社,2001年。

蒲慕州

1993,《睡虎地秦简〈日书〉的世界》,台湾《"中央研究院"历史语言研究所集刊》第62本第4分,1993年4月。

1995,《追寻一己之福——中国古代的信仰世界》,台湾允晨文化实业股份有限公司,1995年。

Q

钱存训

2002,《书于竹帛:中国古代的文字记录》,上海书店出版社,2002年。

R

饶宗颐

1993a,《楚地出土文献三种研究》,中华书局,1993年。

1993b,《释纪时之奇字:昳、㬥与埶》,《第二届国际中国古文字学研讨会论文集》,香港中文大学中国语言及文学系,1993年。

1997,《说九店楚之武䨖(夷)与复山》,《文物》1997年第6期。

S

森和

2008,《从离日与反支日看〈日书〉的继承关系》,简帛网,2008年8月22日。

单育辰

2007，《秦简“柀”字释义》，《江汉考古》2007年第4期。

2010，《占毕随录之十二》，简帛网，2010年3月15日。

尚民杰

1996，《从〈日书〉看十六时制》，《文博》1996年第4期。

1997a，《云梦〈日书〉与五行说》，《文博》1997年第2期。

1997b，《云梦〈日书〉十二时名称考辨》，《华夏考古》1997年第3期。

1998，《云梦〈日书〉星宿记日探讨》，《文博》1998年第2期。

2000a，《〈日书〉“男女日”与“生子”》，《文博》2000年第1期。

2000b，《睡虎地秦简〈日书〉中的“土神”与“土忌”》，《陕西历史博物馆馆刊》第7辑，三秦出版社，2000年。

石峰

2000，《〈睡虎地秦墓竹简〉的系词“是”》，《古汉语研究》2000年第3期。

施谢捷

1998，《简帛文字考释札记》，《简帛研究》第3辑，广西教育出版社，1998年。

睡虎地

1990，睡虎地秦墓竹简整理小组：《睡虎地秦墓竹简》，文物出版社，1990年。

宋华强

2012，《释战国秦汉简中表示禁忌义的“龙”》，《简帛》第7辑，上海古籍出版社，2012年。

宋艳萍

2008，《秦汉简牍〈日书〉所见占盗方法研究》，《简帛研究二〇〇六》，广西师范大学出版社，2008年。

孙占宇

2010，《战国秦汉时期建除术讨论》，《西安财经学院学报》2010年第

5 期。

2011,《简帛日书所见早期数术考述》,《湖南大学学报》2011 年第 2 期。

**W**

汪桂海

2012,《秦汉农业生产中的信仰习俗》,张德芳主编:《甘肃省第二届简牍学国际学术研讨会论文集》,上海古籍出版社,2012 年。

2013,《秦汉时期桑蚕业、禽畜养殖及狩猎活动中的信仰习俗》,卜宪群、杨振红主编:《简帛研究二〇一二》,广西师范大学出版社,2013 年。

王光华、李秀茹

2006,《试析秦简〈日书〉辰、戌、丑、未四季土》,《求索》2006 年第 9 期。

王桂钧

1988,《日书所见早期秦俗发微——信仰、习尚、婚俗及贞节观》,《文博》1988 年第 4 期。

王贵元

2006,《读孔家坡汉简札记》,简帛网,2006 年 10 月 8 日。

2008,《十二生肖来源新考》,《学术研究》2008 年第 5 期。

王焕林

2007,《里耶秦简校诂》,中国文联出版社,2007 年。

王晖、王建科

2005,《出土文字资料与古代神话原型新探》,《北京师范大学学报》(社会科学版)2005 年第 1 期。

王明钦

1995,荆州地区博物馆:《江陵王家台 15 号秦墓》,《文物》1995 年第 1 期。

2004,《王家台秦墓竹简概述》,艾兰、邢文编:《新出简帛研究——新出简帛国际学术研讨会文集》，文物出版社，2004 年。

王强

2013，《孔家坡汉简校释丛札》，中国文化遗产研究院编：《出土文献研究》第 12 辑，中西书局，2013 年。

2014，《孔家坡汉墓简牍校释》，吉林大学硕士学位论文，2014 年。

2015a，《孔家坡〈日书〉研究二题》，《简帛研究二〇一五·秋冬卷》，广西师范大学出版社，2015 年。

2015b，《孔家坡汉简校读拾遗》，《简帛》第 11 辑，上海古籍出版社，2015 年。

2017，《秦简所见“巫咸”两考》，《简帛研究二〇一六·秋冬卷》，广西师范大学出版社，2017 年。

2018，《出土战国秦汉选择数术文献神煞研究——以日书为中心》，吉林大学博士学位论文，2018 年。

王胜利

1987，《〈云梦秦简《日书》初探〉商榷》，《江汉论坛》1987 年第 11 期。

2005，《睡虎地〈日书〉“除”篇、“官”篇月星关系考》，楚文化研究会编：《楚文化研究论集》第 6 集，湖北教育出版社，2005 年。

王维坤

1992，《睡虎地秦简日书玄戈再析》，《陈直先生纪念文集》，西北大学出版社，1992 年。

王朝阳

2011，《从秦简〈日书〉看牛郎织女故事之形成与流变》，《贵州文史丛刊》2011 年第 2 期。

王志平

1999，《睡虎地〈日书·玄戈篇〉探源》，《文博》1999 年第 5 期。

王子今

1994，《睡虎地秦简日书所见行归宜忌》，《江汉考古》1994 年第 2 期。

2001,《秦法“刑弃灰于道者”试解——兼说睡虎地秦简〈日书〉“鬼来阳(扬)灰”之术》,《陕西历史博物馆馆刊》第8辑,三秦出版社,2001年。

2003,《睡虎地秦简〈日书〉甲种疏证》,湖北教育出版社,2003年。

魏德胜

2000,《居延新简、敦煌汉简中的“日书”残简》,《中国文化研究》2000年春之卷(总第27期)。

2003,《〈睡虎地秦墓竹简〉词汇研究》,华夏出版社,2003年。

魏宜辉

2008,《再论马王堆帛书中的“是₌”句》,《东南文化》2008年第4期。

邬可晶

2017,《孔家坡汉简〈日书〉短札四则》,《简帛研究二〇一六·秋冬卷》,广西师范大学出版社,2017年。

吴小强

1989,《秦人生育意愿初探》,《江汉论坛》1989年第11期。

2000,《秦简日书集释》,岳麓书社,2000年。

吴振武

2006,《谈虎溪山汉简〈阎氏五胜〉中的几个字》,中山大学古文字研究所编:《康乐集:曾宪通教授七十寿庆论文集》,中山大学出版社,2006年。

**X**

夏德安(Donald Harper)

1985, A Chinese Demonography of the Third Centry B. C. *Harvard Journal of Asiatic Studies*, 1985(2).

1998,《战国时代兵死者的祷辞》,陈松长译,中国社会科学院简帛研究中心编:《简帛研究译丛》第2辑,湖南人民出版社,1998年。

2007,《周家台的数术书》,刘净译,《简帛》第2辑,上海古籍出版社,2007年。

谢桂华

2005,《初读额济纳汉简》, 魏坚主编:《额济纳汉简》, 广西师范大学出版社, 2005 年。

徐在国

1997,《楚简文字零拾》,《江汉考古》1997 年第 2 期。

**Y**

晏昌贵

2002a,《敦煌具注历日中的"往亡"》,《魏晋南北朝隋唐史资料》第 19 辑, 2002 年 11 月。

2002b,《〈日书〉札记十则》, 丁四新主编:《楚地出土简帛文献思想研究(一)》, 湖北人民出版社, 2002 年。

2003a,《简帛〈日书〉岁篇合证》,《湖北大学学报》(哲学社会科学版)2003 年第 1 期。

2003b,《虎溪山汉简〈阎氏五胜〉校释》,《长江学术》第 5 辑, 长江文艺出版社, 2003 年。

2008,《对〈日书〉"艮山"图的一个简单解读》, 简帛网, 2008 年 3 月 25 日。

2013,《悬泉汉简〈日书〉"死吉凶"研究》,《中国史研究》2013 年第 2 期。

2014,《日书"艮山·离日"之试解》,《周易研究》2014 年第 1 期。

2015,《从出土文献看先秦诸子的五音配置》,《中原文化研究》2015 年第 3 期。

2017, Daybooks and the Spirit World, in Donald Harper & Marc Kalinowski (eds.): *Books of Fate and Popular Culture in Early China: The Daybook Manuscrpts of the Warring States, Qin, and Han*. Brill, 2017.

晏昌贵、梅莉

2002，《楚秦〈日书〉所见的居住习俗》，《民俗研究》2002年第2期。

晏昌贵、钟炜

2002，《九店楚简〈日书·相宅篇〉研究》，《武汉大学学报》(人文科学版)2002年第4期。

杨华

2018，《出土简牍所见“祭祀”与“祷祠”》，《四川大学学报》2018年第2期。

杨锡全

2011，《出土简帛文献中的“是=”句及其相关问题研究》，西南大学硕士学位论文，2011年。

杨巨中

1988，《〈日书·星〉释议》，《文博》1988年第4期。

于豪亮

1985，《于豪亮学术文存》，中华书局，1985年。

## Z

曾宪通

1993，《楚地出土文献三种研究》，中华书局，1993年。

1996，《居延汉简研究二题》，《简帛研究》第2辑，法律出版社，1996年。

张春梅

2005，《〈日书〉与中国古代建筑风水》，浙江大学硕士学位论文，2005年。

张富春

2005，《先秦民间祈财信仰研究——以睡虎地秦简〈日书〉为中心》，《四川大学学报》(哲学社会科学版)2005年第6期。

张富海

2004，《读楚简札记五则》，《古文字研究》第25辑，中华书局，

2004 年。
张国艳
2017,《睡虎地秦简〈日书〉词语补释》,《殷都学刊》2017 年第 2 期。
2018,《〈日书〉神煞“上皇”“筑囚”补释》,《文物春秋》2018 年第 3 期。
张培瑜
1989,《出土汉简帛书上的历注》,《出土文献研究续集》,文物出版社 1989 年。
张林
2016,《孔家坡汉简〈日书〉札记》,《浙江海洋学院学报》2016 年第 5 期。
张铭洽
1988,《云梦秦简〈日书〉占卜术初探》,《文博》1988 年第 3 期。
2002,《秦简〈日书〉之“建除法”试析》,王子今、白建钢、彭卫主编:《纪念林剑鸣教授史学论文集》,中国社会科学出版社,2002 年。
张士伟
2018,《从秦简看秦的犬文化》,《农业考古》2018 年第 1 期。
张士伟、陈朝军
2017,《从秦简看秦的服饰文化》,《贵州文史丛刊》2017 年第 1 期。
张闻玉
1987,《云梦秦简〈日书〉初探》,《江汉论坛》1987 年第 4 期。
张显成、杨艳辉
2014,《〈孔家坡汉简·日书〉释读订补》,《古籍整理研究学刊》2014 年第 3 期。
赵宠亮
2007,《额简释读献疑二则》,孙家洲主编:《额济纳汉简释文校本》,文物出版社,2007 年。
赵逵夫
2012,《由秦简〈日书〉看牛女传说在先秦时代的面貌》,《清华大学学报》(哲学社会科学版)2012 年第 4 期。

赵兰香

2012，《从睡虎地秦简〈日书〉探析秦人的价值观和价值体系》，《河北北方学院学报》2012 年第 1 期。

赵平安

2014，《睡虎地秦简〈日书〉“渡衖”新解》，《出土文献》第 5 辑，中西书局，2014 年。

赵瑞民

2006，《关于堪舆信仰的一个比较——睡虎地秦简〈日书〉甲种“宅居”、敦煌本〈宅经〉、今本〈宅经〉》，江林昌等主编：《中国古代文明研究与学术史——李学勤教授伉俪七十寿庆纪念文集》，河北大学出版社，2006 年。

赵裕沛

2005，《从秦简〈日书〉看秦代婚姻和家庭人际关系》，《河南师范大学学报》(哲学社会科学版)2005 年第 2 期。

郑刚

1993，《论睡虎地秦简日书的结构特征》，《中山大学学报》(社会科学版)1993 年第 3 期。

周波

2006，《〈九店楚简〉释文注释校补》，《江汉考古》2006 年第 3 期。

2010，《秦汉简〈日书〉校读札记》，复旦出土文献与古文字研究中心编：《出土文献与传世典籍的诠释——纪念谭朴森先生逝世两周年国际学术研讨会文集》，上海古籍出版社，2010 年。

周凤五

2001，《九店楚简〈告武夷〉重探》，台湾《“中央研究院”历史语言研究所集刊》第 72 本第 4 分，2001 年 12 月。

周敏华

2008，《〈睡〉简、〈放〉简及〈孔〉简之〈日书〉盗篇比较》，简帛网，2008

年 4 月 8 日。
周群
2007，《也说孔家坡日书简所见的“鸡血社”》，简帛网，2007 年 7 月 9 日。
朱德熙
1999，《朱德熙文集》第 5 卷《古文字论文》，商务印书馆，1999 年。
朱玲、杨峰
2007，《睡虎地秦简〈日书〉医疗疾病史料浅析》，《中国中医基础医学杂志》2007 年第 5 期。

2018 年 12 月 18 日“集释”初订
2019 年 1 月 25 日加入“导论”合订
2019 年 2 月 11 日修订于珠海
2019 年 7 月 16 日定稿

# 后　　记

这本小书原是国家社科基金项目结项报告的一个附编，该项目于2005年立项，2010年结项，从结项至今已经过去10年了。我原本没有计划出版，但架不住友朋的催促和武大出版社李程女史的热情邀约，现将其纳入本丛书，作为单独的一本书出版，总算是了结了十多年前的一桩心事。

翻检当年参与评审的五位匿名评审专家的评审意见，对作为附编的《日书分类集释》的评价出现两种截然相反的意见，一种意见认为"这是一种创新性的尝试，更有利读者理解和比较《日书》的内容。此编虽以集录以往研究成果为主，但其中也不乏作者的个人创见"。另一种评价则认为分类集释割裂了日书的整体，只见日书条文的片段，看不见各种《日书》的完整面貌，并拒绝在评审意见表上打分。不打分就意味着项目不能结项。武汉大学科研部门的负责人根据以往的经验给了我两种处理方案：一是另找专家重新评审，二是根据那位专家(我至今仍不知是何方神圣)的意见重作修改，让他再审一次，并建议我最好采取第二种方案。我采纳了学校职能部门的意见，修改后的文本最后总算是通过了，但出版此书的念头亦就此打消。

从2010年距今的十年间，又出土面世诸多日书材料和新的研究成果，为了本次出版，我将原结项报告附篇改为《楚地出土日书三种分类集释》(以下简称"《集释》")，表面上看是收缩了范围，但实际上只是舍弃了目前公开出版的日书中的放马滩秦简《日书》，放简《日书》分甲乙种，其中甲种《日书》比较简单，而乙种《日书》据程少轩教授研究，应为已经失传的古代式占文献，与真正的《日书》还是有所区别的(程少轩：《放马滩简式占古佚书研究》，中西书局 2018 年版）。本书所收录的仍然是目前所见的已经公开出版的完整日书本子。为了回应匿名评审专家的意见，我在书的前面加写了一篇比较长的“导言”，既是说明如此作分类集释的合理性，也算是对该评审专家批评意见的一种正面回应（原修改稿除简略说明理由外，还在篇末附有全部完整日书的释文，以见全貌）。

事实上，《集释》还收集了近十年来笔者所能看到的全部研究成果，对原有的分篇和释文亦多所调整，与原报告相比，已经是文本完全不同的两个了。

在本书公开出版之际，我要感谢五位匿名评审专家，尤其是那位拒绝打分的专家——是他迫使我认识到本人学识的不足和原《集释》的缺陷——以及所有给予我帮助和支持的朋友们，是你们让我重拾信心，完成此书的撰集。

**晏昌贵**

2020 年 12 月 26 日于珞珈山